KB154176

가부장제와 자본주의

가부장제와 자본주의

Patriarchy and Accumulation on a World Scale

지은이	마리아 미즈
옮긴이	최재인
펴낸이	조정환
주간	신은주
편집	김정연
디자인	조문영
홍보	김하은
프리뷰	김새롬 · 윤박경
초판 1쇄	2014년 1월 31일
2판 2쇄	2022년 5월 1일
종이	타라유통
인쇄	예원프린팅
라미네이팅	금성산업
제본	바다제책
ISBN	978-89-6195-077-0 94300 / 978-89-6195-003-9(세트)
도서분류	1. 인문학 2. 정치학 3. 여성학 4. 경제학 5. 인류학 6. 철학 7. 역사 8. 문화
값	29,000원
펴낸곳	도서출판 갈무리
등록일	1994. 3. 3.
등록번호	제17-0161호
주소	서울 마포구 동교로18길 9-13 2층
전화	02-325-1485
팩스	070-4275-0674
웹사이트	www.galmuri.co.kr
이메일	galmuri94@gmail.com

Maria Mies, *Patriarchy and Accumulation on a World Scale*, Zed Books, 1998

가부장제와 자본주의

Patriarchy and Accumulation
on a World Scale

여성, 자연, 식민지와
세계적 규모의 자본축적

Women in the International
Division of Labour

마리아 미즈 지음
최재인 옮김

일러두기

1. 이 책은 Maria Mies, *Patriarchy and Accumulation on a World Scale*, Zed Books, 1998을 완역한 것이다.
2. 단행본, 전집, 정기간행물, 보고서에는 겹낫표(『』)를, 논문, 논설, 기고문 등에는 홑낫표(「」)를 사용하였다.
3. 단체(위원회), 회사, 학회, 협회, 연구소, 재단, 프로젝트, 행사, 영상, 텔레비전 프로그램 이름, 전시, 공연물에는 가랑이표(〈 〉)를 사용하였다.
4. 지은이 주석과 옮긴이 주석은 같은 일련번호를 가지며, 옮긴이 주석에는 [옮긴이]라고 표시하였다.

한국의 갈무리 출판사가 이 책을 출판한다니 반갑다.

가부장제와 자본축적이 나의 주된 이론적 작업이기 때문이기도 하고, 1986년에 했던 생각의 대부분이 오늘날에도 여전히 유효하다고 여기기 때문이기도 하다. 여성에 대한 억압과 착취, 자연에 대한 폭력은 세계적 규모로 확대되어 왔다. 이런 폭력의 형태는 내가 1986년에 상상했던 것보다 더 잔인하고, 더 가학적이다. 자본주의적 가부장제는 세계적 차원에서 이전보다 훨씬 더 고약하게 자연을 파괴하고 있다. 이런 폭력의 결과로는 기후 변화를 개선할 수 없고, 지구의 자원 고갈과 원자력으로 인한 오염을 회복시킬 수가 없음을 오늘날 우리는 잘 알고 있다. 이 모든 것은 자본주의적 가부장제 패러다임의 직접적인 결과이다. 이 패러다임은 끝없는 자본축적을 추구하는데, 이는 진보와 "좋은 삶"의 전제조건이라고 여겨지고 있다.

내가 오래전에 쓴 책을 읽으며 이런 생각을 했다. '여기에 몇 가지가 좀 더 추가되었을 뿐, 오늘날도 마찬가지이다. 뭘 더 말해야 하는가. 상황은 변하지 않았다. 더 악화되고 있을 뿐이다.' 그러나 정말 그러한가? 이 책이 나온 이래 24년 동안 아무것도 변한 것이 없는가? 가부장제와 자본주의의 관계에 대한 내 분석이 여전히 유효한가? 나는 이전과 같은 결론을 내리고 있고, 이 파괴적 시스템을 변화시키는 방법에 대해서도 여전히 같은 비전과 전망을 갖고 있는가?

이 한국어판 서문에서는, 여전히 변하지 않은 생각들과 1986년 이후 변화한 것에 대해 서술해보려고 한다.

　1986년, 나는 페미니스트운동과 그 중심 목표를 서술하면서 분석을 시작했다. 우리 대부분은 남성과의 평등, 여성에 대한 남성의 폭력과 성차별주의적 폭력의 종식, 모든 곳에서 여성이 남성보다 열등하게 다루어지는 현실의 변화 등을 요구했다. 대다수 여성은 남성과의 평등을 우리의 주요 목표로 생각했다. 대부분의 페미니스트는 자본주의를 그렇게 비판하지 않았고, 가부장제만 주로 다루었다. 그들은 이 체제 내에서 남성과 평등해지기를 원했다. 그들은 남성이 우리 사회에서 갖고 있는 정치경제적 기회와 권력과 권위를 똑같이 갖기를 원했다.

　그러나 오늘날 현실을 보면, 가난한 국가나 부자 국가나 상관없이 여성은 남성과 평등하지 않다. 경제적, 사회적, 정치적, 문화적으로 전혀 평등하지 않다. 왜 그런가? 몇몇 여성이 꼭대기까지 올라갔고, 국가나 정부의 수장이 되기도 한 것이 사실이기는 하다. 그러나 그들이 이런 목표에 닿을 수 있었던 것은 그들이 지배적인 자본주의-가부장제 체제를 문제 삼지 않았기 때문이다. 권력구조에 여성이 들어가는 것만으로도 우리 사회에서 여성의 지위를 바꿀 수 있다고 생각하는 여성이 많다. 그러나 현실을 보면, 이 체제에서 더 많은 권력을 갖게 된 여성도 여성에 대한 차별이나 성차별적·가부장적 문화를 거의 바꾸지 못했다.

　1980년 무렵 유럽과 미국의 페미니스트는 왜 여성의 **가사노동**이 "노동"으로 여겨지지 않는지를 논의하고 있었다. 자본가나 남성에게 여성의 노동은 무상으로 사용할 수 있는 "공짜의 선의" 혹은 "사랑의 노동"이었다. 가정주부는 남성 "생계부양자"에게 완전히 경제적으로 의존한다고 여겼다. 그녀는 임금을 받지 않으며, 그녀의 노동시간은 계산되지 않고, 의료보험도, 노령연금도 없다. 자본주의 하의 가사노동에 대해 논하면서, 나는 노동에 대한 맑스주의 이론 전반에 대해 특히 가사노동에 대해 좀 더 자세하고 깊이 있는 연구를 하게 되었다. 이 연구를 통해 정말로 나는 눈을 뜨게 되었다. 맑스도 가사노동에 대해 비슷한 식견을 갖고 있었다. 그는 가사노동을 "재생산" 노동이라고 불렀다. 그에게 이 노동은 임금노동자의 "생산노동"과는 대조적으로 "잉여가치"를 생산하지 않는 노동이었다. 일부는 여성의 가사노동을 남성의 임금노동과 동등한 수준에 놓기 위해 "가사노동에 임금을" 요구하기도 했다. 나와 다른 이들은 이보다 한 걸음 더 나가서, 자본주의의 계속적인 자본축적과정을 위해서는 왜 이런 무급노동이 필수적인지를 연구했다.

동시에 내 친구들과 나는 식민지민과 자연이 같은 방식으로 취급되고 있음을 발견했다. 자본은 그들의 "생산"을 아주 적은 비용으로 전용했다. 예를 들어, 방글라데시나 멕시코 같은 국가에서 젊은 여성은 서구 시장에 공급할 의류 등을 세계에서 가장 싼 임금을 받고 생산했다. 이는 자본주의 초기부터 여성 노동이 남성의 노동보다 가치가 낮은 것으로 여겨졌기 때문에 가능했다. 방글라데시처럼 가난한 국가에서도 여성 노동은 더 저렴하다. 이곳에서 여성은 세계에서 가장 낮은 임금을 받는다. 오늘날 이런 심한 착취는 폭력 및 가장 잔혹한 노동환경과 결합되어 있다. 이런 노동환경은 그들의 생명까지 위협한다. 최근 방글라데시에서 일어났던 것처럼, 의류 공장에서 주기적으로 발생하는 화재가 이들의 생명을 위협한다. 이런 화재로 수천 명이 사망했는데, 그 대부분이 어린 여성이다. 이런 "생산관계들"로 이익을 챙기는 자는 대기업, 유명한 국제기업이며, 이 중에는 한국 기업도 있다. 이 회사들은 국제노동기구ILO의 노동법도 의식하지 않는다. 가난한 국가에서 여성이 과하게 착취당하기 때문에 부유한 국가의 슈퍼마켓에 있는 일용품과 의류가 그렇게 저렴할 수 있는 것이다. 이렇게 값싼 상품은 새로운 상품이 사고 싶어지면 쉽게 버려진다. 이것이 오늘날 세계시장에 만연한 생산 및 소비 패턴이다. 자본주의적 가부장제의 심한 착취 없이는, 특히 방글라데시와 같은 가난한 국가의 여성에 대한 착취 없이는 산업화된 국가에서 부가 축적될 수 없다. 최근 방글라데시의 의류 공장에서 일어난 화재로 천여 명이 사망했으며, 그 대부분은 여성이었다. 이런 참사를 보면서 독일 국민은 놀라고 분개한다. 그러나 이런 참사가 독일의 생활방식과 무관하지 않다는 것을 간파하는 사람은 드물다. 나는 1986년에 세계시장용 상품을 생산하는 공장들의 이런 열악한 조건을 비판한 바 있다. 그러나 오늘날 상황은 더 악화되어 있다. "자유시장"이 세계 구석구석까지 진출하면서 여성에 대한 폭력과 지나친 착취는 더욱 심해졌다.

그러므로 자본주의 아래서 여성에 대한 대우와 노동에 대한 나의 분석은 오늘날에도 여전히 유용하다. 오늘날에도 계속되는 이런 자본축적과정은 "영원한 성장"이라고 불리는데, 우리 경제는 이것 없이는 더 이상 작동하지 못한다.

그러나 여성에 대한 직접적인 폭력은 노동영역에만 국한되어 있지 않다. 폭력은 상징적이고 구조적인 차원에서만이 아니라 삶의 모든 측면으로 직접 침투해 들어 왔으며, 점점 심해지고 있다. 강간, 강제결혼, 여성 매매, 강제 성매매, 여성에 대한 고문, 소녀 매매, 여성에 대한 공공연한 모욕 등 이 모든 것은 가부장적 폭력의 현대적 형태이다. 그리고 이것들은 큰 비즈니스이기도 하다. 직접적인 폭력과는 별개로 상징적 폭력과 매체, 인터넷, 컴퓨터게임, 광고, 패션 산업 등에서 여성의 몸을 상품화하는 것은 국제 시장에서, 이윤을 위한 경쟁에서 필수적인 요소가 되어 왔다. 여기서 다시 한 번 자본주의적 이윤추구와 여성에 대한 가부장적 식민화 사이의 밀접한 상호작용을 볼 수 있다. 이는 모두 새로운 것이 아니다. 그러나 나를 놀라게 한 사실은 누구도 이것을 폭력의 한 형태로 여기지 않았다는 점이다.

그러나 세계는 더 이상 1986년의 세계가 아니다. 우리는 이런 변화가 여성, 자연, 외국민에게 어떤 의미인지를 물어야 한다.

중요한 변화는 신자유주의 원칙에 따라 세계경제가 재편된 것이다. 이는 1980년 초에 일어났다. "신경제"는 영국에서 대처Margaret Thatcher가 처음 도입했다. 뒤이어 레이건Ronald Reagan이 미국에서 같은 일을 했다. 유럽연합도 "신경제"라는 이름의 정책을 적용했다. 오늘날 사실상 모든 국가가 신자유주의 원칙에 따라 운용되고 있다. 신자유주의자는 세계적 자유시장이 빈곤을 없애고, 실업문제를 해결하고 국가와 계급 사이의 불평등을 없앨 것이며, 자본재와 사람이 자유롭게 움직일 수 있도록 세계를 개방하겠다고 설교한다. 신경제 주창자들은 "신자유주의가 모두를 위해 공정한 경쟁의 장을 창출할 것"이라는 공약을 내놓았다. 신자유주의의 주요 원리는 세계화, 자유화, 사유화, 일반 경쟁이다. 이런 원리는 국가가 자국 경제에 대한 통제권을 포기하고, 이를 이윤을 추구하는 초국적 기업에게 넘겨줘야 한다는 것을 의미한다. 이런 새로운 원리는 노동권, 환경보호법, 여성과 아동의 보호, 노동 안정성, 일자리 안정성 등을 포기하게 만든다. 국가가 소유하고 있는 철도, 우편, 전화통신 등 중요한 서비스업들이 사유화되고 있다. 이런 새로운 경제원리는 세계적 합의 아래 자리를 잡았고, 세계무역기구 WTO는 이런 합의의 수호자가 되었다.

이런 모든 새로운 통상에 대한 합의가 여성의 삶에는 부정적 영향을 미쳤다. 서비스거래에관한협정Agreements on Trade in Services, GATS은 특히 문제였다. 서비스 부문의 일자리 대부분은 여성의 몫이다. 간호사, 교사, 사무직, 가정부 등으로 일하며 그들은 늙고 장애가 있는 이들을 돌본다. 집에서 컴퓨터를 이용해 작업을 하기도 한다. 여성이 일하지 않는 서비스 분야는 사실상 없다. 짐작하겠지만, 이 일자리는 임금이 낮고, 안정성이 떨어지며, 노동법의 보호를 받지 못한다. 이들 대부분은 오늘날 "프레카리아트"precariat[영어의 precarious와 proletatiat를 접합하여 만든 신조어]라고 하는 범주에 속해 있다. 이는 내가 1986년 "가정주부화"라고 불렀던 범주의 다른 이름이다.

세계적으로 생겨난 또 다른 근본적인 변화는 뉴욕에서 세계무역센터 건물이 무너졌던 9·11 이후 미국의 부시 대통령이 촉발한 새로운 전쟁들이다. 부시는 곧 이슬람교도 테러리스트를 범인으로 지목하고 테러리즘을 "자유세계"를 위협하는 새로운 적으로 선포했다. 이 새로운 적은 한 국가 내에 위치해 있는 것이 아니기 때문에, 민주주의와 자유를 지키기 위해 전쟁들이 새롭게 시작되었다.

새로운 세계전쟁체제가 없이는 새로운 자유시장체제가 작동할 수 없는 것 같다. 2001년 이래 우리는 이 전쟁체제가 어떻게 작동하는지를 보고 있다. 한 전쟁이 끝나면, 다른 전쟁이 시작된다. 우리는, 내식으로 표현하자면 "무제한의 전쟁" 시대로 접어들었다. 이런 새로운 전쟁들은 "자유로운 서구"가 이슬람 여성을 그들의 폭력적인 남성과 후진적 전통으로부터 해방시켜야 한다는 주장으로 대부분 정당화되고 있는데, 이는 기이하다. 이 전쟁들의 목적이 이슬람 국가의 여성을 해방시키는 것처럼 여겨지고 있다. 그들이 "자유로운" 서구 여성의 지위까지 올라가야 한다는 것이다. 그런데, 언제 어디서 여성을 해방시키기 위한 전쟁이 있었는가?

오늘날의 상황은 어떠한가?

오늘날 우리는 신자유주의의 좌절을 경험하고 있다. 신자유주의의 어떤 공약도 실현되지 않고 있다. 공약과는 반대로, 남부세계의 가난한 국가에서만이 아니라 북부세계의 부유한 국가에서도 위기가 계속 이어지고 있다. 이는 모든 국가에서, 특히 서구에서, 경제 위기에 국한되지 않고, 사회적, 심리적, 문화적, 정치적 삶에도 영향을 미치고 있다. 무엇보다 자본주의적 가부장제 체제가 생태, 자연, 지구의 모든 생명에 가한 폐해는 복구될 수가 없다.

이전보다 요즘 더 많은 이들이 묻는다. 대안은 무엇인가?

이미 1986년, 나는 이런 파괴적 체제에 대한 대안 수립을 시도했다. 나는 이를 자급적 전망Subsistence Perspective이라고 불렀다.

이런 전망을 실현하려면 생활방식에서 근본적인 변화가 있어야 한다. 특히 부유한 국가에서는 소비 습관을 완전히 바꾸는 것에서 시작해야 할 것이다. 나는 이것을 여전히 해방이라고 부른다. 소비주의로부터의 해방은 모두를 위해 더 나은 삶을 시작하고, 더 나은 세상을 향해 나아가는 길이다.

지금도 나는 다른 비전, 좋은 삶을 위한 다른 전망은 없다. 내놓을 수 있는 것은 자급적 전망뿐이다. 이 책의 한국어 출판이 이런 미래에 기여할 수 있기를 희망한다.

마리아 미즈

2013년 11월, 쾰른에서

차례

1장 페미니즘이란? 46

2장 성별노동분업의 사회적 기원 118

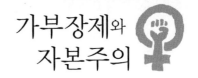

가부장제와
자본주의

7장 새로운 사회에 대한 페미니스트적 전망에 대하여 419

가부장제와
자본주의

책에도 고유의 운명이 있다

1980년대 초, 이 책을 쓰기 시작했을 때 관심을 두었던 것은 자본주의적 가부장제의 기능에 관한 거대 이론을 만드는 것이 아니었다. 내가 목표로 삼았던 것은 새로운 여성운동의 투쟁들 속에서, 그리고 독일 쾰른의 사회교육원에서 했던 수업들과 1979년 이래 헤이그에 있는 사회연구원Institute of Social Studies, 이하 ISS에서 했던 '여성과 개발'Women and Development 프로그램 과정에서 계속 제기되어 온 몇 가지 열띤 쟁점에 대해 답변을 하는 정도였다. 이 프로그램 참석자는 가난한 국가, 이른바 남부세계에서 온 여성들이었다. 이들 대부분은 '페미니즘'을 낯선 세태로, 서구 중산층 여성의 것 정도로 생각했다. 이들은 '여성문제'가 자신들의 문제이기도 하다는 것을 아직 깨닫지 못하고 있었다.

자본주의 하에서 여성의 노동 : 오랜 문제에 대한 새로운 의문들

이런 배경과 인도에서 5년간 살았던 경험을 통해, 나의 연구를 유럽중심적 시각에 제한할 수 없다는 점이 명백해졌다. 유럽과 북미의 페미니스트들이 왜 자본주의 아래에서 **가사노동**에 임금이 지불되지 않는지에 대해 문제제기를 하기 시작했다. 이는 자유주의 경제학과 맑스주의 경제학에 대한 도전이기도 했다. 당시 나는 이 문제를 선진공업화된, 이른바 북부세계의 가정주부에 국한된 문제라고 여길 수는 없었다. 남부세계의 여성에게는? 시골에서 일하는 여성의 경우에는? 보통의 소농, 그리고 이들과 자본주의의 관계는? 경제학자는 노동을 노동자가 자본과 갖는 관계로 규정하지만, 이 범주로는 다 포괄할 수 없는 노동이 이 세상에 참으로 많다는 것은 분명하다. 이 범주는 임금 고용, 이른바 '자유' 임금노동 고용, 그것도 노동조합과 노동법의 보호를 받을 수 있는 경우로만 국한된다.

당시 이런 문제를 제기한 것이 나만은 아니었다. 1970년대 초 이래, 나는 독일 출신의 폰 벨호프Claudia von Werlhof와 벤홀트–톰센Veronika Bennholdt-Thomsen과 함께 작업을 하고 있었는데, 이들은 나처럼 제3세계에서 살면서 일을 했다. 그리고 그런 경험을 자본주의 하에서 여성의 노동에 대한 페미니스트의 새로운 문제제기로 연결시키고자 했다. 이 시기 많은 페미니스트와 공유했던 이런 문제의식을 통해 광범한 시야를 확보할 수 있었는데, 이는 일반적인 사회 연구로는 이룰 수 없는 것이었다. 당시, 어떤 이가 자본주의 아래서 여성의 재생산 노동(이때에는 맑스주의 용어를 그대로 차용하여 이렇게 재생산 노동이라는 말을 썼다)은 왜 가치를 인정받지 못하는지를 알고자 했고, 이는 곧 다른 이론적 문제에 직면하게 되었다. 이런 평가절하에 대해서는 생물학적 결정론자들이 했던 것처럼 남성과 여성의 해부학적 차이로 설명하거나, 아니면 이 현상에 대한 사회적·역사적 설명을 찾아야 했다. 문제는 단순한 젠더 차이가 아니었다. 여기에는 **착취**와 **억압**의 긴 역사를 가진 지배 관계가 분명히 있고, 바로 이 점을 설명해야 했다. 내가 가부장제의 개념에 천착하게 된 것은 이런 맥락에서였다. 나는 인도 여성의 역할 갈등을 다루는 박사 논문을 쓰면서 가부장제가 체제라는 발견을 했다. 인도에서 돌아와 독일의 가부장제를 연구해 보니, 이 역시 내가 생각했던 것과 그렇게 구조적으로 다르지 않았다. 나는 여성에 대한 착취와 억압이 단지 우연한 현상이 아니라 체제에 내재한 본질적인 것임을 이해하기 시작했다. 이 체제는 최소한 5천년의 역사를 가진 것으로 전 세계의 모든 '위대한 문명들'과 문화들을 관통하며 조직했다. 다양한 문화적 종교적 배경을 가진 여성이 함께 했던 ISS의 '여성과 개발' 프로그램 과정에서도 이 체제의 역사적 유구함과 지리적 광대함을 확인할 수 있었다. 이 체제가 여러 문화에서 나타나기는 했지만, 일부는 다른 데보다 좀 더 잔인하다. 이는 구조상 지금도 여전하다. 이 프로그램의 학생들이 이를 이해해 가면서, 이런 슬로건을 만들었다. "문화는 다르지만, 투쟁은 함께 한다!" 따라서 가부장제 문제는 기원과 다양함에 상관없이 보통의 시공간을 곧장 뛰어 넘을 수 있도록 해주면서, 동시에 이런 문제를 던져 준다. '이런 반여성적인 체제를 변화시키기 위해 우리는 무엇을 할 수 있는가?' 대부분의 여성은 이런 체제가 우리가 사는 현대에도 광범하게 퍼져있다는 점을 학문적으로 분석하고 선언하는 것에 만족하지 않는다. 그들은 이 모든 것이 어떻게 시작했는지, 그리고 언제, 어디서, 어떻게 그것에 대항해 싸울 수 있는지를 알고 싶어 한다.

　　나의 문제의식은 더 멀리, 더 깊게 나아갔다. 가부장제의 기원의 문제와 별개로 나는 이런 잔혹한 체제가, 맑스주의자들이나 자유주의자들이 모두 예견했던 것처럼, 근대성 혹은 자본주의와 함께 사라지지 않았던 원인을 알고 싶었다. 가부장제와 자본주의는 어떤 관계였는가? 가부장제와 자본주의는 어떤 관계인가? 이들은 두 개의 체제인가? 하나의 체제인가? 가부장적인 착취와 종속은 계속되는 축적에 기초한 경제체제를 위해서는 필수적인가? 그렇지 않다면 서열적이고 착취적인 젠더 관계 없이도 이런 축적이 가능한가? 고전적 맑스주의자는 노동과 자본 사이의 계급적 적대성이라는 주요 모순이 해결되면 이런 부차적 모순 관계도 풀리게 된다고 설명해 왔다. 그러나 이는 더 이상 설득력이 없음이 분명하다. 이는 당시 페미니스트 사이에서, 특히 좌파, 맑스주의자, 사회주의적 페미니스트 사이에서도 공유되던 생각이다. 여성 문제가 '부차적 모순'이라고 주장하는 페미니스트는 더 이상 없었다.

그러나 가부장제와 자본주의가 본질적으로 어떤 관계에 있는지의 문제는 여전히 남아 있었다. 물론 우리 모두는 가부장제가 자본주의 이전부터 존재했음을 알고 있었다. 그렇다면 가부장제가 일종의 하부구조로 계속 존속하고 있다고만 하면 옳은 것인가? 모든 봉건적, 가부장적, 후진적 관계들을 일소하겠다는 근대성의 위대한 공약이 왜 여성문제로만 오면 여전히 실현되지 못하고 있는 것인가? 결국 봉건제는, 적어도 선진 공업화된 세계에서는, 폐지되었다. 그런데, 왜 젠더 사이의 가부장적 관계는 폐지되지 않고 남아 있는가?

페미니스트운동이 발전할수록 가부장적 구조와 이데올로기를 말하는 새로운 주장이 더 많이 나타났다. 특히 여성에 대한 폭력에 맞서는 운동, 여성 구타, 강간, 포르노, 직장에서의 성적 학대, 매체와 광고에서의 여성에 대한 폭력에 반대하는 운동은 근대성이 남녀관계를 '문명화'하고, 이제껏 남성이 자행해 온 공격적이고 반여성적인 경향을 '순화'

한다는 널리 유포된 신화에 도전장을 던졌다. 이런 폭력은 단순한 봉건적 '잔재'가 아니다. 이런 폭력은 근대적이고 진보적인 자본주의의 피와 살이다. 자본주의의 심장이다. 이는 바로 자본주의적 가부장제이다.

자본주의적 가부장제의 정치경제학에 대해 이론적으로 처음 이해할 수 있게 된 것은 자본주의 아래서 가사노동의 역할을 분석하면서였다. 이 운동은 1980년 무렵에 시작되었다. 가정에서 여성이 무급으로 하는 돌봄 노동과 양육이 남성 임금을 보조할 뿐 아니라, 자본의 축적에도 기여한다는 점이 명백해졌다. 게다가 여성을 가정주부로 규정함으로서, 내 방식으로 말하면 '가정주부화'함으로써 가정에서 여성이 하는 무급 노동은 보이지 않는 것이 되었고, 국민총생산에도 기록되지 않으며(Waring 1988), 자연스러운 것, 즉 '공짜'로 여겨졌다. 여성의 '가정주부화'가 가져온 것은 이것만이 아니다. 여성의 임금노동은 남성, 이른바 부양책임자를 보충하는 것으로 여겨져 가치를 제대로 인정받지 못했다.

1983년 빌레펠트에서 있었던 '여성 노동의 미래'라는 회의에서 폰 벨호프는 「프롤레타리아는 죽었다. 가정주부 만세」라는 글에서 가사노동과 가정주부화가 여성 노동의 전형을 만들어내는 것에 그치는 것이 아님을 주장했다. 다국적 자본은 노동조합의 통제력을 약화시키고 '유연한' 노동시장을 만들려고 노력해 왔는데, 이는 결국 남성 노동도 가정주부화하는 결과를 초래했다. 다시 말하면, 남성도 이제까지는 여성이 주로 감수해왔던 노동관계를 받아들이지 않을 수 없게 되었다는 것이다. 이는 노동관계가 노동법의 보호를 받지 못하게 되고, 노동조합도 없고, 단체 협상도 없고, 제대로 된 계약도 이루어지지 못하게 되는 것, 잘 보이지 않는, '지하 경제'의 일부가 되는 것을 의미했다.

이런 노동관계를 강제하기 위해서는 경제적 강제, 즉 순전히 필요성에만 의존해서는 충분하지 않은 경우가 많았고, 이는 지금도 마찬가지이다. 폭력은 이 체제의 비밀이다. 폭력은 비단 여성의 노동과 몸을 착취할 때에만 등장하는 것이 아니다. 이는 가사와 여성구타에 대한 담론에서 분명해졌다. 폭력은 유럽의 초기 자본가가 외국 영토를 정복하고 복속시키고 식민화하는 수단이기도 했다. 이런 식민화가 없었다면, 아시아, 아프리카, 중남미 아메리카의 영토와 사람에 대한 약탈과 강탈이 없었다면, 근대의 노예제가 없었다면 자본주의는 순조롭게 출발하지 못했을 것이다. 폭력은 맑스가 **자본의 원시적 축적**이라고 부른 과정에서 핵심을 차지하고 있었다. 맑스는 이런 폭력과 원시적 축적이 제대로 된 자본주의보다 앞선 시기의 특징이라고 믿었지만, 그것은 오늘날에도 계속되고 있다. 여성, 식민지, 오늘날 용어로는 개발도상국, 그리고 모든 생명과 생산의 기반이 되는 자연을 대상으로 한 폭력과 원시적 축적이 지금도 계속되고 있다. 여성의 노동이나 식민지에 대해서와 마찬가지로 자연 역시 일방적이고 착취적인 방식으로, '공짜'인 것으로 취급되었다. 역으로 생각해보면, 여성과 식민지를 '자연'으로 취급했다. 여성과 식민지는 '자연이 되었다.' 그래서 폰 벨호프와 벤홀트-톰센 그리고 나는 로자 룩셈부르크의 분석을 따라, **계속되는 원시적 축적**이 근대 자본주의의 비밀이라고 말하기 시작했다.

자본주의는 다르다

여성의 무급 가사노동과 농부의 자급형 노동과 식민지적 조건에서 이루어지는 노동과 자연의 생산을 자본주의 정치경제 분석에 포괄해 넣는다면, 경제학자가 투사한 것과는 완전히 다른 자본주의 체제에 대한 그림을 그릴 수 있을 것이다. 자본주의는 경제학자가 교과서에서 공부하는 것보다 '더 깊고', '더 방대'하다. 이는 '임금노동'과 '자본' 이상을 의미한다. 게다가, 월러스틴(1974)이 주장하는 것처럼, 자본주의는 시작부터 지금까지 세계체제이다. 유럽의 중심 국가나 선진공업 국가만을 분석해서는 자본주의를 이해할 수 없다.

이런 분석은 이른바 '노동의 새로운 국제분업'의 영향 아래 있는 여성 노동에 대한 연구를 시작하면서 큰 도움을 받았다. 1970년대 초 오일 쇼크 이래 유럽, 일본, 미국의 기업은 섬유, 전자, 장난감 등 노동집약적 산업을 동남아시아나 멕시코 국경 지대의 이른바 저임금 국가로 이전시키기 시작했다. 자유생산지대, 혹은 멕시코의 마킬라도라 maquiladora[멕시코와 미국 국경지대에 있는 자유무역지대]에 밀집된 공장에서 일하는 노동자의 80~90퍼센트는 젊은 미혼 여성이었다. 이들 대부분은 노동조합도 없고, 노동법의 보호도 받지 못하고, 때로는 직접적인 폭력을 감수해야 하는 강압적인 조건에서 일했다. 결혼을 하면 보통은 그만두어야 했다. 고용주가 출산수당을 지불하고 싶어 하지 않았기 때문이다. 그들의 경우를 보면서, 그리고 '식민지'의 다른 많은 여성 속에서 볼 수 있는 것처럼, 가정주부화의 국제성은 여성의 노동을 평가절하하고, 여성을 국제적인 **싸구려 노동력**으로 '조립'하려는 이론적 수단이라는 것을 발견했다. 나는 만연한 성별노동분업과 국제노동분업이 세계경제에서 갖는 관련성을 드러내려고 했다. 다국적 기업이 미국이나 유럽에서처럼 노조에 가입해 있으면서 좋은 임금을 받는 남성 노동자를 억지로라도 고용해야 했다면 생산지를 동남아시아나 멕시코 국경지대로 옮기지 않았을 것이다.

이런 현상을 고찰하면서 자본주의는 통념과 다르다는 점이 명백해졌다. 자본의 축적 또는 지속적인 성장은 거대한 인간적 그리고 인간 이외의 요소들이 식민화되는 조건 아래에서나 가능했다. 여성, 그리고 아프리카, 아시아, 라틴 아메리카의 자연과 사람과 토지가 지금까지의 주된 식민지들이었다. 그러나 이들은 자본축적과정의 지하에 자리한 보이지 않는 기반이었다. 우리는 빙산의 비유를 사용했다. 자본과 임금노동이 '물 위로 드러난' 빙산의 보이는 일각이었다. 여기서 임금노동은 국민총생산에 포함되고, 노동계약으로 보호받는 노동이다. 그러나 가사노동, 비공식 영역의 노동, 식민지에서의 노동과 자연이 만들어 낸 생산은 이 경제의 수면 아래 있는 보이지 않는 부분을 구성하고 있다.

나는 이것이 내가 이 책을 쓰면서 해낸 가장 중요한 통찰이라고 생각한다. 나는 여성운동 과정에서 발견한 이론적 공백을 메우려는 의도에서, 몇 가지 제한된 문제들을 안고 시작했다. 그러나 자본주의 전체와 함께 사회주의를 고수하는 국가까지 모두 살피지 않고는 이런 질문에 대해 마땅한 대답을 내놓을 수가 없었다. 이 연구는 아래로부터의 시각에 기초했다. 즉, 여성의 시각에서, 그리고 자연과 식민지 민중의 관점에서 바라보려고 했다. 그래서 어떤 이들은 시각이 너무 방대하고, 거창한 프로젝트라고 했다. 지나치게 포괄적인 분석이라고도 했다. 부담스럽고 무리한 정치전략으로 귀결될 것이라고 예견하기도 했다.

자신의 역사를 가진 책들 : 이 책이 수용된 방식

이 책은 1986년에 처음 발간된 이래, 계속 논쟁이 되어 왔다. 열렬한 환호를 받기도 했고, 혹독한 비판을 받기도 했다. 그럼에도 불구하고, 그 때문에 이 책은 노동의 미래, 생태계, 새로운 경제와 사회에 대한 대안을 추구하는 것 등에 관심을 가진 이들뿐만이 아니라 여성학 연구에서도 일련의 논쟁을 낳았다.

한 페미니스트가 쓴 책이 남성의 주목을 받기까지는 어느 정도의 시간이 필요했다. 일단 남성이 읽기 시작하자 여기에서도 평가는 거부 아니면 찬사로, 극단화되었다. 분명히 이 책은 독자의 내면 깊은 곳에 있는 감정과 신념을 건드렸고, 이에 반응하게 만들었다. 이 책은 '당혹'Betroffenheit을 만들어냈다. 내가 운동 초기부터 당혹이라는 용어를 사용한 것은 페미니스트 연구와 일반적으로 실증주의적 주류 연구의 무관심하고 관여하지 않는 태도 사이의 차이를 명확히 설명하기 위해서이다. 독일어 '당혹'Betroffenheit은 영향을 받고 관심을 둔 상태만이 아니라, 고심하면서 무언가 하려는, 행동하려는 마음을 표현한다. 그런 면에서 나는 이 책이 성공했다고 생각한다.

그러나 이 책이 계속 발간되고, 이제 새로운 판이 나오게 된 것이 이 때문만은 아니다. 이 책은 새로운 여성운동에서 등장했던 몇 가지 문제들을 제기했다. 그러나 시간이 흐르면서 이 문제들은 사실 모든 사람이 관련된 보편적 문제라는 점이 분명해 졌다. 이런 의미에서 여성 문제는 특정인의 문제가 아니라 가장 보편적인 문제라고 할 수 있다. 오늘날 세계 경제의 경영자들은 노동 비용을 줄이는 방법으로 '가정주부화' 혹은 노동의 유연화보다 더 나은 방법을 찾지 못하고 있다.

이제야 사람들은 우리가 20년 전부터 연구해온 문제를 의미 있게 바라보기 시작했다.

중요한 논점들을 설명하기 이전에 먼저 이 책을 쓰게 된 사회 역사적 맥락과 비판이 제기된 맥락, 그리고 그 영향에 대해 좀 더 말하고자 한다. 이 책은 1986년 영국에서 나왔다. 독일어 번역본은 1988년에 나왔다. 처음에 영어로 쓴 것은 이 책이 널리 유통되고, 특히 가난한 남부세계 여성에게 전달될 수 있기를 희망했기 때문이다. 1980년대에는 제2차 세계대전 이후 서구 경제학을 지배해 온 케인즈 복지국가론이 영국에서는 대처에 의해, 미국에서는 레이건에 의해 직접적으로 공격을 받던 시기였다. 프리드만Milton Friedman과 '시카고학파'가 전개한 '신자유주의' 이론은 시장의 자유로운 역할을 국가의 규제와 개입보다 우위에 두었던 새로운 경제정책에 이론적 정당성을 부여했다. 당시 '시장경제'라고 불렸던 이 정책의 기본 축은 규제완화, 민영화, 자유화, 세계화였다. 이 새로운 경제 프로그램은 피노체트 치하의 칠레에서 처음으로 시도되었다. 1980년대 말까지 이 정책은 계속되는 성장과 경쟁, 그리고 무엇보다 자유롭고 제한 없는 세계 무역을 통해 모두를 영원히 번영으로 이끌어줄 수 있는 합리적이고 효과적인 유일한 경제 모델로 일반화되었다. 짧은 기간 내에 이 새로운 신자유주의적 도그마는 일부 보수적인 정부뿐 아니라 사회민주주의로 기울었던 정부들에서도 수용되었다.

신자유주의 프로젝트가 이렇게 대세가 된 데에는 몇 가지 중요한 사건들이 도움이 되었다.

1. 1989년 베를린 장벽의 붕괴는 동서로 극단화되는 시대의 종말, 동독과 소련의 종말을 의미했다. 자본주의는 이제 '시장경제'로 불리었

고, 신자유주의 경제 도그마가 유일하게 효과적인 경제 모델로 여겨졌으며, 다른 대안은 없는 것이 되었다. 이 도그마는 북부세계의 선진 공업화된 부유한 국가에서만이 아니라 남부세계의 가난한 국가에서도, 이른바 동남아시아의 타이거 국가들[인도네시아, 말레이시아, 필리핀, 태국을 말한다]에서도, 일본에서도, 동유럽에서 계속 사회주의를 고수했던 국가들에서도 널리 유포되었다.

2. 규제완화, 민영화, 자유화, 세계화의 신자유주의 도그마는 제3세계 정부에게도 이미 널리 전파되었는데, 이 정부들은 채무를 갚을 능력이 없었다. 세계은행과 국제통화기금IMF은 이들 정부를 재정 파탄에서 구원하면서 악명높은 구조조정프로그램들SAPs을 받아들이도록 했다. 이는 외국 자본과 투자자에게 경제를 개방하고, 보건, 교육, 여성, 농민, 빈민 등을 위한 정부 프로그램을 축소하며, 농부가 외국시장용 작물을 생산하도록 강제하는 것이었다.

3. 신자유주의 이론과 정책은 관세및무역에관한일반협정GATT(이는 1995년 세계무역기구WTO로 이관되었다), 유럽연합을 만든 마스트리히트조약과 암스테르담조약, 1994년의 북미자유무역협정NAFTA, 1995년의 남미공동시장, 태평양연안국들의 아펙APEC 등 같은 전지구적 혹은 지역적 조약들을 통해 법적으로 공고화된 세계 시장 시스템을 형성했다. 이 전략의 마지막 단계는 다국적 기업의 신자유주의의 공격들을 세계 경제 내에서 자유 무역과 자유 투자이론에 기초하여 법적으로 공고화하는 것, 가능하다면 영원히 합법적인 것으로 만드는 것이다. 이것이 다자간투자협정MAI인데 이는 아직 협정이 마무리되지 않은 상태이다. 이는 클라크Tony Clarke가 묘사한 대로(Clarke 1997), 정말 새로운 세계 기업 지배 조약이다.

4. 신자유주의가 승승장구하며 빠르게 확산되면서 '인간의 얼굴을 한', '통제되는' 자본주의라는 케인즈식 모델이 불신을 받도록 만든 네 번째 요소는 마이크로프로세서, 컴퓨터, 그리고 나중에 있었던 유전자 기술 등 이른바 신기술혁명이었다. 1970년대 말부터 1980년대 초까지 컴퓨터가 여러 생산과정에 도입되었고, 나중에는 통신과 행정분야까지 확산되었는데, 이는 노동 영역에서 큰 위기를 가져왔다. 노동절약형 기술의 도입으로 수백만 명의 일자리가 없어졌을 뿐 아니라, 미래에도 이를 대체할 일자리가 생기지 않을 것이며, 따라서 북부세계의 노동조합의 중심 요구사항이었던 완전고용은 시대착오적임이 분명해졌고 불안은 더욱 높아졌다. 이 신新기술들은 선진 공업국에서 '노동'에 대한 규정 자체를 흔들어 놓았다. 기계는 계속 정리해고를 양산하고 있는데, 이는 일시적이 아니며 앞으로도 계속될 것 같다.

그러나 1980년대는 노동의 위기가 시작된 시기만은 아니다. 전 세계에 걸쳐 생태보호운동이 등장했던 시기이기도 하다. 특히 나토NATO가 유럽에 설치한 핵미사일에 반대하는 운동과 일반적인 핵발전소 반대운동이 있었고, 이를 통해 공업화 모델이 자연과 생명에 근본적으로 초래한 결과들에 대해 문제가 제기되었다. 사람들이 이 시스템을 점검하지 않는다면 지구와 지구 위의 생명이 파괴될 것이라는 점이 분명해졌다. 1983년 녹색당이 서독 하원에 진출했다. 생태문제를 전면에 내건 세계 최초의 정당이 의석을 갖게 된 것이다. 생태운동은 큰 반향을 일으켰는데, 특히 여성이 많은 관심을 보였다. 독일에서 여성이 녹색당에 많이 참여했고, 이를 통해 녹색당은 크게 성장할 수 있었다. 켈리Petra Kelly는 언론을 통해 유명해졌고, 페미니스트는 아니었지만 이를 통해 녹색당이 여성친화적이라는 인상을 심어줄 수 있었다. 이와 별개로 녹색당은 페미니스트의 요구를 프로그램에 많이 반영했고, 모든 의회 의석의 절반을 여성에게 할당했다. 당시로서는 혁명적인 조치였다. 사실 1980년대 중반에는 녹색 정치가 생태, 페미니즘, 평화, 노동, 제3세계에 대한 착취 등 다양한 운동영역에서 제기되어 온 많은 이슈를 총괄해낼 수 있을 것으로 보였다. 이 모든 문제에 대해 하나의 해결책이 가능하다고, 나왔다고 생각했다. 단, 사람들이 총체적인 세계관과 '좋은 삶'에 대한 재규정을 받아들이기만 한다면.

1980년대 말, 특히 1989년 베를린 장벽이 무너진 이후 이런 낙관적 생각은 산산조각이 났다. 세계적 차원에서 신자유주의의 승리는 완벽해 보였다. 시장 경제에 대한 대안은 없었다. 다국적기업은 원하는 곳에 투자할 자유를 누리게 되었다. 정부가 개입하는 보호주의의 방해를 받지 않게 되었다. 하나로 세계화된 경제에서 자본이 노동력이 싼 국가들로 쉽게 옮겨 갈 수 있게 되면서 노동자의 협상력은 크게 약화되었다. 또한 다국적기업은 환경법 등의 규제를 피해서 가난한 남부세계나, 환경법이 없는 혹은 있더라도 엄격하지 않은 지역으로 옮겨 가버릴 수 있게 되었다. 1990년대 이후로 선진공업국에서, 특히 독일에서 실업률이 높아졌다. 녹색당은 의회에서 계속 자리를 유지하려면 자신의 여러 기본 요구사항을 보류해야 했다는 것을 깨달았다. 많은 페미니스트가 자신의 프로젝트와 요구를 펼칠 수 있는 공간이 점점 줄어들고 있다는 것을 실감하기 시작했다. 많은 여성이 실업과 빈곤의 위협에 시달렸다. 특히 혼자서 아이를 키우는 여성은 심각했다. 젊은이가 사회와 경제에 대해 낙관적인 전망을 갖기 힘들다는 점이 분명해졌다. 평생직장이나 직업 안정성처럼 부모가 누렸던 것을 꿈꾸기가 힘들어졌다. 1980년대에 상당 기간 동안 지속되었던 낙관주의가 빠르게 사라지고, 그 자리에 깊은 비관주의가 들어왔다. 이를 티나TINA, There Is No Alternative[대안은 없다]증후군이라고 부르기도 한다.

이런 정치·경제·사회적 상황의 변화는 포스트모더니즘이라고 알려진 이데올로기적·이론적 변화를 동반했다. 1980년대와 특히 1990년대 초, 포스트모더니즘은 예술, 사회과학, 문학에서 뿐만이 아니라 페미니즘에서도 지배적인 영향을 미쳤다. 새로운 포스트모던 담론은, 알려진 대로, 가부장제, 자본주의, 착취, 억압과 같은 개념에서 뿐만이 아니라 자매애 혹은 단결과 같은 개념에서도 빠르게 벗어나려고 했다. 신여성운동 초기 단계의 주요 개념이었던 이런 용어 대신, 차이와 정체성, 구성과 해체와 같은 새로운 개념이 등장했다. 사회관계에 대한 분석과 현실에 대한 유물론적이고 역사적인 접근 대신 담론 이론이 등장했다. 사실, 포스트모더니즘은 현실을 분해하여 연관성 없는 사건들, 시간들, 사회적 요소들의 조립으로 이해하려 했다. 포스트모더니즘은 우리가 주변에서 인지하게 되는 물질적이고 비물질적인 모든 것들이 인식을 '구성'하는 것임을 강조함으로써 현실의식의 기반을 흔들어 놓으려 했다. 세계의 물질성이 해체되면서 새로운 이상주의가 탄생했다. 이 이상주의는 모든 현실은 결국 가상일 뿐이라고 선언한다. 포스트모던 페미니즘은 자본주의적 가부장제의 체제를 극복한다는 여성운동의 오랜 목표를 포기했다. 이제 유일한 목표는 젠더 평등이 되었다. 이는 여성이 갈망하는 것은 남성과 동등한 몫을 차지하는 것일 뿐이지, 체제에 도전하는 것은 아니라는 의미였다. '체제'라는 용어도 현실성이 없는 것이라는 이유에서 폐기되었다. '주류' 혹은 '주류화'에 참여하는 것이 새로운 목표가 되었다.

이런 포스트모던 이데올로기는 1980년대와 1990년대의 신자유주의 정치경제와 딱 어울리는 것이었다. 이를 추종했던 페미니스트는 '주변부에서 벗어나' '주류'의 어딘가에 둥지를 틀 수 있기를 기대했다. 실업률이 높던 시대에, 특히 영미권에 있는 대학의 여성학 분야에서 포스트모던 도그마에 충실하지 않은 여성은 채용하지 않았던 상황에서 이는 이해할 만 했다. 이에 대해서는 1996년 애들레이드에서 열렸던 국제여성학총회International Women's Studies Congress에서 클레인Renate Klein 이 설명한 바 있다.

따라서 이 책에 대한 비판이 이런 사상적 흐름의 영향을 받았다고 하는 점은 놀라운 일이 아니다. 나를 놀라게 했던 것은 이 책에 대한 찬사가 백인 중산층 출신이 아니라 남부세계 혹은 아프리카계 미국인들 사이에서 주로 나왔다는 점이다. 처음 나온 서평 중에는 피게로아 Esther Figueroa가 『오프 아우어 백스』Off Our Backs에서 쓴 것이 있다. 피게로아는 이렇게 썼다.

> 마리아 미즈는 접근 방식에 있어 놀랍도록 종합적인 책을 써냈다. 대부분은 그 연관성을 놓쳐버리게 되는 이슈들을 미즈는 하나의 실로 꿰어내고자 한다. …… 과개발 국가와 저개발 국가 사이에 관계가 없고, 그래서 양 지역 여성은 서로 관련이 없거나 일상에서 서로 아무 상관도 없는 것처럼 보이지만, 그렇지 않다는 것을 보여주는 책이다. 미즈는 명료하고 일상적인 용어를 사용하여 통찰력과 영감, 그리고 창조적인 비전을 제공한다. 미즈의 주장은 최고의 페미니스트 이론이다. (*Off Our Backs*, March 1987)

'타자성'이 이해와 단결에 방해가 된다고 하는 포스트모던의 주장에도 불구하고, 이 책이 받아들여진 것은 그 역을 증명하는 것이다.

비슷한 상황이 독일에서도 전개되었다. 서독에서는 일부 페미니스트가 격렬한 비판을 내놓았던 반면, (베를린 장벽이 무너지기 이전의) 동독 여성들은 이 책을 어렵게 구해 읽고, 자신들의 현실을 타당한 방식으로 잘 설명하고 있다고 평했다. 그러나 대부분의 평자는, 호의적이건 적대적이건 간에, 이 책이 우리 현실 세계가 감추고 있는 '은밀한' 관계들을 드러내주고 있으며, 이를 과거와 연결시켜 주고 있다고 말했다.

이 서문에서 나는 제기된 비판들에 모두 답할 수는 없다. 그래서 현재 상황과 가장 밀접해 보이는 문제들에 집중하여 답하고자 한다. 이는 아래와 같다.

1. 나의 소비자-해방 주장에 대한 비판
2. 본질주의라는 비판
3. 자연, 농촌사회, 과거를 이상화, 낭만화하고 있다는 비판

1. 일부 비판자들, 특히 독일 비판자들은 자본축적의 원리에 맞서는 하나의 전략으로 소비를 정치화하기 시작하자는 나의 제안에 분개했다. 그들은 이 전략을 비능률적이며 개인적이라고 했고, 체제에 도전하기에는 너무 약하다고 평했다. 도덕주의적이고 반여성적이라고 하기도 했다. ─ 남성도 계속 소비를 하는데, 왜 여성이 다시 희생을 감수하는 자가 되어야 하냐는 것이었다.

이 점을 비판한 여성은 나의 자본주의적 가부장제 분석을 어느 정도 수용한 것이다. 다만 실천을 위한 어떤 제안으로 나아가는 것은 원하지 않았다. 그들은 내가 제안한 소비자 해방이 유일한 전략이라기보

다는 가능한 하나의 전략일 뿐이라는 주장을 들으려 하지 않았다. 그들은 비판적인 비평가로 남기를 원했다. 그들은 또한 제기된 새로운 방법이 도덕적이거나 금욕적인 것이 아니라 해방을 위한 것이라는 점을 이해하지 못했다. 사람들에게 덜 해야 더 많이 얻을 수 있다는 것, 혹은 덜 하는 것을 통해 삶의 질과 행복까지도 증진시킬 수 있다는 것을 설명하는 것이 어려웠다. 이는 기독교 혹은 개신교 윤리가 세속화된 자본주의 세계관에 깊이 뿌리박혀 있기 때문이기도 했다. 한편, '해방'은 일종의 영적 혹은 도덕적 마음 상태, '청렴결백'한 감정을 의미하는 것으로만 이해되었다. 이런 윤리는 '깨끗한 옷 운동(노동조건개선운동)'과 여러 공정무역 운동들 배후에 있는 것으로 보였다. 그러나 내가 해방을 통해 말하고자 하는 것은 '좋은 삶'에 대한 규정을 바꾸는 것만이 아니라, 다른 사회적·경제적 관계들이다. 소비자의 불매운동은 자본축적의 기제를 방해하는 강력한 수단이 될 수 있다고 보았다. 무치Sandra Meucci는 1899년 미국에서 페미니스트의 주도하에 있는 전국소비자연맹National Consumers' League이 조직한 강력한 소비자 불매운동들이 있었다고 했다(Meucci 1990). 이후 미국에서 소비자 불매운동은 지금까지 투쟁의 효과적인 수단이 되어 왔다.

2. 포스트모던 페미니스트가 내 책에 대해 제기한 주요 논점 중 하나는 내 책이 '본질주의'에 가깝다는 것이다. 포스트모던 페미니스트에게 본질주의는 원죄이다. 누구도 나에게 '본질주의'가 무엇인지 설명하지 못했다. 그러나 나는 이 용어가 오늘날 '생물학적 결정론'을 지칭할 때 사용된다고 알고 있다. 여성운동 아주 초기부터 생물학적 결정론은 남성이 젠더 사이의 생물적 차이를 이용해 가부장적 지배를 설명하는 수단으로 이용되고 있다고 비판받아 왔다. 그러나 포스트모더

니스트들은 '여성', '어머니', '토지', '가부장제', '자본주의' 등과 같은 개념을 사용하는 것조차 터부시했다. 여성이 출산할 능력이 있고, 어머니가 된다는 사실이 완전히 평가절하되었고, 탈역사적이고, 비물질적인 것이 되었다. 여성의 출산능력은 그저 생물학적인 우연일 뿐이며, 오늘날에는 생명공학을 통해 바꿀 수 있는 것으로 여겨졌다. 이는 '여성'이라는 범주에도 똑같이 적용된다. 대부분의 사람들이 세상에 여성 혹은 남성으로 태어난다는 사실을 그대로 받아들이지 않는다. 젠더 혹은 성적 지향을 바꾸는 것이 물리적으로 가능해졌기 때문이다. 특히 젠더 담론은 '어머니' 혹은 '여성'과 같은 범주를 없애는 데 기여했다. 이 담론에서 생물학적으로 결정되는 '섹스'와 문화적으로 구성되는 '젠더'는 분리되고 대조되었다. 이는 구래의 정신분열적 상황을 다시 불러오는 결과를 낳았다. '섹스'는 다시 탈역사화되었고, 재생산이나 생명공학 영역에서나 다루는 생물학적 문제일 뿐이라고 규정되었다. 이에 비해 '젠더'는 '좀 더 고상한' 문제로, 문화가 결정적 역할을 하는 것으로 규정되었다. 옛날 방식의 이분법이 새로운 옷을 입은 것이다.

철학적으로 '본질주의'에 대한 비판은 현실에 대한 물질주의적이고 역사적인 접근방식의 철회를 의미한다. 그 주 대상은 물론 맑스주의이며, 목표는 새로운 관념론의 '재건'이다. 남성과 여성에 대해 계속 이야기하는 것을 일반적으로 본질주의로 여겼다; 경제와 사회적 관계에 대해 말하는 것을 보통 경제주의적이라고 보았다. 이는 '주체적 요소'를 무시하는 것으로 여겨졌기 때문이다; 폭력에 대해 말하면 급진적 페미니스트라고 여겼다. 급진적 페미니스트는 여성과 아동에 대한 남성의 폭력 스캔들을 계속 이야기하는 사람이기 때문이다(Bell & Klein 1990); 여성들의 공통점을 이야기하는 것은 차이를 무시하는 것이라고도 한다; 특히 자연과 여성을 말하면 본질주의자라고 한다. 여성이 남성보다 자연에 더 가깝다고 생각하기 때문이라는 것이다.

나는 위에서 열거한 이 모든 죄를 짓고 있다고 고백한다. 여성이 주변의 자연과 갖는 관계를 이야기하고 이런 관계가 타고난 것이 아니라, 여성의 몸으로 '존재'해 온 경험, 세대에서 세대로 전해 내려오면서 형성되고 변화되어 온 지식을 배우고 습득해 온 경험을 통해 역사적으로 영향을 받은 것이라고 보면서, 인류와 인류를 둘러싼 세계 사이의 연속성을 강조하는 것이 본질주의라면, 나는 본질주의자이다. 이는 여성이 남성보다 자연에 '더 가깝다'는 것이 아니다. 여성과 남성은 자연의 일부이다. 남성이든 여성이든 이 사실을 깨닫는다면 좋을 것이다. '남성'을 만물의 영장, 자연의 가부장으로 개념화하는 것이 가부장적 프로젝트의 일부이다.

3. 내가 자급적 생활방식을 낭만화, 이상화하며, 좀 더 소박한 과거의 시골생활에 대해 향수를 갖고 있다고 하는 비판은 주로 이 책의 마지막 장을 언급하는 것이다. 마지막 장에서 나는 식민지에 대한 어떤 착취나 억압도 없는 조건에 기초한 사회의 윤곽선을 그려보려고 했다.

요즘 많은 이들이 말하기를 가장 부족한 것이 사회와 경제에 대한 대안적 전망이라고 한다. 그러나 누군가가 그런 전망을 위해 가장 필수적인 원칙을 과감하게 만들어보려고 하면, 유토피아적이다, 지금 당장 실현될 수 없는 것이다, 과거회귀적이다, '좀 더 소박한' 삶을 낭만화한다, 진보적인 것이 아니다 등등의 비판이 금방 날아든다. 우리 선진 공업사회들에서 대안을 생각하는 것이 더욱 어려운 것은 유럽 중심적 사고방식을 지배하고 있는 직선적 발전 개념 때문이기도 하다. '뒤로 물러나' 과거 혹은 산업화되지 않은 사회들에 있는 더 좋은 것들을 찾아보는 것이 현재 우리 사회가 맞닥뜨린 파국을 뛰어넘을 수 있는 창조적 방안이 될 수 있다는 것을 사람들은 이해하지 못한다. 그들은 단선적인 사고방식에 사로잡혀 있으며, 결국 별다를 것 없는 자리, 보통은 사회를 변화시키는 기술혁신 정도를 맴돌 것이다.

선진공업화된 사회들에서 사는 사람들은 음식이 여전히 땅에서 나오고 있다는 사실, 따라서 토지가 식량 생산과 식량 안보의 기초라는 사실을 잘 납득하지 못하고 있다. 토지는 '저개발' 국가들에게 필수적이라고 하는 것은 쉽게 받아들이지만 '개발된' 사회들에서도 토지에 관심을 가져야 할 필요는 느끼지 못한다. 다른 충분히 성장한 경제 모델을 보지 않는 한, 자신의 사고방식에서 벗어나 다른 패러다임을 꿈꾸려고 하지 않는다. 그들은 이미 진행되고 있는 과정, 그들 자신의 창의성과 에너지를 발달시켜 줄 과정에 참여하기를 두려워하고 있다. 그들은 오래된 집 밖으로 발을 내딛기 전에 안정을 보장받기를 원한다. 나는 자급적 삶에 대한 전망이 더 나은 대안이며, 이 대안은 이미 실행되고 있는 것을 선진공업화된 세계의 사람들에게, 남성이든 여성이든 간에, 이들에게 설명하는 것이 얼마나 어려운 일인지를 실감하고 있다. 대안은 없다는 티나^TINA 증후군에 사로잡히는 대신, 하늘에서 떨어지는 초인을 기다리거나 기술을 새로운 역사적 주체로 여기며 기다리는 대신, 자급적 삶이라는 대안^SITA, Subsistence Is The Alternative[자급이 대안이다]을 가능한 지향점으로라도 검토해 보는 것이 좋을 것이다.

아시아, 러시아, 그리고 (지금 이 글을 쓰고 있는 시기에) 곧 닥칠 것으로 예상되는 남미와 미국에서의 금융위기에 직면하여 세계 경제의 경영자들이 안고 있는 혼란과 당혹함에 대해 말하는 것이 더 이상 농담이 아님이 분명해졌다. '세계적 수준의 선수들'이 어찌할 바를 모르고 있다. 이들은 자신들의 신자유주의 설교의 결과인 재정 위기가 1929년 때처럼 심각해질 수 있고, 그 여파가 남부세계나 러시아에 국한되지 않을 수도 있다는 점을 두려워하고 있다. 내가 보기에 가장 놀라운 것은 세계은행과 국제통화기금IMF이 직접 그런 위험한 징조들을 인지하고 있으면서도 진정한 대안을 생각 해내지 못하고 있다는 점이다. 그들은 이제껏 해 왔던 방식을 계속 유지하고 있다. 세계경제가 심각한 불황으로 떨어지고 있다고 경고하면서도, 그들은 규제완화, 민영화, 세계화를 더욱 진척시켜야 한다는 신자유주의 도그마를 계속 강조하고 있다. 이들이 대안을 내놓지 못하는 무능함을 보이는 데에는 도덕적 해이가 한 역할을 하고 있기는 하지만, 오로지 그 이유가 전부는 아니다. 이 무능함의 원인은 무엇보다 자본축적이라는 지배 논리에서, 지속적 성장과 식민화에 기초한 경제적 패러다임에서 벗어나지 못하고 있기 때문이다.

나는 이 책의 새로운 판본이 이들로 하여금 혹은 다른 여러 세계를 누비는 이들로 하여금 자본주의를 빙산 경제로 이해할 수 있게 전환시켜 줄 수 있을 것이라고는 기대하지 않는다. 그러나 이 빙산 경제가 다시 급박한 위기를 연이어 계속 산출해 낼 때, 남부세계와 북부세계의 보통 사람들이 절망에 빠지지 않도록 도울 수 있기를 희망한다. 빙산들은 몹시 불안정하다.

마리아 미즈

쾰른, 1998년 10월

이 책을 쓴 것은 페미니즘의 이슈에 대해 자주 제기되는 몇 가지 난제들을 분명히 정리하고 싶어서였다. 페미니스트운동이 어느 때보다 세계 여러 지역으로 전파되고, 세계의 지배자들은 여성이슈를 점점 더 많이 '수용'하고 있지만, 이 운동이 무엇에 맞서고, 무엇을 위해 싸우는지가 점점 불분명해지고 있음을 알게 되었다.

우리의 적이 남성이 아니라 자본주의적 가부장제라는 하나의 체제라는 점에 많이들 동의하고 있지만, 많은 페미니스트가 자본주의에 대해서는 언급도 하지 않는다. 언급을 하는 경우에도 전통적인 맑스주의 분석에 페미니스트 분석을 추가하는 정도에 머물고 있다. 어떤 이들은 미국의 평등권보장 헌법개정운동협회ERA, Equal Rights Amendment처럼 남성과 좀 더 평등해지는 사회만을 요구한다. 이들은 자본주의적 가부장제라는 하나의 체제를 극복하는 문제는 제기하지도 않는다.

비슷하게, 우리 대부분은 페미니스트 저항운동이 계급, 인종, 제국주의의 모든 장벽을 뛰어넘어 왔다고 생각한다. 여성은 모든 곳에서 성차별주의와 남성지배의 희생자였기 때문이다. 따라서 여성 사이의 국제적 연대, 혹은 지구적 차원의 자매의식에는 현실적인 기초가 있을 것이라고 여긴다. 한편 우리는 서구의 모든 계급의 여성, 그리고 제3세계의 중산층 여성의 삶 수준은 저개발지역의 가난한 남성과 여성에 대한 지속적인 착취와 계급 착취에 기초해 있는 냉엄한 현실을 외면할 수 없다.

모든 여성이 남성에 의해 착취당하고 억압당하고 있다고 말하는 것으로는 충분치 않다. 성별 사이에는 서열 구분만 있는 것이 아니다. 남성의 여성에 대한 지배관계와 밀접하게 얽혀 있는 다른 사회적·국제적 구분도 있다. 이는 페미니스트운동이 계급의 이슈, 혹은 착취적인 국제노동분업과 제국주의의 문제를 무시할 수 없음을 의미한다. 한편, 사회과학자들이 주장했던 '여성문제'는 2차적 모순이며 이데올로기, 상부구조, 혹은 문화의 영역에 속한다는 생각은 더 이상 여성이 놓인 현실을 제대로 설명하지 못한다. 특히 페미니스트운동이 전 세계적 차원에서 폭력의 문제를 제기하면서부터는 더욱 그렇다.

가부장제와 자본주의 사이의 관계, 다시 말하면, 여성에 대한 억압과 착취와 끝없는 자본축적과 '성장'의 패러다임 사이의 관계, 자본주의적 가부장제와 식민지에 대한 착취와 예속의 관계에 대해 풀리지 않는 질문이 계속되고 있다. 이것은 학술적 문제가 아니다. 이것은 일상을 사는 모든 여성에 대한 관심이고, 정치적 목적을 가진 실체인 페미니스트운동에 관한 문제이다. 이 문제에 대해 타당한 답변을 찾지 못한다면 페미니스트운동은 자본의 축적이라는 파괴적인 모델이 지속되기를 원하는 세력에게, 느려지고 있는 '성장' 과정에 자양분을 주기 위해 여성운동의 활력을 필요로 하는 세력에게 흡수되어 버릴 것이다.

이 책은 제기된 문제들에 대한 체계적인 연구의 결과는 아니다. 이 문제들은 투쟁과 토론들 속에서, 최근 몇 년간 내가 참여해 온 모임들에서 수차례 반복하여 등장하곤 했다. 제3세계 여성과 제1세계 여성, 혹은 제3세계에 사는 제1세계 여성 사이에서 많은 논쟁이 있었다. 나의 분석은 국제적인 여성운동이 없었다면 가능하지 않았을 것이다. 많은 여성과 여러 남성이 소중한 아이디어와 조언을 주었다. 내가 다시 생각할 수 있게 해주고, 더 깊고 넓게 연구할 수 있게 해주는 문제제기를 받을 때마다 정말 기뻤다. 과하게 개발된 국가와 지역, 그리고 저개발된 국가와 지역, 그런 곳의 다양한 계급 사이에서 무엇이 여성을 단결시키고 무엇이 여성을 갈라놓는지의 문제는 중요하다. 자본의 축적과정에서 뿐만이 아니라 가부장적 남녀관계가 만들어지는 과정에서 폭력의 역할 문제도 중요하다.

우리가 '여성 문제'를 현실적인 사회적 관계의 맥락에서, 자본축적이 주도하는 노동의 국제적 분업의 맥락에서 이해하지 못한다면 세계적 차원에서 진행되는 페미니스트운동에서 혼란은 계속될 것이라는 점이 갈수록 분명해졌다. 여성, 자연, 식민지의 종속과 이에 대한 착취는 이런 모델이 지속되는 전제조건이다.

두 번째로 분명하게 다가왔던 점은, 자신의 인간성을 되찾고자 투쟁에 나선 여성은 위의 패러다임이 지속되는 한 얻을 것이 아무것도 없다는 점이다. 어느 곳의 페미니스트든지 사회과학에서 이야기해 온, 자본주의가 끝없는 축적 혹은 '성장'을 추구하는 욕망을 통해 여성해방을 위한 전제조건들을 만들고 있으며, 이런 과정을 거치면서 사회주의 아래서 여성해방이 실현될 수 있을 것이라는 믿음은 일찌감치 버리는 것이 좋다. 자본의 축적과정 그 자체가 모든 곳에서 인간의 본성을 파괴하고 있다는 점이 오늘날 갈수록 명확해지고 있다. 자본의 축적과정은 여성이 자신의 삶과 몸에 대해 갖는 자주성을 파괴하는 것에 기반하고 있기 때문이다. 여성은 성장모델을 지속하는 경우에는 인간성과 관련해 얻을 것이 없다. 그러므로 여성은 자연과 여성을 비롯해 다른 민중에 대한 착취에 기초하지 않는 사회에 대한 전망을 발전시켜나갈 수 있다.

　방법론적으로 보면, 이는 동전의 한 면만 보는 것으로는 충분치 않음을 의미한다. 이는 성별 그리고 국제적 노동분업을 통해 분절되어 있는 다양한 부분 사이의 관계에 대한 연구가 필수적임을 의미한다. 세계 시장은 세계 구석구석 낯선 사람들을 연결하고 있기 때문에 이런 노동분업과 연관관계를 이해하는 것은 구체적인 실체를 가진 것이다. 연관관계가 실제적인 것이기는 하지만, 우리는 이를 전혀 인식하지 못하고 있다. 우리는 사실 전혀 알지 못하는 사람이 제3세계에서 만든 상품을 대량 소비하고 있다. 국제노동분업과 성별노동분업에서 이루어지는 상품생산이 야기한 소외를 극복하기 위하여, 나는 서구 여성만이 아니라 식민지 여성에게 일어난 일에도 관심을 기울였다. 동전의 양면을 잘 들여다봐야만 여성에 관한 모순적 정책을 잘 알 수 있다. 이 정책들은 군국주의자, 자본가, 정치인, 과학자가 형제애로 뭉쳐 성장 모델을 지속시키려는 노력을 강구하면서 추진된 것이다. 전 세계 여성은 문화적 차이로 갈라져 있다고 하는 문화적 상대주의의 협소한 시각을 극복하는 것이 가능해졌다. 사실 우리는 상품 관계들을 통해 갈라져 있기도 하고, 연결되어 있기도 하다.

　'동전의 양면을 보는 것'은, 내 경우에는 아시아, 라틴아메리카, 아프리카 출신의 여러 여성과 만나 토론할 기회를 갖게 되면서 가능했다. 헤이그에 있는 사회연구원ISS에서 '여성과 개발' 프로그램 기획자로 일하면서 갖게 된 기회였다. 이 외에도 인도에서 여러 해 동안 살고 일하면서 인도 페미니스트와 여러 차례 만날 수 있었던 것도 큰 도움이 되었다. 따라서 이 책의 여러 분석은 인도와 인도의 신여성운동에 대한 나의 경험적 지식에 기초한 것이다. 인도의 도시와 농촌에서 살고 있는 자매와 같은 인도여성들에게 큰 도움을 받았다. 가부장적 구조와 제도에 맞서 투쟁에 나선 그들의 용기를 보며 큰 힘을 얻었다.

사회연구원에서 공부하는 제3세계 학자들에게도 많은 것을 배웠다. 페미니즘이 도대체 무엇인지, 그들과, 또 그들 국가의 화급한 빈곤 문제와 어떤 관련이 있는 것인지 등의 문제제기를 들으며 나는 서구의 페미니스트에게뿐 아니라 제3세계 페미니스트에게도 유용할 만한 답변을 모색하게 되었다.

오늘날 여성의 현실을 규정하는 구조적·이데올로기적 체제를 구성하는 것은 가부장제와 세계적 차원에서 진행되는 자본축적이라는 것을 인지하기 시작하면, 세계적 차원의 여성운동은 이 체제와, 이것에 얽혀 있는 성별노동분업과 국제노동분업에 도전하지 않을 수 없게 된다.

1장에서는 페미니즘의 주요 논제들을 명료하게 정리하고자 했다. 미국과 유럽에서의 신여성운동의 역사를 주된 이슈, 운동, 논쟁 등을 통해 소개하고, 신여성운동이 기존의 여성운동과 무엇이 다른가를 집중적으로 다루었다. 나아가 아시아, 라틴아메리카, 아프리카에서 페미니스트운동의 등장이 아직 해결되지 않은 문제들, 다시 말하면 자본주의, 식민주의의 이슈, 미래 사회에 대한 사회주의적 비전 등의 문제 해결에 어떤 의미를 가질 수 있는가 하는 점을 다루었다. 이 점에서 가정폭력에 대한 페미니스트의 분석과 정치에 대한 페미니스트의 개념이 구래의 여성해방이론의 틀을 깨는 데 중요한 역할을 해왔다.

2장에서는 성별노동분업이 어떤 사회적 기원을 가지는지를 추적했다. 남성과 여성의 지배 예속 관계의 기원에 대한 일반적 설명은 대부분 생물학적인 것이었고, 이것은 비판적 평가를 받아왔다. 이 관계를 생물학적으로든 경제적으로든 결정론적으로 전개되어 온 것으로 보는 생각 역시 도전받고 있다. 남성-사냥꾼-전사가 무기를 독점하면서 정치권력이 형성되었는데, 이는 다른 계급과 민족 사이의 관계에서뿐 아니라, 남성과 여성 사이에도 지속적인 착취관계를 세우는 데 필수적이었다는 점을 강조했다. 이렇게 볼 때, 착취적인 성별분업은 국제 노동분업이 기반하고 있는 사회적 패러다임이다.

3장에서는 식민화와 여성의 가정주부화, 이 두 가지의 역사를 추적한다. 이 둘은 서로 연결되어 있다. 16세기 이래 진행되어 온 식민지 정복과 착취는 유럽에서 자본축적의 기반이었다. 비슷한 시기 마녀 학살 기간 동안 여성의 몸과 삶에 대한 자율권도 크게 무너졌는데, 이 역시 식민화 못지않게 중요한 문제이다. 이 장에서는 다른 국가와 여성이 '자연'으로 규정되고, 식민지로 만들어지면서 자본축적 혹은 진보와 문명이라는 이름아래 백인 남성에 의해 착취당하게 된 과정과 정책들을 연구했다.

4장에서는 우리 시대의 신국제분업과 여성이 세계시장체제에서 가장 값싼 생산자이자 소비자 역할을 하고 있는 것까지 탐구를 확장했다. 세계 어느 곳에서든 여성을 딸린 식구로 규정하는 정책, 혹은 여성을 가정주부화 하는 과정은 국제자본이 여성을 세계적 차원의 자본축적 과정으로 편입시키는 주요 전략이다. 이는 경제와 노동시장을 공식부문과 비공식부문으로 분리하는 것을 전제로 하고 있다. 이른바 공식부문은 근대적 영역으로 주로 남성이 노동을 한다. 이에 비해 비공식부문에서는 다수의 여성이 일하고 있는데, 이들은 기본적으로 진짜 임금노동자라기보다는 가정주부로 간주된다.

5장은 여성에 대한 폭력이 제대로 된 임금노동에 기초하지 않은 생산관계가 만들어지는 과정에서 어떤 역할을 하는지를 연구한다. 이 연구는 주로 인도 여성의 경험과, 결혼지참금살인[신부가 결혼과 함께 가져온 지참금이 부족하다고 느낀 신랑이나 신랑측 식구가 신부를 괴롭힌 끝에 사망에 이르게 한 사건]과 성폭행에 맞선 그들의 투쟁에 기초했다. 여성에 대한 직접 폭력의 다양한 양상은 시대와 무관한 남성의 타고난 가학성 때문이 아니다. 이는 남성이 부와 생산적 자본을 경제적 힘이 아니라 직접적인 폭력과 여성에 대한 가부장적 통제를 통해 축적하고자 하는, 지금도 계속 진행되고 있는 '원시적 축적' 과정의 메커니즘 때문이다. 이 장은 가부장적 폭력이 일부 봉건적 과거의 특징이 아니라, 이른바 근대화 과정의 '필수' 요소로 엮여있음을 보여준다.

6장은 이제까지의 분석에 따르면 자본축적의 법칙 아래서는 여성해방이 가능하지 않은 것으로 보이는데, 그렇다면 혁명이나 해방전쟁을 겪은 사회주의 국가에서는 바람직한 대안을 찾을 수 있는가 하는 문제를 정면으로 다룬다. 소련, 중국, 베트남의 경우를 통해 본 결과 사회적 생산에 여성을 참여시킨다는 사회주의의 구호에도 불구하고 사회주의적 축적 과정 역시 실제로는 여성을 가정주부화하는 자본주의와 같은 메커니즘에 기초해 있다. 또한 이러한 국가들 역시 주로 남성이 많은 '진보적인' 사회주의화된 부문과, 주로 여성이 많은 부차적이고 사적인 혹은 비공식적인 부문으로 이원화된 경제 모델에 기초해 있었다.

마지막 장에서는 미래 사회에 대한 페미니스트적 전망을 모색한다. 이는 상품과 부와 생산력의 끝없는 팽창과 성장에 기초한 자본축적 모델을 극복하려는 시도이기도 하다. 미래 사회는 자연과 여성과 다른 민중이 타자를 위해, 그리고 추상적인 진보의 이상을 위해 식민화되고 착취당하지 않으며, 인간 세상은 유한하다는 인식에 기초한 사회여야 할 것이다. 이를 위해서는 점점 더 기계와 연관되어 가는 필요노동과 인류를 위해 비축된 창조적 노동 사이의 구분을 뛰어 넘는 노동에 대한 새로운 개념이 필요하다. 필요노동과 창조적 노동이 항시적으로 결합되도록 하는 것이 인류 행복의 선세조건이라고 생각한다. 노동에 대한 그런 개념은 현재의 국제적인 노동분업뿐 아니라 성별 분업도 사라지게 하는 결과로 이어질 것이다. 이는 자연과 여성과 식민지의 착취에 기초한 경제가 아니라, 상당한 정도의 자급이 이루어지는 경제, 대안 경제에 기초해야 할 것이다. 이러한 경제적 자급, 자신의 삶과 몸에 대한 통제력을 되찾기 위해 먼저 소비자 해방운동으로 한 걸음을 내디딜 수 있다. 이는 과발전되어 있는 국가와 계급의 여성이 시작한 일이기도 하다. 이런 운동이 저개발된 국가와 계급의 생산 해방운동과 결합된다면, 전 지구적 차원에서 여성해방운동을 향한 긴 여행이 시작될 수 있을 것이다.

1장

페미니즘이란?

1장

페미니즘이란?

오늘날 우리는 어디에 있는가?

여성해방운동Women's Liberation Movement, WLM은 생태운동, 대안운동, 평화운동 등 가장 광범한 문제를 다루면서도, 또한 가장 논란이 많은 신사회운동이라고 할 수 있다. 이 운동은 그 존재 자체에서부터 민중 속에서 논란을 일으켰다. '생태문제', '평화이슈', 제3세계의 종속 문제에 대해서는 침착하게 학문적이고 정치적인 토론을 이끌어갈 수 있어도, '여성문제'에 대해서는 남성과 그리고 많은 여성이 늘 지극히 감정적으로 반응했다. 각각의 개인에게 이는 민감한 이슈이다. 이는 여성운동이 다른 운동들처럼 국가나 자본가 등 외부의 적이나 기구를 대상으로 하는 것이 아니라, 가장 친밀한 인간관계, 남성과 여성 사이의 관계를 변화시켜야 한다는 관점을 갖고 직접 민중에게 호소하고 있기 때문이다. 따라서 전투는 공동의 이해관계 혹은 정치적 목적을 가진 특정 집단과 외부의 일정한 적 사이에서 벌어지는 것이 아니라 여성과 남성 내부에서 그리고 여성과 남성 사이에서 벌어진다. 모두가 조만간 어느 한 편에 서야 한다는 압박을 받는다. 어느 한 편에 선다는 것은 우리 내부의 일정 부분이 떨어져 나가는 것을 의미한다. 우리가 우리의 정체성이라고 생각했던 것이 무너지고 새로운 정체성을 창조해야만 한다는 것을 의미한다. 이는 고통스러운 과정이다. 대부분의 남성과 여성은 이를 피하려고 한다. 우리 사회들 속에 있는 남녀관계의 진정한 본질을 스스로 인식해가는 것은, 돈벌이와 권력놀음과 욕망이 난무하는 냉정하고 잔혹한 세계에서 평화롭고 조화로운 지대로 남아있는 마지막 섬을 파괴하는 것이 될 수 있다. 게다가 이 이슈를 자신의 의식 속에 받아들이게 되면, 그들은 남성이든 여성이든 자신들이 한편으로는 피해자일 뿐 아니라, 다른 한편으로는 남성과 여성을 모두 속박하고 있는 착취와 억압의 체제에서 자신도 공범자라는 점을 인정해야만 한다. 진정으로 자유로운 인간관계로 가고 싶다면 이제껏 해온 공모행위를 포기해야만 한다. 이는 이 체제에서 특권을 가진 남성만이 아니라, 이 체제에 물질적 존재 기반을 두고 있는 여성도 마찬가지이다.

페미니스트는 억압적이고 불평등한 남녀관계에 대한 침묵의 공모를 과감하게 깨뜨리려는 이들이고, 이 관계를 변화시키고 싶은 이들이다. 그러나 이런 남성 지배 체제에 '성차별주의', 혹은 '가부장제'라는 일정한 이름을 부여하며 목청을 높이는 것으로는 위에서 이야기한 양면성을 해결할 수 없다. 오히려 분열을 강화시킬 뿐이다.

1960년대 말 신여성운동이 시작되었을 때부터 모순되는 반응들이 나오기 시작했다. 구여성운동이 1920년대에 쇠퇴한 이후 처음으로, 일군의 여성이 자신들을 페미니스트라고 칭하면서, 여성만으로 이루어진 집단들을 조직했고, 이른바 '이름없는 문제'(Friedan, 1968)에 대해 이야기하기 시작했다. 우리 각자는 사적인 자리에서 여성이 아버지, 남편, 남자친구로부터 얼마나 무시당해 왔는지에 대한 이야기를 여러 차례 들은 경험이 있다. 그러나 이는 항상 개인적인 불운으로 간주되었다. 일찍 각성한 집단들, 공개적으로 말하는 시간을 가졌던 이들, 여성만으로 이루어진 모임들, 남녀혼성 그룹에서 분리해나오는 활동을 시작했던 여성들이 했던 최초의 특별한 활동들과 조직들을 통해 여성은 자신에게 분명히 특수하고 개인적인 문제였던 것이 모든 여성의 문제이기도 하다는 것을 발견할 수 있었다. 이는 정말 사회적이고 정치적인 문제였다. '개인적인 것이 정치적인 것이다'라는 슬로건이 만들어지면서, '신성한 가족'에 대한 금기, 그리고 입에 감히 올릴 수 없는 것으로 간주되어온 지성소至聖所인 침실과 여성의 성경험 등을 둘러싼 금기가 깨어졌다. 모든 여성이 뿌리 깊고 광범위한 성차별주의에 포위당해 있었다. 그 심각함이 공개적으로 말하는 활동을 통해 표면으로 드러나게 되었다. 새로운 관심이 생겨났고, 남성의 지배에 맞서서, 그리고 여성에 대한 경멸과 학대, 계속되는 성적 불평등에 맞서서 싸우겠다고 하는 의지가 여성 사이에서 자매애라는 새로운 감성을 만들어냈다. 이는 신여성운동 초기에 있었던 힘과 열정, 기쁨의 큰 원천이었다. 이런 자매애의 감정은 모든 여성은, 계급, 인종, 국적에 상관없이 공통의 문제를 갖고 있다고 하는 문제의식에 어느 정도 기초하고 있었다. 이는 1977년 자메이카의 킹스톤Kingston에 있는 여성민중극단 시스트린이 표현한 대로, '남성이 우리를 얼마나 불쾌하게 대하는지'에 대한 문제의식이었다.[1]

---

1. 1977년, 자메이카의 킹스톤에서 13명의 여성이 모여 극단 시스트린(Sistren)을 만들었다. 당시 맨리(Michael Manley) 정부는 실업여성을 위해 거리 청소와 같은 일자리를 만드는

여성이 모여서 가장 친밀한 관계에서 있었던 경험들, 그러나 거론하는 것은 금기시되어 온 문제들을 거리낌 없이 이야기할 때마다, 분노와 관심, 여성 사이의 결속력 등이 생겨나는 것을 볼 수 있었다. 이는 저개발 국가에서 여성 단체가 생겨날 때도 마찬가지였다.[2] 운동 초기에 다수의 남성, 특히 언론인이 보였던 적대적이고 경멸적인 대응을 접하면서 페미니스트 사이에서 여성 연대감은 더욱 강해졌다. 온통 남성이 지배하는 사회적 속박 속에서 여성을 위한 일정한 공간을 만들어낼 수 있는 유일한 방법은 페미니스트 분리주의라는 것을 갈수록 확신하게 되었다. 그러나 페미니스트운동이 확대될수록, 남성을 배제하고 여성으로만 이루어진 영역의 경계선은 더욱 분명해졌고, 이 운동에 대한 부정적이고 노골적으로 적대적인 태도들은 더욱 완고해졌다. 페미니즘은 많은 남성과 여성에게 불쾌한 단어가 되었다.

저개발 국가에서 이 단어는 주로 '서구'와 관련된 몹쓸 것을 의미하는 것으로 사용되었다. 때때로 '부르주아'는 페미니즘을 식민주의 혹은 자본가 계급의 지배 등과 같은 범주처럼 표현하기도 했다. 그렇다보니

'성과있는 프로그램'을 시작하고 있었다. 13명의 여성은 보조교사로 훈련을 받았다. 훈련기간 동안 그들은 연례행사인 노동자 주간에 할 만한 연극을 만들어달라는 부탁을 받았다. 그들은 자마이카 연극학교 출신의 포드-스미스(Honor Ford-Smith)에게 극본 작업을 봐달라고 요청했다. 포드-스미스 여사가 그들에게 어떤 연극을 하고 싶은지 묻자 그들은 이렇게 말했다. "우리가 여성으로서 겪는 고통에 대한 연극을 하고 싶다. 남성이 우리를 얼마나 불쾌하게 대하는지를 보여주고 싶다." (Homor Ford-Smith; 'Women, the Arts and Jamaican Society', 미발간 문서, 킹스톤, 1980; Sistren Theatre Collective: 'Women's Theater in Jamaica', in *Grassroots Development*, vol. 7, no. 2, 1983, p. 44).

2. 나는 이를 1973/74년 인도의 하이데라바드에서 작은 여성 그룹이 형성되는 과정에서 볼 수 있었다. 이 단체에서 인도 최초의 여성 조직인 여성진보단(Progressive Organization of Women, POW)이 나왔다. (K, Lalitha : 'Origin and Growth of POW : First ever Militant Women's Movement in Andhra Pradesh', in *HOW*, vol. 2, no. 4, 1979, p. 5). 한편 많은 제3세계 국가에서 페미니스트 단체와 조직이 등장했다.

제3세계 여성은 이 운동의 필요성을 그다지 느끼지 못했다. 여러 국제 회의에서 나는 비슷한 관행을 목격했다. 1975년 멕시코에서 있었던 유엔여성회의가 끝나고 있었던 일은 특히 기억에 남는다. 여성이 공식 단상에서 연설을 할 때, 그들은 한 여성으로 발언하기 이전에 '저들 페미니스트'와 자신은 관련이 없다는 것을 분명히 했다. '페미니스트'는 항상 '다른 여성'이었고, '몹쓸 여자'였으며, '너무 멀리 가버린 여성', '남성을 증오하는 여성', 점잖은 여성이라면 어울리고 싶어 하지 않을 현대판 마녀와 같은 존재였다. 아시아, 라틴아메리카, 아프리카에서 온 여성들, 특히 개발 부서나 유엔과 연계된 이들은 '서구 페미니스트'와는 항상 거리를 두려고 했다. 이들은 페미니즘이 자국에서 화급한 문제인 빈곤과 개발의 이슈를 중시하지 않는다고 여겼기 때문이다. 또 다른 이들은 페미니스트가 노동계급, 혹은 다른 억압받는 계급의 단결을 방해한다고 여겼다. 그들은 페미니스트가 여성해방의 이슈를 계급투쟁이나 민족해방투쟁보다 앞에 놓음으로서 더 큰 혁명의 문제를 망각하도록 만든다고 생각했다. 페미니즘에 대한 적대감은 정통 좌파 조직 내에서 특히 격렬했고, 여성보다 남성 사이에서 더욱 신랄했다.[3]

---

3. 좌파 반페미니즘의 이론적 토대는 맑스주의자의 관점에서 시작되었다. 엥겔스, 베벨, 클라라 제트킨이 '여성문제'는 계급문제의 일부이며 독자적으로 다뤄서는 안 된다는 분명한 서술을 남겼다. 초기의 신페미니스트운동은 무시되었으며, 맑스-레닌주의 정당과는 관련이 없는 것으로 여겼다. 그러나 페미니즘운동이 계속 존재하면서 더 많은 여성, 심지어 저개발 국가의 여성까지도 동원하는 것을 보면서 이들은 정책을 바꾸었다. 이 정당들은 신여성운동의 상징, 슬로건, 부분적으로는 개념까지 차용하면서 이 신사회운동에서 전위적 역할을 자처하기도 했지만, 다른 한편으로는 독립적인 페미니스트 집단과 운동에 대해 '부르주아' 혹은 '이탈자'라고 하면서 구래의 반론을 고수하기도 한다. 이는 서독의 소련파 공산주의 정당이었던 독일공산당(Deutsche Kommunistische Partei, DKP)의 최근 역사에서 잘 볼 수 있다. 이 당의 여성분과는 페미니스의 색상, 상징, 슬로건을 이용했고 심지어 '독립성'을 주장하기도 했다. 저개발 국가의 페미니스트도 여성에 대해 적대적이면서 여성운동에 대해 이중적 전략을 갖고 있는 정통좌파와 비슷

페미니즘 일반에 대해, 그리고 특히 '서구 페미니즘'에 대한 이런 부정적인 언사에도 불구하고 '여성 문제'는 다시 역사의 의제가 되었다. 이를 다시 방기할 수는 없을 것이다. 멕시코에서 있었던 국제여성회의는 세계여성행동계획World Plan of Action을 진전시키려는 전략의 일환으로 여성의 분노를 가라앉히고 저항을 완화시켜서, 정부가 감당할 수 있는 정책으로 집중하려고 했다. 특히 제3세계 여성을 '서구 페미니즘'이라고 하는 감염성 높은 질병으로부터 격리하려고 했다. 그러나 이 전략은 반대의 결과를 낳았다. 이 회의를 위해 준비된 보고서들은, 여러 예를 통해 남성과 여성 사이의 불평등이 더욱 커지고 있음을 말해주는 공식 서류가 되었다(인도 정부 보고서 참조, 1974) 그들은 이 무렵 제3세계 국가에서 등장하기 시작했던 소규모의 페미니스트 단체들을 주목했고 정통성을 부여했다. 1980년 코펜하겐에서 열린 국제여성회의에서는 세계적 차원에서 여성의 상황이 향상되지 않았으며, 오히려 악화되었다는 점이 인정되었다. 한편, 제3세계 여성 사이에서 의식과 전투성, 조직망 등은 향상되었다. 이 회의에서 제3세계는 '서구 페미니즘'에 대해 많은 비판을 했지만, 그럼에도 불구하고 '여성문제'에 대한 태도에서는 분명한 변화가 있었다. 이 회의 이후, 제3세계 여성은 토론과 글 속에서 '페미니즘'이라는 단어를 더 이상 기피하지 않았다. 1979년 방콕에서 있었던 국제워크숍에서 제3세계와 제1세계 여성은 '페미니스트 이데올로기'가 무엇인지에 대해 공통의 인식을 만들어냈다. 그리고 『미래를 위한 발전전략 : 페미니스트의 관점』*Developing Strategies for the Future : Feminist Perspectives*(뉴욕, 1980)이라는 제목의 문서를

한 경험을 했다. (Datar : 'The Left Parties and the Invisibility of Women : A Critique', in *Teaching politics*, vol. X, Annual No., Bombay, 1984 참조).

통해 페미니즘의 공동 목표를 분명히 했다. 1981년 보고타Bogota에서 라틴아메리카 여성이 처음으로 페미니스트 회의를 가졌다.[4] 아시아, 라틴아메리카, 아프리카의 여러 국가에서 스스로를 '페미니스트'라고 공개적으로 선언한 작은 여성단체가 생겨났다. 이들은 사방에서 쏟아지는 비판에 직면해야 했다.[5] 제3세계 여성은 인도에서 벌어지는 결혼지참금살인과 강간, 태국의 성매매관광, 아프리카의 음핵절제관행, 라틴아메리카의 다양한 남성성의 과시 관행들에 맞서 싸우기 시작했다. 이들은 서구 페미니스트운동이 시작했던 지점, 즉 심히 착취적이고 억압적인 남녀관계, 이를 뒷받침하는 노골적이고 구조적인 폭력, 그리고 이와 관련되어 있는 현재의 국제노동분업을 비롯한 모든 사회적 관계들

---

4. 인도는 아시아에서 페미니스트운동이 가장 급속하게 퍼진 국가인 것으로 보인다. 최근의 '여성해방순례'(Women's Liberation Pilgrimage, Stree Mukti Yatra)는 봄베이의 몇몇 여성 단체가 조직한 것으로, 약 20만 명의 여성과 10만 명의 남성이 여성의 억압과 해방에 관한 드라마 쇼, 포스터 전시, 토론회, 슬라이드 쇼, 책 판매 등 다양한 프로그램들에 참여할 수 있도록 했다. 이 '움직이는 워크숍'은 75명의 여성해방 활동가가 한 버스를 타고 12일 동안 1,500킬로미터를 소화하며 이룬 것이다. 그들은 마하라슈트라 주에 있는 11개 소도시와 10개의 마을을 순회했다. 한 참가자는 이렇게 썼다. '목적은 여성이 사회에서 차별받고 있다는 깨달음을 주는 것이고, 여성해방사상과 관련된 오해를 풀려는 것이다.'(Nandita Gandhi, Eve's Weekly, 16~22 February 1985). 이 순례에 대한 반응과 결과는 대단했다. 인도의 주요 일간지인 『인디아 타임즈』(Times of India)는 이렇게 보도했다. '마하라슈트라 주에서 두 주 간의 여성해방순례운동을 통해 페미니즘은 이제 이곳에 머물게 되었다. 더 이상 인도와 상관없는 서구의 수입품이거나 소수 도시여성의 전유물로 간주되지 않게 되었다.' (Ayesha Kagai, 'A girl is born', in Times of India, 3 February 1985).

5. 1982년 페루의 리마에서 제2차 '라틴아메리카와 캐리비안 지역 페미니스트 회의'가 열렸을 때 참석자의 숫자는 700명으로 증가했다. 보고타에서 열렸던 1차회의에는 230명이 참여했다. 15개국에서 온 여성은 도시 중간계급 지식인에서부터 노동자, 농민에 이르기까지 다양했다. 조직가들은 자신들의 주장에 여성들이 열심히 호응한 이유를 명쾌하게 설명한다. '산업화된 국가들에서 보수주의가 다시 등장하면서 이에 맞서기 위해서는 페미니스트운동이 중요해졌다. 가부장적 권력의 변화 없이는 문제가 계속 온존할 것이기 때문이다.' (Jill Gray, 'A Growing Movement:Latin American Feminism', in NACLA Report, vol. XVII, no. 6, Nov~Dec 1983).

을 피해갈 수 없었다.

제3세계 페미니스트가 전개한 이 진정한 아래로부터의 운동들은 서구 페미니스트들과 비슷한 조직 과정을 거쳤다. 작고 독립적인 여성단체나 센터 들이 특정 이슈나 다소 일반적 주제를 중심으로 형성되었다. 이 과정에서 여성들이 함께 만나 이야기하고, 생각해보고, 선언하고, 함께 행동했다. 앞서 언급했던 것처럼 자마이카의 킹스턴에서는 극단을 중심으로 모인 시스트린이 여성으로만 이루어진 집단임을 주장하면서 단체의 목적을 가난한 여성의 의식을 높이는 것, 특히 착취적인 남녀관계와 계급관계에 대한 의식을 높이는 것이라고 밝혔다. 페루, 리마의 플로라 트리스탄Flora Tristan은 라틴아메리카에서 처음 생겨난 페미니스트 단체들 중 하나이다(Vargas, 1981). 인도에서는 대도시를 중심으로 많은 페미니스트 단체와 센터가 세워졌다. 가장 유명한 것은 델리에 있는 (지금은 해체된) 스트리 상하쉬Stri Sangharsh 그룹과 사헬리Saheli이다. 그 외에도 (지금은 해체된 왕년의) 페미니스트 네트워크, 스트리 묵티 상가트나Stree Mukti Sangathana, 여성억압반대포럼Forum against Oppression of Women, 봄베이여성센터Women's Centre in Bombay, 하이데라바드의 스트리 샥티 상가트나Stri Shakti Sangathana in Hyderabad, 방갈로르의 비모차나Vimochana in Bangalore, 캘커타의 여성센터Women's Centre in Calcutta 등이 있다. 비슷한 시기에 제3세계에서는 진정한 페미니스트 언론들이 처음 등장했다. 가장 초기에 나온 것 중의 하나가 델리의 한 여성단체가 발간한 『마누시』Manush이다. 스리랑카의 『여성의 소리』Voice of Women도 비슷한 시기에 나왔다. 라틴아메리카에서도 비슷한 잡지들이 발간되었다.[6]

제3세계 여성운동에는 이렇게 '아래'로부터, 민초차원에서부터 성장한 페미니즘 외에도, '위'로부터의 운동이 있었다. 위로부터의 운동은 개발에서 여성의 역할, 여성의 학습, 여성의 지위 등을 강조했다. 이는 대개는 정부나 국제기구의 관료사회, 개발관련 기구들, 여성에 관심을 둔 유엔 조직들, 그리고 심지어는 페미니스트에서 출발한 경우가 많았다. 이 경우 페미니스트는 이런 관료기구의 재정적·조직적 자원을 이용하여 여성운동을 확장시키고자 했다. 특히 포드재단 Ford Foundation과 같은 미국 조직이 중요한 역할을 했다. 포드재단은 캐리비안, 아프리카(탄자니아), 인도 등 제3세계 국가에서 여성연구가 자리 잡도록 하는 데 크게 기여했다. 여성관련 연구가 사회과학의 일부가 되도록 하기 위해 연구센터들이 세워졌고 정책들이 만들어졌다.

인도에서는 여성연구전국협회National Association of Women's Studies라는 기구가 형성되었고, 이미 두 차례의 전국 모임을 개최했다. 캐리비안에서 비슷한 기구가 조직 중에 있다. 그러나 이 인도 협회는 여전히 '여성연구'라고 하는 좀 더 보편적인 용어에 머물러 있다. 반면에 캐리비안에서는 페미니스트 연구와 활동을 위한 캐리비안연합Caribbean Association for Feminists Research and Action, CAFRA이라는 이름으로 단체를 만들었다.

이 명칭은 이미 제3세계에서 일어나고 있는 새로운 여성운동, 즉 아래로부터의 운동과 위로부터의 운동 사이에서 일어나고 있는 이론

---

6. 짧은 주석이 달린 한 참고문헌에 따르면, 라틴아메리카에서 발간된 것으로 36개의 페미니스트 저널과 잡지 제호가 정리되어 있었다. (cf. Unidad de Comunication Alternative de la Mujer — ILET, publicationes alternativas de grupos de mujeres en america latina, Santiago, Chile, 1984).

적·정치적 논의의 표현이다. 운동이 양적으로 확대될수록, 기성 제도는 좀 더 수용적인 것이 되고, 지역정부뿐 아니라 국제지원기구들로부터도 더 많은 지원금을 받을 수 있고, 기존 제도와 체제에 '여성의 숫자'를 '더하기'만을 원하는 이들과 가부장적 사회를 근본적으로 변화시키기 위해 싸우는 이들 사이의 갈등은 더욱 첨예해진다.

이런 갈등은 정부 혹은 비정부, 지역 혹은 외국의 개발 기구들이 주관하고 재정을 지원하는 가난한 농촌과 도시 여성을 위한 여러 경제적 프로젝트에서도 나타난다. 개발정책 입안자들은 전략 속에 점점 더 '여성 부분'을 넣으려고 하고 있다. 이런 정책 배후에 있는 진짜 동기(4장 참조)를 생각하면 심히 불쾌하지만, 이런 프로젝트를 통해서도 점점 더 많은 여성이 '여성문제'를 인식할 수 있다. 이는 페미니즘에 대한 정치적·이론적 논쟁에도 기여한다.

오늘날 국제적 여성운동 상황을 보면 다음과 같은 점을 발견할 수 있다.

1. 운동이 시작된 이래 여성 사이에서 여성에 대한 억압과 착취에 대한 인식이 빠르게 계속 확대되고 있다. 이 운동은 현재 제1세계 국가에서보다 제3세계 국가에서 더욱 빠르게 성장하고 있다. 현재 제1세계에서 여성운동은 저조한 것으로 보인다.

2. '남성이 우리를 얼마나 불쾌하게 대하고 있는가'라는 기본적이고 공통된 문제의식에도 불구하고 여성 사이에는 여러 골이 있다. 제3세계 여성은 제1세계 여성과 구분되고, 도시 여성은 농촌 여성과 다르며, 여성 활동가와 여성 연구자가 다르고, 가정주부와 임금노동 여성

이 다르다.

이런 객관적 구분은 국제 자본주의적 가부장제 아래 있는 다양한 구조적 노동분업에 기초한 것이다. 그러나 이런 객관적 구분과는 별도로, 여러 이데올로기적 차이가 있다. 이 차이는 여성 개인의 혹은 여성 단체의 정치적 지향이 다양하기 때문이다. 그래서 전통적 좌파에 끌리는 여성과 전통적 좌파가 여성문제와 관련해서는 장님이라고 비판하는 여성 사이에도 차이와 갈등이 있다. 또한 페미니스트 사이에서도 구분이 있는데, 이는 문제의 핵심에 대한 분석과 그 해결 전략에 대한 차이 때문이다.

3. 이런 구분은 계급, 민족, 인종적 차이에서 만이 아니라 같은 인종, 같은 계급, 같은 민족 여성 사이에서도 발견할 수 있다. 서구 페미니스트운동에서는 레즈비언과 이성애 여성 사이의 구분이 운동 발전에서 중요한 역할을 했다.

4. 운동에 참여한 각각의 여성은 가부장제 아래서 여성이 기본적으로 공유하는 실존적 경험과 다른 여성과는 다른 고유의 실존적 경험을 자신 속에서 통합시켜야 한다. 그래서 특히 여성운동은 어느 곳에서나 긴장도가 높다. 이 긴장은 다른 여성과 자신을 구분하기 위해서만이 아니라, 여성의 단결을 도모하기 위하여 들인 감정적 에너지 때문이기도 하다. 이는 제1세계나 제3세계나 마찬가지이다. 여성운동이 어느 한 당파의 지도 아래 있는 것이 아니라 이슈, 캠페인, 프로젝트 등을 중심으로 자율적으로 스스로 조직하는 운동이기 때문에 나타난 현상이다.

5. 이렇게 단결하면서 동시에 구분되었던 경험에 대해 많은 여성은 훈계하는 태도로 대응한다. 그들은 '다른 여성'들을 가부장주의적 혹은 가부장적 행위라고 비판하기도 하고, 비판을 받게 되면 죄책감을 갖거나 심한 말로 상처를 남기는 방식으로 대응한다.

후자는 특히 섹스와 인종 관계를 다루는 영역에서 자주 볼 수 있다. 이 분야는 페미니스트운동에 참여한 제3세계 출신의 여성이 많이 살고 있는 미국, 영국, 네덜란드의 여성운동에서 최근 가장 민감한 주제 중 하나가 되었다(Bandarage, 1983). 초기에 백인 페미니스트는 인종 문제에 관심이 없거나 유색인 여성을 페미니스트운동으로 이끌기 위해 이들에 대해 어머니같은 태도나 가부장적 태도를 취했다. 흑색 혹은 갈색 피부의 여성이 자신들의 고유한 자율적인 조직 원칙을 확장하면서 분리된 흑인여성단체, 언론, 센터 등을 만들기 시작하자 백인 페미니스트는 여성과 남성을 가르는 것만으로 '자매애'가 만들어지지 않는다는 것을 깨닫기 시작했다. 그러나 대다수 백인 페미니스트가 인종주의가 사라지지 않는 한 페미니즘도 성취될 수 없다는 점을 오늘날 인정하고 있다고 해도, 착취와 억압에서 성과 인종의 관계를 이해하려는 노력은 여전히 개인적 차원으로 남겨져 있는 것이 보통이다. 여기서 여성 개인은 자신 속에 있는 '인종주의자'를 발견하고 벌하기 위해 어느 정도 자기 분석을 한다.

한편, 흑인 여성에 대한 분석은 '모든 이들이 밟는 다리'가 되기를 거부한 흑인 여성의 분노감을 표현하는 것 이상으로는 진척되지 않는다(Rushin, 1981).

아직까지는 자본주의적 가부장제 아래서 인종주의와 성차별주의 사이의 연관관계에 대한 역사적이고 정치경제적인 분석이 많지 않다. 사회과학 연구에서 일반적으로 보이는 비역사적 경향에 따라 인종 차별은 성 차별과 동급에 놓인다. 두 차별은 성과 피부색이라고 하는 태생적 조건에 묶여 있는 것으로 보인다. 그러나 많은 페미니스트가 남성과 여성 사이의 관계에 대한 생물학적 환원주의를 거부하면서 여성에 대한 착취와 억압에는 사회적 역사적 뿌리가 있음을 강조했던 것처럼, 인종관계에서도 식민주의와 백인 남성이 흑인 세계에 대해 저지른 자본주의적 악행과 착취의 역사는 거의 망각되고 있다. 대신 서구와 비서구 여성 사이의 '문화적 차이'가 크게 강조된다. 오늘날 이런 식민 관계는 국제노동분업을 통해 지속되고 있다. 이 관계는 백인 페미니스트의 의식에서도 종종 사라지곤 한다. 이 백인 여성의 삶 수준은 상당 부분 온존하고 있는 식민지적 관계에 의존하고 있기 때문이다. 또한 '백인 세계'에 사는 흑인 여성도 이를 종종 망각한다. 이들이 '흑인 세계'의 형제 자매들과 같은 피부색을 가졌다고 해서 이들이 자동적으로 흑인 세계에 사는 이들과 한 편이 되는 것은 아니다(Amos & Parmar, 1984 참조). 흑인 여성 역시 자본주의적 가부장제에 따라, 식민지와 계급을 따라 구분되기 때문이다. 특히 계급 구분은 성과 인종을 논할 때 자주 망각된다. 현 시점에서 '흑인', '갈색' 혹은 '황색' 자본주의는 자본주의 세계체제를 지키는 이들에게 큰 희망이다. '흑인 세계'에 사는 흑인 여성 중 일부는 '백인 세계'에 사는 일부 백인 여성보다, 그리고 특히 백인 세계와 흑인 세계에 사는 대다수의 흑인 여성보다 나은 삶 수준을 누리기도 한다. 우리가 도덕주의와 개인주의의 함정에 빠지지 않으려면, 표면 아래를 보는 것, 성적·사회적·국제노동분업의 상호작용을 물질적이고 역사적 차원에서 이해하는 것이 필요하다. 이는 자본주의적 가부장제가 세계를 정복하면서 만들어낸 객관적인 구분들이다. 이것이 모든 것을 결정하지는 않지만, 우리들 차이의 근저에 자리 잡고 있다. 이 모든 구분은 특히 문화적 표현과 밀접하게 연관되어 있다.

성, 계급, 인종 혹은 식민주의가 우리 사회에서 얽혀 있는 방식은 선의로 풀어갈 수 있는 이데올로기적 문제만은 아니다. 페미니스트의 국제적 연대를 위한 현실적 토대를 이해하고자 하는 이라면 성, 인종, 계급의 구분선이 어떻게 연결되는가를 이해하려고 해야 한다. 좀 더 강한 '자매애'나 국제적 연대에 호소하는 것만으로는 충분하지 못할 것이다.

이데올로기적·정치적 측면의 구분에 대해, 새로운 페미니스트운동에서는 다양한 경향으로 구분하고 이름을 붙이는 시도가 계속 되어 왔다. 그래서 어떤 경향은 '급진적 페미니즘'으로, 또 어떤 이들은 '사회주의 페미니즘' 혹은 '맑스주의자 페미니즘', 또 다른 이들은 '자유주의 페미니즘'으로 불렸다. 대변자의 정치적 지향에 따라서는 '부르주아 페미니즘'으로 불리기도 했다. 내가 볼 때 이렇게 꼬리표를 붙이는 것은 페미니즘이 정말 무엇이고, 누구를 대변하며, 그 기본 원칙, 사회에 대한 분석과 전략 등이 무엇인지를 좀 더 잘 이해하는 데 그리 도움이 되지 않는 것 같다. 게다가 이런 꼬리표에 관심을 두는 이들은 이 운동을 주로 밖에서 바라보면서 통속적인 기존의 범주에 맞추려고 하는 사람들이다. 이제껏 개발되어 온 범주는 앵글로-색슨 세계와 같은 일부 국가에서는 어느 정도 가치가 있지만, 대개는 그 설명적 가치가 제한되어 있다. '급진적 페미니즘'이라는 꼬리표는 미국에서 페미니즘의 한 경향을 설명하는 이름인데, 이는 외부인에게는 그 의미를 설명해주지 못한다. 오직 이 운동을 아는 사람만, 급진적 페미니스트는 남성으로부터 여성의 근본적 분리주의 전략을 옹호하며, 특히 가부장적 권력의 중심을 성적sexual 관계로 보면서, 그 성적 관계의 영역에서 분리주의를 주장한다고 알고 있다. 논단에서 '급진적 페미니스트'는 반反남성적이며, 모두 레즈비언이라는 비난을 받곤 한다.

이렇게 꼬리표를 붙이는 방식의 주된 문제점은 이론적 빈곤에만 있는 것이 아니라, '여성문제'를 기존의 이론적이고 정치적인 틀에 맞추려고 하는 것에도 있다. 이는 이러한 틀들이 여성해방의 관점에서 비판되는 것이 아니라 기존의 틀은 어느 정도 타당하며 다만 '여성 구성원'이 좀 부족할 뿐이라는 의미가 된다. '여성 구성원'이 추가되면, 이 이론들은 완결될 것이라는 식의 기대를 받고 있다. 이런 방식을 따르는 대부분의 페미니스트 이론가는 '여성문제'가 본질상 다른 어떤 일반 이론에 덧붙여 놓는다고 해결될 문제가 아니라는 사실을 전혀 깨닫지 못하고 있다. 여성문제는 이 모든 이론을 비판하면서 사회 전체에 대한 새로운 이론을 갈망하고 있다. 이런 꼬리표 붙이기 방식은 특히 사회주의에 페미니즘을 더하려는 시도에서 잘 볼 수 있다. 여성운동의 일부 경향을 '사회주의 페미니스트' 혹은 '맑스주의자 페미니스트'이라고 특징짓는 것은 새로운 페미니스트의 비판과 저항을 기존의 맑스 이론의 틀에 맞추려는 시도임이 분명하다. 일부 네덜란드의 '사회주의 페미니스트'의 슬로건인, 여성해방 없이는 사회주의도 없을 것이고 사회주의 없이는 여성해방도 없다(사회주의 페미니스트 그룹Fem-Soc-Group)는 주장을 놓고 간단히 생각해 보면, 우리는 이 여성들이 사회주의 혹은 페미니즘에 대해 어떤 의미를 부여하고 있는지를 이해할 수가 없다. (이 슬로건을 만든 네덜란드 여성에게 '사회주의'는 유럽적인 사회민주주의와 어느 정도 같은 의미이다.) 이런 슬로건 혹은 꼬리표는 여성운동과 같은 광범한 운동과 그 참여자를 어떻게 분류해야 할지 알고 싶어 하는 사람에게, 일상의 정치 수준에서는 유용해 보일 수도 있다. 그러나 이 사람들이 '여성문제'를 어떻게 분석하고 있는지, 이들이 제안하고 있는 해결책은 무엇인지, 여성해방의 정치적 목적과 사회주의의 미래사회에 대한 전망 사이의 관계는 무엇인지 등에 대해서는 어떤 단서도 제공해주지 못한다. 필요한 것은 여성의 억압과 착취가 민중에 대한 다른 범주들에서의 억압과 착취, 그리고 자연에 대한 억압과 착취와 어떻게 연관되어 있는지를 새롭게 역사적·이론적으로 분석하는 것이다.

'급진적' 혹은 '자유주의적' 페미니즘이라는 꼬리표가 달린 사조를 따르는 여성은 또 다른 이론적 틀에 자신들의 분석을 대입하려고 노력해왔다. 미국, 프랑스, 서독의 많은 페미니스트에게 심리분석은 이론적 출발점이었다(Millet, 1970; Mitchell, 1975; Irrigaray, 1974; Janssen-Jurreit, 1976). 심리학과 심리분석을 이렇게 강조한 것은 서구 페미니스트운동의 큰 부분으로 자리하고 있는 개인주의적 경향 때문인 것으로 봐야 할 것이다.

또 다른 이들은 '여성문제'에 대한 분석에서 이론적 틀로 기능주의, 구조주의 혹은 상호작용론을 사용하기도 한다.

사회관계를 근본적으로 바꾸려고 하는 하나의 사회운동이 이론적 진공상태에서 작동하지는 않는다. 자신의 이론적 입장을 분명히 밝히기 시작한 여성들이 기존의 이론들을 언급하는 것은 당연하다. 어떤 경우에는 이를 통해 이들 이론을 부분적으로라도 비판하는 방향으로 이어지기도 한다. 예를 들어, 프로이트의 페니스 선망론이나 여성성에 대한 이론은 페미니스트로부터 큰 비판을 받았다. 그러나 이 이론은 여전히 그대로 남아 있다. 비판이 제기되지 않았던 이론의 경우, 기본 개념과 범주가 페미니스트 분석에서 무비판적으로 쓰이고 있다.

이는 특히 구조적 기능주의와 역할이론에서 잘 볼 수 있다. 역할이론이 자본주의 아래서 가부장적 핵가족을 온존시키기 위한 이론적 틀이라고 하는 비판 없이, 많은 페미니스트가 역할이론을 강조하고 있다. 성역할의 정형화를 강조하면서 성차별적이지 않은 사회화를 통해 이런 성역할의 전형을 변화시켜 '여성문제'를 풀어가려는 것은 구조적-기능주의자의 분석을 강화해주는 것이다. 이는 여성에 대한 착취와 억압의 더 깊은 뿌리를 이해할 수 없도록 만든다. 남녀 문제를 성역할의 정형화와 사회화의 문제로 규정함으로서 이는 곧 이데올로기적 차원으로 넘어가게 되고, 문화적 문제가 된다. 이 문제의 구조적 뿌리는 여전히 안 보이는 것으로 남게 되고, 자본축적과의 관계 역시 여전히 가려져 있게 된다.

후자는 여성의 억압에 대한 분석의 이론적 틀로 구조주의, 그리고 구조주의의 맑스주의적 변형이론(알튀세르, 메이야수, 라캉)을 사용할 때 특히 나타난다. 이런 시도는 역시 경제적 기초와 이데올로기의 '상대적 자율성'(알튀세르) 사이의 구조적 구분을 유지하는 것으로 마무리된다. 그리고 여성의 억압은 이데올로기적 혹은 문화적 부분으로 간주된다.

기존의 사회이론 혹은 패러다임에 '여성문제'를 '추가'하려는 이런 모든 시도는 새로운 페미니스트 반란의 진정한 역사적 추진력을 설명하지 못한다. 말하자면 이 페미니스트 반란은 **자본주의가 가장 최근의**

그리고 가장 보편적인 징후로 보여주고 있는 하나의 체제로서의 가부장제 혹은 가부장적 문명에 대한 근본적인 도전이다. 실제로 위에서 언급한 모든 이론은 '문명화된 사회'의 패러다임 내에 머물고 있다. 따라서 이런 사회 모델을 기필코 극복해야 하는 정치적 목적을 가진 페미니즘이 이런 이론들에 그저 덧붙거나, 이론들 속의 어느 망각된 지점을 찾아 맞춰 들어갈 수는 없는 것이다. 우리 중 많은 이들이 이런 이론의 '맹점들'을 채우려고 시도했지만, 결국 우리의 문제, 우리의 분석은 이런 사회 모델 전체를 문제로 삼게 된다는 결론을 내리게 되었다. 우리는 적당한 대안 이론들을 아직 충분히 발전시키지 못하고 있는 것 같다. 그러나 우리의 비평은 그런 빈틈을 먼저 다루기 시작했고, 점점 더 깊이 파헤쳐 나가서, 우리가 '우리의 문제', 말하자면, 착취적이고 억압적인 남-녀 관계가 '자연'이나 '식민지'와 같은 '숨겨진 대륙' 같은 것과 체계적으로 연관되어 있다는 것을 깨닫는 지점까지 와 있다. 점차 사회에 대한 새로운 이미지가 나타나고 있다. 여성이 어쩌다가 '잊혀지고', '무시되고', '차별받는' 것이 아니며, 남성만큼 기회를 '아직 얻지 못한' 것이 아니고, 몇몇 '소수집단들' 중 하나일 뿐인 것이 아니며, 다른 보편적 이론이나 정책이 '아직' 수용하지 못한 '특수한' 것이 아니다. 무엇이 '보편'인가에 대한 혹은 무엇이 '특수'인가에 대한 총체적인 인식에서 혁명적 변화가 있어야 한다. 각 사회에서 생명을 생산해내는 실제적 근원인 여성이 어떻게 '특수성'의 범주로 규정될 수 있는가? 따라서 이들 모든 이론 속에 내재한 보편적 타당성에 대한 주장을 문제로 삼아야 한다. 하지만 많은 페미니스트가 아직 이 점을 분명히 인지하지 못하고 있다.

많은 여성에게 다양한 투쟁과 활동에 관여하는 것은 특별한 경험이다. 이 투쟁과 활동은 제대로 주목받지 못하더라도, 상당히 깊은 역사적 의미를 갖고 있다. 투쟁과 활동은 실제로 일정한 변화를 가져온다. 그러나 여성은 자신이 목표로 했던 변화가 자신이 꿈꾸었던 것보다 훨씬 광범하고 근본적인 것이라는 점을 '인식'하지 못한다. 예를 들어 전 세계적으로 전개되는 반–성폭력 캠페인을 살펴보자. 여성에 대한 남성의 폭력에 집중하면서 성폭력 문제의 현상에 다가선다. 그리고 이를 공론화하는 과정에서 페미니스트는 문명화된 사회, 이른바 '평화로운 사회'라는 곳에서 금기로 해왔던 문제를 진지하게 다루게 된다. 대부분의 여성은 희생자를 돕거나 법적 개혁을 가져오는 일에 주력하게 되지만, 성폭력 문제가 공론화되었다는 사실 자체가 이른바 문명화된 사회라고 하는 허물을 벗고 감추어진 잔인하고 폭력적인 근간을 드러나게 해준다. 페미니스트 혁명의 깊이와 폭을 이해하기 시작하게 되면, 많은 여성이 주저하면서 자신이 경험해 온 것을 모른 체한다. 수천 년 동안 이어져 내려온 가부장제를 타파해야 하는 엄청난 일 앞에서 완전히 무기력해지기 때문이다. 그래도 문제는 남는다. 남성이든 여성이든, 제기된 역사적 문제에 응답할 준비가 되어 있는지 아닌지에 상관없이 이 문제들은 역사의 의제가 될 것이다. 그리고 우리는 합당한 답변을 찾아야 한다. 이를 통해 우리의 '인간적 본성'을 해치는 것이 아니라 한층 발전시키는 방식으로 사회적 관계를 재건하는 데 일조하도록 해야 한다.

좋을 때만 인정받는 페미니즘?

위에서 언급했던 페미니스트 사이의 구조적·이데올로기적 분열과 기본적으로 가부장적인 이론적 틀과 결별하고 새로운 방법론을 발전시키는 것의 어려움이 여성의 어느 정도는 타고난 취약성 때문이라고 말할 수는 없다. 이런 어려움은 여성이 사회적·정치적으로 무력한 상황에 있는 현실과 그것으로부터 파생된 불확실성을 명확히 보여주는 것이다. 무력한 집단들, 특히 이들이 어떤 권력과 착취의 시스템 내에 완전히 통합되어 있을 경우, 이들은 권력자들과 달리 현실을 규정하기가 어렵다. 물질적 생존을 권력자의 선의에 크게 의존하고 있는 경우에는 더욱이 어렵다. 많은 여성이 온갖 종류의 '남성 쇼비니즘'에 맞서오기는 했지만 일자리와 생계를 쥐고 있는 남성에게 과감하게 등을 돌리고 적대시하는 것은 어려운 일이었다. 중산층 여성에게 이런 대상은 학계나 정치권의 유력한 남성이거나, 심지어 남편인 경우가 많았다.

서구 경제가 계속 성장세를 구가하면서 국민총생산을 높이는 동안에는 여성과 같은 사회적 저항 세력들에게 약간의 빵조각을 던져주면서 사회적 불만과 불안을 중화할 수 있었다. 여성운동의 압력 아래서 낙태법이나 이혼법 개혁 등과 같은 일정한 자유화 개혁이 도입되었다. 네덜란드를 비롯한 몇몇 국가에서는 국가가 여성해방위원회를 만들기도 하고, 여성 활동과 여성의식을 고양시키기 위한 단체가 정부에게 지원을 요청하기도 했다. 미국에서는 대다수 대학에서 여성학과가 큰 반대 없이 개설되었다. 여기에는 여성운동가의 많은 투쟁이 있었기 때문이기도 하지만, 다른 한편으로는 시스템 내에서 '아가씨들'에게 일정한 보금자리를 제공해준다는 어느 정도의 가부장적 아량도 있었다. 이미 이 단계에서는 다양한 가부장적 기성 기구가 권력을 이용하여 여성을 선발하고, 여성의 저항을 체제 내로 통합해 갔다. 그러나 1980년대 초 경제적 위기가 깊어지고, 서구 대부분의 국가에서 보수 정권이 들어서면서, 새로운 경제 정책이 실행되고 페미니즘에 호의적인 태도 혹은 복지국가적 페미니즘은 막을 내렸다(De Vries, 1980). 몇몇 국가, 특히 미국과 서독에서 보수 정부는 신여성운동의 압력 아래 간신히 이루어 놓은 개혁들 일부를, 무엇보다 자유화된 낙태법을 공격해 들어갔다. 가부장적 가족, 이성간의 사랑, 모성 이데올로기, 여성의 '생물학적' 운명, 가사노동과 육아에 대한 여성의 책임, 그리고 페미니즘에 대한 총체적인 공격 등을 다시금 강조하는 퇴행 전략은 여성해방이 일부 법의 개혁이나 의식 고양을 통해 이루어질 수 있다고 낙관했던 여성에게 영향을 미쳐서 이들이 운동에서 멀어지거나 심지어 운동을 적대시하게 만들었다. 학계에서 사회-생물학과 같은 보수적 혹은 완전히 반동적 이론들이 다시 등장했다. 여성은 침묵하거나 이런 이론에 대해 가했던 초기의 비판들을 취소하기 시작했다. 여성학 분야에서 아카데믹한 페미니즘으로 가는 경향이 나타났다. 이제 목표는 사회와 남녀관계를 바꾸는 것이 아니라, 좀 더 많은 여성이 학계와 여성학 연구로 들어가게 하는 것이 되었다(Mies, 1984(b)).

그러나 이런 퇴행 전략은 좀 더 근본적인 구조적 변화들에 대한 정치적 선언일 뿐이다. 서구 경제들은 이를 보통 '노동의 유연화'라고 불러 왔다. 여성이 이런 전략의 직접적인 표적이 된다. 생산과정과 서비스직의 합리화, 컴퓨터화, 자동화라는 새로운 전략으로 인해 여성은 '공식 부문'에 있는 임금이 높고, 자격을 갖춘 이들이 접근할 수 있는 안정된 직장에서 쫓겨나는 첫 번째 사례가 되었다. 그렇다고 해서 여성이 따뜻한 난로가 있는 가정으로 돌려보내지는 것은 아니다. 사실 여성이 쫓겨 들어간 곳은 별 자격 없이도 접근할 수 있는 낮은 임금의 불안정한 일자리의 세계였다. 여성은 그 어느 때보다 여성의 진정한 소명이라고 일컬어지는 가사노동 외에도 그런 일자리에서 일해야만 하는 상황이다. 여성과 가족에 대한 공식적인 보수 이데올로기와는 반대로 가족은 더 이상 여성이 물질적·실존적 평안을 보장받을 수 있는 곳이 아니다. 생계를 책임지는 남성 가장은 지금도 여전히 새로운 정책들이 전제하고 있는 주된 이데올로기적 인물상이지만, 실제로는 무대에서 사라지고 있는 존재이다. 남성 실업률이 높아지면서 생계책임자의 역할이 흔들리기도 했고, 결혼 자체도 더 이상 여성에게 평생 생계를 보장해주는 경제적 울타리가 되어주지 못하게 되었다.

이런 새로운 경제 정책의 직접적인 결과로 서구 경제에서 여성의 빈곤화가 급속하게 진행되었다. 미국, 프랑스, 영국, 서독에서 등장한 '새로운 빈민' 가운데 여성의 비중이 가장 컸다. 서독에서 실업자 중 여성의 비율이 약 40%이다. 노동시장에서 여성은 모든 면에서 남성과 경쟁하고 있다. 특히 학교나 대학과 같은 높은 보수의 안정되고 권위있는 일자리에서는 정말 그렇다. 서독에서 교육계 인력감축 정책으로 인해 대규모로 실업자가 생겼고, 특히 여성 교사가 많이 실업자가 되었다. 대학에서도 좀 더 임금이 높은 좋은 자리에서 여성들이 밀려났다. 일자리가 귀해지면서 남성은 똘똘 뭉쳐 여성을 몰아내고, 많은 이들이 여성의 자리라고 인식하고 있는 가족과 가정으로 여성을 돌려보내자고 한다. 이런 공식 영역에서 일정한 권력을 갖고 있는 많은 남성은 권력을 여성, 특히 페미니스트로 알려진 여성을 몰아내는 데 사용한다. 서구 경제의 재편은 대개는 이미 저개발 국가에서 시행하고 있는 모델을 따라가는 것이다. 이는 말하자면 노동시장과 생산 과정을 양분하는 것이다. 하나는 높은 임금의, 자격을 갖춘 이들이 접근할 수 있고 대부분 남성으로 구성된 고전적인 임금노동 직종으로 그 안정성과 임금과 여타 조건들은 노동조합을 통해 보장받는다. 다른 하나는 비공식적이고 조직화되지 않은 부문으로 다양한 생산 관계로 이루어져 있으며, 시간제 일자리에서부터 자유를 저당 잡힌 계약노동, 이른바 생계형 자영업, 원거리 통신 시설 등을 이용한 혹은 다른 여러 형태의 가정노동을 이용하는 새로운 선대제, 거의 임금을 받지 못하거나 아주 낮은 임금의 가내 노동력에 이르기까지 다양한 생산 형태가 있다. 이 부문의 특징은 저임금에, 일자리가 전혀 안정적이지 않고, '유연성'이 아주 높다는 것이다.

노동조합은 만성적 실업 상태에 있는 이들과 그 대부분이 여성인 주변부 사람들을 포괄하고 있는 이 부문에 대해 책임감을 느끼지 않는다. 자본과 국가와 노동조합이 공유하고 있는 고전적 규정에 따르면 이들은 '자유' 임금노동자가 아니기 때문이다. 이런 이른바 비공식 부문에서 일하는 이들은 가정주부 같은 존재다. 그들은 노동을 하지만, '자유' 임금노동자들보다 더 많이 일하는 경우도 많지만, 이들의 노동은 보이지 않는다. 그래서 이는 규제받지 않는, 무한한 착취의 원천이 될 수 있다. 저개발 국가에서 개발된 패턴을 따라 형성된 경제와 노동시장의 이중구조는 서구 자본이 실질임금을 낮추고, 생산비를 줄이고, 노동조합의 힘을 분열시키는 수단이다. 비공식 부문의 노동자는 가정주부처럼 압력단체도 없이 뿔뿔이 흩어져 있기 때문이다. 전문가가 '노동의 유연성'이라고 부르는 것을, 우리 중 일부는 노동의 '가정주부화'라고 불러왔다(Mies, 1981; v. Werlhof, 1984).

경제를 '보이는' 부문과 '보이지 않는' 부문으로 나누는 전략은 전혀 새로운 것이 아니다. 이는 바로 처음부터 자본축적 과정의 수단이었다. 보이지 않는 부문은 당연히 '진짜' 경제로부터 배제되었다. 그러나 이 부문은 사실상 보이는 경제의 근간을 이루고 있다. 이들 배제된 영역은 자본의 내적·외적 식민지들이었/다. 산업화된 국가들의 가정주부들과 아프리카, 아시아, 라틴아메리카 식민지의 가정주부들이었다. 미국과 유럽은 복지제도와 사회보장체제 때문에 비공식 부문을 창출하는 것이 아직까지는 그 자체로 착취와 축적이 가능한, 돈벌이가 되는 사냥터를 만드는 것이 되지는 않았다. 사회복지에 대한 국가 지출을 줄일 때에만 정부는 공식 부문에서 내던져진 이들이 생존을 위해서 임금이나 조건에 상관없이 어떤 일이든 받아들이도록 압력을 가할 수 있다. 결국 이것은 저개발 세계의 대다수 민중이 놓여 있는 조건이 자본주의의 중심으로 들어가는 길임을 의미한다. 오랫동안 과개발된 overdeveloped 국가 국민 대중의 삶 수준이 제3세계 국가보다 훨씬 높기는 했지만, 구조적으로 비공식 부문 민중의 상황은 저개발 국가들 대다수 민중의 상황에 접근하고 있다.

서구 국가에서 이런 발전은 여성과 여성운동에게 광범한 변화를 가져왔다. 여성은 사회복지 지출이 감소하면서 노동이 합리화·유연화되는 이 복합적 전략으로 가장 큰 타격을 받고 있다. 따라서 그들은 서구 국가에서 '새로운 빈민'의 큰 부분을 차지하게 되었다(Atkinson, 1982; Möller, 1983).

여성운동에서 이러한 발전들은 큰 도전을 의미한다. 우선 이 발전들은 '좋을 때만 인정받는 페미니즘'의 끝을 의미한다. 정부에 압력을 가해 여성에게 좀 더 많은 사회 복지 혜택을 주도록 하는 것을 통해, 혹은 노동시장에서, 특히 좋은 일자리 시장에서 여성에게 평등한 기회를 요구하는 것을 통해, 혹은 여성이 정치나 정책 결정 과정에 더 많이 참여하는 것을 통해 여성해방을 이룰 수 있다고 기대했던 페미니스트는 모두 기대가 산산이 무너져 내리는 경험을 한다. 그들은 평등과 자유에 대한 기본적으로 민주주의적인 권리도, 여성과 관련해서는, 여건이 좋을 때만 보장되는 권리라는 것을 이제 깨닫는다. 이런 권리는 보편성을 특징으로 한다고는 하지만, 자본이 축적을 우선으로 내세우면서 유보시키겠다고 하면 유보되고 만다.

한편, 민주주의적 자본주의 국가에서는 부르주아 혁명이 했던 약속들, 여성에게도 했던 약속들이 실현될 가능성이 없다고 하는 점을 깨닫게 되면서 상당히 유익한 점도 있었다. 이런 각성을 통해 여성, 적어도 여성해방을 위해 전력을 다하겠다는 마음을 버리지 않은 여성은 우리가 살고 있는 현실에 대해 눈을 뜨게 되었다. 그리고 당장의 관심사에서는 멀어져 있는 것으로 보였기 때문에 많은 페미니스트가 간과했던 다음과 같은 문제에 눈을 돌리게 되었다. 내 생각에, 그 문제들은 아래와 같다.

1. **자본주의**가 실제로 무엇이고, 여성에 대한 착취와 억압 혹은 가부장제가 자본축적과정과 어떻게 관련되어 있는지에 대한 새로운 평가.

2. **식민주의**에 대한 새로운 논의. 식민지의 조건이 중심부에도 나타나게 되면서, 그리고 다른 누구보다 여성이 이 과정에서 큰 영향을 받게 되면서, 노동의 국제적 분업이나 식민주의를 통해 이루어졌던 제3세계와 제1세계 여성의 구조적 분리가 점차 무너지고 있다. 따라서 서구 여성은 식민화된 여성이 아프리카, 아시아, 라틴아메리카에만 있는 것이 아니라 미국과 유럽에도 있다고 하는 점을 조속히 배워야만 한다. 또한 그들은 고도로 발전된 '민주적인' 자본주의 시스템이 왜 여전히 이

런 식민지를 필요로 하고 있는지의 문제에도 답할 수 있어야 한다. 식민지에서는 자본주의가 스스로 만들었던 모든 규칙이 유보된다. 다시 말하면 세계적 차원의 자본축적 시스템은 여성이나 다른 식민지까지 해방시킬 능력을 갖고 있지 못하다.

3. 위에서 언급한 논의와 분석을 통해 미래 사회에 대한 페미니스트의 비전은 어때야 하는가, 혹은 여성해방을 위한 현실적 전제는 무엇인가에 대해 새로운 논의가 이어져야 한다. 이런 논의는 자본주의 가부장제가 만들어 놓은 한계를 뛰어넘어서, 세계시장체제의 다양한 한계점에 놓여 있는 여성을 분석하고, 그들의 경험을 설명해야 한다. 우리를 둘러싼 환경만 보는 것이 아니라 자본주의적 가부장제가 창출한 모든 생산관계를 포괄할 수 있는 관점을 가져야만, 진정 세계적이고 총체적인 접근을 할 때에만, 우리는 미래 사회, 여성과 자연과 다른 국민이 '개발'과 '성장'의 이름 아래 착취당하지 않는 미래사회에 대한 전망을 키울 수 있다고 낙관할 수 있다.

페미니즘, 무엇이 새로운가? 지속과 단절

신페미니스트운동이 발견한 주요한 것 중 하나는 여성사에 대한 재발견과 재평가이다. '여성 문제'에 대한 분석에서 이 새로운 역사적 집근은 방법론상으로 여성해방의 정치적 목적과 긴밀히 연관되어 있다. 현재 상황이 어떻게 만들어진 것인지 모른다면, 이것을 어떻게 바꾸어야 하는지도 알 수 없다.

기본적이고 알려진 몇몇 문제에 대해 해결하려는 관점을 갖고 페미니스트운동에 대한 비판적 평가를 하기 위해서는 이 운동의 역사를 살펴봐야 한다. 1960년대 말에 서구에서 시작된 신여성운동의 비교적 짧은 역사만이 아니라, 1920년대 말에 소멸된 초기 여성운동의 역사도 검토해야 한다. 이런 운동이 위에서 언급했던 기본적인 문제들을 어떻게 다루었는지를 평가하고, 구여성운동과 신여성운동 사이의 지속과 단절의 측면을 분명히 할 때에만, 우리는 역사에서 배울 수 있다. 그리고 우리 역사에 광범하게 걸쳐져 있는 불분명한 부분도 극복할 수 있으리라 낙관할 수 있다.

지속성 : 여성해방 — 문화적 문제라고 할 수 있는가?

　여성해방운동의 첫 번째 바람은 부르주아 혁명, 특히 1789년 프랑스 혁명과 1776년 미국 혁명에서 시작되었다.

　프랑스 혁명 동안, 자유, 평등, 우애의 원리가 당시 성장하고 있던 부르주아 계급의 이익만을 위한 것이 아니라, 모든 인류를 위한 기본적인 인권으로 분명하게 제시되었다. 부르주아는 모두를 결합시키는 것이 필요했기 때문에, 이런 원리를 근본적이고 보편적인 것으로 내세웠다. 그러나 바로 그랬기 때문에 부르주아는 이들을 자신의 완전한 통제 아래 두지 못했다. 억압받고 짓밟혀 온 다양한 부류들, 프롤레타리아, 식민지 민족, 흑인 노예, 그리고 여성이 서서히 이러한 원리를 이용해 자신들의 해방 투쟁의 기초로 삼는 것을 막을 수 없었다. 프랑스 여성이 처음으로 여성을 위한 평등권을 내걸었던 것이 1789년과 1848

년 무렵의 혁명 기간 동안이었다고 하는 것이 놀랄 일은 아니다. 여성은 전국적으로 등장하고 있던 토론 모임과 공화주의 클럽에 참여할 뿐 아니라 파리에서 있었던 거리 투쟁에도 참여하면서 대혁명 속에서 자신들의 고유의 혁명을 이루기를 희망했다. 파리 빈민지역에서 대규모의 여성 군중이 봉건제와의 전투에 적극적으로 참여했다. 1793년 국민공회에서 인간의 권리선언이 낭독되고 있던 때에, 드 구주Olympe de Gouges라는 한 여성이 소리를 내어 그녀의 유명한 '여성의 권리'에 대한 17개 조항을 읽었다. 그녀는 여성이 단두대에서 죽을 권리가 있다면, 단상에서 말할 권리도 가져야 한다고 선언했다. 드 구즈는 그 해에 단두대에서 죽음을 맞았다. 여성은 혁명의 선봉을 지켰지만, 이후 정치 무대에서는 배제되었다.

또한 1792년에 발행된 울스턴크래프트Mary Wollstonecraft의 『여성의 권리 옹호』는 여성을 배제하는 정책을 바꾸지 못했다. 부르주아 계급의 여성이라고 할지라도 공공 영역과 정치권력에서 배제되었다. 미국에서만이 아니라 유럽에서 일어난 19세기의 여성운동은 부르주아 혁명에서 제시된 자유·평등·우애의 보편적 원리와 이런 권리에서 의도적으로 여성을 배제한 것 사이의 모순에서 발화되었다. 따라서 구여성운동의 투쟁은 여성이 이런 공적이고 정치적인 영역, 부르주아 남성이 독점하고 있는 영역에 접근하도록 하는 것에 주로 관심을 두었다.

19세기 말 독일에서 프롤레타리아 여성운동을 시작하고 이끌었던 제트킨Clara Zetkin은 이렇게 '여성의 권리'에 집착하는 것을 시대착오적인 '부르주아 페미니즘'이라고 비웃었다. 그러나 맑스와 엥겔스의 이론에 기초한 사회주의적 여성해방전략도 기본적으로 크게 다르지는 않았다. 이 이론은 여성이 임금노동자로 공적인 혹은 사회적인 생산에 참여하는 것을 여성해방의 전제조건이라고 보았다(cf. Zetkin, 1971).

구 페미니스트 투쟁과 요구의 대부분은 공적인 영역을 조직하고 통제하는 국가를 향해 있었다. 남성이나 하나의 체제로서의 가부장제가 대상이 되지는 않았다. '사적' 노동과 '공적' 노동을 사회적으로 구분하는 것은 자본주의 산업사회의 주된 구조적 특징이며, 이는 불가피하고 발전적인 것으로 여겨졌다. 좌파나 자유주의 혹은 급진적 페미니스트도 이런 전제에 문제를 제기하지 않았다. 구여성운동이 싸웠던 대의는 여성도 공적인 영역에서 정당한 자리가 있어야 한다는 것이었다. 운동의 이런 지향성 아래 놓인 이론적 전제는 여성이 먼 옛날부터 공적(정치적 경제적) 영역에서 배제되어 왔다는 점이다. 그러나 경제적 측면에서 기술과 물질적 부가 크게 발전하고, 정치적 측면에서 부르주아 민주주의가 발달한 근대 사회라면 여성이 우매하고 사적인 영역에 갇힌 존재에서 벗어나 남성과 나란히 '사회적 생산' 노동을 하는 공적인 영역으로 들어갈 수 있도록 구조적이고 이데올로기적인 전제조건들을 제공할 것이다. 여성은 정치 권력을 행사할 수 있는 공공 단상에 남성과 나란히 앉을 수 있는 '권리'를 갖게 될 것이다. 구페미니스트운동은 부르주아 혁명의 민주적 권리가 결국은 여성에게까지 전달될 것이라는 희망에서 힘을 얻었다. 자유주의 여성과 좌파 여성 사이의 차이는 전자가 공공영역에서 정치적으로 참여하는 것이 여성해방의 열쇠라고 여겼던 것에 비해, 후자는 '사회적 노동'에 온전히 경제적으로 참여하는 것만이 여성해방에 이르는 길이라고 생각했다.

두 경향 모두 공공 연단에서 선동·선전을 하고 연설과 글을 쓰는 것을 수단으로 삼았다. 두 진영 모두 여성 교육과 훈련이 여성의 경제적·정치적·문화적 지위를 높이는 가장 중요한 수단이라고 여겼다. 프롤레타리아 여성운동 진영이 여성 교육을 강조한 것은 이를 통해 계급의식을 갖고, 더 좋은 일자리 기회를 갖도록 하기 위해서였다. 자유주의 여성운동가는 소녀와 젊은 여성에 대한 교육이 여성해방으로 가는 가장 중요한 길이라고 보았다. 대다수는 아닐 지라도 19세기와 20세기 초기 페미니스트 중 많은 이들이 교사이거나 사회복지사였다. 자유주의 진영에서 여성의 교육과 문화를 강조한 것은 불평등이나 착취의 모든 구조적 문제가 기본적으로 해결될 수 있다는 사회 이론을 배경으로 한 것이다. 여성에 대한 억압은 일종의 '문화 지체현상'이고 이데올로기적인 시대착오현상이며, 이는 교육과 차별철폐정책과 개혁을 통해 해결할 수 있다는 생각이다.

신여성운동 또한 처음에는 주로 문화운동으로 보였다. 이는 이 운동이 미국과 서구 유럽에서 있었던 1960년대 큰 저항운동의 막바지에 등장했기 때문이기도 하다. 베트남전 반대운동, 민권운동, 블랙파워운동, 미국의 히피운동, 유럽의 학생운동 등. 그래서 신여성운동은 고등교육을 받을 수 있었던 중산층 젊은 여성이 문화적 영향을 받아 일어난 운동으로 보였다. 마르쿠제Herbert Marcuse가 지적했던 것처럼, 이 세대와 이 계급의 불만과 저항은 물질적 박탈감이나 빈곤에서 나온 것이 아니었다. 전쟁 직후의 결핍이나 재건과정이 마무리되면서, 서구 자본주의 경제에서는 대부분의 사람들이 내구성 있는 소비재를 구매할 수 있게 되었다. 완전고용과 지속적인 성장을 통해 빈곤과 주기적인 경제 위기를 영원히 막을 수 있을 것이라고 낙관했던 시기였다. 수익성과 노동계급의 비참한 처지 사이의 불일치에서 유래했던 전통적인 노동계급의 저항운동은 실질임금이 높아지고, 마르쿠제가 일차원적 소비 사회라고 했던 사회로 노동자가 통합되면서 흐지부지되었다. 노동조합과 자본과 국가는 이런 일차원적 사회를 창출하기 위해 협력했다 (Marcuse, 1970). 미첼Juliet Mitchell은 저항운동의 등장을 자본주의 경제가 생산과 소비의 새로운 영역, 새로운 시장을 열어가기 위해 불가피했다는 맥락에서 설명한다. 그런 새로운 영역에서는 좀 더 많은 사람이 좀 더 높은 수준의 고등교육을 받을 필요가 있다. 고등교육의 팽창은 새로운 통신 기술, 그리고/또는 문화 상품 시장이 성장하기 위한 전제 조건이었다(Mitchell, 1973).

더 많은 젊은이가 고등교육에 접근하게 되면서 모순은 이전보다 더 크게 드러나게 되었다. 이 젊은이들은 의회 민주주의의 기초인 자유와 민권의 보편성에 대한 이상과 국내와 제3세계에서 소수약자집단에게 가해지는 차별과 억압, 착취의 암울한 현실 사이에 놓인 커다란 불일치를 알게 되었다. 또한, 소비주의의 비인간적이고 소외적인 효과를 인지하게 된 것도 이 집단이었다. 제2차 세계대전 이후 처음으로 물질적 상품이 범람하는 세계에서 인간적 존엄이 파괴되고 있다는 점이 분명해졌다. 그래서 저항운동에 참여했던 많은 이들이 문화적 혹은 정치적 형태의 저항과 반소비주의를 강조했다. 물질적 풍요가 행복, 정의, 자유, 자기실현과 같은 좀 더 깊은 차원의 욕망은 만족시켜줄 수 없다는 점을 깨닫게 되면서 분노가 커졌다. '물은 여기저기 넘쳐나지만 마실 물은 한 방울도 없네'라는 구절은 이런 감성을 표현한 것이리라. 그러나 이런 분노의 근원을 아직 (대부분은) 자본주의적 산업 시스템의 고유한 메커니즘에서 찾지 않았다. 그보다는 기술과 성장의 부정적 효과를 없애기 위해서 문화 혁명이 필수적이라고 믿는 식이었다. 그런 성장 모델과 기술적 팽창주의는 아직 비판받지 않았다. 이제 빈곤은 서구 사회에서 기술 진보를 통해 영원히 정복되었고, 남은 것은 부의 재분배와 민중의 문화적 해방을 위한 마지막 한 발짝이라는 것이 일반적 주장이었다. 많은 저항운동은 근대 민주주의 사회 속에 내재한 인간성 실현의 잠재력과 실현되지 못하고 있는 현실 사이의 불일치에서 자신들의 정당성을 찾았다. 모든 운동은 부르주아 혁명의 공약들을 일부에게 만이 아니라 모두에게 마침내 실현하라는 내용을 담고 있었다. 이것이 실현되지 못하는 것은 구조적 결함이나 결핍 때문이 아니라 의식이나 정치적 의지의 부족함 때문이라고 여겼다.

　여성운동도 처음에는 어느 정도 이런 경향을 공유했다. 미국과 유럽, 그리고 제3세계 여성은 모든 민주주의 체제가 명시하고 있는 성 평등에도 불구하고 여전히 여성은 사회적 소수집단으로 취급되고 있다는 점을 깨닫게 되었다. 그들은 모든 곳에서 차별을 당했다. 정치, 고용, 교육에서, 가족 내에서, 가족이라는 제도에 의해. 마침내 여성도 완전한 '시민'이 될 수 있다는 낙관적 희망을 갖고 1966년 프리단Betty Friedan은 미국여성기구American National Organization of Women, NOW를 설립했고, 평등권을 위한 헌법수정조항Equal Rights Amendment, ERA을 위해 싸울 것을 강조했다. 법률개정운동, 차별철폐운동, 문화 활동, 성차별 없는 사회화와 교육을 통해 성역할모델을 변화시키려는 활동, 매체에서 성차별 이미지들을 내보내지 못하도록 하는 투쟁 등은 지금까지도 페미니스트 투쟁의 주된 틀이 되고 있다.

　의식, 이데올로기 혹은 문화 영역에서의 투쟁을 이렇게 강조하는 것은 신여성운동이 처음 상쾌하게 발을 내딛었던 초기 몇 년이 지난 뒤에도 지속되었다. 지금도 많은 페미니스트가 가부장적 남녀관계가 교육과 다른 형태의 사회화 과정을 통해 바뀔 수 있다고 믿는다. 정치와 고용 영역에서 여성에 대한 차별은 소녀들에게 고등 교육과 훈련의 기회를 더 많이 제공하면 사라지게 될 것이라고 믿는다. 많은 대학들이 수용하고 있는 여성학은 자신의 존재기반을 이런 '문화적 페미니즘'에서 찾는다. 이는 교육에 대한 평등한 접근과 여성친화적인 교육 내용을 강조하는 활동을 통해 여성의 지위가 서서히 향상될 것이라는 주장이다.

특히 컴퓨터 기술, 유전 공학, 생물공학과 같은 '신기술들'이 등장하면서 여성이 좀 더 많은 교육을 받도록 해야 하고 이런 기술들, 특히 컴퓨터 과학과 미생물학과 같은 기술 영역에서 훈련을 받아야 하며, 그렇지 못할 경우 여성은 이 '제3의 기술혁명'에서 다시 뒤처지게 될 것이라는 이야기를 우리는 자주 듣게 되었다. 이런 기술 발전에 비판적인 페미니스트조차도 '먼저 우리가 신기술들을 알아야, 거부할지 말지를 말할 수 있을 것'이라고 생각한다.[7]

교육과 문화 활동, 또는 심지어 문화 혁명이 사회적 변화의 동인이 될 수 있다고 하는 믿음은 도시 중산층이 전형적으로 갖고 있는 신념이었다. 이런 믿음은 여성에 대한 억압이 기본적인 물질적 생산관계 혹은 경제 체제와 아무 관계가 없다고 하는 전제에 기초한 것이다. 이런 전제는 서구, 특히 미국에서 좀 더 광범하게 볼 수 있다. 이곳 페미니스트는 자본주의에 대해서는 거의 언급하지 않는다. 많은 서구 페미니스트는 여성 억압이 가부장제 문명의 문화에 뿌리를 둔 것으로 여긴다. 따라서 이들에게 페미니즘은 크게 보면 문화운동이거나 새로운

---

7. 1984년 4월 네덜란드의 그로닝겐에서 열린 제2차 학제간국제여성회의(International Interdisciplinary Women's Congress)에서 조직가들과 여성 발표자 다수의 주된 관심은 여성이 '제3차 기술혁명'의 열차에 뛰어 올라탈 수 있도록 독려하는 것이었다. 여기서도 여성해방은 여성이 근대 과학과 기술에 대한 지식을 갖추도록 해주는 것으로 인식되고 있었다.

이데올로기, 혹은 새로운 의식이다.

사회주의 국가 역시도 여성해방을 문화적 혹은 이데올로기적 사안으로 생각한다(6장 참조). 사유재산이 폐지되고 생산관계가 사회주의적 변혁을 겪은 뒤에도 여전히 남성과 여성 관계에 남아 있는 문제는 '문화지체현상'이자 과거 '봉건제' 혹은 '자본주의' 사회의 이데올로기가 잔존한 것 때문이라고 생각한다. 이는 법적 개혁, 교육, 설득, 문화 혁명들, 그리고 무엇보다 지속적인 훈계와 선전을 통해 극복할 수 있다고 여긴다. 남녀관계가 기본적인 생산관계 구조의 일부라고는 여기지 않기 때문에 사회주의 사회에서 도출된 방안도 자본주의 사회에서 그랬던 것처럼 별 성과를 거두지 못했다. 자유주의와 사회주의 이데올로기 사이의 차이는 정식으로 기록되어있는 법과 체제를 통해 잘 드러나 있지만 가부장적 관행은 양 체제 모두에서 똑같이 광범하게 나타났다.

'문화적 페미니즘'은 페미니스트의 이론 서적들에도 큰 영향을 끼쳐 왔다. 여기서 자세하게 논할 사안은 아니지만, 문화적 페미니즘의 중요한 주장 중 하나는 젠더와 성sex을 개념적으로 구분하는 것이다. 오클리Anne Oakley가 처음 발전시킨 이론이기는 하지만 페미니스트 저작과 토론에서 거의 보편적으로 이용되어 왔다. 이 구분에 따르면 성은 생물학과 연관되어 있는 것으로 호르몬, 생식선, 성기에 기초를 둔 것으로 간주된다. 반면, 어떤 한 사회에서 남성과 여성의 젠더 정체성은 심리적이고 사회적인 것이라고 여겨지며, 따라서 젠더는 역사적 문화적으로 결정된 것을 의미하게 된다. 생물학적으로 결정되는 성과 혼동되는 것을 피하기 위해 젠더 개념이 도입되었다. 젠더는 남성과 여성 사이의 차이가 사회적 문화적으로 결정된다고 하는 점을 말하기 위해 도입된 개념이다. 그리고 이런 차이를 내면화하는 것을 '젠더화'라고 한다(Oakley, 1972).

생물학적 성과 사회문화적 젠더를 이렇게 구분하는 범주는 처음에는 유용해 보일 수도 있다. 여성 억압이 여성의 몸 때문이라고 하는 주장이 반복되는 것에 따른 번거로움을 없애줄 수 있기 때문이다. 그러나 이런 구분은 '자연'을 '문화'에서 분리하는 잘 알려진 이분법적 패턴을 낳는다(Ortner, 1972). 서구 사상 전통에서 이런 구분은 여성에게 유구하고 비참한 것이었다. 근대 과학의 발전 이래 여성은 '자연'으로 분류되었기 때문이다(Merchant, 1983). 현재 페미니스트들이 성을 순전히 물질적이고 생물학적인 것으로 규정하고 젠더를 이 문제와 관련한 '좀 더 높은 수준의' 문화적이고 인간적이고 역사적인 표현으로 규정함으로서, 이런 전통에서 벗어나려고 시도하고 있다면, 그들은 세계를 거칠고 '나쁜' (그래서 착취당하고 식민화되는) 것들과 '좋은' (성직자와 관료와 과학자가 독점한) 정신으로 가르는 관념적인 가부장적 철학자와 과학자의 작업을 계승하고 있는 것이다.

이 용어가 곧 모든 이들, 페미니즘에 대해 크게 공감하든 적대적이든 상관없이 거의 모든 이들에게 쉽게 받아들여진 것은 놀랄 일이 아니다.[8] '성폭력' 대신에 '젠더 폭력'이라고 한다면, 추상적 용어 덕분에

---

8. 그중 한 명이 이반 일리치이다. 자본주의 아래 이뤄지는 가사노동을 연구한 두덴 (Barbara Duden), 복(Gisela Bock), 폰 벨호프와 같은 페미니스트의 개념과 아이디어에서 많은 영향을 받은 일리치는 「그림자-노동」(Shadow-Work)이라는 논문을 썼다. 그러나 그는 가사노동을 그림자-노동이라고 하는 중성적인 개념으로 포괄하면서, 여성에 대한 착취가 또다시 은폐되도록 했을 뿐 아니라, 결국은 유물론적인 페미니스트 분석을 관념적으로 해석했다. 이 과정에서 '젠더'라는 영어 개념이 사용되면서 총체적인 분석을 문화적 영역으로 쉽게 이전시켰다. 그 다음으로 그가 취한 조치는 그가 보기에 모든 보편적이고, 문화적으로 결정된 젠더 차이를 없애려고 하는 페미니스트들을 곧장 공격하는 것이었다. (I. Illich: *Gender*, New York, 1983 참조)

쇼크를 어느 정도 완화해주면서, 문제 전체가 감정적 영역이나 정치적 편 가르기의 문제에서 과학적이고 분명한 '객관적' 담론으로 옮겨갈 수 있도록 해줄 수 있다. 만약 여성 문제가 그런 수준으로 옮겨간다면, 현 상황이 바뀌는 것을 원하지 않는 많은 남성과 많은 여성은 여성운동에 대해 훨씬 편하게 느끼게 될 것이다.

그러나 우리 스스로를 속이지 말자. 인간의 성과 섹슈얼리티가 순전히 자연적이고 생물학적 문제였던 적은 결코 없었다. 여성의 혹은 남성의 몸이 순전히 생물학적 문제였던 적도 없었다(2장 참조). 인간의 본성은 언제나 사회적이고 역사적이었다. 인간 생리는 모든 역사를 통해 다른 인류와, 그리고 외부 자연과의 상호작용을 통해 영향을 받으며 형성되어 왔다. 따라서 성도 젠더만큼이나 문화적이고 역사적인 범주이다.

그러나 성과 젠더를 생물학적인 것과 문화적인 것으로, 이분법적으로 구분함으로서, 사람들 사이의 성적 차이를 해부학적 문제로 혹은 '물질적 문제'로 다루고 싶어 하는 이들에게 다시 문을 열어주게 되었다. 물질로서의 성은 과학자의 대상이 되어, 과학자의 의도에 따라 분해되고 분석되고 조작되며 재구성될 수 있다. 따라서 모든 정신적 가치가 성에서 분리되어 젠더의 범주에 갇히게 되면, 지금까지 성과 섹슈얼리티의 영역을 둘러싸고 있었던 금기들이 쉽게 벗겨질 수 있다. 이 영역은 생물 공학과 재생산 기술, 유전공학과 우생학, 그리고 마지막으로 가장 중요한 자본축적을 위한 새로운 사냥터가 될 수 있다(Corea, 1984 참조).

오클리를 비롯해서 성과 젠더의 이분법을 도입한 이들이 이런 전개까지 예측했던 것은 아니다. 그들은 다만 생각을 분명히 하기 위한 분석 도구나 이론적 기초로 이런 범주를 도입했다. 그러나 개념이 현실을 구성하는 수단이 되기도 한다. 따라서 우리가 설정한 범주와 개념이 자본주의적 가부장제를 극복하는 데 도움이 되고, 남성과 여성과 자연이 착취당하거나 파괴당하지 않는 현실을 만들어가는 데 도움이 되도록 하는 것이 중요하다. 그러나 그러기 위해서는 우선 오늘날 여성에 대한 억압이 자본주의적(혹은 사회주의적) 가부장제 생산관계, 계속 커지는 성장의 패러다임, 계속 커지는 생산력, 끝없는 자연에 대한 착취, 끝없는 상품생산과 계속 확대되는 시장과 끝을 모르는 죽은 자본의 축적 과정의 일부라고 하는 것을 이해해야 한다. 순수한 문화적 페미니스트운동으로는 우리 앞에 버티고 있는 세력과 힘의 정체를 제대로 규명할 수 없을 것이다. 착취와 억압이 없는 미래 사회에 대한 현실적 전망을 발전시킬 수도 없을 것이다.

단절 : 몸의 정치

최근 신여성운동의 역사를 보면 여성의 저항운동을 일으킨 주된 이슈가 불평등이나 차별과 같은 문화적 페미니즘이 주로 다루는 문제는 아니었음을 알 수 있다. 저항운동에 불을 붙인 것은 **여성의 몸에** 관한 혹은 **여성의 몸**과 관련된 문제였다. 구여성운동과 대조적으로 신페미니스트운동은 (정치적·경제적) 공공영역에 대한 투쟁에 집중하시 않았다. 내신 역사상 처음으로 사적 영역을 열어 여성 투쟁의 공간으로 삼았다. 여성은 자본주의적 가부장제에서 '사적' 영역과 관련되었고, 이 영역에 대해서는 분명 정치적 논쟁이 없었다. 여성은 가장 친밀한 남성과의 관계, 자신의 섹슈얼리티, 생리에 관한 경험, 임신, 육아,

자신의 몸과의 관계, 자신의 몸에 대한 무지, 피임과 관련한 문제 등을 공개적으로 이야기하면서, 가장 친밀하고 개인적이며 개별화된 경험들을 사회화하고 그럼으로써 정치화하기 시작했다. '몸의 정치'는 서구에서만이 아니라 많은 저개발 국가에서도 신여성운동을 촉발하는 영역이 되고 있다. 이렇게 남녀관계의 사적이고 분리된 영역을 정치적 영역으로 규정함으로서, '개인적인 것이 정치적인 것'이라는 슬로건을 만들어냄으로서, 부르주아 사회의 사적영역과 공적영역에 대한 구조적 구분에 도전했다. 이는 동시에 통상적인 '정치'개념에 대한 비판을 의미하기도 했다(Millet, 1970). '몸의 정치'는 페미니스트가 의도적이고 전략적으로 발전시킨 것은 아니다. '몸의 정치'는 우리 사회에서 남녀관계가 기본적으로 폭력적이고 억압적 성격을 갖고 있음을 보여주는 일정한 이슈에 대해 서구 사회의 여성 대중이 분노하고 저항하면서 성장해 나온 것이다. 그 이슈들은 무엇이었는가?

미국, 영국, 프랑스, 서독, 그리고 이후에는 이탈리아와 에스파냐 등과 같은 여러 국가에서 여성운동은 1970년대 초 낙태 자유화 혹은 낙태법 폐지 등과 관련한 캠페인과 함께 대중운동이 되었다.

미국, 영국, 서독에서 페미니스트운동의 첫 단계는 좌파 학생운동에 참여했던 여성이 이들 조직에서 분리해 나와 독자적인 단체를 구성하면서 시작되었다. 이 단체들은 주로 대학을 중심으로 포진해 있었다. 그들의 초기 화려한 활동은 언론을 통해 널리 알려졌지만, 일반 여성들은 남성지배 혹은 당시 표현을 빌면 '남성 쇼비니즘'이 자신의 문제라는 것을 아직 인정하지 않고 있었다. 이런 상황은 낙태금지법에 반대하는 캠페인과 함께 바뀌기 시작했다.

1971년 4월, 프랑스에서 유명 여성인사들이 『르 누벨 옵쎄르바퇴르』 *Le Nouvel Observateur*지에 스스로를 고발하는 캠페인을 시작했다. 많은 여성인사가 낙태 경험이 있다고 하는 선언문에 서명을 했다. 그들은 법과 질서의 수호자인 국가에게 자신을 처벌하라는 도전장을 내밀었다. 같은 해 독일에서 슈바르처Alice Schwarzer가 잡지 『스턴』 *Stern*을 통해 비슷한 캠페인을 시작했다. 374명의 여성이 이 선언에 서명을 했다. 이는 수십만 명의 여성이 참여하는 여러 활동과 시위와 집회로 이어졌다. 여성은 거리로 나와 국가, 법, 교회, 산부인과와 같은 근대 가부장제의 수호자 역할을 하는 가장 강력한 제도와 기구를 향해 울분을 터뜨렸다. 이 대규모 운동은 집권당인 사민당을 압박하여 낙태를 범죄로 규정했던 법을 폐지시켰다. 일정한 법률 개혁이 있은 뒤, 낙태금지법 폐지를 위한 캠페인은 1970년대 초 잦아들었다. 구여성운동에서 법적 혹은 정치적 목표의 성취는 보통 운동의 끝이었다. 그러나 신여성운동에서는 그렇지 않았다. 낙태금지법 폐지 캠페인의 끝은 신여성운동의 시작을 의미한다고도 말할 수 있다. 여성을 조직화한 것은 정당이나 노조 등 다른 조직이 아니라 여성들 스스로가 만든 소집단이었고, 이들은 이제 전국적인 네트워크를 형성하기 시작했다 (Schwarzer, 1980).

여성은 소집단을 통해 대중시위와 집회에 참여했고, 또 이를 통해 소집단은 더욱 증가했다. 모든 도시에서 여성 소집단이 생겨났다. 거리로 나왔던 여성은 다시 고립되어 있는 집으로 들어가 세상과 모르는 채 살기를 원하지 않았다. 그들은 익숙하게 신여성단체에 침여했고, 또 새로운 집단을 만들었다. 이 여성단체는 우선 낙태금지법 문제를 논의했다. 그러나 이 그룹들은 곧 의식을 높이는 자리가 되어 낙태문제만 논하는 것이 아니라 자신의 섹슈얼리티, 엄마, 애인, 아내로서 경험 등을 공유하게 되었다. 요약하면, 숨겨져 있던 여성의 사적인 삶의 실제가 공론화되면서, 많은 여성이 자신의 남자, 자신의 자녀 혹은 자신의 직장 상사와의 '특수한' 문제라고 여겨온 것들이 실상은 모든 여성이 공유하는 '일반적' 문제라는 것을 깨닫게 되었다. 이런 논의를 통해 '적들'은 국가나 교회, 법, 남자의사만이 아니며, 각각의 여성이 동침하는 상대가 '적'이기도 하다는 점이 분명해졌다. 낙태금지법 폐지 캠페인을 경험하면서 그 필연적 결과로, 더 많은 여성이 섹슈얼리티의 이슈들, 즉, 왜 성관계의 결과를 항상 여성이 전담해야 하는가, 왜 여성은 자신의 섹슈얼리티에 대해 무지한가, 여성의 오르가즘, 자위, 여성동성애와 같은 문제를 왜 그토록 금기시 하는가 등의 문제에 대해 깊이 있는 고민과 논의를 하기 시작했다. 이런 논의를 통해 남성과 여성 사이의 은밀한 성 관계가 많은 여성에게 폭력, 수치, 강제의 경험이었다는 점이 마침내 드러났다.

폭력과 강제는 몸의 정치가 유지되는 영역에서 불평등한 권력관계가 작동하는 주된 메커니즘으로 보인다. 여성은 자신의 몸이 자신으로부터 소외되어 타자의 대상이 되고, '점령지'가 되는 것을 더욱 분명히 보게 되었다. 많은 이들이 남성 지배, 혹은 이제부터 많이 사용하게 된 용어인 가부장제가 공공정치 영역에서 기원한 것이 아니라 남성의 여성 몸에 대한 통제에, 특히 여성의 섹슈얼리티와 생식능력에 대한 통제에 기원을 둔 것임을 이해하기 시작했다(Millet, 1970).

이어서 남성 폭력의 또 다른 징후에 대한 '발견'과 투쟁이 시작되었다. 여성이 참여한 또 다른 이슈는 아내와 **여성에 대한 구타**였다. 여러 국가에서 많은 단체가 아내 구타와 남성의 여성에 대한 물리적 심리적 잔혹행위 금지를 위한 운동을 시작했다. 대부분의 서구 국가에서 여성 단체가 첫 번째 자구책으로 학대받는 여성을 위한 보호소를 자발적으로 세웠다. 한편 인도같은 저개발 국가에서도 이런 보호소가 건립되었다.

여성구타반대운동은 여성에 대한 강간과 성희롱에 대한 반대 운동, 거리에서, 혹은 매체나 광고, 포르노 등에 등장하는 여성에 대한 폭력에 반대하는 광범한 운동으로 이어졌다. 낙태금지법에 반대하는 캠페인은 최소한 초기 단계에서는 국가와 입법기관에 호소했던 것에 비해, 남성 폭력 문제를 둘러싼 운동은 희생자로서의 여성에게 집중되었다. 페미니스트는 성폭력상담소, 학대받는 여성을 위한 보호소, 페미니스트의료센터 등의 자조 활동을 통해 도움을 주고자 했다. 여성이 남성의 물리적 심리적 폭력에 대한 두려움 속에 살고 있는 한 여성은 새로운 의식을 발전시킬 수 없을 것이라는 점이 점차 분명해 졌다. 또한 이 차원에서는 법률 개혁이나 국가적 지원도 소용없다는 점이 분명해졌다. 여성이 남성의 폭력을 피해 국가나 경찰의 보호를 요청하려고 해도, 남성이 가족이라는 사적인 성역에서 여성에게 가혹행위를 하는 것에 대해서는 국가가 간여하지 않음을 곧 깨닫게 되기 때문이다. 총체적 가부장으로서 근대국가는 모든 노골적 폭력에 대해 독점권을 갖고 있다는 것이 기본 전제이기는 하지만, 일부는 각 가정의 개별 가부장에게 남겨 두었다. 예를 들어 강간은 그것이 결혼관계 내에서 일어나는 한 처벌할 수 없게 된다. 어느 국가에서든 강간당한 여성은 강간과 관련된 모든 법은 여성에게 불리한 경향이 있다는 것을 깨닫게 된다. 강간으로 비난받는 것은 피해자 여성이다. 피해자 여성이 남성을 고발할 경우 법정에서 두 번째 '강간'이 일어나는 것을 종종 볼 수 있다. 변호사는 피해자의 성생활에 대해 질문할 모든 자유를 갖고 있기 때문이다. 반면에 가해자 남성의 행위는 호탕한 무사 기질 정도로 가볍게 처리된다. 페미니스트운동이 성차별적 폭력의 다양한 징후들을 놓고 진행될수록, 여성은 모든 민주주의 헌법이 선언하고 보장하고 있는 기본권 중 일부, 특히 신체가 해를 입지 않을 불가침의 권리가 여성에게는 보장되지 않고 있다는 점을 더욱 분명하게 깨닫게 된다. 모든 여성은 이런 남성 폭력의 잠재적 피해자라고 하는 암울한 사실과 힘과 교양을 갖춘 근대 민주주의 국가가 여성의 이런 기본권들을 보장할 수 없다는 막막한 현실을 접하면서 많은 페미니스트는 여성해방을 위한 투쟁에서 국가가 동맹자가 될 수 있을지에 대해 심각한 회의를 품게 된다. 다양한 형태의 폭력을 경험한 여성은 근대 민주주의의 '문명화된' 사회에서 노골적인 폭력이 사라졌다고 하는 모든 주장을 받아들일 수가 없다. 이 사회에서 자주 찬미되는 '평화'가 사실은 여성에 대한 일상적이고 직간접적인 공격에 기초한 것임을 점점 더 많은 여성이 깨닫기 시작했다. 독일 평화운동에서 페미니스트는 이런 슬로건을 만들었다. '가부장제의 평화가 여성에게는 전쟁이다.'

몸의 정치 차원에서 여성에 대한 폭력에 반대하는 캠페인을 진행하면서 여성은 말하자면 초기 여성운동이 희망했던 것과는 반대되는 교훈을 배웠다. 공공영역에 여성이 참여하고, 참정권을 얻고, 임금노동에 참여하는 것으로는 폭력에 기초한 것으로 보이는 가부장적 남녀관계의 기본적인 문제를 해결할 수 없다. 성차별적 폭력 문제를 둘러싸고 운동이 진행되면서 개별 남성의 명백한 '사적' 침해와 가족, 경제, 교육, 법, 국가, 대중매체, 정치 등 '문명사회'의 중심 제도와 '기둥들' 사이의 조직적인 관련에 대한 여성의 인식도 높아졌다 개인적으로 다양한 양상의 남성 폭력을 경험하면서 여성은 강간, 아내 구타, 희롱, 여성에 대한 성희롱, 성적 언어폭력 등이 일부 남성의 빗나간 언행이라기보다는 남성 체제, 혹은 가부장적인 남성의 여성에 대한 지배의 일부라는 것을 인식하기 시작했다. 이런 체제에서 노골적인 물리적 폭력과 간접적 혹은 구조적 폭력 모두 '여성이 제자리를 지키게 하는' 수단으로 여전히 흔하게 사용되었다.

여성에 대한 남성 폭력의 기원과 정치적 중요성에 대해 페미니스트는 그룹마다 다른 해석을 내 놓는다. 남성 폭력은 남성 지배 혹은 성적 권력 정치라고 하는, 시대를 뛰어넘는 보편적인 체제의 징후(Millet, 1970)라고 보는 이들도 있다. 이들에 따르면 결국 남성 폭력은 남성의 정신과 심리에 뿌리를 둔 것이다. 이 해석은 역사적 전개나 특수성에 대한 여지를 남기지 않으며, 언제 어느 곳에서든 남성은 여성을 복속시킨 가운데 고유의 권력을 수립했다고 전제한다.

그러나 이 문제에 대한 내 생각을 말하자면, 우리가 여성으로서 여성의 복속에 대한 생물학적 설명을 수용하지 않는다면, 남성의 성차별적 폭력 현상에 대한 생물학적 환원론도 수용하지 말아야 한다. 이런 남성 폭력의 양상은, 특히 이것이 증가일로에 있는 현실(5장 참조)을 고려할 때, 이는 우리의 현재 세계를 지배하고 있는 '문명'이라는 사회적 패러다임, 다시 말하면, '자본주의적 가부장제'와 본질적으로 얽혀 있는, 시대적 특수성을 가진 것으로 해석하는 것이 좀 더 현실적이다. 그렇다고 해서 초기 가부장체제에서는 여성에 대한 폭력이 없었다고 하는 것이 아니다(중국, 인도, 유대인 가부상제 참조). 그러나 이들 체제는 노골적인 폭력을 제거했다고 스스로 주장한 적이 없다. 이들 체제는 남성에 대한 남성의, 그리고 여성에 대한 남성의 모든 노골적인 폭력을 평정했다거나 문명화했다거나 길들였다거나 합리적으로 변화시켰다고 주장한 적이 없다. 그러나 근대적 혹은 자본주의적 가부장 제 혹은 '문명'은 특히 그런 주장을 내세우면서 등장했다. 시민 사이의 상호작용에서 발생하는 모든 노골적인 폭력을 금지하고 이를 총체적 주권자인 국가에 양도했기 때문에 이 '문명'은 다른 모든 '야만스럽고' '미개한' 체제보다 우월하다고 스스로 주장해 왔다(Elias, 1978 참조).

'문명'의 이런 높은 찬사를 받는 성취에도 불구하고, 여성이 이 체제 아래서 여전히 남성에게 강간, 구타, 희롱, 멸시, 고문을 받는 상황을 보면서, 몇 가지 답변을 기다리는 진지한 문제들을 제기한다.

1. 여성에 대한 폭력이 우연한 것이 아니라 근대 자본주의 가부장제의 일부라고 한다면, 우리는 왜 그런지를 설명해야 한다. 우리가, 나처럼, 생물학적 설명을 거부한다면, 우리는 이런 체제가 기능하는 가장 중요한 동인을 찾아야 한다.

2. 페미니스트가 하는 것처럼, 이른바 사적 영역을 경제와 정치 영역에 포함시킨다면, 자본주의가 모든 경제외적 강제를 경제적 강제로 변화시켰다고 하는, 맑스주의자들이 하는 주장은 견지될 수 없다.

3. 정치 영역에서 노골적 폭력에 대한 국가의 독점은 사적 가정의 문 앞에서 분명히 발을 멈춘다.

4. 그렇다면, '공'과 '사'를 나누는 선은 (정의의 법칙을 따르는) 규제되는 국가 폭력과 (힘의 법칙을 따르는) '사적인' 규제되지 않는 남성 폭력을 구분하는 선과 필연적으로 같은 선이 된다.

5. 따라서 여성과 관련해서는, '정의의 법칙'이 '힘의 법칙'을 대신하는 문명화된 혹은 '근대적' 사회에 대한 희망은, 구여성운동이 가졌던 희망은 아직 실현되지 않았다. 정의의 법칙과 힘의 법칙은 공존하고 있

다(Bennholdt-Thomsen, 1985).

6. 이런 공존이 단순한 우연이 아니라면, 혹은 '미개한' 시대의 유산이 아니라고 한다면, 몇몇이 내놓은 설명처럼, 우리는 문명이란 혹은 자본주의적 가부장제란 무엇인지에 대해 분명히 다르게 접근해야만 한다.

따라서 모든 국가의 여성이 참여했던 폭력 문제를 통해 우리는 우리가 살고 있는 사회 체제에 대한 통념 앞에서 근본적인 회의를 품게 되었다.

단절 : 정치에 대한 새로운 개념

선구적으로 인식을 발전시켜온 집단들 내에서 '사적' 영역과 '정치적' 혹은 '공공' 영역 사이의 구분은 이미 거부되고 있었고, 사적 영역은 공공영역에서 행해지는 성 정치의 기초이자 기반으로 재발견 되었다. '개인적인 것이 정치적인 것'이라고 하는 슬로건은 여성이 '비정치적' 존재라는 자기 인식을 변화시키면서, 자신과 담을 쌓고 있던 문제에 관심을 갖고 정치적 주체로 활동하기 시작하도록 부추겼다. '몸의 정치'를 둘러싼 투쟁의 맥락에서 정치의 새로운 개념이 등장했다. 새로운 개념은 성치를 의회 민주주의 내에서만 개념화하는 것에 대해 완전히 비판적이다. 페미니스트에게 '정치'는 더 이상 투표장에 가고, 의회에 보낼 대표를 선출하고, 그가 유권자의 이름으로 상황을 변화시켜줄 것을 희망하는 것과 같은 것이 아니었다. 페미니스트는 '대표를

통한 정치' 혹은 대의정치의 개념에서[9] '일인칭 정치'의 개념으로 이동
하려고 노력해 왔다. 특히 스스로를 '독립적'이라고 했던 그룹들은 여
성해방을 위한 투쟁을 남성위주의 정당 혹은 다른 조직에 위임하기를
원하지 않는다는 점을 명확히 했다. 이들은 정당과 같은 조직의 여성
이라고 할지라도 가부장적 남녀관계가 중요한 문제가 될 때에는 무기
력하다는 것을 역사를 통해 배웠다. 구여성운동과는 반대로 신페미니
스트는 직접적인 정치 활동, 캠페인, 새로운 기획의 중요성을 알았다.
이들은 기성 정치권이나 학계가 인정하기 전에 이미 스스로 여성학을
공부하기 시작했던 이들이었다. 정부나 정치인의 지원과 인정 없이도
스스로 수단을 강구하여 여러 자조적인 기구를 만들고 프로젝트를
운영했던 이들이었다. 페미니스트는 아무리 작고 약한 그룹이라고 할
지라도 의회에 의존하지 않으면서 다양한 방법과 수단을 통해 스스로
를 널리 알릴 수 있다면, 정당의 관료제적 절차나 노동조합 정치를 따
르는 것보다 빠르게 자신의 목적을 성취할 수 있다는 것을 금방 배웠
다. '일인칭 정치'는 '대의제 정치'보다 훨씬 재밌고 신날뿐 아니라 훨씬
효과적이기도 했다.

정치 정당들, 특히 좌파 정당의 여성 혹은 여성부처가 이 이슈에
관심을 가져야 한다는 압력을 받은 것은 모든 국가의 독립적인 여성
소그룹이 이런 일인칭 정치 개념을 받아들이면서 몸의 정치 이슈를
중심으로 참여도를 높이고 있던 상황 아래에서였다. 이런 이슈에 관

---

9. '대의정치' 혹은 '대표를 통한 정치'는 독일어 Stellvertreterpolitik를 번역한 것이다. 서독
   에서 페미니스트는 처음에는 Stellvertreterpolitik를 거부했다. 후에 대안운동, 생태운
   동, 녹색당 등과 같은 다른 사회운동이 등장하면서, 대의제 정치 개념에 대한 도전이 시
   작되었고 기초 민주주의 혹은 풀뿌리 민주주의라는 새로운 개념이 대의제를 대신하게
   되었다.

심을 갖고 참여한 여성을 모두 페미니스트 진영에 남겨 놓고 싶지 않으면 정당도 이 이슈에 관심을 가져야 했던 것이다. 정통 좌파 정당들은 페미니즘에 대해 적대적이지는 않아도 언제나 비판적이기는 했지만, 낙태 자유화 캠페인이나 강간을 비롯한 여성에 대한 잔혹행위에 반대하는 캠페인이 시작되자 (공산당에서부터 사회민주당에 이르기까지) 좌파 정당의 여성이 뒤에 앉아 구경만 할 수는 없었다. 그러나 이런 투쟁이 정당 여성들로부터 시작된 적은 없다.

독립적인 그룹들은 '일인칭 정치' 원칙을 고수했다. 정당들이 표를 모으기 위해 자신들의 활동을 이용할 수 있다고 우려했기 때문이다. 이는 정당 지도자를 붙잡고 자신들의 슬픔을 이해하고 자신들의 이름으로 싸워달라고 부탁하기도 했던 다른 많은 무력한 그룹들의 경험이기도 했다. 이런 '대의 정치'에 반대하면서 **독립성**의 원칙이 고수되었다. 이는 무엇보다 여성이 자신의 투쟁, 자신의 분석, 자신의 조직, 자신의 활동을 다른 어떤 이에게도 위탁하지 않을 것이며, 자신의 힘으로 정치에 참여할 것임을 의미했다.

독립성과 일인칭 정치에 대한 강조는 국가마다 달랐다. 집권 정당이 신여성운동에 동조적인 경우, 예를 들어 스칸디나비아 반도의 국가와 네덜란드의 사회민주당의 경우, '독립적 페미니스트'와 '정당 여성' 사이의 구분이 그렇게 날카롭지는 않았다. 이들 국가의 많은 페미니스트는 정부 조직에서 일했고 국가 메커니즘이 여성에게 호의적으로 작동하기를 희망했다. 상황이 양호한 조건에서, 이런 접근 방식은 이들 국가에서 좋은 결과를 낳았다.

서독에서 사민당도 당시에는 집권을 하고 있었지만, 이 정당의 가부장적 구조가 너무 견고해서 이 당의 여성관련 기구인 사민당여성노동그룹Working Group of Social-Democratic Women, ASF조차도 별 성취를 거두지 못했다. 이렇게 몇 년을 보내면서 이 당의 여성들은 환멸을 느꼈고 분개했다. 1980년 선거 이후 많은 이들이 당 정치를 포기하고, 10월 6일의 여성 발의자들Women's Initiatives of 6th October이라고 하는 독립 단체를 구성했다.

페미니스트운동이 발전시킨 정치 개념과 독립적인 프로그램의 원칙과 실천은 기성 의회 정당에 대한 도전이기도 했지만, 정통 좌파정당, 특히 정통 공산당에게도 분명한 도전장을 날린 것이었다. 이런 도전의 효과는 이탈리아공산당Communist Party of Italy, CPI의 페미니즘에 대한 반응에서 가장 잘 볼 수 있다. 1976년 공산당 전국여성회의에서 치아로몬토Gerardo Chiaromonto는 전통적으로 이탈리아공산당에서 사용해온 해방emancipation이라는 용어와 함께 여성 '해방' liberation이라는 용어를 당내 토론에 공식적으로 도입했다. '해방' emancipation은 엥겔스, 베벨, 제트킨, 레닌 등이 이해했던 방식대로이며, 여성이 사회적 노동에 참여해야 해방emancipation이 가능하다고 생각했다. 페미니스트가 사용했던 용어인 '해방' liberation은 여성 노동력만이 아니라 온전한 인간의 총체적 해방liberation을 의미한다.

페미니스트에 대해 적대적이고 비판적이었던 강력한 이탈리아공산당이 페미니즘을 공식적으로 인정한 것은 이탈리아 페미니스트들의 활동과 조직으로 인해 이탈리아공산당의 남녀 당원이 큰 압력을 느꼈기 때문이었다. 라바이올리Carla Ravaioli가 언급한 것처럼, 페미니즘은 1976년 이탈리아공산당의 전국여성회의를 사로잡은 유령이었다. 이후로도 공산당 내에서 많은 논의가 이어졌다 우선 이탈리아공산당의 대변인은 페미니즘운동이 현실이었다는 것을 공개적으로 인정하면서, 당은 그 기원과 동기를 이해하기 위해 노력해야 할 것이라고 했다. "또한 우리는 우리의 전통과 우리의 섹슈얼리티, 그리고 상호간의 예의, 관계와 같은 영역의 일정 문제를 다루는 데 있어 노동운동과 우리 당이 보이는 부족함의 원인을 탐구해야 한다."(Chiaromonto, Ravaioli, 1971:10에서 인용, 영어번역은 저자).

그러나 페미니즘이 정치에 대한 공산당의 고전적 개념에 대해 했던 문제제기는 남녀관계의 감정적 영역에 대한 것보다 심도 있는 것이었다. 이에 대해 이탈리아공산당도 그것을 '상부구조' 혹은 '문화'의 일부라고 규정했다(윗 글 참조). 파스퀴넬리Carla Pasquinelli가 지적한 것처럼, 이탈리아공산당이 페미니즘에 대해 초기에 유보적 태도를 보였던 진짜 이유는 '개인적인 것이 정치적인 것'이라는 원칙 때문이다. 이는 민주주의적 중앙집중제와 프롤레타리아의 독재를 주장했던 레닌주의와 완전히 대조되는 것이기 때문이다(Pasquinelli, 1981). 이탈리아공산당이 페미니즘에 개방적이었던 것은 확실히 이탈리아 유로공산주의가 수립한 새로운 전략의 일부였다. 이는 또한 급진적 원칙을 별로 갖고 있지 못한 페미니즘이 그 다양성과 종종 혼란한 활동들에도 불구하고, 고전적 공산주의 정당의 정치 이론적 주장에 도전하여 이 정당들이 사회를 완전히 변화시킬 수 있는 청사진을 가질 수 있도록 문제제기 했음을 의미한다. 페미니스트에게 이 정당들과 이들의 정치는 그리 급진적인 것이 아니었다.

페미니스트운농이 전통적인 좌파 조직에서 일으킨 반향을 자세하게 논할 자리는 아니다. 몇몇 국가들에서 페미니즘과 좌파 사이의 관계에 대한 새로운 논의가 시작되었다(Rowbotham, Segal, Wainwright, 1980; Hartmann, 1981; Jelpke(ed.), 1981). 제3세계 국가에서 페미니스트들이 고유의 역사들을 쓰기 시작하면, 거기서도 비슷한 과정을 볼 수 있을 것이다. 페미니즘에 대해 노골적으로 적대적이거나 자신과 무관한 일이라고 무시했던 초기의 태도와는 달리 오늘날에는 '페미니즘을 포용'하는 전략으로 바뀌었다. 이는 여러 전통적인 공산당에서 볼 수 있는데, 이는 정치에 대한 새로운 개념의 힘을 증명해주는 것이다.

게다가 '일인칭 정치'라는 개념, 대의정치의 거부, '사적' 영역과 '공공' 영역을 분리하는 것에 대한 거부, 사적 영역의 정치화 등은 나중에 서독에서 시민발의운동, 대안운동, 생태운동, '기초-민주주의'를 주된 정치 원칙의 하나로 삼았던 녹색당과 같은 여러 신사회운동이 계승했다. 반관료주의, 서열을 따지지 않는 활동, 중앙 집중의 배제와 아래로부터 시작하는 활동의 강조 등 페미니스트운동의 여러 조직 원리들은 오늘날 유럽과 미국의 여타 사회운동 대부분이 공유하고 있다.

신페미니스트운동은 통일된 프로그램과 완성도 높은 이론을 갖고 시작한 것은 아니다. 그러나 여성이 항상 관계하고 있는 사적 영역과 자신의 몸과 관련한 영역에서 벌어지는 다양한 형태의 남성 지배에 맞서는 반란을 시작하면서 이는 고유의 역동성과 힘을 갖게 되었다. 그리고 이는 여성운동에 대해 비판적이었던 대다수 사람들이 처음 예견했던 것보다 훨씬 사회 구조 깊숙이 영향을 미치게 되었다. 정치운동으로서 페미니스트운동은 오늘날 다른 어느 사회운동보다도 더 광범한 반향을 낳는다.

단절 : 여성의 노동

페미니스트운동이 정통 좌파의 전통뿐 아니라 구여성운동과도 결별하는 또 다른 지점은 여성의 노동과 관련해서이다. 구여성운동과 정통 좌파는 사적인 가사노동 혹은 맑스주의 용어로, 재생산 노동과 공공의 생산노동, 혹은 임금노동 사이를 가르는 자본주의적 구분을 수용한다. 이들에 따르면, 임금노동 영역만이 여성의 해방, 나아가 혁명까지도 기대할 수 있는 영역이다. 그러나 페미니스트는 이런 노동 구분에 도전할 뿐 아니라, '노동'과 '노동이 아닌 것'에 대한 규정에도 문제를 제기한다. 이런 접근방식은 다른 이분법적 구분처럼, 정치와 경제를 구분하는 통념에 대해서도 문제를 제기한다. 여성이 개인적이고 '사적'인 것을 정치적인 것으로 여기기 시작한 이상, '사적' 영역에서 수행하는 일, 즉 가사노동을 재평가하고 재규정하기 시작했다는 것은 당연한 논리적 귀결이다.

페미니즘이 시작했던 논쟁 중 가장 풍성한 결실을 거둔 것 중 하나는 가사노동에 관한 것이다. 무엇보다 이 논쟁은 정통 좌파의 정치 개념에 대해 문제를 제기했을 뿐 아니라, 기본적인 이론적 입장에 대해서도 일정하게 문제를 제기했다. 남성이 페미니스트 담론에 참여하게 된 첫 번째 사례가 가사노동이라고 하는 점 역시 중요하다.

그러나 가사노동에 대한 논쟁이 시작되기도 전에, 이 논쟁이 어느 정도 학술적인 담론으로 물러나기도 전에, 이 문제는 1970년대 초 이탈리아 노동운동에서 정치적 이슈로 제기되었다. 여성노동을 다루는 정통 맑스주의 이론에 대한 첫 번째 도전은 이탈리아 출신인 달라 코스타Maria-Rosa Dalla Costa의 논문, 「여성의 힘과 공동체의 붕괴」The Power of Women and the Subversion of the Community에서 시작되었다. 이 에세이는 제임스Selma James의 「여성의 자리」A Woman's Place와 함께 1972년에 파두아와 브리스톨에서 동시에 발간되었다.

가사노동이 '생산적이지 않다'고 했던 고전적 맑스주의의 입장이 처음으로 도전을 받은 것이 이 논문에서였다. 달라 코스타는 가정주부가 가정에서 생산하는 것은 단순한 사용가치만이 아니며, '노동력' 상품이라고 말한다. 가정주부의 노동을 통해 남편은 노동시장에서 자신을 '자유' 임금노동자로 판매할 수 있게 된다. 달라 코스타는 가정주부의 생산성이 (남성) 임금노동자 생산성의 전제조건이라고 분명히 말한다. 국가에 의해 조직되고 보호되는 핵가족은 '노동력' 상품이 생산되는 사회적 공장이다. 따라서 가정주부와 가정주부의 노동은 잉여가치 생산과정의 외부에 있는 것이 아니라 그 과정이 시작되는 기초를 이루고 있다. 다시 말하면, 가정주부와 가정주부의 노동은 자본축적 과정의 원천이다. 국가와 그 법률 기구들이 협력한 가운데, 여성은 고립된 핵가족에 갇히게 되었고, 그곳에서 수행되는 그들의 노동은 사회적으로 보이지 않게 되었다. 따라서 맑스주의자이든 맑스주의자가 아니든 간에 이론가들은 가사노동을 '비생산적'이라고 규정했다. 이는 사랑, 돌봄, 감성, 모성, 부덕 등으로 표현되었다. 달라 코스타는 엥겔스가 처음 서술한 이래 모든 공산주의 정당이 정식화한, 그리고 오늘날까지도 견지되고 있는 정통 좌파의 인식, 즉 여성이 해방의 조건들을 만들기 원한다면 '사적' 가정을 떠나 남성과 함께 임금노동자로 '사회적 노동'에 참여해야 한다고 하는 인식에 도전장을 던졌다. 정통 좌파와 달리, 달라 코스타는 자본과 국가가 여성의 무상가사노동과 남성의 임금노동을 연계하는 전략적 관계를 창출했다는 점을 분명히 했다. 자본은 이른바 '생계 책임자'인 남편이라는 인물 뒤로 숨을 수 있다. 여성은 이른바 '가정주부'로 남편을 직접 다루면서, 돈 때문이 아니라 '사랑'이라는 이름으로 남편을 위해 일하리라 여겨진다. '임금은 공장에서 단체교섭을 통해 확인할 수 있는 것보다 더 많은 노동이 이루어지도록 조종한다. 여성의 노동은 자본의 밖에서 수행되는 개인적 서비스처럼 보인다.'(Dalla Costa, 1973:34; 영어번역은 저자)

달라 코스타는 자본이 만들어낸 임금노동자와 임금노동자가 아닌 사람들 사이의 인위적 구분과 서열화를 거부한다.

> 자본이 사람을 임금노동자로 만들어 복속시키는 방식으로, 자본은 임금노동자와 임금노동자가 아닌 다른 프롤레타리아 사이에 틈을 만든다. 임금노동자가 아닌 이들은 사회적 생산에 직접 참여하는 것이 아니기 때문에 사회적 저항운동의 주체가 될 수 없다고 간주된다(Dalla Costa, 1973:33).

이런 분석에 기초해서, 달라 코스타는 많은 좌파의 남녀들이 갖고 있는 통념, 즉 여성은 '억압받는' 이들일 뿐이며, 문제는 '남성 쇼비니즘'이라는 생각도 비판한다. 자본은 임금노동자의 유상노동뿐 아니라, 가정주부의 무상노동도 조종할 수 있기 때문에, 여성의 가내노예화를 착취라고 한다. 달라 코스타에 따르면, 무상노동을 이해하지 못하면 임금노동에 대한 착취도 이해할 수 없다.

가사노동이 생산적인 노동이며, 착취당하는 노동이고, 자본이 축적되는 원천이라는 것을 인식하는 것은 가사노동을 자신들의 노동개념과 투쟁에서 고려대상으로 삼아본 적이 없는 좌파 정당과 노동조합의 전통적인 정책과 전략에 도전하는 것을 의미했다. 그들은 무상노동을 공론에서 몰아내려는 전략에서는 언제나 자본과 한 편이었다.

가사노동의 이슈가 이탈리아에서 처음으로 제기된 것은 우연이 아니다. 유럽 국가들 중에서는 '저개발'된 편에 속하는 이탈리아는 공산당 세력이 강했다. 제임스가 서문에서 지적한 것처럼, 이탈리아에서 여성 공장 노동자는 소수였고, 대다수 여성은 '가정주부'이거나 농민이었다. 한편, 이탈리아에서는 노동자 투쟁이 많았는데, 이는 '재생산 투쟁', 말하자면 이웃이나 학교에서 벌어지는 투쟁으로 집세 안내기운동 등을 포괄하는 의회 밖 투쟁의 영향을 받았다. 이런 투쟁에서 여성은 중요한 역할을 했다.

게다가 달라 코스타는 여성운동이 미국의 흑인운동과 청년운동뿐 아니라 제3세계 국가의 제국주의 반대 운동과도 구조적으로 비슷하다고 보았다. 모두 자본주의 외부(혹은 '전자본주의', '봉건'적 구성)의 존재들이라고 규정된 이들의 반란이다. 파농 Frans Fanon과 마찬가지로, 달라 코스타는 여성을 (가정주부와 임금노동자로) 구분하는 것은 식민화과정의 결과라고 보았다. 왜냐하면 여성에게 가족과 가정은 '중심부'와 자본과 국가의 지배를 받는 식민지이기 때문이다(Dalla Costa, 1973:53). 달라 코스타와 제임스는 여성이 혁명적 주체로 다시 역사에 들어오기를 기대했다.

자본주의를 전복하는 전략으로 그들은 〈가사노동에 임금을〉이라는 캠페인을 발족했다. 유럽과 캐나다의 많은 여성이 이 캠페인에 참여했고, 이 전략의 전망에 대해 생생한 토론이 진행되었다. 그러나 결국 이 캠페인은 이 운동에 내재한 몇 가지 문제를 해결하지 못하고 사그라 들었다. 예를 들어 이런 문제들이었다. '가사노동에 임금을' 지불

한다고 해도 가정주부의 고립화와 원자화는 여전할 것이다. 임금노동을 완전히 보편화한다고 해도 그것이 꼭 자본주의의 전복으로 이어지는 것은 아니며, 오히려 소외와 상품생산의 전면화로 이어지게 될 것이다. 그리고 누가 임금을 지불할 것인가? 자본가? 국가? 남편?

이런 난제에도 불구하고, '가사노동에 임금을' 캠페인은 여성의 가내 노동 이슈를 페미니스트 이론의 의제로 올려 놓았다. 달라 코스타와 제임스의 책을 시작으로 진행된 '가사노동 논쟁' 중 특히 영국과 서독에서 이루어진 논쟁은 노동에 대한 페미니스트 이론의 발전에 중요한 기여를 했다. 그러나 이 논쟁에 참여한 많은 남녀가 전통적인 좌파 출신이기 때문에, 결국 그들의 관심은 여성해방에 기여하기보다는 '그들의 맑스를 구하기' 위한 것으로 보였다.

그래서 논쟁의 많은 부분이 맑스의 가치이론을 가사노동에 적용할 수 있는가, 없는가의 문제를 중심에 놓고 전형적인 학술적 주장으로 마무리되었다. 이 논쟁을 통해 생겨난 정통 맑스주의자와 페미니스트를 가르는 선은 가사노동을 '사회적으로 생산적인' 노동으로 여길 것인가, 아닌가의 문제에서도 계속되었다.

여기서 가사노동 문제로 다시 들어가지는 않겠다. 페미니스트 노동의 정치와 관련해서, 가사노동 문제가 기여할 수 있는 것은 한계가 있다. 그러나 이 문제를 통해 페미니즘운동은 해결되지 못한 자본주의 아래 여성의 가사노동 문제를 놓고 처음으로 좌파 조직들과 대립했다. 오늘날 좌파의 많은 남녀들은 맑스가 자본주의 분석에서 가사노동을 다루지 않았다는 점을 인정한다. 그러나 그렇다고 해서 맑스가 임금노동에 부여한 중심적 역할이 무의미해지는 것은 아니라고 부연한다. 임금노동과 자본의 관계가 여전히 자본주의 생산관계를 구성하고 있기 때문이라는 것이다.

1973~79년 사이에 진행된 가사노동 논쟁에는 자본축적과정에서 자본이 스치고 가는 무상노동의 영역이 포함되지 않았다. 특히 생계형 농민, 소생산자, 주변인 등 주로 여성이고 저개발 국가 국민인 이들이 하는 모든 노동이 포함되지 않았다. 따라서 가사노동 논쟁에 참여한 대부분은 자본주의에 대한 유럽중심적인 시각을 뛰어넘지 못했다. 이 관점에 따르면 인간 노동의 이 다른 영역은 제대로 된 자본주의와 사회의 외부에 놓여 있는 것으로 보였다. 이들은 '전前자본주의', '주변부 자본주의', '봉건', '반봉건', 또는 간단하게 저개발 혹은 후진 등으로 형용된다. 가끔은 '불균형 발전'의 영역으로 언급되기도 한다.

그러나 자본주의 아래 가사노동도 정통 자본주의 분석에서 완전히 배제되어 있던 과거를 고려하면, 그리고 이런 배제를 통해 가사노동이 '식민지'가 되었고, 통제받지 않는 착취의 원천이 되었던 것을 고려하면, 우리는 무상노동에 대한 착취, 특히 제3세계 소농과 여성에 대한 착취가 횡행하는 이런 여타 식민지에 대한 분석에서 좀 더 명철할 수 있다. 이에 대한 논의는 여성노동에 대한 맑스의 맹점을 비판하면서, 이를 확대하여 식민지의 또 다른 형태의 무상노동에 대한 맹점까지 지적해 낸 서독 페미니스트가 주로 이끌었다.[10]

「여성의 노동, 정치경제 비판에서의 맹점」Women's Work, the blind spot in the critique of political economy이라는 한 논문에서 폰 벨호프Claudia v.

---

10. 폰 벨호프와 벤홀트-톰센, 그리고 필자가 1977년 무렵 이에 관한 토론을 시작했다. 우리의 분석은 *Beiträge zur feminisitischen Theorie und Praxis*를 비롯한 여러 페미니스트 저널에 반표되었다. 그중 주요 논문을 묶어 다음과 같이 출간했다. Claudia v. Werlhof, Maria Mies & Veronika Bennholdt-Thomsen, *Frauen, die letzte Kolonie (Women, the Last Colony)*, Reinbeck, 1983.

Werlhof는 자본대 임금노동을 유일한 자본주의적 생산관계로 보는 전통적 인식에 문제를 제기했다. 폰 벨호프는 무상노동에 기초한 두 가지 생산관계, 말하자면 가사노동과 식민지에서의 자급적 노동에 기초한 두 가지 생산관계를 '특권적인' (남성) 임금노동관계의 전제 조건이라고 밝혔다. 다양한 형태의 무상노동관계들과 세계적인 자본축적 체제에서 이들의 지위를 놓고 폰 벨호프와 벤홀트-톰센, 그리고 필자가 최근 몇 년 동안 진행했던 토론에서 룩셈부르크[Rosa Luxemburg]의 제국주의에 대한 저작이 결정적인 역할을 했다(Luxemburg, 1923).

룩셈부르크는 제국주의 혹은 식민주의에 대한 분석을 위해 맑스의 자본의 확대재생산과정 혹은 자본축적과정에 대한 분석(Marx, *Capital*, Vol. II)을 이용하려고 시도했다. 룩셈부르크는 맑스의 자본축적모델은 자본주의가 임금노동자와 자본가만이 존재하는 폐쇄된 체제라는 가정에 기초한 것이라는 결론에 도달했다. 그녀는 그런 체제는 역사상 존재한 적이 없다고 하면서, 자본주의는 룩셈부르크의 표현을 빌면, '비자본주의적 환경과 조건'을 항상 필요로 한다고 주장한다. 이는 노동력과 자원의 확충, 그리고 무엇보다 시장의 확장을 위해서다. 이런 비자본주의적 환경과 조건은 초기에는 자신들의 '자연 경제'를 갖고 있는 농민과 장인이었고, 나중에는 식민지였다. 룩셈부르크에게 식민주의는 단지 자본주의의 마지막 단계(Lenin, 1917)가 아니다. 자본주의의 지속적인 필수조건이다. 다시 말하면, 식민지가 없다면 자본축적 혹은 자본의 확대재생산은 멈추게 될 것이다(Luxemburg, 1923:254~367).

여기가 룩셈부르크의 논지를 따라 논쟁으로 깊숙이 들어갈 자리는 아니다. 1920년대 코민테른의 지배적 경향성을 고려해 보면 룩셈부르크의 관점이 비판받고 거부된 것이 놀라운 것은 아니다. 룩셈부르크는 '비자본주의적 환경과 조건'이 자본축적과정으로 통합된다면 자본주의는 순리대로 파국을 맞을 것이라고 결론을 내렸는데, 나도 그런 주장에 관심이 없다. 그러나 그녀의 저작은 전 세계적인 여성 노동에 대한 페미니스트 분석에서 새로운 장을 열어, 산업사회와 산업사회 가정주부의 제한된 시야를 극복할 수 있는 전망을 제공해 주었다. 룩셈부르크는 자본이 만들어낸 다양한 인위적인 노동 구분, 특히 노동의 성별 구분과 국제적 차원의 구분을 넘어설 수 있도록 도움을 주었다. 이런 노동 구분을 통해 무상노동관계에서 이루어지는 착취가 보이지 않게 되고, 임금노동을 지배하는 법칙과 규제가 동요하게 된다. 오늘날 자본이 룩셈부르크가 언급한 단계에 이미 도달해 있다는 점은 의심할 여지가 없기 때문에, 자본주의 아래 여성 노동을 분석할 때 이 **모든 관계들을 포괄**해 낸 것을 우리는 페미니즘의 가장 중요한 업적이라고 생각한다. 계속 자본축적을 증가시키기 위해 지구적 차원에서 욕망을 휘두르는 자본은 이미 모든 환경과 조건에 손을 댔다. 서구 페미니스트가 과개발된 사회에서의 여성문제에만 관심을 둔다면, 제3세계 여성이 저개발 사회의 문제에만 분석을 한정한다면, 즉 자본주의적 가부장제가 만들어 놓은 구분에 우리의 투쟁과 분석을 한정한다면 그것은 자멸의 길이 될 것이다. 자본주의적 가부장제는 세계의 다양한 부분을 나누면서 동시에 연결하는 것을 통해 이미 축적을 위한 세계적 환경을 만들어 놓았기 때문이다. 그 안에서 여성노동과 노동의 성별 구분은 중요한 역할을 하고 있다.

　　페미니스트운동이 짧은 역사를 되돌아보면, 자본주의적 가부장제가 만들어낸 모든 이분법적이고 서열을 강조하는 구분, 예를 들면 공과 사, 정치와 경제, 몸과 마음, 머리와 가슴 등의 구분을 거부한 것은 올바르고 성공적인 전략이었다. 이는 미리 준비했던 프로그램은 아니었지만, 페미니스트가 이렇게 식민지를 만들어내는 구분을 근본적으로 넘어설 때에만 성공을 기대할 수 있는 문제를 제기한 것은 지극히 자연스럽다. 왜냐하면 자본주의 생산양식이 유명한 자본-임금노동 관계와 동일하지 않으며, 자본주의는 계속 팽창하는 성장 모델을 유지하기 위해 다양한 식민지 범주들, 특히 여성, 다른 민중, 그리고 자연과 같은 식민지 범주를 필요로 한다고 하는 점이 갈수록 분명해지고 있기 때문이다.

이제, 나는 전 세계 페미니스트가 자본주의적 가부장제가 창출한, 식민지를 만들어내는 모든 구분, 특히 노동의 성별 구분과 국제적 구분의 상호작용을 통해 만들어진 구분의 실상을 밝히기 시작해야 한다고 생각한다.

이런 식민지적 구분에 대한 강조는 다른 관점에서도 꼭 필요하다. 미국과 유럽의 많은 페미니스트는 비판적 과학자와 생태주의자와 함께 서구 과학과 기술의 이분법적이고 파괴적인 패러다임을 비판하기 시작했다. 융C. G. Jung의 심리학, 인본주의 심리학, 이분법에 반대하는 '동양' 정신, 특히 도교를 비롯한 다른 동양 철학에서 영감을 받은 이들은 새로운 총체적 패러다임, 특히 뉴에이지 패러다임을 제안했다(Fergusson, 1980; Capra, 1982; Bateson, 1972). 우리 세계에서 모든 것은 모든 것과 연결되어 있고, 모든 것에 영향을 미친다고 하는 사실을 강조하는 것은 분명히 페미니스트 저항운동 및 미래 사회에 대한 전망과 많은 부분을 함께 할 수 있는 접근법이다. 그러나 다시 '온전하게 되려는' 욕망, 백인 남성이 갈라 놓은 모든 틈과 구분에 다리를 놓으려는 욕망이 다시 좌절되지 않으려면, 뉴에이지 페미니스트와 생태페미니스트를 비롯한 여러 페미니스트가 자신들에게 '동양의 정신'과 '치료'를 향유할 수 있는 사치를 제공하면서도 착취가 이루어지는 진짜 식민지에 대해 눈과 마음을 여는 것이 꼭 필요하다. 다시 말하면, 총체적 패러다임이 새로운 정신주의나 의식운동에 불과하게 된다면, 이 패러다임이 자본주의적 축적과 착취의 세계적 체제에 대항하여 이를 분명히 규정하고 투쟁하려고 하지 않는다면, 이는 자본주의의 파괴적 생산의 다음 단계를 정당화시켜주는 선도적 운동으로 정리되고 말 것이다. 이 단계에서는 자동차나 냉장고와 같은 수준 낮은 물질 상품들을 생산하고 판매하는 것에 집중하기보다는 종교, 치료, 우정, 영성 등과 또 폭력과 전쟁 상품 등에 집중할 것이며, 물론 그 과정에서 '뉴에이지' 기술들을 충분히 활용하게 될 것이다.

다음으로는 자본주의적 가부장제의 식민지를 만들어내는 구분들, 특히 성별 그리고 국제노동분업의 상호작용에 대해 다루고자 한다.

개념들

노동의 성별 그리고 국제적 구분에 대한 논의를 시작하기 전에, 내가 분석에서 왜 일정한 개념을 사용하고, 또 어떤 것은 사용하지 않는지를 분명히 밝히고자 한다. 그렇다고 해서 내가 이 개념을 완전히 규정하자고 제안하는 것은 아니다. 페미니스트 담론에서 나타난 개념은 대부분 투쟁 개념이지 운동의 이데올로기를 세우는 지도자가 작성한 이론적 규정들에 기초한 것은 아니기 때문이다. 따라서 내가 제안하는 개념들은 과학적 규정보다 좀 더 열린 성격을 갖고 있다. 이들은 투쟁 경험과 이런 경험들을 반추한 가운데 나온 것이기 때문에 어느 정도 설명할 가치가 있다. 나는 이런저런 개념을 통해 순수 학술적 논쟁에 들어가는 데 큰 도움을 받을 것이라고는 생각하지 않는다. 그러나 '젠더'와 '성'의 개념에 대한 토론에서 이미 봤던 것처럼 개념화의 문제가 권력의 문제, 말하자면 정치적 문제일 수 있다는 점을 인식하는 것은 중요하다. 이런 의미에서, 개념에 대한 입장을 분명히 하는 것은 페미니즘 정치 투쟁의 일부이기도 하다.

착취 혹은 억압/종속?

페미니스트 담론에서 용어는 여성이 우리 사회에서 겪는 문제를 명시하고 설명하는 데 사용된다. '종속'과 '억압'이라는 용어는 서열적 구조에서 여성의 지위를 특정화하는 데 널리 사용되는 단어이며, 여성을 계속 낮은 지위에 묶어두는 수단이다. 이런 개념은 자신을 맑스주의자였다고 하는 여성 혹은 자칭 맑스주의 혹은 사회주의 페미니스트와 자칭 급진적 페미니스트가 사용한다. 맑스주의 혹은 사회주의 페미니스트는 여성문제를 논할 때 보통은 착취를 말하지 않는다. 착취는 자본수의 아래 임금노농자의 **경제적** 착취를 언급할 때 쓰기 위해 비축해 놓은 용어이기 때문이다. 여성의 분노가 임금노동자의 분노를 넘어서서 '사적인' 남녀관계에서 유래한 것까지 포함하는 것이 될 때에는 착취가 아니라 억압이라고 표현하면서, 착취라는 용어의 사용을 피한다.

그러나 아래 논의에서 나는 억압적 남녀관계의 뿌리깊은 원인을 설명할 때 착취라는 용어를 이용할 것이다. 그 이유는 아래와 같다.

맑스가 자본주의 특유의 착취 형태는 자본가가 잉여노동을 전유하는 것에 있다고 명시했을 때, 그는 이 일반 용어를 특정한 좁은 의미로 사용했다. 그러나 '착취'는 다음 장에서 설명하겠지만, 훨씬 더 광범한 의미를 함축하고 있다. 최근 분석에서, 착취는 어떤 사람이 다른 어떤 사람을 강탈하여 무언가를 취하는 것, 또는 다른 사람의 희생을 기반으로 살아가는 것을 의미한다. 이는 남성의 여성에 대한 지배, 한 계급의 다른 계급에 대한 지배, 혹은 한 국민의 다른 국민에 대한 지배가 시작되는 것과 관계되어 있다.

우리가 남녀관계를 말할 때 착취를 말하지 않는다면, 억압과 종속에 대한 우리의 이야기는 공중에 붕 뜬 것이 될 것이다. 얻는 것이 없다면 왜 남성이 여성에 대해 억압적이겠는가? 착취와 관계되지 않는 억압 혹은 종속은, 그렇다면 순전히 문화적 혹은 이데올로기적 문제가 된다. 어느 정도는 타고난 남성의 공격적이고 새디스트적 경향 등을 언급하지 않고는, 그 근원을 알아낼 수 없게 된다. 그러나 착취는 생물학적 혹은 심리적인 것이 아니라 역사적 범주이면, 그 기초에 남녀관계가 자리하고 있다. 이는 가부장적 부족과 사회에 의해 역사적으로 만들어진 것이다. 따라서 달라 코스타와 마찬가지로, 나는 여성의 착취에 세 가지 의미가 있다고 본다. 여성은 (경제적으로만이 아니라, 인간적으로서도) 남성에게 착취당한다. 그리고 자본에 의해 가정주부로 착취를 당한다. 만약 여성이 임금노동자라면 [자본에 의해] 임금노동자로서도 착취를 당한다. 그러나 이 착취조차도 다른 두 가지의 연결되어 있는 착취 형태에 의해 규정되고, 강화된다.

나는 이 책에서 불평등과 차별에 대해서는 말하지 않으려고 한다. 프랑스 혁명의 요구가 신페미니스트운동의 주된 목표는 더 이상 아니라고 하는 점을, 구여성운동의 요구를 논한 부분에서 분명히 설명했기 때문이다. 대다수의 페미니스트는 가부장 체제 내에서는 남성과 평등해지는 것조차 원하지 않는다. 임금노동에 참여하면 여성해방이 이루어질 것이라는 희망은 자본주의 사회에서든 사회주의 아래에서든 어디서도 실현되지 않았다고 하는 점이 가사노동에 대한 토론에서 밝혀졌다. 만약 사회주의나 다른 정통 공산주의 정당이 여성해방 정책을 기본적으로 부르주아 개념인 '평등'과 '여성의 권리들'을 요구하는 것으로 한정하고 있다면, 그들은 가부장제가 자본주의와 사회주의 사회 모두에서 현실이라는 점을 간과하는 것이다. 그리고 가부장 체제 내에서 여성에게 '평등'은 여성도 가부장 남성처럼 되는 것을 의미할 뿐이다. 자칭 페미니스트인 여성 대부분은 이런 전망에 별 관심도 없다. 평등에 대한 요구가 이 체제 내에서 실현될 것이라고는 누구도 생각지 않기 때문이다. 따라서 많은 남성이 걱정하는 것처럼, 페미니스트가 원하는 것은 남성 지배를 여성 지배로 대치하는 것일 뿐이라는 생각은 틀렸다. 대다수 페미니스트에게 '평등'은 특권의 평등을 의미할 뿐이기 때문이다. 페미니스트운동은 (남성) 권력 엘리트를 다른 (여성) 권력 엘리트로 대체하기를 원하는 것이 아니라, 어떤 엘리트도 다른 이들을 착취하고 지배하며 살아가지 않는, 서열이 없고, 중앙이 없는 사회를 만들고 싶어하는, 기본적으로 무정부주의운동이다.

자본주의적 가부장제

독자들은 내가 자본주의적 가부장제 개념을 통해 여성에 대한 착취와 억압을 유지하는 체제를 표현하고 있음을 알 것이다.

오늘날 대부분의 사회에서 여성이 고통을 겪고 있는 남성지배 체제를 가부장제라고 하는 것이 맞는 지를 놓고 페미니스트운동 내에서 논쟁이 있었다(Ehrenreich and English, 1979). '가부장제' patriarchy 는 문자로는 아버지의 지배를 의미한다. 그러나 오늘날에는 '아버지의 지배'를 넘어, 남편, 남자 상사, 대다수 사회 기구와 정치경제 영역에서 군림하는 남성의 지배를 말한다. 간단히 말하면, 이른바 '남성의 리그' 혹은 '남자의 집'이라는 말이다.

이런 주저함이 있기는 하지만, 나는 가부장제라는 용어를 계속 사용한다. 이유는 다음과 같다. '가부장제'라는 개념은 신페미니스트운동이 여성에게 영향을 미치는 억압적이고 착취적인 관계들을 총체적으로, 그리고 체제적 성격으로 표현할 수 있는 용어를 찾는 과정에서 재발견한 용어이기 때문이다. 게다가 '가부장제'라는 용어는 여성의 착취와 억압의 역사적·사회적 측면을 나타내준다. 그러나 생물학적 해석의 여지는 '남성 지배'라는 개념과 비교할 때, 덜 열려 있다. 역사적으로 가부장 체제들은 특정한 시대, 특정한 지역의 특정한 사람들에 의해 발전되었다. 가부장 체제들은 보편적으로, 시대와 상관없이 항상 존재했던 것이 아니다. (가끔 페미니스트들은 가부장 체제가 기억할 수 없는 까마득한 시기부터 존재해 온 것으로 언급하기도 하는데, 이런 해석은 역사적, 고고학적, 인류학적으로 검증되지 않았다.) 가부장제가 전前가부장제 사회에 영향을 미치고 변화시키면서 오늘날에는 거의 보편적 체제가 되었다고 하는 사실은, 이 체제를 확대하는 데 사용되었던 주된 메커니즘, 즉 강탈, 전쟁, 정복으로 설명되어야 한다(2장 참조).

내가 다른 용어보다 가부장제라는 용어를 선호하는 또 다른 이유는 이 용어가 우리 현재의 투쟁을 과거와 연결시켜 주고, 또 이를 통해 미래가 있을 것이라는 희망도 주기 때문이다. 가부장제가 역사에서 시작된 지점을 특정지을 수 있다면, 끝을 내는 것도 가능할 것이다.

가부장제라는 개념이 여성 착취와 억압의 역사적 깊이를 표현하고 있다면, 자본주의 개념은 현재적 징후들, 혹은 이 체제의 최근 발전을 표현한다. 오늘날 여성의 문제는 가부장적 지배의 구舊형태를 언급하는 것만으로는 설명할 수 없다. 또한 가부장제는 '봉건제'와 함께 파괴 혹은 대체되어 온 사회관계들의 '전前자본주의적' 체제라는 입장을 받아들이는 것으로도 설명될 수 없다. 여성에 대한 착취와 억압은 자본주의의 작동만으로는, 최소한 자본주의라고 일반적으로 이해되고 있는 개념만으로는 설명할 수 없기 때문이다. 자본주의는 가부장제 없이는 작동하지 않는다는 것이, 말하자면 이 체제의 목적인 끝없는 자본축적은 가부장적 남녀관계들이 온존하거나 새로 창출되지 않는다면 성취될 수 없다는 것이 나의 논지이다. 따라서 우리는 신-가부장제에 대해서도 말할 수 있다(4장 참조). 가부장제는 대부분의 경우, 눈에 보이는 자본주의 체제의 보이지 않는 배경을 이루고 있다. 자본주의는 가부징적일 수밖에 없기 때문에, 일부 페미니스드가 하듯이 두 체제가 분리된 것처럼 말하는 것은 오도할 여지가 있다(Eisenstein, 1979 참조). 이런 이분법적 접근을 비판하면서, 두 체제가 있다고 말하면서 둘이 어떻게 연관되어 있는지의 문제는 여전히 풀지 못하고 남겨 두었다고 지적한 다타르Chhaya Datar에 동의한다(Datar, 1981). 또한 일부 페미니스트 저자가 이 두 체제에서 여성에 대한 억압과 착취의 위치를 설명하는 것은 자본주의 사회의 구태의연한 노동구분을 그대로 복제하는 것이다. 즉 가족의 사적 영역 혹은 '재생산'에서 여성의 억압은 '가부장제'에서 기인하는 것으로 보면서, 가부장제는 상부구조의 일부로 생각하고, 사무실이나 공장에서 노동자로 착취당하는 것은 자본주의에 기인하는 것으로 분리해서 설명하는 것이다. 그런 두 가지 체제 이론으로는 특정한 사회적 성적 노동 구분과 함께 전개된 자본주의적 발전과정이 낳은 패러다임을 극복할 수 없다. 그러나 앞서 말했던 것처럼, 페미니즘운동이 갖고 있는 특히 새롭고 혁명적인 추진력은 그것을 극복하려는 의지이다. 페미니즘이 주된 정치적 목적인 여성에 대한 착취와 억압을 없애기 위한 길에서 목표를 상실하지 않기 위해서는, 본질적으로 상호 연관되어 있는 하나의 체제인 자본주의적 가부장제를 뛰어넘거나 극복해야 한다. 다시 말하면, 페미니즘은 남녀 관계를 비롯해서 인간의 자연에 대한 관계, 중심부와 식민지의 관계에 이르기까지 모든 자본주의적 가부장제의 관계들에 대해 투쟁해야 한다. 한 관계에만 집중해서 목표를 달성할 수 있을 것이라고 낙관할 수는 없다. 이들은 서로 연결되어 있기 때문이다.

과개발 사회와 저개발 사회

페미니즘이 모든 자본주의적 가부장제 관계들과 투쟁해야 한다고 말한다면, 우리는 우리의 분석을 이 세계적 차원의 축적 체제로, 혹은 노동에 대한 국제적 분업으로 확대해야 한다. 이런 구분으로 만들어 진 틈은 특히 개념의 문제를 제기한다. 둘로 구분된, 그러나 서열화되어 있는, 세계 시장의 측면들을 언급할 때 어떤 용어를 사용해야 하는 가? 계속 '개발'과 '저개발' 국가들로 말할 것인가? 아니면, 연결된 발전 과정이라는 인상을 주지 않기 위하여, '제1'세계와 '제3'세계 국가들이라고 말해야 하는가? 아니면, 종속이론가처럼, '메트로폴'metropoles, 혹은 '중심지'centers와 변방의 개념을 써야 하는가? 위의 각 쌍의 용어는 특정한 역사, 말하자면 유럽, 그리고 나중에는 미국이 자본주의 세계 경제의 중심으로 성장하면서 양극화와 구분이 진행된 역사, 즉 서구 산업화 세계의 한 축은 갈수록 부유하고 강력해 지고, 다른 한 축인 아프리카, 아시아, 라틴아메리카에 있는 식민화된 국가들은 갈수록 가난하고 약해졌던 시대를 제대로 설명하고자 하는 총체적 이론들을 각각 대표하고 있다.

자본주의적 가부장제가 만들어낸 구분이 전체의 부분일 뿐이라는 것을 확고히 하기 위하여 이 구분을 극복한다는 페미니스트의 원칙을 따른다면, 우리는 '제1'세계와 '제3'세계를 별개의 독립체로 다룰 수가 없으며, 두 세계 사이에 존재하는 관계를 분명히 보여주어야 한다.

이런 관계는 남녀관계와 마찬가지로 착취와 억압에 기초하고 있다. 남녀관계와 비슷하게, 이 관계에서는 양극화가 역동적으로 진행된다. 한 축이 다른 축의 희생을 토대로 '발전'하며, 이 과정에서 다른 축은 '저개발' 지역이 된다. 프랭크Andre Gunder Frank가 처음 개발한 이 이론에 따르면 '저개발'은 자본주의 세계경제 내에서 중심 국가들 (Wallerstein, 1974)과 그 식민지 사이의 착취적이고 불평능한 혹은 송속적인 관계가 낳은 직접적인 결과이다. 이는 어떤 설명하기 힘든 '후진성' 때문이 아니다. '발전하는' 국가들과 '저개발' 과정에 있는 국가들 사이의 양극화가 역동적으로 진행되는 가운데, 부유하고 강한 서구 산업 국가들은 점점 더 '과개발'된다. 이는 이들 국가의 발전이 '이거면 충분해. 우리 행복을 위해서라면 이 정도 발전으로 충분해'라고 말할 만한 어떤 지점에서 멈추지 않는다는 것을 의미한다. 세계 경제의 양극화를 추진하는 동력, 즉 자본의 축적과정은 '이거면 충분해'라고 결코 말하는 법이 없는 세계관에 기초해 있다. 이는 그 본질상 무한한 성장, 생산력과 상품과 자본의 무한한 팽창을 추구한다. 이런 끝없는 성장 모델의 결과는 '과개발' 현상이다. 즉 암세포의 성장처럼, 착취당하는 이들에게만이 아니라 이런 착취의 명백한 수혜자들에게도 발전할수록 파괴적인 영향을 미치게 된다. '과개발과 저개발'은 따라서 본질적으로 착취적인 세계질서의 양 극단이며, 지구적 차원의 자본축적 혹은 세계 시장을 통해 구분되면서 동시에 연결되어 있다.

'과개발-저개발' 개념을 이런 의미에서 사용하는 것은 이런 원칙에 따라 구조화된 하나의 세계체제에서 저개발 국민의 문제가 발전을 지원하는 '원조'를 통해 해결될 수 있을 것이라던가, 과개발 국가의 국민이 저개발 세계를 더 착취함으로써 인간적 행복을 성취하게 될 것이라는 환상에서 벗어날 수 있도록 해줄 수 있다. 제한된 하나의 세계 안에서 두 편 사이의 착취와 억압의 관계는 양편 모두에게 파괴적인 결과를 낳을 수밖에 없다. 역사의 현 단계에서 이런 진실은 과개발된 세계의 사람들 속에서 점차 밝혀지고 있다.

독립성

'자본주의적 가부장제'라는 개념이 페미니스트 투쟁의 상대인 체제 혹은 사회적 관계들의 총체를 요약하고 있다면, '독립성'은 그 운동이 성취하고자 하는 긍정적인 목표를 표현하고 있다. 앞에서 언급했던 것처럼 독립성 개념은 여성의 억압과 착취가 가장 직접적이고 구체적으로 나타나는 몸의 정치의 맥락에서 하나의 투쟁 개념으로 등장했으며, 보통은 우리의 몸과 삶에 가해지는 강요로부터의 자유라고 이해되고 있다.

이 개념과 내용에 대해서는 페미니스트운동 내에서 다양한 해석이 있기도 하다. 하나는 주로 서구 페미니스트 사이에서 일반적인데, 독립성을 '개인적 독립', '여성 개인의 자기 결정', 혹은 '개인적 선택의 권리' 같은 것으로 이해하는 것이다. 개인에 대한 이런 강조는, 결국은 여성 개인, 나눠지지도 나눌 수도 없는 불가분의 존재인 사람이 자신과 자신의 삶에 대한 책임을 지는 주체인가, 혹은 아닌가라고 하는 분명히 해야 할 요소를 갖고 있다. 나는 독립성을 이런 인간 깊숙이 자리하고 있는 주체성과 자유의 영역으로 해석한다. 자유는, 작은 자유에 불과하다고 하더라도, 자유 없는 인간은 가장 중요한 인간성과 존엄을 상실하는 것이다. 자유가 없이 인간은 꼭두각시이거나 자유의지와 의식이 없는 유기체, 혹은 유기적 물질의 집합체에 불과하다. 마치 오늘날 생명공학의 모델처럼.

페미니스트는 독립성 개념을 통해 인간 본성 깊숙이에 있는 주체성을 여성들 속에서 주장하고, 강화하고 재창조하고 싶다. 그런 페미니스트의 열망은 지금도 계속 견지되고 있다. 한편, 자본주의가 바케팅 전략들을 통해 원자화된 개인에 초점을 맞추면서, 독립성 개념에 내재한 인간적 열망을 곡해하고 있다는 사실을 우리는 무시할 수 없다. 자본주의 상품시장을 통해 개인이 자신의 모든 욕망과 필요를 충족시킬 자유가 있다는 환상이 만들어지면서, 개인의 자유는 이것인지 저것인지를 고르는 상품 선택과 같은 것이 되었다. 인간의 자기 활동성과 주체성은 개인적 소비주의로 대체되었다. 따라서 개인주의는 서구 페미니스트 사이에서는, 페미니스트의 단결과, 페미니스트의 목적을 성취하는 길에서 중요한 장벽이 되었다.

이런 개인주의적 곡해를 피하려면, 독립성이 여성 속에서 인간적 본성을 유지하는 것을 의미한다는 점을 우리는 분명히 해야 한다. 그러나 독립성은 위에서 서술한 의미로만 사용되지는 않는다. 독립성은 여성이 혼성의 혹은 남성위주의 조직으로부터 분리되어 나와서, 자신만의 분석과 프로그램과 방법을 통해 고유의 독자적인 조직을 세우려고 주장하면서 발전시킨 투쟁 개념이기도 하다. 독립 조직은 알다시피, 모든 '대중운동'에 대해 조직, 이데올로기, 프로그램에서 항상 우위를 주장해왔던 전통적인 좌파 조직에 맞서면서 특히 강조되었다. 이런 의미에서 페미니스트의 독립성에 대한 주장은 여성문제와 여성운동을 어떤 다른 외관상 좀 더 보편적인 주제나 운동 아래 수렴하려는 모든 시도에 대한 거부를 의미한다. 여성의 독립적인 조직은 독립된 힘의 기초일 뿐 아니라, 페미니스트운동의 질적으로 다른 특질과 정체성을 유지하려는 욕망의 표현이다. 남성위주의 조직들(정당이나 노동조합)에 합류하면서, 구여성운동은 그 정체성을 상실했고, 마침내 해체되었다. 독립성의 원칙은 남성위주의 조직들, 운동들, 상황들과 대면해서만 견지된 것은 아니었다. 페미니스트운동 내에서도 다양한 범주와 집단의 여성들이 독립성의 원칙을 주장해 왔다. 시간이 흐르면서 여성운동 내에서도, 다양한 하위 운동들, 예를 들면 레즈비언운동 등이 등장했다. 또한 제3세계 페미니스트운동이 발전하면서 이런 원칙이 강조되기도 했다. 여성운동에는 중앙도 없고, 서열도 없고, 공식적이고 통합된 이데올로기도 없고, 공식 지도부도 없다. 따라서 다양한 자발적 활동과 집단의 독립성은 운동 내에서 진정으로 인도주의적인 관점을 견지하면서, 역동성과 다양성을 유지할 수 있는 유일한 원칙이다.

2장
성별노동분업의 사회적 기원

성별노동분업의 사회적 기원

페미니스트의 관점에서 기원을 찾다[1]

1920년대 서구 사회과학계에서 실증주의와 기능주의가 대세가 되면서, 일반적인 사회의 불평등하고 서열적인 관계의 기원, 특수하게는 불균형한 성별노동분업의 기원을 찾는 것은 금기시 되었다. 학계는 맑스주의 사상과 이론화를 막으려는 전반적인 캠페인의 일환으로 이 문제를 무시했고, 심지어 체제적 차원에서 억압했다. 이는 특히 앵글로-

---

1. 이 장은 1975~77년 프랑크푸르트 대학에서 '여성운동사'를 강의하면서, 여성들과 오랫동안 함께 생각해온 결과물이기도 하다. 이 장에 논의된 여러 아이디어는 '모계사회들에서의 노동과 섹슈얼리티' 강좌에서 나왔던 것이다. 제자 중 한 명인 루커트(Roswitha Leukert)가 쓴 '여성 관능성'(sensuality)에 대한 논문을 통해 생각을 좀 더 잘 정리할 수 있었다. 이 논의에 참가해준 루커트를 비롯한 모든 여성에게 감사인사를 전하고 싶다.
   이 장은 1979년 벨리펠트 대학에서 열린 '저개발과 자급적 재생산' 학술대회에 제출했던 글을 수정한 것이다. 이 논문은 1981년 헤이그의 사회과학원에서 특별보고서로 출간된 바 있다.

색슨 세계에서 분명히 나타났다(Martin and Voorhies, 1975:155ff). 이 문제가 다시 제기된 것은 최근의 일이다. 이 문제제기가 학계에서가 아니라 여성운동에 활발하게 참여했던 여성들에게서 나왔다는 점은 중요하다. 페미니스트 집단 내의 다양한 이데올로기적 차이에도 불구하고, 서열관계에 대해서는 모두 대항하고 나선다는 점에서 페미니스트들은 하나이다. 이들은 서열관계를 더 이상 생물학적 운명으로 받아들이지 않으며, 종식시켜야 한다고 생각한다. 여성에 대한 오랜 억압과 착취에 반대하는 투쟁에 전념하는 여성으로서는 불평등의 기원에 대해 전반적으로 무심한 학계의 결론에 만족할 수 없었다. 이 문제가 제기된 것은 우리가 기원에 대해 아는 것이 거의 없기 때문이다. 관계의 사회적 기원에 대한 연구는 여성해방을 위한 정치 전략의 일부이다(Reiter, 1977). 남녀의 불균형한 관계의 기원과 기능에 대한 이해 없이는 그것을 극복할 수 없다.

이런 정치적 전략적 동기로 인하여, 기원에 대한 새로운 탐구는 다른 학계의 연구노력과는 근본적으로 달랐다. 목표는 오래된 불평등의 문제를 분석하거나 해석하는 것에 그치는 것이 아니라 해결하는 것에 있게 되었다.

따라서 이어지는 논의는 '젠더의 서열에 대한 의식을 전파하고, 그 해체를 위한 집단 활동'(Reiter, 1977:5)에 기여하려는 것으로 이해되어야 한다.

편향된 개념들

양성 사이의 억압적 관계의 기원을 묻기 시작하면서, 지난 한 세기 동안 사회과학자들이 내놓은 오래된 설명들 중 어느 하나도 마뜩한 것이 없음을 곧 알게 되었다. 진화론자든, 실증주의-기능주의자든, 심지어 맑스주의적 접근법이든 간에 결국은 생물학적 결정론으로 설명하고 있기 때문에, 사회적 변화의 영역을 제대로 다루지 못한다. 따라서 불균형한 성별노동분업의 기원을 논하기 전에, 우리가 논쟁에서 흔히 사용하는 몇몇 개념에 내재한 생물학적 편향을 분명히 밝히는 것이 필요하다.

육체는 운명anatomy is destiny이라는 프로이트의 말에서 나타난 것처럼, 생물학적 결정론은 음으로 양으로 여성에 대한 억압과 착취의 원인을 분석하는 데 있어 가장 뿌리 깊은 방해물이라고 할 수 있다. 해방을 위해 싸우는 여성은 생물학적 결정론을 거부함에도 불구하고 남녀사이의 불평등하고 서열적이며 착취적인 관계를 사회적이고, 역사적인 요인들로 설명하기는 어렵다. 이는 분석 자체 때문만이 아니라, 분석의 도구인 기본 개념과 정의가 생물학적 결정론의 영향을 받았기 때문이거나 감염되었기 때문이다.

자연, 노동, 성별노동분업, 혹은 가족, 생산성 등은 우리 분석에서 중심적인 기초 개념들이다. 그런데 만약 이들 속에 내재한 이데올로기적 경향들을 비판적으로 분석하지 않고 이들 개념을 사용한다면, 문제가 분명해지기보다 더욱 모호해질 수 있다. 무엇보다 자연이라는 개념에서 이를 잘 볼 수 있다.

자연이라는 개념은 사회적 불평등이나 착취적 관계들을 타고난 것, 혹은 사회적 변화의 영역을 벗어난 것이라고 설명할 때 너무 자주 사용되어 왔다. 여성은 이 용어가 사회에서 여성의 지위를 설명하는 데 이용될 때 특히 의심해야 한다. 삶의 생산과 재생산에서 여성의 몫은 흔히 여성의 생물학적 혹은 '자연'적 기능으로 규정된다. 따라서 여성의 가사노동과 육아노동은 여성의 생리활동의 연장선으로 간주된다. 여성의 가사와 육아는 출산했다는 사실과 연결된 것으로, '자연'이 여성에게 자궁을 주었다는 사실과 연관된 것이라고 생각한다. 출산을 포함한 생명을 생산하는 것과 관련한 모든 노동이 인류가 자연과 의식적으로 상호작용하면서 생긴 것이 아니라, 즉 진정한 인간의 활동이라기보다는 자연의 활동으로, 즉 식물과 동물을 의식 없이 생산해내고 이 과정에 대해 통제하지 않는 자연의 활동으로 보인다. 여성이 자연과 상호작용하는 것을, 여성 자체의 자연성까지 포함하여, 자연의 활동으로 규정하는 것은 오래전부터 지금까지 광범한 영향을 미치고 있다.

생물학적으로 오염된 자연에 대한 개념으로 인해 신비화된 것은 지배와 착취, (남성)인류의 (여성)자연에 대한 지배관계이다. 이런 지배관계는 위에서 언급한 여성에게 적용된 다른 개념들에도 내재해 있다. 노동 개념을 보자. 여성과 자연의 관계에 대한 생물학적 규정 때문에, 여성의 출산과 육아, 그리고 다른 가사노동들은 노동으로 보이지 않는다. 노동 개념은 자본주의적 조건 아래에서는 일반적으로 남성의 생산적 노동, 잉여가치를 생산하는 노동을 의미한다.

여성도 그런 잉여가치를 만들어내는 노동을 하지만, 자본주의 아래에서 노동개념은 보통은 남성 혹은 가부장적 경향과 함께 사용된다. 자본주의 아래에서 여성은 전형적으로는 가정주부로, 즉 노동자가 아닌 사람으로 규정되기 때문이다.

이 노동의 수단은, 다시 말해서 노동개념에서 암시적으로 생산을 의미히는 신체는 손과 머리이다. 여성의 자궁이나 가슴은 그 범주에 끼지 못한다. 따라서 여성과 남성은 자연과의 상호작용에서 다르게 규정된다. 인간의 신체 자체도 진정으로 '인간적인' 부분(머리와 손)과 '자연적' 혹은 순전히 '동물적' 부분(생식기, 자궁 등)으로 나누어진다.

이런 구분이 어느 정도는 보편적인 남성의 성차별주의 때문이라고 할 수는 없다. 이는 자본주의 생산양식의 결과이다. 자본주의는 노동 수단으로 직접 사용될 수 있고, 혹은 기계와 곧 연결될 수 있는 인체의 부분에만 관심이 있다.

노동 개념에 숨겨져 있는 불균형과 생물학적 편향으로 지적할 수 있는 또 다른 예는 광범하게 퍼져있는 **성별노동분업**이라는 개념이다. 이 개념은 남성과 여성이 다양한 일들을 단순하게 배분하는 것처럼 보이지만, 남성의 일은 진실로 인간적인 것(즉, 생각하고, 합리적이며, 계획되고, 생산적인 것 등등)으로 여겨지는 반면에, 여성의 일은 다시금 기본적으로 '타고난' 것에 의해 결정되는 것처럼 보인다는 사실을 은폐하고 있다. 성별노동분업은 그 규정에 따르면, '인간의 노동'과 '자연의 활동' 사이의 구분으로 바꿔 쓸 수 있다. 게다가 이 개념은 남성노동자(즉, '인간')과 여성노동자(즉, '자연') 사이의 관계가 지배관계, 심지어 착취관계이기도 하다는 점을 숨기고 있다. 여기서 착취라는 용어를 사용한 것은 생산자와 소비자 사이에서 이느 정도 영구적인 분리와 서열화가 일어났으며, 소비자가 스스로는 생산하지 않으면서, 생산자의 생산품과 용역을 착복할 수 있다는 의미에서이다. 평등한 공동체였다면 생산자가, 세대를 달리해서라도, 결국은 소비자가 뇌었을 것이다. 그러나 상황은 그렇지 않았다. 착취적인 사회관계는 생산하지 않은 이들이 실제 생산자의 생산품과 용역을 착복하고, 소비(혹은 투자)할 때 생겨난다(A. Lohn-Rethel, 1978; Rosa Luxemburg, 1925). 이런 착취에 대한 개념은 우리 시대를 비롯해 오랜 역사 기간 동안 남-녀 관계를 규정하는 데 사용되어 왔다.

그러나 이런 노동분업의 사회적 기원을 분석하려고 할 때, 분명히 해야 할 것은 우리가 문제 삼는 것은 불균형하고 서열이 있고 착취적인 관계이지, 평등한 파트너 사이의 단순한 일의 분담을 말하는 것은 아니라는 점이다.

마찬가지로 애매한 생물학적 논의가 지배적 힘을 발하는 곳은 가족 개념과 관련한 부분이다. 이 개념이 유럽중심적이고 비역사적 방식으로 일반화되어 사용되면서 핵가족이 남녀관계들을 전체적으로 제도화하는 기본적이고 시대를 초월한 구조로 제시되었다. 또한 이 개념은 이 제도의 구조가 서열이 있고 불평등한 것이라는 사실을 숨기고 있기도 하다. '가족 내의 동반자의식 혹은 민주주의'라는 말은 이 제도의 본색을 가리는 역할을 할 뿐이다.

'생물적' 혹은 '자연적' 가족과 같은 개념은 특히 이런 비역사적인 가족 개념과 연결되어 있다. 이는 이성 간의 성관계와 핏줄을 통한 자녀의 출산을 의무적으로 결합한 것에 기초한 개념이다.

몇 가지 중요한 개념에 내재해있는 생물학적 경향에 대해 이렇게 간단히만 살펴보아도 이런 편향의 이데올로기적 기능을 체계적으로 드러내는 것이 꼭 필요함을 잘 알 수 있다. 이런 편향들이 불균형하고 착취적인 사회적 관계들, 특히 남녀 사이의 관계들을 은폐하고 신비화시키고 있다.

우리 앞에 놓인 과제, 즉 성별노동분업의 사회적 기원에 대한 분석과 관련해 이것이 의미하는 바는, 우리가 의문을 제기하고 있지 않다는 점이다. 성별노동분업이 언제 시작되었는가? 이런 노동분업이 지배와 착취의 관계, 불균형하고 서열적인 관계가 된 원인은 무엇인가? 여성해방과 관련된 모든 논의에서 이 문제는 여전히 큰 그림자를 드리우고 있다.

제기된 방법론

위에서 언급된 개념들에 내재한 편향을 제거하기 위해 무엇을 할수 있는가. 일부 여성이 제기하는 것처럼 이 개념들을 일체 쓰지 않을 것인가? 그러면 우리의 생각을 표현할 언어가 없게 된다. 새로운 것을 발명해 내는 것은 어떨까? 그러나 개념에는 역사적 관행과 이론이 축약되어 있다. 자의적으로 발명할 수 있는 것이 아니다. 우리는 분석에서 사용하는 기초 개념들이 이미 지배적인 성차별 이데올로기에 의해 '점령되어 온 것'임을, 마치 영토나 식민지처럼 점령되어 온 것임을 인정해야 한다. 이 개념들을 폐기할 수는 없다. 그러나 우리는 이들을 지배적 이데올로기의 관점에서가 아니라, '아래로부터', 억압받고 착취당하고 종속되어 온 역사적 경험의 관점과 해방을 위한 투쟁의 관점에서 보아야 한다.

노동 생산성 개념과 관련하여, 그에 대한 좁은 의미의 규정을 거부하고, 노동은 주로 여성이 무상으로 하는 **생명 생산**이나 자급을 위한 생산에 소요되는 노동을 끌어내시 활용하고 착취하고 전유하는 가운데 잉여가치를 생산한다는 의미에서만 생산적일 수 있음을 보여주는 것이 필요하다(Mies, 1980(b)). 생명 생산은 자본축적의 조건아래 이루어지는 생산 노동을 비롯해 다른 모든 역사적 형태의 생산노동의 영원한 전제조건이다. 생명 생산은 무의식적인 '자연적' 활동이 아니라 일로 규정되어야 한다.

이제부터 나는 생명 생산을 위한 노동을 **생산 노동**이라고 부를 것이다. 인간의 필요를 만족시켜주는 사용 가치를 생산한다는 넓은 의미에서 이는 생산 노동이다. 생명을 생산하는 노동을 잉여생산노동으로 덮어버리고 거기에서 분리해내는 식으로 노동을 추상화하는 것은 여성과 여성의 노동을 '자연으로 규정'하는 현실을 만들게 된다.

맑스는『자본론』1권에서 노동과정을 논하면서, '생산 노동'이라는 개념을 넓은 의미로 규정하여 사용한다. 즉 자연 상태의 물질을 변화시켜, 인간이 사용하기 위한, 즉 인간의 필요를 만족시켜주는 제품을 생산하는 것이라고 규정한다(*Capital*, Vol. I, 1974). 그러나 주석에서 이미 맑스는 단순한 노동과정에 적합한 이런 규정은 자본주의 생산과정에는 전혀 적당하지 않다고 경고한다. 자본주의 생산과정에서 '생산 노동'의 개념은 **잉여가치를 생산**하는 것에만 적용되는 것으로 좁혀진다. '자본을 실현할 수 있는 잉여를 생산하는 노동자만이 생산적이다'(*Capital*, Vol. I, 1974). 여기서 맑스는 애덤 스미스 등 다른 정치경제학자들이 개발해 놓은 좁은 의미의 노동 생산성 개념을 사용한다(*Grundrisse*, 212쪽 참조). 그러나 그는 '자본주의 아래서 생산적인 노동자가 되는 것은 행운이 아니라 불운'(532쪽)인데, 왜냐하면 노동자는 자본을 가치있게 해주는 직접적인 수단이 되기 때문이라고 말함으로써 여전히 이런 개념을 비판한다. 그러나 맑스는 생산적 노동에 대한 이런 자본주의적 개념에 주안점을 두고 이를 일반화시켜서, 여성의 생명 생산까지 포괄할 수 있는 좀 더 일반적이고 근본적인 생산적 노동의 개념을 사실상 덮어버렸다. 이를 통해 맑스 자신은 모든 '비-생산적' 노동(즉, 여성 노동의 큰 부분을 차지하고 있는, 무임금노동)을 공공영역에서 보이지 않도록 제거하는 데 이론적인 기여를 했다. 이후로 맑스주의 이론가와 부르주아가 모두 함께 사용하는 '생산적 노동'의 개념은 이런 자본주의적 함의를 유지하고 있다. 맑스가 주석에서 해놓은 이에 대한 비판은 오래전에 잊혔다. 나는 '생산적 노동'에 대한 이 협소하고 자본주의적인 개념이 자본주의 아래의, 그리고 실재 존재했던 사회주의 아래의 여성 노동을 이해하기 힘들게 만드는 가장 막강한 장애물이라고 생각한다.

무임 여성노동에 의해 그리고 노예들, 계약직 노동자들, 식민지 농민들과 같은 무임 노동자들에 의해 주로 수행된, 삶의 일반적 생산이나 자급적 생산이, "자본주의적 생산노동"이 구축될 수 있고 또 착취될 수 있는 영속적 기초를 구성한다는 것이 나의 주요논지다. 맑스와는 달리, 나는 자본주의적 생산 과정이 두 가지 모두를 포괄하고 있다고 생각한다. (여성, 식민지인, 농민과 같은) 무임 노동자에 대한 극도의 착취를 기반으로 해서 임금노동에 대한 착취가 가능하다는 것이다. 내가 극도의 착취라고 규정한 것은 이것이 '필수적인' 노동시간 이상으로, 그것을 초과하여 수행되는 노동과 시간에 대해, 즉 잉여 노동에 대해 기본적으로 (자본가의) 인정을 빚지 못하기 때문이다. 그러나 이 노동과 시간은 사람들이 생계를 잇고 살아남기 위해서는 **필수적**이다. 이는 임금으로 보상받지 못한다. 노동력의 '필수적인' 재생산 비용으로 계산될 수 있는 이 노동의 내역은 주로 권력과 제도적 압력으로 결정된다. 이것이 제3세계 생산자가 더욱 가난해지고 더욱 굶주리게되는 주된 원인이다. 서구에서 노동자와 임금노동 계약 시 전제되어 있는 동등한 교환의 원리가 이들의 경우에는 적용되지 않는다(3장과 4장 참조).

서열이 있는 성별노동분업의 기원을 찾는 것이 '세계사적 차원에서 여성의 패배'(엥겔스)가 일어났던 선사시대나 역사시대의 특정 시점을 찾는 것으로 한정되어서는 안 될 것이다. 영장류학, 선사시대, 그리고 고고학의 연구들이 우리 연구에 유용하고 또 필수적이다. 그러나 우리가 여성과 남성, 그리고 그들이 자연이나 역사와 맺는 관계에 관한 개념을 유물론적이고 역사적이고 비생물학적인 방향으로 발전시켜갈 수 없다면 그런 연구에서 이 질문에 대한 답을 기대할 수는 없다. 루커트Roswitha Leukert는 이를 이렇게 말했다. '인간사의 시작은 기본적으로 특정한 시점에 고정되어 있는 문제가 아니다. 이는 사람man(인류human being—저자)과 역사에 대한 유물론적 개념을 찾는 문제이다'(Leukert, 1976:18, 영어번역은 저자).

앞서 언급한 대로 전략적 동기와 밀접하게 관계되어 있는 이 방법론을 사용한다면, 우리는 여성과 남성의 관계가 수직적이고, 불평등하게 전개된 것이 비단 과거의 문제만은 아님을 보게 될 것이다.

우리가 '만들어지고 있는 역사'를 들여다본다면, 즉 중심부든 주변부든, 자본주의 아래서 여성에게 어떤 일이 일어나고 있는지를 연구해 본다면, 우리는 성-서열들이 실제로 구성되는 것에 대해 많은 것을 배울 수 있다. 주변부의 가난한 농민과 부족사회들은 자본축적이라는 지렛대 아래 이른바 새로운 전국적이고 국제적인 노동분업으로 '통합'되고 있다. 자본주의의 중심부와 주변부 모두에서 노골적으로 성차별적인 정책이 모든 사회와 모든 계급을 자본주의적 생산관계 아래 포괄하는 데 이용되어 왔고, 지금도 이용되고 있다.

이런 전략은 보통은 '진보적' 혹은 자유주의적인 가족법들(예를 들면, 다처제의 금지) 혹은 가족계획과 개발 정책의 외피를 쓰고 나타난다. '여성을 경제개발에 참여시키자'는 주장은 멕시코에서 열렸던 국제여성회의(International Women's Conference, 1975)에서 처음 나오기 시작해서, 제3세계의 국가들이 여성을 자본주의 생산 과정에서 가장 값싸고 온순하며 다루기 쉬운 노동력으로 동원하는 과정에서 널리 사용되었다. 조직화되어 있지 않은 부문에서만이 아니라 농산물 관련 사업과 공업에서도 여성이 동원되었다(Fröbel, Kreye, Heinrichs, 1977; Mies, 1982; Grossman, 1979; Elson/Pearson, 1980; Safa, 1980).

이는 또한 노동의 성별분업을 가족에 관련된 문제로만 보는 것이 아니라 전체 사회의 구조적 문제로 봐야 한다는 것을 의미한다. 남성과 여성 사이의 서열적인 노동분업과 그것이 가지는 역동성은 가부장적 시대와 사회에서, 그리고 더 넓은 국가적 국제적 차원의 노동분업이라고 하는 지배적인 생산 관계에서 필수적 부분을 이루고 있다.

남성과 여성의 자연에 대한 전유

남/녀와 역사에 대한 유물론적 개념을 담색하는 것은 남성과 여성의 인간적 본성에 대한 탐색을 의미한다. 그러나 인간의 본성은 주어진 사실이 아니다. 이는 역사 속에서 변화되어 왔으며, 생물학적으로 환원할 수 없다. 인간의 본성이 가지는 생리적 측면은 항상 사회적 측면과 연결되어 있다. 따라서 생리학을 역사에서 분리시킨다면 우리는 인간의 본성을 이해할 수 없다. 남/녀의 인간적 본성은 생물학적으로 일련의 과정을 따라 전개되어 온 것이 아니다. 이는 남/녀가 자연과, 그리고 서로 상호작용하는 역사 속에서 나온 결과물이다. 인류는 동물이 연명하는 것처럼, 그저 사는 것이 아니다. 인류는 자신들의 삶을 생산한다. 이 생산은 역사적 과정 속에서 일어난다.

동물 세계(자연사)에서의 진화 과정과는 다르게, 인간의 역사는 처음부터 **사회의 역사**이다. 맑스와 엥겔스에 따르면, 모든 인간의 역사는 '세 가지 시간'으로 정리할 수 있다. 인간은 시작부터 지금까지 이렇게 존재해 왔다. 1. 사람은 역사를 만들 수 있기 위해 살아야 했다. 그들은 자신의 필요, 즉 의식주 등을 해결할 수 있는 수단을 생산해야 했다. 2. 필요를 충족시키면 새로운 필요가 나타난다. 그들은 자신의 필요를 만족시킬 수 있는 새로운 수단을 개발한다. 3. 매일의 삶을 재생산하는 사람은 다른 **사람**을 만들어야 한다. 그들은 '남녀사이의 관계, 부모와 자식 사이의 관계, 바로 가족'을 창출해야 한다(Marx/Engels, 1977:31).

이후로, 맑스는 넓은 의미에서 '일'을 개념화할 때, '자연물을 전유'한다는 표현을 사용한다. 인간의 필요를 만족시키기 위해 자연을 전유하는 것이 일이라는 의미이다.

노동은, 무엇보다, 사람 man과 자연이 모두 참여하는 과정이다. 사람은 나름의 원칙에 따라 자신과 자연 사이의 물질적 대응들을 시작하고, 규제하며, 통제한다. 그는 자연의 힘의 일부인 자신을 자연과 대립되게 한다. 자연의 생산이 자신의 필요에 적합한 형태가 될 수 있도록 전유하기 위해[2] 팔과 다리, 머리와 손, 자기 몸에서 나오는 자연적 힘을 움직인다. 외부 세계에 이런 작용을 하고 또 변화시키면서, 동시에 그는 자신의 본성을 변화시킨다. (Marx, *Capital*, vol. I:173)

이 '자연의 전유'가 모든 인류 역사의 특징이라는 점을 우리는 강조해야 한다. 이는 아주 초기의 원시시대도 마찬가지이다.

진화론적 사고의 영향을 강하게 받은 엥겔스는 이 아주 초기의 시기를 원시시대라고 해서 인간의 실제 역사와 분리시켰다. 엥겔스는 인간의 실제 역사는 문명과 함께 시작된다고 보았다. 역사는 충분히 성숙한 계급과 가부장적 관계와 함께 시작된다는 의미이다. 따라서 엥겔스는 인류가 어떻게 원시시대에서 사회의 역사 단계로 뛰어 오르게 되었는지에 답할 수가 없다. 게다가 그는 변증법적인 사적 유물론의 방법론을 '아직 완전히 역사시대로 들어오지 않은 원시 사회에 대한 연구에 적용하지 않는다. 그는 진화의 법칙이 사유재산과 가족과 국가의 등장을 이끌었다고 생각한다.

엥겔스는 1884년에 발표한 『가족, 사유재산, 국가의 기원』의 서문 첫 문단을 이렇게 시작한다.

유물론적 개념에 따르면, 역사에서 결정적 요소는, 결국은, 당장의 삶

---

2. '자연의 전유'(Appropriation of Nature, Aneignung der Natur)은 독일어로 이중의 의미가 있다. 맑스가 이 표현을 사용한 방식에서도 그 다의성을 확인할 수 있다. 우선 그는 '자연을 우리 방식의, 인간화된 자연으로 만든다'는 의미로 사용한다. 초기 저작들에서 '자연의 전유'라는 어구는 이런 의미로 쓰였다. 한편, 이는 남성(Man)과 자연(Nature) 사이의 지배 관계를 규정한다. 『자본론』에서 맑스는 기존의 광의의 규정을 축소하여 '자연에 대한 지배, 조정, 정복'을 의미하는 것으로 사용했다. 앞으로 보겠지만, 이 개념에 대한 이런 해석은 여성에게 문젯거리가 되었다.

을 생산하고 재생산하는 것이다. 그러나 이는 두 가지 성격을 갖고 있다. 하나는 생계수단인 의식주와 이를 위한 필수적인 수단의 생산이다. 또 다른 하나는 인류 자체의 생산, 종의 증식이다. 특정한 역사적 시대와 특정한 국가에서 살아가는 사람들이 들어가 있는 사회 제도는 이 두 가지 생산(강조는 저자)의 제약을 받는다. 다시 말하면, 한편으로는 노동발전 단계의, 또 다른 한편으로는 가족 발전 단계의 제약을 받는다(Marx, Engels, 1976:191).

울프–그라프Anke Wolf-Graaf가 간파한대로, 모든 유물론적 페미니스트는 유물론적 분석이라면 두 가지의 생산을 모두 다루어야 한다는 의견에 기꺼이 동의할 것이다. 그러나 엥겔스 자신은 '인류의 재생산' 문제에 착수하면서 곧 이런 유물론적 개념을 포기했다(Wolf-Graaf, 1981:114~21). 엥겔스는 인류의 재생산은 '가족의 발전'에 따라 결정되며, 생계 수단의 생산은 노동의 발전에 따라 결정된다고 보았다. 엥겔스가 책 전체에 걸쳐 이 생각을 견지하고 있는 것을 보면 이런 구분은 우연한 것이 아니다. 씨족에서 부족, 가족으로의 발전을 묘사하는 부분에서 그는 경제학적 분석이 아니라 진화론적 분석을 한다. 예를 들어 근친상간에 대한 금기와 일부일처제의 도입을 일부일처제 관계에 대한 여성의 '자연적' 욕망에서 나온 것으로 설명한다. 사유재산과 일부일처제의 가부장적 가족을 다룰 때에만 엥겔스는 경제적이고 사적 유물론적 설명을 한다. '가부장적 가족과 함께 인류는 기록된 역사의 시대로 접어들었다'(Marx, Engels, 1976:234). 일부일처제의 가부장적 가족은 '자연적 조건이 아니라 경제적 조건에 기초한 최초의 가족 형태이다. 다시 말하면, 초기의 자연적으로 전개되어온 공유제와 달리,

일부일처제의 가부장적 가족은 사유재산제가 승리를 거두면서 등장한 가족형태이다'(Marx, Engels, 1976:239).

'인류의 생산 혹은 출산'과 관련된 것을 '자연적'(즉, 역사와 관련 없는) 과정으로, 생산수단과 노동의 발전과 관련된 것을 역사적 과정으로 구분하는 것은 맑스 이론 내에서 여성과 여성의 노동에 대한 사적 유물론적 개념화가 근본적으로 가능하지 않다는 사실을 보여준다. 인류를 생산하는 여성 노동을 '자연적'이라고 하는 이상주의적(자연주의적, 생물학적) 개념화는 맑스와 엥겔스가 일찍이 『독일 이데올로기』에서 명료하게 설명했다. 맑스와 엥겔스는 인간의 삶을 구성하는 '세 가지 시간들'의 역사성과 물질적 기초를 수립하려고 노력했지만, 곧 '제3의 시간' 즉, 새로운 사람의 생산을 역사의 영역에서 만들어내는 것을 배제하거나 빠뜨린다. 그들은 '제3의 시간'에 대한 논의를 여전히 다음과 같이 시작한다.

> 처음부터 역사적 발전으로 진입한 제3의 상황은 매일 자신의 삶을 재생산하는 사람이 다른 사람을 만들기 시작하는 것, 자신의 종을 번식시키는 것이다:남자와 여자, 부모와 자식 사이의 관계, 바로 가족(원본에서 강조)이다. 가족은 처음에는 유일한 사회적 관계였지만, 후에는 요구를 만들어내면서 새로운 사회관계들을 만들고, 인구가 증가하면서 새로운 요구, 종속된 이에 대한 요구가 생겨난다(Marx, Engels, 1977·31).

이는 역사의 동력으로 고려되는 것은 더 이상 남-녀 관계가 아니라 산업임을 의미한다. 이어서 그들은 이렇게 말한다.

삶의 생산, 즉 자신이 노동할 수 있도록 스스로를 만들어 내는 것과 출산을 통해 새로운 생명을 생산해 내는 것 모두를 이제는 이중 관계, 다시 말하면 자연적 관계와 사회적 관계라고 할 수 있다. 사회적이라고 할 때 우리는 그것이 어떤 조건, 어떤 방식, 어떤 목표를 향해서건 몇몇 개인이 협력했음을 의미한다(Marx, Engels, 1977:31).

페미니스트라면 맑스와 엥겔스가 '사회적 관계'라는 항목에서 새로운 생명을 생산하는 것을 둘러싼 남성과 여성 사이의 관계를 다음 분석에서 다룰 것이라고 기대할 것이다. 그러나 이 측면은 곧 망각되고 이렇게 이어진다.

여기에서부터 일정한 생산 양식, 혹은 산업 단계는 언제나 일정한 양식의 협력 양식, 혹은 사회적 단계와 결합되어 있다. 그리고 이런 협력 양식은 그 자체가 하나의 '생산력'이다. 또한 인간이 접근 가능한 다양한 생산력이 사회의 본질을 결정한다. '인류의 역사는 언제나 산업과 교환의 역사와 관련해서 다루고 연구해야 한다(Marx, Engels, 1977:31).

그들은 '새 생명의 생산'을 역사적 사실이 아니라 '자연적'인 것으로 여긴다. 이는 노동분업의 발전을 논할 때 더욱 분명해진다. '성에 따른 활동에서 나온 원래의 바로 그 노동분업'(33쪽)인 노동분업, 혹은 '가족 내에서의 자연스런 노동분업'(34쪽)은 '육체노동과 정신노동 사이의 구분이 등장하는 그 순간부터' 진정한 **노동**분업이 된다. 그 단계 이전의 모든 활동은 동물적 활동이거나 '동물 같은 혹은 부족적 의식'에 불과하다. 이런 동물 같은 존재(이 개념에 따르면 오늘날까지도 여성들이 영위하고 있는 수준)에서 진정으로 인간다운, 역사적이고 사회적인 존재로 이끄는 것은 (남성)노동력의 생산성이 높아지는 것을 통해서이며(33쪽), 수요의 증가와 인구 성장을 통해서이다(p. 33). 성별 활동을 통해 이루어지는 남성과 여성의 협력과 자녀를 출산하고 양육하는 데 있어서 여성의 일은 '생산력', '노동력', '산업과 교환'의 영역에 속하는 것이 아니라 '자연'에 속한다(Marx, Engels, 1977:33, 34). 새로운 생명의 생산을 노동을 통한 일용품의 생산과 분리함으로서, 후자를 역사와 인간성의 영역으로 높이고, 전자를 '자연적'이라고 하고, 후자를 '역사적'이라고 명명함으로서, 이들은 의도한 것은 아니지만 생물학적 결정론에 기여해 왔다. 그리고 그것이 오늘날까지 우리 앞에 난관을 조성하고 있다. 여성과 여성 노동에 대해 이들은 자신들이 비판했던 독일 이데올로그들과 마찬가지로 이상주의적 수준에 머물러 있다.

여성과 남성, 그리고 그들의 역사에 대한 역사적이고 유물론적인 개념을 찾고자 한다면, 우리는 먼저 이들이 각각 자연과 상호작용하면서 그 과정에서 어떻게 고유의 인간적 혹은 사회적 본질을 형성해갔는지를 분석해야 한다. 엥겔스 방식대로 하자면, 여성이 자연과 상호작용하는 것을 진화의 영역과 연결시켜야 할 것이다. (이는 사실 전 세계적으로 기능주의자들과 행태연구자들이 하고 있다.) 여성은 (엥겔스 규정에 따르면) 아직 역사의 단계로 들어가지 않았으며, 기본적으로는 여전히 동물의 세계에 속해 있다는 결론을 내리게 된다.

여성/남성의 자기 몸에 대한 전유

맑스에 따르면 노동 과정은 기본적으로 사용가치를 생산해낸다는 생각 아래 수행하는 의식적 활동이다. 좀 더 큰 의미에서, 노동과정은 '인간의 필요를 위해 자연적 물질을 전유'하는 것이다. 이런 '인류와 자연 사이의 물질적 교환'Stoff-wechsel은 인간의 존재에 자연이 부과한 영원한 조건이며, 모든 역사 단계에서 나타나는 현상이다(*Capital*, vol. I:179). 인간과 자연 사이의 이런 '물질적 교환'에서 인류는, 남성과 여성은 자신들이 직면한 외부 자연을 개발하고 변화시켰을 뿐 아니라 **자신들의 자연적 몸** 자체도 변화시켜왔다.

인간에게 필요한 것을 생산해 내기 위해 인간과 자연 사이에 이루어진 상호작용은 다른 모든 생산과 마찬가지로 도구, 혹은 생산수단을 필요로 한다. 인간이 자연에 가한 활동에서 사용한 첫 번째 생산수단은 인간의 몸이다. 이는 다른 모든 생산수단의 영원한 전제조건이기도 하다. 그러나 몸은 인간이 자연에 가하는 활동의 '수단'일 뿐아니라, 필요를 만족시키기 위한 목적이기도 하다. 인간은 사용가치의 생산을 위해 자신의 몸을 사용할 뿐 아니라, 생산품의 소비를 통해 ― 가장 광의의 의미에서 ― 몸이 계속 살아갈 수 있도록 한다.

가장 광의의 의미에서 노동과정을 자연물에 대한 전유로 분석할 때 맑스는 남성과 여성의 차이를 언급하지 않는다. 그러나 여성과 남성이 자연에 대해 작용을 가할 때 이들은 질적으로 다른 몸을 갖고 있다. 이 점을 강조하는 것이 우리 주제에 있어서는 중요하다. 양성 사이의 불균형한 노동분업을 좀 더 명료하게 설명하려면, (추상적이고 일반적인 존재로서) 인간man의 자연에 대한 전유가 아니라, 여성과 남성

man의 자연에 대한 전유를 말하는 것이 필요하다. 이런 입장은 남성과 여성이 자연을 전유하는 방식에 차이가 있다는 전제에 기초한 것이다. '인간'과 '남성'을 동일시하기 때문에[3] 이런 차이가 일반적으로 잘 드러나지 않는다.

여성성과 남성성은 생물학적으로 주어진 것이 아니라 오랜 역사적 과정의 산물이다. 역사적 단계 마다 남성성과 여성성은 다르게 규정되어 왔다. 이런 규정은 각 시대의 주된 생산양식에 기초해 있다. 이는 여성과 남성 사이의 유기적인 차이가, 인간의 필요를 만족시키기 위해 자연물을 전유하는 방식의 차이에 따라 다르게 해석되어 왔음을 의미한다. 역사 속에서 여성과 남성은 자신의 몸에 대해 질적으로 다른 관계를 발전시켜 왔다. 모계[4] 사회에서 여성성은 모든 생산성의 사회적 패러다임으로, 생명 생산의 주된 활동 원리로 해석되었다.[5] 모든 여성은 '어머니'로 규정되었다. 그러나 여기서 '어머니'는 오늘날의 의미와는 좀 다르다. 자본주의적 조건에서 모든 여성은 사회적으로 가정주부로 (모든 남성은 생계부양자로) 규정되고, 모성은 이 가정주부 신드롬의 부분이 된다. 근대의 여성성에 대한 규정이 초기 모계 사회와 다른

---

3. 이런 성차별주의는 많은 언어에서 볼 수 있다. 영어와 마찬가지로 프랑스어와 모든 로마어 계통에서 '남성'과 '인간'은 같은 단어로 표현된다. 독일어에서도 이를 볼 수 있다. Mann은 남성이다. Mensch는 인류라는 뜻이기도 하지만, 남성이라는 의미도 있다.

4. 보르너만(Bornemann)과 함께 나는 '모권적'(matriarchal)이라는 표현대신 '모계'(matristic)를 사용한다. '모권적'이라고 하면 어머니가 지배적인 정치체제를 수립한 것을 의미하기 때문이다. 그러나 모계적이고 모계거주적인 사회에서도 여성은 그렇게 오래 지속되는 정치 지배체제를 수립하지 않았다(Bornemann, 1975).

5. 인디언의 어머니여신들(mother-goddes, Kali, Durga 등)은 모두 이렇게 활동적이고 실용적인 원리를 구현하고 있다. 그러나 많은 절대적 남성신들(Gods)은 수동적이고, 엄숙하고, 금욕적이다. 자연에 대한 특정 개념과 여성 신체에 대한 전유 사이의 관계를 논한 것으로는 Colette Guillaumin, 1978 참조.

것은 그 규정에서 활동적이고, 창조적(주체적)이고, 생산적(즉, 인간적)
특성들이 모두 사라졌다는 것이다.

여성과 남성의 몸에 대한 전유에서 역사적으로 전개되어 온 질적
차이는 '외부 자연에 대한 두 가지 질적으로 다른 전유형태'로 이어졌
다. 말하자면, 전유의 대상, 감각적인 신체 활동의 대상에 대한 관계가
질적으로 다른 형태를 띠게 되었다(Leukert, 1976:41).

남성과 여성의 자연에 대한 대상-관계Object Relation

먼저 우리는 인간과 동물이 대상-관계에서 차이가 있음을 강조해
야 한다. 인간의 대상-관계는 실천, 즉 활동과 성찰을 합한 것이다. 이
는 역사적 과정을 통해서만 볼 수 있으며, 사회적 상호작용 혹은 협동
을 의미한다. 인간의 몸은 첫 번째 **생산수단**일 뿐 아니라 첫 번째 **생산
력**이기도 하다. 이는 인간의 몸이 새로운 것을 창출해낼 수 있다는 경
험을 하고, 이에 따라 외부와 인간의 본성을 변화시키기도 하다는 것
을 의미한다. 인간의 자연에 대한 대상-관계는 동물과 다르게 생산적
이다. 몸을 생산력으로 전유하면서, 여성과 남성 사이의 차이는 광범
한 결과들을 낳았다.

여성의 자연에 대한 대상-관계, 외부 자연에 대해서만이 아니라 자
신들 자체까지 포함한 자연에 대해 갖는 대상-관계의 특징은 무엇인
가? 첫째, 우리는 여성이 자신의 몸 **전체**를, 즉 손이나 머리만 아니라
몸 전체를 통해 생산성을 경험할 수 있다는 점에 주목한다. 몸을 통해
여성은 아이를 생산하고, 이 아이의 첫 번째 음식도 생산한다. 아이와

젖을 생산하는 여성의 활동을 진정으로 인간적인, 즉 의식적이고 사회적인 활동이라고 이해하는 것이 우리 주제에서 결정적으로 중요하다. 여성이 출산을 하고 젖을 만들면서 자체의 자연성을 전유하는 것은 남성이 자신의 몸이라는 자연을 전유하는 것과 마찬가지이다. 그들의 손과 머리 등이 도구를 만들고 다루는 일과 성찰을 통해 기술을 습득한다는 의미에서 마찬가지이다. 여성의 출산과 육아 활동은 일로 인식되어야 한다. 이런 활동을 단순한 생리 작용으로, 다른 포유류의 활동과 비슷한 것으로, 의식적인 인간의 영향력 밖에 놓인 것으로 해석하는 경향이 있다는 점이 여성의 해방, 여성의 인간화에 여전히 큰 장애가 되고 있다. 여성 몸의 생산성을 동물의 번식과 동일시하는 이런 관점은 지금도 인구학자와 인구 계획가들이 전 세계적으로 선전하면서 널리 보급되고 있다. 이런 관점은 가부장적이고 자본주의적인 노동분업의 전제조건이 아니라 결과라고 이해해야 한다.[6]

역사 과정에서 여성은 자신의 몸의 변화들을 관찰했고, 관찰과 실험을 통해 몸의 기능에 대해, 생리 주기와 임신과 출산에 대해 광범한 경험적 지식들을 습득했다. 자신의 몸이라는 자연에 대한 이런 전유는 식물, 동물, 토지, 물, 공기 등 외부의 자연이 갖고 있는 생명력에 대한 지식의 습득과 밀접하게 연관되어 있다.

여성은 아이를 젖소처럼 그저 키운 것이 아니다. 여성은 생식력과

---

6. 오늘날 인구 연구에 사용된 용어와 초기의 용어와의 비교는 많은 것을 밝혀준다. 1930년대까지 새로운 생명의 생산은 여전히 '출산'으로, 즉 여전히 활동적이고 창조적인 함의를 가진 것으로 개념화되어 있다. 그러나 오늘날 생식적 생산성은 수동적이고, 생물학적이고, 행동주의적이고, 기계적인 용어들로 개념화되어 있다. 예를 들면 '번식력'(fertility), '생물학적 재생산', '생식적 행위'(generative behaviour) 등. 인간의 생식적 생산성을 이렇게 수동적 번식으로 규정하는 것은, 이렇게 이를 이데올로기적으로 신비화하는 것이 인간적 자율성의 마지막 영역까지 통제하고 싶어 하는 이들에게 필요하기 때문이다.

생산력을 전유했다. 이전 경험들을 분석하고 고찰하여 딸들에게 전수했다. 이는 여성이 자신의 몸이 가진 생식력의 무력한 희생자가 아니었으며, 산아조절을 비롯해 몸에 영향을 줄 수 있는 방법을 배워나갔음을 의미한다.

우리는 가부장제 이전의 사회들에서 여성이 임신 횟수와 주기를 지금보다도 더 잘 조절할 줄 알았다는 증거를 충분히 갖고 있다. 근대 여성은 가부장적 자본주의적 문명화 과정에 종속되면서 이런 지식을 상실했다(Elias, 1978).

채집과 사냥을 하며 사는 원시적 집단들은 출산과 자녀수를 제한하는 다양한 방식을 갖고 있었으며, 오늘날까지도 부분적으로 이어지고 있다. 영아살해 말고, 여러 사회에서 여성이 사용했던 초기 방법은 주로 피임이나 낙태를 위해 다양한 약초를 사용하는 것이었다(Fisher, 1978:202). 유트[Ute] 인디언은 리소-스페르미엄[litho-spermium]을 사용했고, 브라질의 보로로[Bororo] 여성은 일시적으로 불임이 되게 하는 약초를 사용했다. 선교사들은 이 여성들에게 그 약초를 더 이상 사용하지 말라고 설득했다(Fisher, 1979:204). 피셔[Elizabeth Fisher]는 호주의 아보리진, 오세아니아의 어떤 부족들, 심지어 고대 이집트의 여성이 사용했던 현대 피임법의 전신들에 대해 말해준다. 이집트 여성은 꿀에 적신 해면[sponge]을 자궁에 사용하여 정자의 활동성을 감소시켰다. 살정제를 함유하고 있는 아카시아 가시를 이용하는 경우도 있었다(Fisher, 1979:205).

동시대의 채집자와 사냥꾼 사이에서 널리 사용된 또 다른 피임방법은 수유기간을 길게 갖는 것이다. 메이[Robert M. May]는 '거의 대부분의 원시적인 채집과 사냥을 통해 살아가는 사회의 출생률이 근대 문명사회보다 낮다는 것을 증명하는 연구를 내 놓았다. 수유기간이 길어지면서 배란이 줄어들고, 임신 간격도 커진 것이다.' 그는 이 여성들이 문명화된 여성들보다 훨씬 늦은 나이에 월경을 시작한다는 것을 발견했다. 문명사회로 편입되지 않은 많은 부족들 속에서 인구 성장이 훨씬 안정적으로 유지되고 있는 원인을 '무의식적으로 번식력fertility 감소에 기여하고 있는 문화적 관행들' 때문이라고 설명했다(May, 1978 : 491). 그는 이런 사회들에서 인구 성장률이 낮은 것은 잔혹한 생존투쟁의 결과라고 생각하는 이들을 정확하게 비판하기는 했지만, 이것이 여성들이 자신들의 생식력을 의식적으로 전유한 결과라고는 여기지 않았다.[7]

최근의 페미니스트 연구는 마녀사냥 이전의 유럽 여성은 자신들의 몸과 피임법에 대해 오늘날의 우리보다 훨씬 나은 지식을 갖고 있었음을 보여준다(Ehrenreich & English, 1973, 1979).

여성의 새로운 생명, 새로운 여성과 남성의 생산은 이 새로운 생명의 생계 수단의 생산과 따로 분리할 수 없다. 출산을 하고 젖을 먹이는 어머니는 자신과 자녀를 위해 음식을 제공해야 했다. 따라서 자신의 몸인 자연을 전유하는 것, 자녀와 젖을 생산한다는 사실을 통해 여성은 첫 번째 식량 공급자가 되었고, 자연에서 발견한 식물과 작은 동물, 생선 등을 취하는 채집자 혹은 농부가 되었다. 최초의 성별노동분업, 말하자면 여성의 채집 활동과 남성의 산발적인 사냥은 여성이 매일의 생계를 생산하는 책임을 질 수밖에 없었던 사실에서 기인했을 것이다. 식물이 뿌리, 열매, 버섯, 견과류, 작은 동물 등을 채집하면서 곧 여성

---

7. 메이(May) 역시 번식력(fertility)이라는 개념을 대다수의 인구 연구자나 가족계획가들과 같은 의미에서, 말하자면 무의식적이고 생리적인 행위의 결과라는 의미에서 사용하고 있다는 점은 놀랍지 않다.

의 집단 활동이 시작되었다.

매일 음식을 제공해야 할 필요와 식물과 식물의 주기를 오래 경험한 결과 곡물이나 덩이줄기와 같은 작물을 규칙적으로 재배하는 발명이 이루어졌다고 한다. 차일드Gordon Childe에 따르면 이 발명은 신석기 시대에, 특히 유라시아에서 처음 야생곡물이 재배되면서 일어났다. 차일드를 비롯한 많은 학자들은 이 발명을 여성의 덕이라고 말한다. 여성은 이 새로운 생산양식에 필수적인 최초의 도구인 땅 파는 막대와 호미를 발명해 내기도 했다. 사실 땅 파는 막대는 야생 뿌리 식물이나 덩이줄기를 파낼 때에도 사용되었던 도구이다(Childe, 1976; Reed, 1975; Bornemann, 1975; Thomson, 1965; Chattopadhyaya, 1973; Ehrenfels, 1941; Briffault, 1952).

식량이 되는 식물, 주로 덩이줄기와 곡물을 정기적으로 재배하는 것은 새로운 단계이자 여성 노동력의 생산성이 크게 향상되었음을 의미한다. 이에 대해 대부분의 학자는 역사상 처음으로 잉여 생산이 만들어졌다고 설명한다. 차일드는 곡물을 정기적으로 재배하면서 나오게 된 이런 변동을 신석기 혁명이라고 불렀다. 그러나 최근 이란과 터키의 고고학적 발견에 기초해서 피셔는 이미 채집 단계에서, 야생 곡물과 견과류를 통해 잉여를 만들어낼 수 있었다고 주장한다. 잉여를 모으기 위한 기술적 전제조건은 나뭇잎, 식물의 줄기로 만든 바구니나 그릇 등 용기의 발명이었다. 보관의 기술 역시 잉여 생산을 위해 필수적이었을 것이며, 새로운 농업 기술보다 앞서 일어난 발명이었을 것이다.

두 생산 양식 사이의 차이는 잉여의 존재라기보다는 여성이 처음으로 자연과 진정한 **생산적 관계**를 발전시켰다는 점이다. 채집자들은 여전히 단순한 전유의 사회 속에 살았던 반면에, 식물을 재배하는 발명을 통해 우리는 처음으로 '생산-사회'를 말할 수 있게 되었다(Sohn-Rethel, 1970). 여성은 자연에서 자란 것을 채집하고 소비할 뿐 아니라, 물질을 길러냈다.

여성의 자연에 대한 대상-관계는 단지 생산적일 뿐 아니라, 바로 처음부터 사회적 생산이었다. 자신만을 위해 채집과 수렵을 했을 남성과 달리, 여성은 자신의 생산물을 최소한 자신의 어린 아이들과 나눠야 했다. 이는 여성의 특수한 자연에 대한 대상-관계(외부 자연만이 아니라 자신의 몸인 자연과도 맺는 대상-관계), 즉, 키우고 자라게 하는 관계가 여성을 첫 번째 사회적 관계, 어머니와 자녀 사이의 관계의 창시자로 만들었다.

많은 학자들은 어머니-자녀 집단이 최초의 사회적 단위라는 결론에 도달한다. 이 집단은 소비 단위일 뿐 아니라 생산 단위이기도 하다. 어머니와 자녀는 채집자로, 그리고 초기 호미농경에서 함께 일한다. 이런 초기 모계 중심적 혹은 모계 단위에서 성인 남성은 일시적이거나 주변적 차원에서 융합 혹은 사회화될 뿐이라는 데 학자들은 의견을 같이 하고 있다(Briffault, 1952; Reed, 1975; Thomson, 1965).

마틴과 부어히스는 이런 모계중심적 집단은 사람과 동물의 진화에서 채식단계와 일치한다고 주장한다. '성인 남성은 출산 집단를 제외하고는 이런 어머니-자녀 집단과 계속 함께 있지 못했을 것이다'(Martin and Voorhies, 1975 : 174). 그래서 남성을 이 집단으로 영구히 통합하는 것이 사회 역사의 결과로 보였을 것이다. 이 첫 번째 사회적 집단에서 발전된 생산력은 기술력에 관한 것일 뿐 아니라 무엇보다 인간이 협동할 수 있는 능력이었다. '내일을 계획'하고, 미래를 걱정하면서, 서로 배우고, 과거의 경험에서 배우며, 미래로 지식을 전수하는, 다시 말하면 역사를 만드는 능력이 반영된 것이었다.

여성이 역사적으로 발전시켜온 자연에 대한 대상-관계를 요약하자면 다음과 같이 말할 수 있다.

a. 여성이 자연과 가진, 외부의 자연뿐 아니라 자기 자신과 가진 상호작용은 상호과정이었다. 여성은 외부 자연을 생산적이고 창조적이라고 인지하는 것과 같은 방식으로 자신의 몸을 생산적이고 창조적이라고 여겼다.

b. 여성이 자연을 전유하기는 하지만, 이 전유는 지배관계나 재산관계를 형성하지는 않는다. 여성은 자기 몸이나 대지의 소유자가 아니다. 여성은 '키우고 자라게 하기' 위해 자신의 몸과 협력하고, 대지와 협력한다.

c. 새로운 생명의 생산자로서 여성은 첫 번째 자급적 생산자가 되고, 첫 번째 생산 경제의 창안자가 된다. 이는 처음부터 사회적 생산과 사회적 관계임을, 즉 처음부터 사회와 역사가 창조된 것임을 의미한다.

남성의 자연에 대한 대상-관계

남성의 자연에 대한 대상-관계도 여성과 마찬가지로 생리적이고 역사적인 측면을 모두 갖고 있다. 남녀가 사는 한 언제나 존재해 온 이러 관계의 생리적 측면은 남성이 여성과 질적으로 다른 몸을 수단으로 하여 자연을 전유한다는 것을 의미한다.

그들은 자신의 몸을 통해 여성과 같은 방식의 생산성을 경험할 수 없다. 남성 몸의 생산성은 외부적 수단, 즉 도구의 중재 없이는 드러나지 못한다. 반면에 여성의 생산성은 도구 없이도 드러난다. 남성이 새로운 생명의 생산에 기여하는 것, 이는 항상 필수적이기는 하지만, 이런 기여는 도구를 통해 외부 자연에 작용한 오랜 역사적 과정과 이 과정에 대한 숙고 끝에만 나타나게 된다. 남성이 자신의 자연적 몸에 대해 가진 인식과 자신을 바라보는 인상은 외부 자연과 상호작용하는 다양한 역사적 형태와 이런 작업-과정에 사용되는 도구의 영향을 받는다. 따라서 남성의 인간으로서의 자기 인식, 즉 생산자로서의 인식은 기술의 발명과 통제에 긴밀하게 연관되어 있다. 도구가 없다면, 남자man는 사람MAN이 아니다.

역사 과정에서, 남성이 외부 자연 세계와 맺는 대상-관계에 대해 갖는 생각은 자신의 신체-기관들을 그리는 상징들 속에 표현되어 있다. 남성 생산성의 상징으로 부각되는 첫 번째 신체기관이 도구를 제작하는 주된 수단인 손이 아니라 남근이라는 점은 흥미롭다. 이는 초기 여성 경작자들이 사용했던 땅 파는 막대기와 호미를 쟁기가 대체하는 단계에서 일어난 일일 것이다. 일부 인디언 언어에는 쟁기와 남근이 유사하다. 벵골 속어에서 남근은 '도구'yantra라고 불린다. 물론 이런 상징주의는 외부 자연에 대한 도구적 관계만이 아니라, 여성과의 관계도 표현하고 있다. 남근은 여성을 대상으로 일을 할 때 사용하는 도구, 쟁기, '물건'이다. 북인도 언어들에서는 '일'과 '성교'를 같은 단어 '캄'kam으로 표현한다. 이런 상징주의를 통해 보면, 남성에게 여성은 외부 자연임을 의미한다. 여성은 남성이 씨(정액)를 뿌리는 대지이자 밭이고 도랑(시타sita, 힌두교 여신)이다.

남근과 쟁기, 씨와 정액, 밭과 여자의 언어적 유사성은 남성이 자연과 여성에 대해 갖는 도구적 대상-관계의 언어적 표현일 뿐 아니라, 이런 대상-관계가 이미 갖고 있는 지배적 특성을 보여준다. 여성은 이미 (남성적) 생산의 물리적 조건의 일부로 규정되어 있다.

우리는 남성이 자연과의 대상-관계에서 여성보다 우월한 생산성을 갖고 있다고 스스로 정립하기 이전에 있었던 역사적 투쟁에 대해서는 별로 아는 바가 없다. 그러나 자연의 '생산물'(곡물과 아이들)에 대한 결정권을 밭(여성)이 갖는가, 씨(남성)가 갖는가에 대한 문제를 놓고 수세기 동안 이어져온 이데올로기적 투쟁들을 고대 인디언 문학을 통해서 보면, 여성의 생산성을 남성의 생산성 아래 종속시키는 과정은 평화로운 과정이 전혀 아니었으며, 계급투쟁의 일부였음을 알 수 있다. 그런 과정을 통해 토지, 가축, 여성에 대한 가부장적 재산 관계가 수립되었다(Karve, 1963).[8]

남성의 성기와 남성이 다양한 시대 다양한 생산양식 속에서 발명해 온 도구 사이의 유사성을 연구하는 것은 많은 것을 보여줄 수 있을 것이다. 우리 시대 남성이 남근을 '스크루드라이버'(남성은 여성을 '스크루'라고 한다), '망치', '서류철', '총' 등으로 부르는 것은 우연이 아니다. 무역항 로테르담에서는 남성의 성기를 '무역'이라고 부른다. 이런 용어는 남성이 자연, 여성, 그리고 자신의 몸과 맺는 관계를 어떻게 규정하고 있는지에 대해 많은 것을 시사한다. 남성의 마음속에는 노동도구와 노동 과정, 그리고 자신의 몸에 대한 자기 인식이 밀접히 연관되어 있음을 볼 수 있다.

---

8. 고대 인도 문헌에서 씨앗과 밭의 비유에 대한 논의는 Maria Mies, 1980과 Leela Dube, 1978 참조.

그러나 남성이 자신의 몸을 여성보다 더 생산적이라고 인식하면서 여성과 외부 자연에 대한 지배 관계를 수립하기 전에, 남성은 여성의 생산으로부터 최소한 독립적이고 또 우월해 보이는 일정한 유형의 생산성을 우선 개발해야 했다. 이미 보았다시피, 남성의 생산성이 가시화된 것은 도구의 발명과 밀접하게 관련되어 있다. 그러나 남성은 개발된 여성의 생산성에 기초할 때에만 여성으로부터 (명백하게) 독립되어 있는 생산성을 발전시킬 수 있었다.

여성 생산성, 남성 생산성의 전제조건

'생산성'이 역사적 과정에서 생명을 생산하고 재생산해내는 인간의 고유한 능력을 의미하는 것이라는 점을 염두에 둔다면, 우리는 여성 생산성이 남성 생산성과 다른 모든 세계사적 발전의 전제조건이라는 테제를 한층 분석적으로 정식화할 수 있다. 이 주장은 역사적 차원만이 아니라 모든 시대의 물질적 측면까지 포괄할 수 있다.

첫째, 어느 시대에서든 여성이 새로운 남녀를 생산해 낼 것이라는 사실, 그리고 이런 생산 없이는 어떤 생산양식과 생산형태도 의미가 없다는 사실이다. 이는 식상하게 들릴 수 있지만, 모든 인류사의 목적을 새삼 돌아보게 해준다. 위 주장의 두 번째 의미는 남성이 역사 속에서 빌진시켜 온 다양한 생산성의 형태는 역사적으로 다양한 형태의 여성 생산성을 이용하고 종속시키지 않았다면 등장할 수 없었다는 사실이다.

이어서, 나는 위의 테제를 안내자로 삼아 인류 역사의 일부 주요 단계들에서 나타난 불균형한 성별노동분업을 분석하려고 한다. 이는 우리가 남녀 사이의 사회적 불평등을 자연에서 나온 것으로 설명하는 일반화된 신화의 신비에서 벗어나도록 도움을 줄 수 있을 것이다.

남성–사냥꾼 신화

여성의 생산성이 다른 모든 인류 생산성의 전제조건이라는 것이 여성이 언제나 새로운 남녀를 생산해낸다는 의미에서만은 아니다. 여성이 채집(나중에는 경작)을 하고, 주로 남성이 경작을 했다는 최초의 사회적 노동분업은 여성 생산성이 발전해야만 일어날 수 있었다.

여성 생산성은 우선 부족 혹은 집단의 구성원에게 일용할 양식을 제공하면서 생존을 보장할 수 있는 능력으로 구성되었다. 여성은 '일용할 양식'을 자신과 아이들만이 아니라 남성을 위해서도 보장해야 했다. 사냥은 '위험도가 높은 경제활동'이기 때문에 운이 없으면 남성은 빈손으로 돌아오기도 했기 때문이다.

구세대와 신세대 사회적 진화론자들의 설교와는 대조적으로, 인류가 생존할 수 있었던 것은 '남성 사냥꾼'보다 '여성 채집자' 덕분이라는 결론이, 특히 페미니스트 학자들의 비판적 연구를 통해 입증되어 왔다. 현존하는 사냥꾼과 채집자 내에서도 여성이 양식의 80%를 제공하는 반면에 남성은 사냥으로 극히 일부만 제공한다(Lee and de Vore, 1976, Fisher, 1979 : 48에서 재인용). 머독의 민족지사전Murdock's Ethnographic Atlas에서 사냥꾼과 채집자의 샘플을 가져와 2차 분석을 한 마틴과 부히스는 이 사회들이 먹고사는 것은 채집을 통해 58%, 사냥으로 25%, 그리고 나머지는 채집과 사냥이 통합된 활동을 통해서라고 했다(Martin & Voorhies, 1975:181). 호주의 티위Tiwi 여성은 사냥과 채집을 모두 하는데, 음식의 50%는 채집, 30%는 사냥, 20%는 낚시를 통해 구한다. 구달Jane Goodale은 티위 여성을 연구하면서, 숲에서 사냥과 채집을 하는 것이 가장 중요한 생산 활동이라고 했다.

> …… 여성은 캠프의 구성원에게 다양한 음식을 매일 제공하는 주공급자이다. …… 남성의 사냥에는 상당한 기술과 힘이 필요하다. 그러나 남성이 제공하는 새, 박쥐, 생선, 악어, 듀공dugong, 거북이 등은 주식이라기보다는 사치품이다(Goodale, 1971:169).

이런 예를 통해 분명히 알 수 있는 것은 현존하는 사냥꾼과 채집자를 통해 볼 때, 사냥은 일반적으로 인정해왔던 것처럼 경제적 중요성을 띠는 것은 결코 아니었다. 일용할 식량의 대부분을 공급한 것은 여성이다. 사실 큰 게임에 나가는 모든 사냥꾼은 사냥에서 나온 것이 아니라 여성이 구해온 음식을 먹고 사냥터로 향했다. 옛날 이로쿼이Iroquois 여성이 전쟁과 사냥 원정을 결정하는 자리에서 발언권을 가졌던 것도 이 때문이다. 여성이 남성에게 모험을 떠나는 데 필요한 음식을 제공해주기를 거부하면, 남성은 집에 머물러야 했다(Leacock, 1978; Brown, 1970).

피셔E. Fisher는 특히 온대와 남부 지역에서 지금도 여전히 존재하고 있는 채집수렵자들과 그 안에서 여성이 주된 식량 공급자 역할을 하는 사례들을 이야기한다. 피셔는 우리 조상에게는 사냥보다 식물을 채집하는 것이 더욱 중요했다고 주장한다. 코프롤라이트, 즉 배설물

화석에 대한 연구를 통해 피셔는 남부 프랑스 해안에서 20만년전에 살았던 사람들은 고기가 아니라 주로 조개, 홍합, 곡물로 연명했음을 밝혔다. 멕시코에서 나온 1만 2천 년 된 코프롤라이트는 이 지역 사람들의 주식이 수수였음을 말해준다(Fisher, 1979:57~58).

초기 사회가 남성-사냥꾼의 생산성에 주식을 의존했다면 인류가 생존하지 못했을 것이라는 점이 상식적으로만이 아니라 위의 사례연구에서 분명해졌다. 그럼에도 불구하고, 사냥꾼-남성이 최초의 도구 발명가이고 식량의 공급자이며, 인간 사회의 발명가이며, 여성과 어린이의 보호자라는 인식이 대중 문학과 영화에서 만이 아니라 진지한 사회과학자와 심지어는 맑스주의자 내에서도 여전히 지속되고 있다.[9]

남성-사냥꾼 가설은 특히 인류학자들, 행동주의 심리학자들, 남아프리카 인류학자인 다트Raymond Dart가 개발한 진화론적 방식의 사고를 따르는 사회생물학자들 때문에 널리 대중화되었다. 다트는 초기 인류가 자기 종족 중 살해된 이들의 뼈를 갖고 최초의 도구를 만들었다고 주장한다(Fisher, 49~50). 이 가설을 따라 로렌츠(Konrad Lorenz, 1963), 아드레이(Robert Ardrey, 1966, 1979), 타이거와 팍스(Lionel Tiger and Robin Fox, 1971)는 사냥이 인류 발전의 동력이었으며, 남녀 사이의 현존하는 지배 관계는 석기 시대 사냥꾼의 '생물학적 기반'에서 연유한 것이라고 주장한다(Tiger and Fox, 1971). 이 저자들에 따르면 (남성)사냥꾼은 첫 번째 도구―이는 당연히 무기이다―의 발명자일 뿐 아니라, 직립보행자다. 남성-사냥꾼이 돌이나 창을 던지기 위해서는 손이 자유로워야 하기 때문이다. 이들에 따르면, 남성은 '생계

---

9. 사례에 대해서는 Kathleen Gough, "The Origins of the Family," in Rayna Reiter (ed.), *Toward an Anthropology of Women*, New York, 1975 참조.

부양자'이며, 약자와 종속적인 여성의 보호자이고, 사회의 기술자이며, 규범과 서열적인 체제의 발명가이다. 이 규범과 체제의 유일한 목적은 여성의 섹슈얼리티를 통제하기 위한 투쟁에서 생물학적으로 프로그램화된 남성의 공격성을 억제하는 것이다. 그들은 영장류 일부에서 관찰된 행위를 곧장 인간 남성의 행위로 연결시켜서, 영장류 남성이 성적 욕망의 충족을 위해 여성을 종속시키려 했고, 이를 위해 남성의 서열에서 꼭대기에 오르려 노력한다는 주장을 한다.

남성 서열에서 꼭대기에 오르려는 인간영장류의 노력은 보기보다는 근본적 차원에서 유인원과 다르다. 그들은 자기 집단의 여성 구성원에 대해 지배력을 갖추어, **자기 집단의 여성을 다른 집단의 여성과 교환할 수 있게** 하려는 목적을 갖고 있다(강조는 Tiger and Fox). 이를 통해 남성은 성적 만족과 정치적 이득을 취한다(Tiger and Fox, 1971).

이런 인간 사냥꾼–영장류의 '문화적' 성취는 강간의 단계에서 여성 교환의 단계로 올라간(혹은 '진화한') 것으로 보인다. 남녀 사이의 착취적인 지배 관계는 사냥 행위라는 '생물학적 기반'에 새겨져 온 것이다. 즉 남성이 고기를 제공하고, 여성이 그것에 열광하면서 만들어진 것이다. 이런 과정을 통해 사냥꾼은 여성을 성적 대상이자 일벌로 영구적으로 종속시키고 지배하게 되었다. 사냥꾼이 여성보다 이렇게 유리한 위치에 설 수 있었던 것은, 이들 지자들에 따르면, 집단으로 사냥을 하면서 익힌 '긴밀한 유대의 규율'이었다. 남성 우위의 근원에는 '남성 사이의 긴밀한 유대의 규율이 있다는 발상은 타이거가 일찍이 『집단을 이루는 남성』*Men in Groups*(1969)에서 발전시킨 바 있다. 이 당시 미국은 또 다른 남성-사냥꾼의 모험인 베트남 전쟁을 벌이는 중이었다. 리드Evelyn Reed가 지적한 것처럼, 비비원숭이의 식생활에서 육식은 아주 작은 비중을 차지할 뿐임을 타이거는 알고 있었지만, 그는 사냥과 육식이 인류 이전의 영장류의 진화에서 결정적 요소였다고 말한다. 그는 남성의 긴밀한 유대 패턴은 인간의 역사가 사냥꾼에서 비롯되었고, 또 그것을 반영하고 있음을 보여준다고 주장한다.

따라서 사냥 상황에서, 전체 생산 공동체의 생존을 보장하는 것은 남성에 또 남성이 더해진 사냥 집단이다. 남성과 남성 사이의 유대가 사냥 목적을 위해 중요한 것은 남성과 여성의 유대가 출산을 위해 중요한 것과 마찬가지이다. 그리고 이것이 성별노동분업의 기초이다(Tiger, 1969:122, 126).

남성-사냥꾼 모델을 인류 진화의 패러다임으로 상정하는 것은 인간사에 대한 수많은 과학적 연구의 기초가 되어 왔고, 현대적 매체들을 통해 대중화되었다. 이는 수백만 사람의 사고에 영향을 주었고, 사회적 불평등의 원인을 설명할 때면 지금도 계속 등장하고 있다. 페미니스트 학자들은 자신들의 연구나 다른 이들의 연구에 기초해서 이 모델의 유용성에 대해 도전해 왔다. 그들은 남성간의 긴밀한 유대의 규율이나 육식의 중요성 등의 기본 전제를 포함해 이 모델의 진상을 밝혀서 그것이 근대적이고 자본주의적이며 제국주의적인 사회관계들을 선사시대와 초기 역사 시대에 성차별적으로 투사한 것임을 보여주었다. 이런 투사는 기존의 남성과 여성 간, 계급 간, 민족 간의 착취와 지배 관계를 보편적이고, 시대를 초월한 '자연적'인 것으로 정당화하는 데 기여한다. 리드E. Reed는 이런 모델, 특히 타이거의 저작들과 그의 전쟁에 대한 찬양에는 파시스트 경향이 숨어 있다고 정확하게 비판했다 (Reed, 1978).

우리는 남성-사냥꾼 가설의 신비를 벗길 수 있고, 위대한 사냥꾼이라고 하더라도 여성이 매일 생산해내는 식량이 없었다면 생존이 불가능했을 것임을 보여줄 수 있다. 그러나 우리는 왜 여성이 채집자와 초기 경작자로서의 우월한 경제적 능력에도 불구하고 서열이 있고 착취적인 남녀관계가 수립되는 것을 막을 수 없었는지의 문제에 여전히 직면해 있다.

이 문제를 이런 식으로 묻는다면, 우리는 정치권력이 경제력에서 자동적으로 나타났다고 가정할 수 있다. 그러나 앞서의 논의를 통해 보면 그런 가정은 견지될 수가 없다. 남성 지배가 남성이 우월하게 경제적 기여를 했기 때문에 생겨난 것이 아니기 때문이다.

다음에서 나는 여성과 남성이 발명하고 사용한 다양한 도구들을 자세히 살펴보는 것을 통해 위의 질문에 대한 답을 찾아보고자 한다.

여성의 도구, 남성의 도구

남성-사냥꾼 모델은 사실 남성-도구제작자 모델의 가장 최근 버전이다. 이 모델에 비추이보면 도구는 무잇보다 무기였나. 도구는 살상을 위한 것이었다.

인류 최초의 도구들, 돌도끼, 돌을 갈고 쪼개는 도구들은 양면적인 특징을 갖고 있다. 이들은 곡물과 다른 채소를 갈고, 부수고, 가루를 내고, 뿌리를 파내는 데 사용될 수도 있고, 작은 동물을 죽이는 데 사용될 수도 있다. 여성과 남성은 이 도구들을 그 두 가지 목적에 모두 사용했을 것이다. 그러나 적절한 무기, 발사체, 활과 화살의 발명은 동물을 죽이는 것이 사회의 한 부분, 주로 남성의 전문분야가 되었음을 시사한다. 사냥꾼 가설을 고수하는 것은 첫 번째 무기가 남성에 의해 발명되었다는 입장이기도 하다. 이런 주장을 하는 이들은 여성의 발명이 여성이 해 온 생계를 위한 생산과 관련되어 있다고 하는 점을 무시한다. 그러나 앞서 논했던 것처럼, 첫 번째 발명품은 주로 나뭇잎이나 나무껍질과 섬유질로 만든 바구니, 나중에는 항아리와 같은 보관용기였다. 땅 파는 막대기와 호미는 채집자뿐 아니라 초기 경작자도 사용한 주요 도구였다. 여성이 자신의 기술을 계속 유지한 반면, 일부 남성은 특별한 사냥 도구를 개발했다.

여기서 중요한 것은 여성의 기술이 말 그대로 진정한 의미에서 계속 생산적이었다는 점에 주목하는 것이다. 여성은 새로운 것을 생산했다. 한편, 사냥 기술은 생산적이지 않았다. 사냥에 적절한 도구는 다른 생산적 활동에 사용될 수 없었다. 돌도끼는 달랐지만, 활과 화살과 창은 기본적으로 파괴를 위한 수단이었다. 이들은 동물을 죽이는 데만 사용되지 않고, 사람도 죽일 수 있다는 사실에 그 중요성이 있었다. 바로 이런 사냥 도구의 성격이 이후 불평등하고 착취적인 사회적 관계들뿐 아니라 남성의 생산성이 더욱 발전하는 데 결정적인 역할을 했다. 고기를 제공하는 사냥꾼이 공동체의 영양 수준을 높였기 때문에 그런 발전이 나온 것은 아니다.

따라서 우리는 사냥의 중요성이 많은 이론가가 생각했던 것처럼, 그 경제적 생산성에 있는 것이 아니라, 사냥이 만들어낸 자연에 대한 특별한 대상-관계에 있다는 결론에 도달하게 된다. 남성-사냥꾼의 자연에 대한 대상-관계는 여성-채집자 혹은 경작자와 확연히 다르다. 이 대상-관계의 특징은 다음과 같다.

a. 사냥꾼의 주 도구들은 생명을 생산하는 것이 아니라 해치는 것이다. 그 도구들은 기본적으로 생산수단이 아니라 파괴수단이며, 동료 인간을 강제하는 수단으로도 사용될 수 있다.

b. 이를 통해 사냥꾼은 동물과 인간 등 살아있는 존재에 대해 지배력을 갖게 된다. 이는 그들 고유의 생산력에서 나온 것이 아니다. 이들은 (채집자처럼) 과일과 식물, 그리고 동물을 전유할 뿐 아니라, 무기를 이용하여 다른 (여성)생산자도 전유할 수 있다.

c. 따라서 무기를 통해 이루어지는 대상-관계는 기본적으로 **약탈적**이며 **착취적이다**. 사냥꾼은 생명을 전유하지만, 생명을 생산하지는 못한다. 이는 적대적이며, 상호작용이 안 되는 관계이다. 생산과 전유의 착취적인 관계는 결국 모두 강압수단인 무기에 의해 지탱된다.

d. 무기를 통해 중개되는 자연에 대한 대상-관계는 협력이 아니라 지배관계를 이루고 있다. 이런 지배관계는 남성이 세운 모든 생산관계의 일부가 되어 왔다. 사실 이것이 그들 생산성의 주된 패러다임이 되었다. 자연에 대한 지배와 통제가 없다면, 남성은 자신을 생산적인 존재로 인식하지 못할 것이다.

e. '자연물의 전유(맑스)'는 재산관계를 수립한나는 의미에서 선유의 한 측면을 이루는 하나의 과정이 되었다. '자연물의 전유'는 인간화가 아니라 자연에 대한 착취라는 의미에서 전유의 한 측면이 된 것이다.

f. 무기를 통해 사냥꾼은 동물을 사냥할 뿐 아니라 다른 자급적 생

산자의 공동체도 정복하고, 무장하지 않은 어린이나 여성 노동자를 납치하여 그들을 전유할 수도 있었다. 첫 번째 형태의 사유재산은 가축이나 식량이 아니라 납치된 여성 노예라고 추정할 수 있다(Meillassoux, 1975; Bornemann, 1975).

여기서 중요한 것은 남성과 자연, 남성과 남성, 남성과 여성 사이의 착취적인 지배 관계가 생겨난 것은 **사냥기술 같은 것 때문이 아니라는 점**을 분명히 하는 것이다. 기존의 사냥 사회들에 대한 최근의 연구들은 사냥꾼이 사냥의 대상이 되는 동물과 공격적인 관계를 갖지 않는다는 점을 보여준다. 예를 들어 피그미인들은 전쟁, 분란, 속임수 같은 것을 모르는 극히 평화로운 사람들처럼 보인다(Turnbull, 1961). 그들의 사냥 원정은 공격적인 분위기 아래 진행되는 것이 아니라 자신들이 죽여야 하는 동물에 대한 연민의 감정 아래 진행된다(Fisher, 1979:53).

이는 전문화된 사냥 기술의 등장이 착취와 지배의 관계를 수립할 수 있는 **가능성**을 내포할 뿐임을 의미한다. 사냥꾼이 제한된 사냥모임 정도에만 머물러 있었을 때에는 그들은 자신들의 **약탈적인 생산양식**의 착취적 잠재성을 인지할 수 없었던 것으로 보인다. 그들의 경제적 기여는 충분하지 않기 때문에, 생존을 위해 그들은 여성의 자급적 생산에 계속 의존했다.

목축민들

남녀 사이에 불평등이 있을 수는 있지만, 사냥꾼은 완전히 발전한 지배 체제를 수립할 수는 없었다. 사냥꾼의 '생산력'은 가축과 여성을 길들인 목축유목민이 농사짓는 공동체를 공격하면서 온전히 발휘될 수 있었다. 이는 이런 약탈적 생산양식의 '생산적' 능력이 충분히 실현될 수 있으려면 농업과 같은 다른 진정한 생산적 방식이 전제되어야 함을 의미한다.

피셔E. Fisher는 남녀 사이의 지배 관계는 남성이 자신의 재생산능력을 발견해야만 수립될 수 있다는 견해를 피력한다. 피셔에 따르면 이런 발견은 새로운 생산양식으로 동물을 길들이는 것—특히 **사육**하는 것—과 함께 진행된다. 목축민은 황소 한 마리가 여러 마리의 암소를 임신시킬 수 있다는 것을 발견했고, 이는 약한 동물들을 거세하고 없애는 것으로 귀결되기도 했다. 그리고 유력한 황소 한 마리가 남아, 목축유목민이 생각하기에 암소를 임신시키기에 가장 적합한 기간에 이용되었다. 암컷들은 성적 강제의 대상이 되었다. 이는 야생의 자유로운 섹슈얼리티가 강제적으로 경제의 대상이 되었음을 의미한다. 강제적 경제는 무리의 수를 증가시키는 것을 목적으로 사육되는 경제이다. 암컷의 무리를 만들고, 여성을 납치 강간하고, 부계를 따라 후손과 상속이 이어지도록 가부장제를 수립한 것은 이런 새로운 생산양식의 일부라고 할 만하다. 여성 또한 같은 경제적 논리의 대상이 되었고, 움직이는 재산의 일부가 되었다. 여성은 가축이 되었다.

그러나 이 생산양식은 남성의 무기에 대한 독점과 동물의 재생산 행위를 관찰한 것, 이 두 가지를 통해 가능해졌다. 남성이 동물의 재생산 행위를 조종하기 시작하면서, 그들은 자신들의 재생산 기능들을 발견했다. 이는 성별노동분업에서의 변화만이 아니라 자연에 대한 관계에서도 변화를 가져왔다. 사냥꾼과 달리, 목축유목민에게 여성은 식량의 채집자나 생산자로서는 더 이상 중요한 존재가 아니었다. 여성은 자녀를, 특히 아들을 출산하는 의미에서 필요했다. 여성의 생산성은 이제 '출산'으로 축소되었고, 이는 남성에 의해 전유되고 조정되었다(Fisher, 1979:248ff 참조).

주로 전유적인 수렵과 채집 경제와는 달리, 목축유목민의 경제는 '생산적 경제'이다(Sohn-Rethel). 그러나 이런 생산양식은 동물과 인간을 조종하고 영토를 확정하기 위해 강제할 수 있는 수단의 존재를 전제로 한다는 점은 분명하다.

농민

따라서 목축유목민은 모든 지배적 관계들, 특히 여성에 대한 남성의 지배 관계의 아버지라고 할 만하다. 그러나 남성과 여성 사이의 착취적 관계가 농민 사이에서도 존재한다. 이는 쟁기의 도입 이후만이 아니다. 보즈럽(Esther Boserup, 1970)의 주장에 따르면, 아프리카의 호미-경작자 사이에서도 볼 수 있다. 이 점에 대해 많은 자료가 제시되어 있다. 아프리카에서 농사를 주로 짓는 이는 오늘날에도 여자라고 한다. 메이야수(Quentin Meillassoux, 1974)는 '가내경제' economies domestiques라고 명명한 사회들에서 나이든 남성이 연소자와 여성에 대해 지배적 관계를 수립했는데, 이는 자신만을 위해 일하는 아내들을 많이 가졌기 때문이라고 지적했다. 결혼제도는 남성이 여성과 재산을 축적하는 메커니즘이었다. 사실 여성과 재산은 밀접하게 관련되어 있었다. 레비-스트로스의 뒤를 이은 메이야수는 불평등한 여성교환제도의 존재를 당연시하면서, 이 제도의 뿌리는 아마도 여성이 자급적 생산을 계속 책임지는 동안 남성은 자유롭게 이따금 사냥 원정을 다닐 수 있었기 때문일 것이라고 지나가면서 언급하는 데 그쳤다. 이 가내경제에서 사냥은 남성에게 경제활동이라기보다는 스포츠이자 정치활동이었다. 이런 원정들에서 남성은 고립되어 채집활동을 하던 다른 부족민의 여성이나 어린이를 납치하기도 했다.

메이야수가 편집한, 아프리카에서 식민지 이전 시대의 노예제에 대한 연구에서 이런 사냥꾼이 정글에서 갑자기 마주친 사람을 납치했을 뿐 아니라 정규적으로 습격단을 조직해 다른 마을의 여성을 납치했던 사례들을 많이 찾아냈다. 이렇게 전유해온 여성은 공동체의 일원이 되지 않고, 보통은 원정대 리더가 개인 노예로 전유하거나, 신부 가격을 높게 쳐주는 다른 마을에 팔아넘겼다. 이렇게 납치된 여성은 사유재산 축적의 직접적인 원천이 되었다.

그러므로 노예제는 무역에서 기원한 것이 아니라 남성이 무기를 독점하면서 등장한 것이다. 노예가 매매될 수 있으려면, 무기를 휘두르는 주인에게 잡혀서 전유되는 과정이 있어야 했다. 이렇게 약탈적으로 노동력을 취득하는 것은, 그것이 '개인적' 계약을 위해서든 판매를 위해서든 간에, 이 전사-사냥꾼에게는 가장 '생산적인' 활동으로 여겨졌다. 이 전사-사냥꾼은 여성의 생산적인 농업노동에 기초한 경제체제에서 먹고 살고 있기는 하지만 더 이상 수렵 채취자가 아니라는 점은 분명히 기억해야 한다. 이들은 여성 경작자들의 '남편들'이었다. 오트볼타Upper Volta의 한 사모Samo인 노인은 이들의 생산성을 활과 화살의 생산성이라고 묘사했다. 활과 화살을 통해, 수수, 콩 등과 여성 등 모든 다른 생산물을 취할 수 있었다는 것이다.

우리 조상은 호미, 도끼, 활과 화살을 갖고 태어났다. 활이 없으면 정글에서 일할 수가 없다. 활이 있으면, 꿀, 땅콩, 콩, 그리고 여성, 그리고 아이를 얻을 수 있고, 마지막으로 염소, 양, 당나귀, 말 등의 가축도 살 수 있다. 이런 것이 오래된 재산이었다. 너는 정글에서 활과 화살을 갖고 일한다. 그곳에는 너를 습격해서 죽이려는 자들이 언제나 상존하기 때문이다.

이 노인에 따르면, 5~6명의 남성으로 구성된 습격대가 있었다고 한다. 이들은 정글을 다니며 소리를 질러 고립되어 있는 남성과 여성을 기습하여 납치했고, 이들은 매매되었다(Heritier in Meillassoux, 1975:491).

이 사모인 남성은 자신의 생산력을 무기에 기초해 인식하고 있음을 알 수 있다. 이들은 정글에서 고립되어 채집하는 이들을 기습해 납치하여 판매했다. 이렇게 할 수 있었던 것은 정글에서 습격으로 잡은 것이 재산(사유재산)이 되었기 때문이다. 이 사유재산은 세습 족장의 가문(이전에는 주술사의 가문)이 전유했다. 이들은 다른 가문에 포로를 팔기도 했다. 돈을 받고(이 경우에는 돈으로 카우리 조개를 받고) 아내로, 혹은 농사일을 할 노예로 팔기도 했고, 보상금을 받고 고향 마을로 돌려보내기도 했다. 이런 공격은 **일부 남성이 다른 남성보다 더 많은 부를 축적하는 수단**이 되었다.

여성 노예가 선호되었고, 더 높은 가격에 낙찰되었다. 이들은 두 가지 면에서 생산적이었기 때문이다. 이들은 농업노동자이기도 했고, 더 많은 노예도 생산할 수 있었다. 사모Samo인은 마을 간의 전쟁에서 남성을 포로로 잡으면 보통 살해했다. 경제적으로 쓸모가 없기 때문이다. 그러나 여성과 아이는 잡아 노예로 만들어 매매했다.

바쟁Jean Bazin은 세구 Segu인 사이에서의 전쟁과 노예제를 연구했는

데, 전사가 노예를 잡는 것을 이 부족에서 남성이 하는 '가장 생산적인' 활동이라고 했다.

> 노예의 생산은 정말 하나의 생산이다. …… 전체적으로 약탈적인 활동 속에서 이는 효율적 생산성을 가진 유일한 활동이다. 상품의 약탈은 일손과 장소를 바꾸는 것일 뿐이기 때문이다. 이 생산에서 결정적 순간은 그/그녀를 지역적 사회적 관계망(나이, 성, 친족, 연대, 가계, 서열, 마을)에서 떼어내기 위해 개인에게 폭력을 행사하는 것이다(Bazin in Meillassoux, 1975:142).

본트Pierre Bonte는 투아레그Tuareg인에 대한 연구에 기초해, 노예제가 '가내경제'를 팽창시켜 좀 더 다각화된 경제, 노동력에 대한 수요가 큰 경제로 팽창시키기 위한 전제조건이었다는 결론을 끌어냈다. 그는 노예제를 '불평등 교환의 수단이자 결과'라고 보았다(Bonte in Meillassoux, 1975:54).

식민지 시대 이전의 아프리카 사례들을 통해 보면 무기 독점에 기초한 남성의 약탈적인 생산양식은 주로 여성으로 이루어진 다른 생산경제들이 존재하고, 이들을 공격할 수 있을 때에만 '생산적'이 될 수 있었다는 점이 분명해진다. 이는 비생산적 생산이라고 규정할 수 있다. 이는 또한 약탈, 노획, 강도질 등과 교역 사이에 밀접한 관계가 있음을 보여주기도 한다. 돈(카우리 조개껍질)과 교환 혹은 거래되었던 것은 공동체의 필요품 이상으로 생산된 여분의 잉여가 아니었다. 그것은 무기를 이용해 훔치고 전유된 것, '잉여'로 규정된 것이었다.

결론적으로, 불균형한 성별노동분업은 이런 약탈적 생산양식 혹은 전유 때문이라고 할 수 있다. 이는 남성이 강제 수단, 즉 무기를 독점하고, 이를 통해 직접 폭력을 행사하는 것에 기초한 것이다. 이를 통해 양성 간의 영구적인 착취와 지배 관계가 만들어졌고 유지되어 왔다.

이런 잉여개념은 맑스와 엥겔스가 발전시킨 잉여개념보다 한층 나아간 것이다. 맑스와 엥겔스에 따르면 잉여의 존재는 착취적 사회관계가 발전하고 계급관계가 생겨나는 중요한 물질적 역사적 전제조건이다. 이들은 잉여의 출현이 좀 더 '생산적인' 생산수단의 발전 때문이라고 했다. 생존에 필요한 것 이상을 생산할 수 있는 사회에서는 일부 집단이 이 잉여를 전유할 수 있었기 때문에, 재산관계에 기초하여 지속적인 계급 관계를 수립할 수 있었다는 것이다. 이 개념에서 설명되지 않은 것은 이런 잉여의 전유가 어떻게 그리고 어떤 수단을 통해 일어났는가 하는 점이다. 잉여의 존재 자체가 한 그룹 혹은 계급의 일방적인 전유로 이어지는 것은 아님을 보여주는 민족학적 자료에 기초한 경험적 증거들이 충분히 나와 있다(포틀래치[막대한 선물을 하여 부·권력을 과시하는 북미의 북서해안 인디언의 의례적인 행사] 혹은 제물과 비교). 확실히, 무엇이 '필수적'이고 무엇이 '잉여'인지에 대한 규정은 순전히 경제적인 문제라기보다는 정치적 그리고/혹은 문화적 문제이다.

비슷하게 이 분석을 따르면, '착취'는 한 공동체의 필수품 이상으로 생산된 잉여에 대한 전유만이 아니라, 다른 공동체의 필수품에 대한 강도질, 약탈, 노획이기도 하다. 따라서 착취에 대한 이런 개념은 결국은 강압이나 폭력에 의존해 창출되고 유지되는 관계를 언제나 함의하고 있다.

따라서 (내가 규정한 의미에서) '잉여'의 일방적인 전유에 기초한 계급의 형성은 두 가지 측면에서 '생명의 주된 생산자'인 여성에 대한 가부장적 지배의 수립과 본질적으로 연관되어 있다.

이런 비생산적이고 약탈적인 전유양식은 인간 사이의 모든 착취관계의 역사에서 패러다임이 되었다. 주된 메커니즘은 자율적인 인간 생산자를 타인을 위한 생산의 조건으로 변형시키는 것, 혹은 그들을 타인을 위한 '자연 자원'으로 규정하는 것이다. 이런 가부장적 패러다임의 역사적 특수성을 강조하는 것은 중요하다. 가부장제는 지구 전체에서 보편적으로 발전한 것이 아니라 독특하게 가부장적이었던 사회들에서 발전했다. 유대인, 아리아인(인도인과 유럽인), 아랍인, 중국인, 그리고 이들 각각의 거대 종교들 속에서 발전했다. 이들 문명들, 특히 유대-유럽계 문명의 성장과 보편화는 정복과 전쟁에 기초한 것이다. 유럽이 아프리카의 침략을 받은 것이 아니라, 아프리카가 약탈적인 유럽인의 침략을 받은 것이다. 이는 또한 원시공산주의, 바르바리^{Barbary} 상부 지역, 봉건제, 자본주의에서 사회주의와 공산주의에 이르는 모든 곳의 역사를 단선적이고 보편적인 과정으로 보는 개념은 가부장제에 대한 우리의 분석에 적용할 수 없다는 것을 의미한다.

봉건제와 자본제 아래에서 '남성-사냥꾼'

가부장적 노동분업에 기초한 약탈적 양식은 봉건제와 자본주의 아래에서민 그 잠재성을 온진히 실현할 수 있었다.

생산자, 생산품, 그리고 생산수단에 대한 가부장적인 약탈적 전유 양식은 새로운 그리고 명백하게 '비폭력적인' 생산양식으로 대치되었을 때에도 완전히 폐지되지 않았다. 이는 변형되었고, 새로운 노동통제 형태 아래 재등장했다는 의미에서 변증법적으로 유지되었다.

비슷하게, 가부장적인 성별노동분업의 새로운 형태가 오래된 형태를 대체하지는 못했고, 새로운 생산양식이 요구하는 바를 따라 이들을 변화시켰을 뿐이다. 이후 문명사에서 나타난 어떤 생산양식도 비생산자가 생산자, 생산수단, 생산품을 약탈하고 폭력적으로 취하는 것을 없애지 못했다. 이후의 생산관계들은 불균형하고 착취적인 관계와 기본적으로 동일한 구조이다. 지배와 전유의 형태들만 바뀌어 왔다. 생산자이자 노동자인 여성을 외부에서 더 많이 데려오기 위해 습격과 노예제를 이용하는 대신, 승혼鵜婚 제도로 발전시켰다. 이를 통해 유력자는 자신의 공동체나 계급에 속한 많은 여성에게 접근할 뿐 아니라, 약한 남성의 여성에게도 접근했다. 여성은 불균형 혹은 불평등한 결혼시장에서 하나의 상품이 되었다. 좀 더 많은 여성을 통제하는 것이 곧 부의 축적으로 이어졌기 때문이다(Meillassoux, 1975). 유력자(국가)는 생산만이 아니라 사회적 생산의 운영자가 되었다. 모든 가부장적 문명에서 남성과 여성의 관계는 계속 강압적이고 착취적이었다. 불균형한 성별노동분업이 일단 폭력수단을 통해 수립되면, 이는 가부장적 가족, 국가와 같은 제도 그리고 강력한 이데올로기 체제 등을 통해 유지되었다. 특히 가부장적 종교, 법, 의학 등은 여성을 자연의 일부로 규정하여 남성이 통제하고 지배해야 한다고 했다.

약탈적인 취득 양식은 유럽 봉건제 시대에 르네상스를 맞았다. 토지소유에 기초한 특정한 생산양식으로서의 봉건제는 폭력과 전쟁이 광범하게 진행되면서 세워졌다. 사실, 농민 사회에서 내생적인 계급분화과정만 있었다면, 봉건제, 적어도 봉건제의 '모델'인 유럽판 봉건제가 나타나지는 않았을 것이다. 새로운 토지에 대한 약탈적 취득 형태와 무장한 봉건계급에 의한 대대적인 노략질과 강탈은 이런 생산양식의 발전과 유지에서 떼어낼 수 없는 일부이자 전제조건이 되었다(Elias, 1978; Wallerstein, 1974).

이후에는 새로운 토지만이 아니라 토지와 함께 생산의 수단이자 조건인 농민 역시 봉건영주에게 특수한 생산관계 내에서 전유되고 구속되었다. 봉건제는 농민이 토지를 떠나는 것을 허용하지 않았다. 농민을 토지의 일부로 보았다. 여성 농민만이 아니라 남성 농민 역시 '자연으로 규정'되었다. 즉, 봉건 영주에게 남성 농민은 여성과 비슷한 위상에 있었다. 그들의 몸은 더 이상 자신에게 속한 것이 아니라, 대지와 마찬가지로 영주에게 속한 것이었다. 이 관계는 농노를 가리키는 독일어에 정확하게 표현되어 있다. 독일어로 농노는 Leibeigener, 즉 자신의 몸Leib이 다른 이의 재산Eigentum인 자이다. 토지와 그곳에서 일하는 농민을 직접적인 폭력을 통해 취득하면서, **구조적 폭력**의 '평화로운' 관계, 혹은 같은 말이지만, 영주와 농노 사이의 지배관계로 완전히 변화했다. 그러나 봉건영주는 영토와 부를 지키고 확장하기 위해 군사력과 무기 사용을 결코 포기하지 않았다. 이는 외부의 적에 대해서만이 아니라 내부의 반란에 대한 것이기도 했다. 이는 노동을 효율적으로 통제하는 '평화로운' 메커니즘이 작동하고 있었다고 해도, 봉건제 아래서 이런 생산관계는 사실상 지배계급이 향유했던 **강압수단의 독점**을 통해서 수립되고 유지되었음을 의미한다. 남성 사냥꾼/전사의 사회적 패러다임은 이런 생산양식의 기초이자 마지막 보루로 남아있었다.

자본주의에 대해서도 똑같이 말할 수 있다. 자본축적이 자급적 생산과 대비되는 생산 활동의 지배적인 동력이 되었을 때, 임금노동은 노동 통제의 지배적인 형태가 되는 경향을 보였다. 그러나 이렇게 분명히 '평화로운' 생산관계는 경제적 강제(구조적 폭력)의 메커니즘에 기초한 것이며, 약탈적 취득 양식이 크게 확장될 때에만 수립될 수 있었다. 주로 라틴 아메리카에서 이루어진 금과 은을 비롯한 여러 생산물과 생산자에 대한 직접적이고 폭력적인 취득은 이 시대 가장 '생산적' 활동이었다. 초기에는 라틴 아메리카의 인디언, 후에는 아프리카계 노예에 대한 폭력적 착취가 있던 이 시대를 '원시적 축적'의 시대라고 말한다.

따라서 자본주의는 인간의 생산 능력에 대한 이전의 '야만적' 통제 형태에서 벗어난 것이 아니라 오히려 이를 강화하고 일반화시킨 것이다. '교환가치 생산을 위한 대규모 노예제 혹은 강제노동은 분명한 자본주의 제도이다. 이 제도는 자본주의 세계 안에서 전근대적 단계와 연동되어 있다'(Wallerstein, 1974:88).

이런 제도 또한 성능 좋은 무기에 대한 독점과 사냥감이 될 수 있는 충분한 '인간 가축' 사육장의 존재에 기초해 있다. 이는 대세인 유럽계 부르주아가 자연과 여성에 대해 재규정한 것과도 관련되어 있다. 토지 소유에 기초한 전前자본주의 생산관계 아래에서 여성과 농민은 '대지' 혹은 대지의 일부로 규정되(었)고, 자연은 어머니 대지와 거기서 자란 식물과 동일시 되었다. 반면에, 초기 자본주의 아래에서 노예는 '가축'으로, 여성은 이 가축의 '번식자'로 규정되었다. 우리는 앞에서 유목민도 여성을 주로 '번식자'로, 노동력이 아니라 주로 남성 후계자를 출산하는 이로 규정했음을 보았다. 그러나 초기 유목민의 가부장제가 초기 자본주의 가부장제와 근본적으로 구별되는 것은 후자가 노동력의 생산과 이 노동력의 '번식자'에게 전혀 관심이 없다는 점이다. 우선 자본주의자는 생산자가 아니라 전유자이다. 그는 자본주의 생산력 발전의 전제조건인 약탈적 취득의 패러다임을 따른다. 유목민 지배계급과 봉건영주는 여성을 포함한 자연에 자신이 의존해 있다는 것을 그래도 알고 있었다. (그래서 그들은 주술과 종교를 통해 영향력을 행사하고자 했다.) 그러나 자본가 계급은 처음부터 자신을 자연의 지배자이자 주인으로 보았다(Merchant, 1983 참조). 이제 하나의 자연 개념이 대세가 되면서, 남성-사냥꾼의 자연에 대한 지배관계를 보편화시켰다. 이어진 세계 분할은 세계의 일정 부분을 '자연'으로, 즉 야만적이고, 통제되지 않았으며, 따라서 착취와 문명화 노력에 열려 있는 것으로 규정했다. 다른 지역은 '인간'의 영역, 즉 이미 통제되고 길들여진 영역으로 규정했다. 초기 자본가는 노예의 근력, 일할 수 있는 에너지에만 관심이 있었다. 이들에게 자연은 원료의 매장지였고, 아프리카 여성은 인간 에너지의 결코 마르지 않는 공급처였다.

주종관계에 기초한 생산관계에서 자본과 임금노동 사이의 계약적 성격에 기초한 생산관계로의 이행은 대규모로 폭력을 사용하고 지구의 광범한 지역과 그곳의 주민을 '착취할 수 있는 자연으로 규정'하는 과정 없이는 일어날 수 없었다. 이는 식민지 강탈과 노예에 대한 착취를 가능하게 했다. 이를 통해 자본가는 '훌쩍 성장했고', 유럽의 노동자에게 양보를 할 수 있게 되었다(3장 참조).

사실, 유럽 중심부 국가의 노동자가 '인간성을 취득하고, 인간화'되는 것만큼, 주변부, 즉 동유럽과 식민지의 노동자 남성과 여성은 '자연'으로 취급되었다.

유럽 노동자의 '평화'를 위해서는, 임금-관계를 통한 새로운 노동통제 형태를 수립하고, 직접적 폭력을 구조적 폭력으로, 혹은 경제외적 강제를 경제적 강제로 변동시키기 위해서는 특별한 경제적 양보만이 아니라 정치적 양보도 필요했다.

이런 정치적 양보는 대부분이 생각하는 것처럼 남성 노동자가 민주주의 과정에 참여하게 된 것, 시민의 지위에 오르게 된 것이 아니라, 그들이 지배계급의 사회적 패러다임, 즉 사냥꾼/전사 모델을 공유하게 된 것이다. 그러나 그의 '식민지' 혹은 '자연'은 아프리카나 아시아가 아니라 자기 계급의 여성이었다. '자연'의 이런 부분 내에서, 결혼과 가족법에 따라 규정된 범위 내에서, 그는 강압수단과 직접적인 폭력을 독점했다. 국가적 수준에서 지배계급은 자신의 대표, 즉 왕이나 훗날에는 선출된 의원들에게 강압수단과 직접적인 폭력의 독점권을 부여했다.

그러나 '자연화' 과정은 식민지 전체와 노동계급 여성에게만 영향을 미친 것은 아니다. 부르주아 여성 또한 자연으로, 자본가 계급의 후계자를 낳고 키우는 이로 규정되었다. 그러나 아프리카 여성을 '야만적' 자연의 일부로 보았던 반면에, 부르주아 여성은 '길들여진' 자연으로 보았다. 부르주아 여성의 섹슈얼리티, 그들의 생산적 자율성만이 아니라 생식력은 부르주아 남성에 의해 억압받고 엄격하게 통제되었다. 부르주아 여성은 생계를 남성에게 의존하고 있었다. 부르주아 여성이 길들여지고 남편의 소득에 의존하는 가정주부로 변모하는 것은 자본주의 아래 성별분업의 모델이 되었다. 이는 여성, 모든 여성의 재생산능력을 통제하기 위해 필수적이었다. 따라서 남성의 프롤레타리아화 과정은 여성의 가정주부화 과정과 병행했다(4장 참조).

이 과정에서 노동력이 재생산되는 영역인 가정과 가족은 '자연, 사적이고 길들여진 자연으로 규정'되었다. 그러나 공장은 공적이고 사회적('인간적')인 생산의 공간이 되었다.

식민지의 '자연화' 과정이 대대적인 직접 폭력과 강압의 사용에 기초했던 것처럼, 유럽(후에는 북미)의 여성이 길들여지는 과정은 평화롭고 목가적인 것이 아니었다. 여성은 자신의 생산성, 자신의 섹슈얼리티, 자신의 생식 능력에 대한 통제권을 자발적으로 남편과 유력자(교회, 국가)에게 넘겨주지 않았다. 수세기 동안 성적 생산적 자율성에 대한 가장 잔혹한 공격을 당한 끝에 유럽 여성은 의존적이고 길들여진 가정주부가 되었다. 오늘날 우리는 이런 원리 아래 살고 있다. 아프리카에서의 노예 습격과 대응하는 것이 마녀사냥이다. 이 둘은 남성-사냥꾼의 자본주의적 버전이 직면한 같은 딜레마로 연결되어 있는 것 같다. 남성은 여성을 생산의 단순한 조건으로, 전유하고 착취할 수 있는 자연으로 낮추려고 애를 쓰지만, 남성은 여성 없이는 인간노동력을 생산하지 못한다는 딜레마에 직면해 있다. 무기를 통해 남성은 남성이 독점하는 생산양식, 말하자면 노예제와 전쟁이 가능하게 되었다. 메이야수는 노예제와 전쟁을 친족 체제 내에서 남성적 재생산과 같은 것(Meillassoux, 1978:7), 한 사회의 남성들이 여성의 재생산에서 독립해보려는 노력이라고 여겼다. 그러나 이런 남성의 생산양식은 자연적으로 한계가 있다. 특히 인간 가축을 수렵할 수 있는 지대가 고갈되었을 때는 더 이상 작동하지 못하게 된다. 따라서 유럽 여성의 생식 능력을 가부장적 통제 아래 두는 것은 필수적이다. 14세기~18세기 동안, 남성 길드와 성장하는 도시 부르주아는 여성 기술자들을 생산 영역에서 밀어냈다(Rowbotham, 1974; Martines, 1973). 게다가 수백만의, 대부분 가난한 농민이거나 가난한 도시민 출신인 여성이 수세기 동안 마녀로 박해받고, 고문당하고, 마침내 화형을 당했다. 여성이 자신의 몸에 대해, 특히 생식력에 대해 일정한 자율성을 유지하려고 했기 때문이었다. 마녀에 대한 교회와 국가의 공격은 여성 섹슈얼리티를 종속시키려는 목적이 중요하기는 했지만 그것만은 아니었다. 이는 여성이 낙태시술자나 산파로 일해 온 관행을 폐지시키려는 것이기도 했다. 최근 나온 페미니스트 문헌은 이런 정책에 대해 많은 사례들을 제공하고 있다(Rowbotham, 1974; Becker-Bovenschen-Brackert, 1977; Dross, 1978; Honegger, 1978; Ehrenreich and English, 1973, 1979). 여성 장인은 시당국, 국가, 교회에 의해 일자리에서 쫓겨났을 뿐 아니라 재산도 압류 당했다. 게다가 새로운 생명 생산에 대한 여성의 통제, 즉 아이를 낳을 것인가 낙태할 것인가에 대한 결정권도 박탈당했다. 이런 여성에 대한 전쟁은 유럽 전역에서 최소한 3세기 동안 진행되었다(Becker-Bovenschen-Brackert, 1977).

마녀사냥은 여성의 성과 재생산 행위를 통제하는 직접적인 훈련 효과를 노린 것이기도 했고, 여성의 생산성보다 남성 생산성의 우월성을 수립하는 효과를 노린 것이기도 했다. 이 둘은 밀접하게 연관되어 있다. 마녀사냥의 이데올로기는 여성적 자연의 사악함(악 sin은 자연nature과 동의어이다)을 끊임없이 강조한다. 성적으로 통제되지 않고, 만족할 줄 모르며, 언제나 정숙한 남성을 유혹하려고 한다는 것이다. 주목할 만한 흥미로운 점은 여성이 아직은 성적으로 수동적인 혹은 심지어 성욕이 없는 존재로, 즉 19~20세기에 간주되었던 것처럼 여겨지지는 않고 있다는 것이다. 반대로 여성의 섹슈얼한 행위는 정숙한 남성, 즉 재산의 상속자인 후손을 식별할 수 있도록 여성을 통제하고 싶어 하는 남성에게는 위협적인 것으로 보였다. 따라서 자신의 딸과 아내의 정숙을 지키는 것은 남성의 의무였다. 여성은 '자연'이고 '악'이기 때문에 여성은 영원히 남성의 보호 아래 있어야 했다. 여성은 영원한 소수자가 되었다.

오직 남성만이 진정한 의미에서 성인이 되고 시민이 될 수 있었다. 자기 여성의 섹슈얼리티를 통제하기 위해, 남성은 구타나 다른 폭력적 수단을 강구해야 한다는 교육을 받았다(Bauer, 1971). 여성의 사악한 본성에 대한 모든 직접적이고 이데올로기적인 공격은 여성에게서 다른 경제적으로 생산적인 기능에 대한 자율성을 앗아가려는 목적과 경제 정치 문화적 영역에서 남성의 헤게모니를 수립하려는 목적에 부합했다.

성적 자율성은 경제적 자율성과 밀접하게 연관되어 있다. 여성 치료사와 산파를 마녀로 내몰고 비난하면서 남성 의사가 전문직화되었던 사례는 여성 생산 활동에 대한 공격의 의미를 가장 일목요연하게 보여준다. 신흥 자본가 계급은 여성을 종속시키면서 성장했다(이 책 3장; Rowbotham, 1974; Ehrenreich and English, 1979).

이 '문명화 과정'이 마무리되는 시기에, 여성은 한 남성을 위한 가정주부이거나 자본가를 위한 임금노동자로, 혹은 둘 다로 훈련되었다. 이들은 수세기 동안 자신에게 사용된 실제적 폭력을 자신에게로 돌리면서 내면화했다. 그들은 이를 자진해서 한 것으로, 사랑으로 규정했다. 자기억압에서 필수적인 이데올로기적 신비화였다(Bock/Duden, 1977). 이런 자기억압을 유지하기 위해 필수적인 제도적 이데올로기적 소품을 교회, 국가, 가족이 제공했다. 여성은 노동과정의 조직(노동현장에서 가정을 분리하는 것), 법, 경제적으로 이른바 '부양자' 남성에게 이존하는 것을 통해 이 제도에 구속되었다.

그러나 자본주의가 충분히 발전하면 이런 피비린내 나는 초기의 야만스런 모습은 사라질 것이며, 남성−사냥꾼/전사의 사회적 패러다임이 마무리되고, 경제외적 강제에서 경제적 강제로의 변모과정도 마

무리될 것이라는 생각은 환상일 것이다.[10]

반대로 우리는 불균형하고 착취적인 노동분업이 국가적이고 국제적 차원 – 이 두 차원은 연결되어 있다 – 에서 유지되고 있음을 목도하고 있다. 충분히 성장한 자본주의는 계속 확대되는 국가적 억압기구와 놀라울 정도로 집중되어 있는 파괴와 강압수단들을 필요로 한다. 어느 자본주의 국가도 경찰이나 군대 없이 지내지 못한다. 사냥꾼, 전사, 전사유랑민과 마찬가지로, 경찰이나 군대가 가장 '생산적인' 부문이다. 국가는 이제 합법적으로 폭력을 독점하면서 자신의 영역 내에 있는 어떤 노동자 반란도 효과적으로 제어할 수 있게 되었고, 자급적 생산자와 주변부 지역 전체를 강압하여 국제적으로 연결되어 있는 자본축적 과정을 따르는 생산을 하도록 만들 수 있게 되었다. 세계적 차원에서 이윤을 위해 인간 노동력을 착취하는 것은 이른바 불평등 교환이라고 하는 주로 '합리적' 형태를 취하지만, 불평등 관계의 유지는 어느 곳에서든 결국은 직접적인 강압수단인 무기를 통해 보장된다.

요약하자면, 다양한 형태의 불균형하고 서열적인 노동분업은 역사를 거쳐 오늘날 전 세계가 자본축적의 엄명아래 불평등한 하나의 노동분업 시스템으로 구조화된 단계까지 와 있다. 이 불평등한 노동분업은 약탈적인 사냥꾼/전사의 사회적 패러다임에 기초한 것이다. 사냥꾼/전사는 자신은 생산하지 않으면서, 무기를 이용해 다른 생산자의

---

10. 로자 룩셈부르크를 포함한 초기 맑스주의자들은 전쟁과 폭력은 생산력이 최고 단계로 발전하지 못했기 때문에, 인류가 자연에 대한 통제와 지배를 완전히 성취하지 못했기 때문에 이해 갈등을 해결하는 수단으로 불가피하다고 보았다(Rosa Luxemburg, 1925:155~6 참조). 오늘날 우리는 이런 의견에 더 이상 동의할 수 없다. 우리가 문제로 삼는 것은 '생산력의 발전'에 대한 이런 규정이 자연과 인류에 대한 폭력과 전쟁을 함의한다는 점이다.

생산력과 생산품을 전유하고 종속시킬 수 있는 이들이다.

이런 착취적이고, 쥐어짜내는, 전혀 상호적이지 않은 자연에 대한 대상-관계는 가장 먼저 남성과 여성, 남성과 자연 사이에서 수립되었고, 자본주의를 포함한 다른 모든 가부장적 생산양식의 모델로 남았다. 자본주의는 이를 가장 정교하고 가장 보편화된 형태로 발전시켰다.[11] 이 모델의 특성은 생산과정과 생산품을 통제하는 이들 자신이 생산자가 아니라, 전유자라는 점이다. 그들의 이른바 생산성은 타자 ― 결국은 여성 ― 생산자의 존재와 종속을 전제로 한다. 월러스틴이 말한 것처럼, '…… 잔혹하게도, 노동력을 낳는 이들이 식량을 기르는 이들을 부양하고, 이들은 다른 원료를 생산하는 이들을 부양하고, 또 이들은 공업 생산에 관련된 이들을 부양한다'(Wallerstein, 1974:86). 여기서 월러스틴이 빼놓은 것은 이들 모두가, 이 과정 전체를 결국은 무기를 통해 통제하고 있는 비생산자들을 부양하고 있다는 점이다. 이 패러다임의 핵심에 놓여 있는 것은 비생산자가 다른 이들이 생산한 것을 전유하고 소비(혹은 투자)한다는 사실이다. 사냥꾼-남성은 기본적으로 생산자가 아니라, 기생자이다.

---

11. 이 시점에서 우리의 분석을 사회주의 아래에서의 성별노동분업까지 확대하는 것이 타당할 것이다. 그러나 이를 위해서는 훨씬 폭넓은 분석이 필요하다. 사회주의 국가에서 여성의 지위에 대한 정보를 모아 보면, 그곳의 성별노동분업 역시 자본주의 국가와 같은 사회적 패러다임에 기초하고 있다는 결론을 내릴 수 있다. 그 이유 중 하나는 '생산력 발전'의 개념이 자본주의와 같고, 남성이 자연에 대한 갖는 관계도 마찬가지이기 때문이다. 이는 남성이 자연에 대해 지배권을 행사한다는 것을 의미하며, 또한 이는 남성의 여성에 대한 지배권을 함의한다(6장 참조).

3장

식민화와 가정주부화

3장

식민화와 가정주부화

'발전과 퇴보'의 변증법

앞의 분석에 기초해서, 앞으로의 논의를 안내할 임시 테제를 만들어 볼 수 있다.

노동분업, 특히 성별노동분업의 일반적인 역사적 전개는 생산력(주로 기술)과 전문화의 지속적인 발전에 따른 **점진적이고** 평화적인 과정이 아니(었)다. 이는 폭력적인 과정이었다. 처음에는 일정 범주의 남성이, 나중에는 일군의 사람들이 주로 무기와 전쟁을 통해 자신과 여성 사이에, 자신과 다른 민족이나 계급사이에서 착취적인 관계를 수립할 수 있었다.

그런 약탈적인, 본질적으로 가부장적인 생산양식 내에서 전쟁과 정복은 가장 '생산적인' 생산양식이 되었다. 자신의 공동체에서 일상적인 생계 노동을 통해서가 아니라 약탈과 강도질을 통해 빠르게 물질적 부를 축적하는, 정복과 전쟁에 기초한 사회에서 기술이 더욱 빨리 발전할 수 있었다. 그러나 이런 기술발전은 기본적으로 공동체 전체의 자급적 필요를 만족시키기 위한 것이 아니었다. 이는 더 큰 전쟁과 정복과 축적을 향한 것이었다. 무기와 운송기술의 발전은 모든 가부장적 사회에서, 특히 15세기 이래 전 세계를 정복하고 종속시킨 근대 자본주의 유럽 사회에서 기술 혁신의 추동력이었다. 이 특수한 가부장적 문명에서 등장한 '진보'의 개념은 전쟁과 정복으로만 향했던 기술발전 없이는 역사적으로 생각할 수 없었다. 모든 (의식주 등을 생산하고 유지하기 위한) 자급적 기술은 전쟁과 정복(항해, 컴퍼스, 화약 등)의 근대 기술의 '경이'와 비교하면 '뒤처진' 것으로 보였다.

수탈적인 가부장적 노동분업은 처음부터 인류의 구조적 **분리**와 **종속**에 기초하고 있었다. 남성은 여성에게서 분리되었고, 남성은 여성을 종속시켰다. '가진' 사람이 '이방인' 혹은 '이교도'로부터 분리되었다. 구舊가부장제들에서 이런 분리는 결코 완전한 것이 아니었지만, 근대 '서구'의 가부장제에서 이런 분리는 인간MAN과 자연NATURE 사이의 분리로까지 확장되어 왔다. 구舊가부장제들(중국, 인도, 아랍)의 남성은 스스로를 어머니 대지로부터 완전히 독립적인 존재라고 인식하지 않았다. 노예나 부랑자 등 정복당하고 종속된 이들조차도 **오이코스**oikos(가정) 혹은 '경제' 밖으로 완전히 벗어나 있는 것이 아니라, 보이는 존재로 여전히 남아 있었다(서열로 구조화된 사회적 세계는 살아있는 유기체로 여겨졌다. Merchant, 1983 참조). 여성은 착취당했고 종속되어 있기는 했지만, 모든 가부장적 사회들에서 아들의 어머니로서 결정적인 중요성을 갖고 있었다. 따라서 나는 에렌라이히B. Ehrenreich와 잉글리시D. English가 이런 전근대적 가부장제들에 대해 여성중심적이라고 말한 것이 옳다고 생각한다. 인간 어머니 없이는, 어머니 대지 없이는 어떤 가부장제도 존재할 수 없다(Ehrenreich/English, 1979:7~8). 자본주의가 대규모의 정복과 식민지 강탈에 기초하여 세계체제로 발전하고, 세계시장이 등장하면서(Wallerstein, 1974), 새로운 가부장은 착취하고 싶은 대상을 외부화하거나 혹은 외부로 축출할 수 있게 되었다. 식민지는 더 이상 경제나 사회의 일부로 여겨지지 않았다. 식민지는 '문명화된 사회'의 밖에 놓여 있는 것이었다. 유럽 정복자와 침략자가 '침투'한 그 '처녀지'와 같이, 이들 토지와 주민도 '자연으로 여겨졌다.' 이들은 야생의 야만적인 자연으로, 남성 문명인의 착취와 이용을 기다리는 존재로 규정되었다.

비슷하게 인간과 외부 자연 혹은 대지 사이의 관계가 급격하게 변화했다. 머천트Carolyn Merchant가 설득력 있게 설명한 것처럼, 근대 과학과 기술의 발전은 이제까지 살아있는 유기체로 여겨져 온 어머니 지구에 대한 폭력적 공격과 강간에 기초한 것이다. 근대 과학의 아버지인 베이컨Francis Bacon은 교회와 국가가 마녀의 비밀을 알아내기 위해 고문과 심문을 했던 것처럼, 어머니 자연에게서 그 비밀들을 강탈해내기 위해 같은 폭력적 수단을 사용할 것을 주장한 사람 중 하나였다. 어머니 대지의 자궁에 구멍을 내는 광업에 대한 금기가 무력으로 깨어졌다. 새로운 가부장들은 '대지의 자궁'에 숨겨진 값비싼 금속과 다른 '원자재'를 얻고 싶었기 때문이다. 근대과학의 발전과 기계적이고 물질적인 세계관은 살아있는 유기체인 자연을 죽이고, 자연을 '자연 자원'의 거대한 저장소 혹은 '물질'로 바꾸어 놓으면서 시작되었다. 이렇게 바뀐 자연은 남성에 의해 분석되고 종합되어 그의 새로운 기계장치가 되었다. 이 장치를 통해 그는 어머니 자연으로부터 자신을 독립시켰다.

가부장과 자연 사이의, 남성과 여성 사이의 이원성, 혹은 양극화를 통해 마침내 철저하고 영구적으로 파괴적인 힘을 발전시킬 수 있게 되었다. 이제 과학과 기술은 남성이 자신을 여성에게서 만이 아니라 자연으로부터도 '해방'될 수 있도록 해준 중요한 '생산력'이 되었다.

머천트는 유기체로서의 자연을 파괴한 것 — 그리고 근대과학과 기술이 발전하면서, 남성 과학자가 새로운 고위 성직자로 성장한 것 —은 약 4세기 동안 유럽 전역에서 전개되었던 마녀사냥 기간 동안 여성에 대한 폭력적 공격과 밀접한 관계를 갖고 나란히 진행되었음을 보여준다.

머천트는 자신의 분석을 신남성New Men의 식민지에 대한 관계로까지 확대하지는 않는다. 그러나 이 관계를 이해하는 것은 절대적으로 필요하다. 근대 자본가에 의해 '자연으로 규정된' 모든 이들, 즉, 어머니 지구, 여성, 그리고 식민지 등을 포괄적으로 보지 않는다면 오늘날 우리의 문제를 비롯한 근대적 발전을 이해할 수 없기 때문이다.

근대 유럽 가부장은 처음에는 아메리카, 후에는 아시아와 아프리카를 정복하고, 볼리비아, 멕시코, 페루의 광산에서 금과 은을, 다른 영토에서 '원자재'와 사치품을 추출해내면서 유럽 어머니 대지로부터 자신을 독립시켰다. 한편 이들은 마녀와 함께 여성의 피임과 출산통제에 대한 지식을 박탈해가면서, 노동력 생산 면에서 유럽여성에게 의존했던 것에서부터 스스로를 '해방'시켰다. 또한 아프리카의 남성과 여성을 노예제 아래로 종속시켜서 아메리카와 카리브의 대농장에서 필요로 하는 노동력을 얻을 수 있었다.

따라서 유럽 유력자의 발전은 유럽 여성을 종속시키고 착취하면서, 자연을 착취하고 죽이면서, 다른 국가의 토지와 사람을 착취하고 종속시키면서 이루어졌다. 따라서 이런 '발전'의 법칙은 언제나 모순적인 것이지, 점진적인 것이 아니다. 일부의 발전은 다른 쪽의 퇴보를 의미한다. 일부의 '진화'는 다른 이들에게 '퇴화'를 의미한다. 일부의 '인간화'는 다른 이들의 '비인간화'를 의미한다. 일부의 생산력 발전은 다른 이들의 저발전과 퇴보를 의미한다. 일부의 발전은 다른 이들의 추락을 의미한다. 일부의 부는 다른 이들의 빈곤을 의미한다. 한 방향으로의 발전이 될 수 없는 이유는, 앞서 말한 것처럼, 약탈적이고 가부장적인 생산양식은 상호적이지 않고 착취적인 관계를 형성하기 때문이다. 이런 관계에서는 모두를 위한 전반적인 진보, '통화침투(낙수효과)'를 통한 발전, 모두를 위한 발전은 가능하지 않다.

엥겔스는 진보와 퇴보 사이의 이런 대립적인 관계를 사유재산의 등장과 한 계급의 다른 계급에 대한 착취 때문이라고 했다. 1884년 그는 이렇게 썼다.

> 한 계급의 다른 계급에 대한 착취가 문명의 기초가 된 이래, 그 전체적 발전은 계속 모순적으로 움직인다. 생산에서의 모든 진보는 착취당하는 계급, 즉 대다수 사람의 조건에서 보면 퇴보이다. 한 쪽에 혜택이 주어지면 다른 쪽에는 필연적으로 파멸이 온다. 한 계급에게 새로운 해방이 오면, 다른 계급에게는 새로운 억압이 가해진다(Engels, 1976:333).

엥겔스는 착취하는 계급과 착취당하는 계급의 관계에 대해서만 말했다. 여기에 남성과 여성 사이의 관계나 정복자가 식민지와 맺는 관계, 혹은 문명인 남성이 자연과 맺는 관계는 포함되지 않는다. 그러나 이

관계들은 사실 문명사회의 보이지 않는 기초를 이루고 있다. 그는 지배계급에게 좋은 것을 모든 계급에게 확대하는 것을 통해 이 필연적으로 양극화된 관계를 변화시키고 싶어 한다. "지배계급에게 좋은 것이, 지배계급이 자신과 동일시하는 사회 전체에게도 좋은 것이 되어야 한다"(Engels, 1976:333).

그러나 이것이 바로 이 전략의 논리적 결함이다. 모순적이고 착취적인 관계에서, 착취자의 특권이 모두의 특권이 될 수는 없다. 중심부의 부가 식민지 착취에 기초한 것이라면, 식민지는 자신도 식민지를 갖지 않는 이상 부를 획득할 수 없다. 남성의 해방이 여성의 종속에 기초한 것이라면, 여성은 남성과 '평등한 권리'를 획득할 수 없다. 여기에는 타인을 착취할 권리가 필수적으로 포함되었을 것이기 때문이다.[1]

따라서 해방을 위한 페미니스트의 전략은 이런 퇴보적 진보의 관계들을 완전히 폐지하는 것을 목표로 하지 않을 수 없다. 이는 남성의 여성에 대한 착취, 남성의 자연에 대한 착취, 식민주의자의 식민지 주민에 대한 착취, 한 계급의 다른 계급에 대한 착취를 모두 끝내는 것을 목표로 해야 함을 의미한다. 이런 착취가 일부 사람들의 전진(발전, 진화, 진보, 인간화 등)을 위한 조건으로 남아있는 한, 페미니스트는 해방 혹은 '사회주의'를 말할 수 없다.

---

1. 식민지 관계에 대해서도 같은 이야기를 할 수 있다. 만약 식민지가 중심부의 이런 발전모델을 따르고자 한다면, 이는 그 식민지가 다른 식민지를 착취할 수 있을 때에만 가능하다. 현실에서 이런 양상은 식민지였던 많은 국가가 내부 식민지를 창출하는 방식으로 이어지고 있다.

여성, 자연, 식민지의 종속 : 자본주의적 가부장제 혹은 문명사회의 기반

위에서 간단히 스케치해 본 모순적 진보를 이제 추적해보려고 한다. 지난 4~5세기 동안 여성, 자연, 식민지는 외부로 축출되었다. 문명사회 외부에 있는 것이라고 규정되고 밀쳐졌다. 그래서 빙하의 수면 아래 부분처럼 보이지 않게 되면서 또 동시에 전체의 토대를 구성하는 존재가 되었다.

방법론적으로, 나는 보통은 분리된 존재로 분석하는 착취적 관계의 이런 양극의 구분을 가능하면 원상태로 돌려보려고 시도할 것이다. 학자의 연구서를 공부하다보면 식민주의자와 과학자의 방법을 그대로 따라가게 된다. 이들은 전체를 구성하고 있는 부분들을 잘라내고 분리하여, 각 부분을 고립시키고, 실험실의 조건 아래에서 분석하고, 이들을 다시 새로, 사람이 만든, 인공적 모델로 합체한다.

나는 이런 방법을 따르지 않겠다. 나는 자연이 착취당하고 인간의 지배 아래 놓이게 되는 과정과 이어져 있는 '지하의 연결부분'을 추적하고, 이것이 유럽에서 여성이 종속되는 과정과도 이어져 있음을 추적한 뒤에, 이 두 과정이 다른 영토와 그곳 사람들을 정복하고 식민화하는 것과 이어지는 과정을 탐구할 것이다. 유럽에서 과학과 기술의 역사적 등장과 과학의 자연에 대한 지배, 그리고 유럽의 마녀를 처형하는 것은 연결하여 설명해야 한다. 마녀의 처형과 근대과학의 발전은 노예무역과 식민지에서 자급경제의 파괴와 관련하여 설명해야 한다.

이 책은 전체시기를 포괄적으로 다루는 역사가 될 수는 없다. 그럴 수 있다면 좋겠지만. 나는 주로 자본주의적 가부장적 생산 관계의 형성에서 결정적이었던 몇몇 중요한 연결 부위들을 조명해볼 것이다. 하나는 유럽에서 마녀 처형과 신흥 부르주아와 근대과학의 발전, 그리고 자연의 종속 사이의 연결이다. 이는 이미 여러 학자가 다룬 바 있다(Merchant, 1983; Heinsohn, Knieper, Steiger, 1979; Ehrenreich, English, 1979; Becker et al, 1977). 다음 분석은 이들의 연구에 기초한 것이다.

이 과정과 일반적인 식민지인, 그리고 특히 식민지 여성에 대한 착취와 종속 사이의 역사적 관련은 아직 제대로 연구되지 않았다. 그러므로 나는 이 역사를 좀 더 광범하게 다뤄보려고 한다.

마녀 처형과 근대과학의 발전
중세말의 여성 생산성 기록

유럽을 점거했던 게르만 부족 사이에서는, 가장pater familias이 집안의 모든 것과 모든 이들에 대한 권력을 갖고 있었다. 이 권력은 문트(munt, 고대 고지대지역 독일어)(mundium = manus = hand)라고 하는데, 이는 가장이 아내, 자녀, 노예 등을 팔고, 처분하는 등 여러 가지를 할 수 있음을 의미했다. 여성에 대해 행사하는 남성의 문트는 결혼을 통해 성립되었다. 관계는 사물에 대한 재산권의 하나였다. 이는 점령(여성 납치) 혹은 구입(여성 매매)에 기초한 것이었다. 게르만법에 따르면, 결혼은 두 가문 사이에 이루어지는 하나의 거래계약이다. 이 거래에서 여성은 대상에 불과했다. 문트 권력을 획득하면, 남편은 아내가 가진 것들에 대해 권리를 갖게 되었다. 아내는 그의 재산이기 때문이다. 여성은 평생을 자신의 남자 — 남편, 아버지, 아들 — 의 문트 아래 있었다. 이 문트는 여성이 무기 사용에서 배제되면서 비롯되었다. 13세기 이래 도시가 발전하고 도시 부르주아가 등장하면서 확대가족과 친족이 포함된 초기 게르만 형태의 '전체 가족'은 분해되기 시작했다. 아버지가 아들과 딸에 대해 갖는 권력인 오래된 부권postestas patriae은 아이들이 집을 떠나면 끝났다. 아내는 남편의 문트 혹은 보호 아래 놓였다. 그러나 만약 결혼하지 않은 여성이 자신의 재산을 갖고 있으면, 법 앞에서 성인mündig으로 여겨지기도 했다. 쾰른에서 1291년에 나온 문서에 따르면, 결혼하지 않고 수공업계에 있는 여성을 독립된 성인 selbstmündig이라고 했다. 도시의 법과 시골의 몇몇 법들은 수공업계에 있던 여성을 문트에서 벗어나게, 혹은 아버지나 남편에게 의존하는 상태에서 벗어나게 했다.

성적 구속에서 이렇게 해방될 수 있었던 원인은 도시에서 여성이 독립적으로 수공업이나 사업을 수행할 수 있도록 할 필요가 있어서 였다.

1. 무역과 상업이 확대되면서 공산품, 특히 의류나 다른 소비재에 대한 수요가 커졌다. 이런 상품은 거의 수공업에 종사하는 남녀의 가정에서만 생산되었다. 가장에게 통화 공급이 증가되면서 사치품 소비도 함께 증가했다. 벨벳과 실크로 만든 비싼 옷, 레이스 칼라, 거들 등이 유행했다. 이런 상품을 만드는 직종에는 여성이 많았다.

그러나 독일에서 기혼여성은 자기 사업을 운영하거나, 남편의 허락 없이 재산을 처리할 수 없었다. 남편은 언제나 보호자이자 주인이었다. 그러나 기술직 여성이나 사업을 하는 여성은 증인이나 원고로 보호자 없이도 법정에 설 수 있었다. 일부 도시는 사업을 하는 여성이나 시장에서 일하는 여성에게 남성과 동등한 권리를 부여했다. 뮌헨에서는 '시장에 나와 있는 여성은, 사려고 하든 팔려고 하든, 남편과 같은 권리를 갖는다'고 했다. 그러나 여성은 남편의 재산을 팔 수 없었다.

중세 시대, 수공업계와 시장의 여성이 가졌던 독립성에는 제한이 없었다. 성장하고 있던 부르주아가 이를 필요로 했기 때문에 이런 특혜가 주어졌던 것이다. 그러나 가족 내에서 남편은 여전히 주인 역할을 했다.

2. 상업과 수공업계 여성이 누렸던 이런 상대적 자유의 두 번째 이유는 중세 말 남성인구가 부족했기 때문이다. 프랑크푸르트에서 13세기 센서스에 따르면, 남성 인구 1,000명 당 여성이 1,100명이었다. 누렌베르크(15세기)에서 성비는 남성 1,000명에 여성 1,207명이었다. 남성의 숫자가 십자군 원정과 중세 국가들 사이의 끊임없는 전쟁으로 감소했다. 게다가 남성의 사망률이 여성보다 높았던 것으로 보인다. '온갖 잔치에서 남성이 참을성 없이 처신했기 때문'이었다(Bücher, Becker et al, 1977:63에서 인용).

남독일 농민 사이에서는 장자만이 결혼을 할 수 있었다. 토지가 너무 작게 분할 상속되면 생존하기 힘들기 때문이었다. 직인은 장인이 되어야 결혼 허락을 받을 수 있었다. 농노는 영주의 동의 없이는 결혼할 수 없었다. 도시가 개방되자, 많은 남녀 농노가 도시로 도망 왔다. '도시의 공기는 자유를 낳는다'는 슬로건이 있었다. 시골의 가난한 이들은 딸을 하녀로 보냈다. 결혼할 때까지 먹일 수가 없어서였다.

이 모든 이유 때문에 어디에도 귀속되지 않은, 싱글 혹은 과부 여성이 늘어났고 이들은 경제활동을 해야 했다. 12~13세기 도시의 수공업계나 상업계는 일하고 싶어 하는 여성을 배제하지 않았다. 여성의 참여 없이는 수공업과 상업의 성장이 가능하지 않았을 것이다. 그러나 경제적으로 독립적인 여성에 대한 태도는 언제나 모순된 것이었다. 초기 수공업 길드는 남성으로만 이루어진 결사체였다. 시간이 지나면서 이들은 일부 기술자 여성을 인정해야만 했던 것으로 보인다. 독일에서는 14세기에 이르러서야 여성을 인정했다. 주로 직공織工 여성과 실 잣는 여성 등 직물산업 분야에 종사하는 여성에게 길드 가입이 허용되었다. 12세기 이래 직공織工일은 남성이 장악하고 있었고, 여성은 보조적인 역할을 했다. 그러나 시간이 지나면서 베일 직공, 아마포 직공, 비단 직공, 금사 직공 등 일정한 분야에서 여성 장인 직공이 언급되었다. 이 분야는 여성만 일을 했다. 쾰른에서는 14세기부터 여성으로만 구성된 길드가 등장하기도 했다.

수공업 외에도, 여성은 과일, 닭, 달걀, 청어, 꽃, 치즈, 우유, 소금, 기름, 깃털, 잼 등의 소매업에 주로 관계했다. 여성은 행상에도 상당한 성공을 거두어 남성 상인에게 일정한 도전을 하기도 했다. 그러나 여성은 외국 무역에는 관여하지 않았다. 시장 밖에서 거래를 하는 상인들에게 돈을 빌려주기는 했지만.

쾰른의 비단실을 잣는 이들은 부유한 상인과 결혼하는 일이 많았다. 이 상인들은 부인이 생산한 값비싼 상품을 플랑드르, 영국, 북해와 발틱해 등 멀리 떨어진 시장이나 라이프치히와 프랑크푸르드의 큰 장으로 가져가 팔았다(Becker *et al*, 1977:66~7).

오직 한 여성 상인만이 15세기 영국으로 갔던 기록을 남겼다. 단치히 출신의 이센멘게르드Katherine Ysenmengerde이다(Becker et al, 1977:66~7).

그러나 15~16세기를 거치면서, 오래된 유럽의 질서는 무너졌다. '자본주의 생산양식에 기초한 유럽인의 세계 경제가 등장했다'(Wallerstein, 1974:67). 이 시기는 성장하는 부르주아가 활동반경을 '신세계'로 크게 확장하고 침투해 갔던 시기였다. 이전의 중심 국가들에서는 빈곤화, 전쟁, 전염병, 혼란 등이 나타났다.

월러스틴에 따르면 이 세계 경제는 16세기 말까지 북서유럽, 지중해의 기독교 세계, 동유럽, 발트해 연안, 아메리카의 일정 지역, 뉴스페인, 앤틸리스 제도, 페루, 칠레, 브라질까지 포괄한다. 당시 포괄되지 않았던 지역은 인도, 극동지역, 오토만 제국, 러시아와 중국이다.

1535~1540년 무렵, 스페인은 서반구 인구의 절반 이상에 대한 지배권을 확보했다. 1670~1680년 사이에, 유럽의 통제 아래 놓인 지역은 300만 평방킬로미터에서 700만 평방킬로미터로 확장되었다(Wallerstein, 1974:68). 이 팽창은 사적 자본이 크게 축적되면서 가능했다. 이 사적자본은 '기존에는 농업 생산의 합리화를 위해 사용되었다'(Wallerstein, 1974:69). '16세기 유럽적 세계경제의 가장 분명한 특징 중 하나는 계속되는 인플레이션, 이른바 가격혁명이다'(Wallerstein, 1974:69). 어쨌든 이 인플레이션은, 스페인계 아메리카에서 귀한 금속과 금괴들이 유입되면서 생겨난 것이다. 그 효과는 식량이 이전보다 저렴한 가격에 공급되면서 주로 체감되었다. '산업이 확장되었던 국가에서는 토지의 상당 부분을 말을 키우는 것으로 바꿀 필요가 있었다.' 그러자 발트해 연안의 곡물 가격이 이전보다 비싸졌다. 그러나 제도의 경직성으로 인해 영국과 프랑스에서 임금은 정체상

태였다. 이에 따라 실질임금은 하락했다. 이는 대중 속에서 빈곤이 커졌음을 의미했다.

월러스틴에 따르면, 16세기 유럽에는 몇 개의 중심지가 있었다. 북유럽(네덜란드, 영국, 프랑스)에서는 상업이 융성했고, 토지가 곡물보다는 주로 목초지로 사용되었다. 농촌 임금노동자는 노동통제의 지배적인 형태가 되었다. 주변부인 동유럽과 발트해 연안은 '재판 농노제' 혹은 '봉건주의'가 주된 노동 통제방식으로 등장했다. 북부와 중부 유럽에서 이런 과정은 농민 사이에서 빈곤화가 확산되는 결과를 낳았다. 16세기에 인구 증가가 있었던 것 같고, 도시에 대한 압박은 커졌다. 월러스틴은 이런 인구 압박이 외부로 이민을 나갔던 원인이라고 본다. '서유럽에서는 소도시로의 이주와 "고질병"인 방랑자의 증가가 있었다'(Wallerstein, 1974 : 117). (영국 자유농의) 인클로저 체제와 퇴거명령으로 농촌에서 쫓겨난 이들도 있었고, '"피보호자에 대한 봉건적 유대가 약화되고, 자신의 봉신을 버리고 왕에게 복무하기 위해 몰려든 이들로 인해 확장되었던 군대가 해체되면서" 생긴 방랑자도 있었다'(Marx, Wallerstein, 1974 : 117에서 인용).

이들 방랑자는 새로운 산업에서 노동자로 동원되기 전까지는 근근이 먹고 살았다. 이들은 다양한 선지자와 이단자 분파들 주변을 몰려다니던 가난한 대중이었다. 당시의 급진적이고 유토피아적인 사상의 대부분은 이들 가난한 대중에게 관심을 가졌다. 이 방랑자 중에는 가난한 여성도 많았다. 그들은 춤꾼, 야바위꾼, 가수, 싱매매 등으로 생계를 이었다. 이들은 연중 축제와 교회 협의회 등에 몰려 다녔다. 1394년 프랑크푸르트 의회에 800명의 여성이, 콘스탄츠Constance와 바젤Basle의 협의회에는 1,500명의 여성이 왔다(Becker et al, 1977 : 76). 이 여성들은 군대도 따라다녔다. 이들은 군인에게 성매매를 하기도 했고, 참호를 파야 하기도 했으며, 아프거나 부상당한 이들을 간호하기도 했고, 또 상품들을 팔기도 했다.

이 여성들이 처음부터 경멸을 받았던 것은 아니다. 이들은 중세 사회의 일부였다. 좀 큰 도시들은 이들을 특별한 '여성의 집'에 수용했다. 교회는 커져가는 성매매를 통제하려고 했지만 가난 때문에 너무나 많은 여성이 '여성의 집'으로 내몰렸다. 많은 도시에 성매매와 관련된 고유의 단체들이 있었다. 교회의 행진과 공공 축제에서 이들은 고유의 깃발과 자리를 갖고 있었고, 심지어는 성 막달리나St Magdalene라는 고유의 성인도 있었다. 이는 14세기까지 성매매가 나쁜 일로 여겨지지 않았음을 보여준다. 그러나 15세기 말, 메란Meran은 법을 통해 '도시 여성과 다른 귀한 여성들이 오는 공공 축제와 댄스장에 창녀가 가까이 오지 못하도록' 했다. 성매매 여성은 다른 '점잖은 여성'과 구별되도록 모두 신발에 노란 리본을 달아야 했다(Becker et al, 1977:79).

12~17세기까지 유럽 전역에서 맹위를 떨쳤던 마녀사냥은 여성을 통제하고 종속시키려는 메커니즘의 하나였다. 농민이든 장인이든. 경제적 성적 독립성을 갖고 있는 여성은 등장하고 있던 부르주아 질서를 위협하는 것이었다.

마녀와 마녀 처형에 대한 최근의 페미니스트 문헌들을 보면 여성은 경제적 성적 독립성을 수동적으로 포기한 것이 아니었다. 그들은 교회, 국가, 자본의 공격에 다양한 형태로 저항했다. 저항의 한 형태는 여러 이단 분파였다. 여기서 여성은 중요한 역할을 했다. 이단 분파들은 자유와 여성에 대한 평등을 선전했고, 성적 억압, 재산제도와 일부일처제를 비난했다. 그래서 7백년 동안 존속했던 '자유 영혼 형제단'Brethren of the Free Spirit은 결혼제도를 폐지하고 공동 생활제도를 수립했고, 교회의 권위를 거부했다. 뛰어난 학자들을 포함해 많은 여성이 이 분파의 일원이었다. 이들 중 일부는 이단자로 화형을 당했다(Cohn, 1970).

마녀사냥이 진빈직으로 활빌하게 진행되있딘 것은 단순히 새로운 자본주의 세력에 직면하면서 쇠퇴한 구질서가 낳은 것이거나 시대를 초월한 남성 가학성의 표현이라기보다는, 여성의 반란에 대해 새로운 남성 지배 계급이 내놓은 반응으로 보인다. '쫓겨난' 가난한 여성, 즉, 생계수단과 기술을 박탈당한 이들은, 박탈한 이들에게 맞서 싸웠다. 마녀는 '마녀의 안식일'에 주기적으로 만나는 조직된 분파였으며, 그곳에서 가난한 이들이 모여 주인과 농노가 없는 새로운 자유로운 사회를 이미 연습하고 있었다고 주장하는 이들도 있다. 한 여성이 마녀임을 부인하면서 다른 모든 혐의를 부인해도, 그녀는 고문을 받고 결국은 말뚝에 묶여 화형을 당했다. 결과에 상관없이, 마녀재판은 꼼꼼하고 용의주도한 법적 과정을 따랐다. 개신교 국가들에는 교회 밖에 마녀재판을 전담하는 위원회와 판무관이 있었다. 사제는 법정과 계속 협력했고, 판사에게 영향을 미쳤다.

작센의 변호사였다가 나중에는 라이프찌히에서 교수가 된 카르프초프Benedikt Carpzov라는 한 검찰관은 마녀에 대한 사형판결문 2만 건에 서명을 했다. 그는 개신교 교회의 충실한 아들이었던 것이다(Dross, 1978·204).

만약 어떤 사람이 한 여성을 마녀라고 비난하면, 판무관이 파견되어 증거를 모은다. 모든 것이 증거였다. 날씨가 좋건 나쁘건, 그 여성이 부지런해도 게을러도, 아파도 치료능력이 있어도 증거가 될 수 있었다.

고문을 해서 마녀가 다른 사람의 이름을 대면, 그 사람이 곧장 구속되었다.

여성 몸의 종속과 파괴 : 고문

여기, 1672년 베츠레스도르프Betzlesdorf에서 립스Katherine Lips가 고문을 당했던 기록이 있다.

이후 판결문이 낭독되었고, 그녀에게 진실을 말하라고 다그쳤다. 그러나 그녀는 계속해서 부인했다. 이후 그녀는 자진해서 옷을 벗었다. 교수집행인이 그녀의 손을 묶고 그녀를 매달아, 아래로 다시 떨어지게 했다. 그녀는 비통하게 울었다. 그녀는 다시 끌어 올려졌다. 그녀는 다시 소리를 질렀다. 하늘에 계신 주님, 도와주소서. 그녀의 발끝이 묶였다.……다리에 스페인식 차꼬Spanish boots가 채워졌다. 처음엔 왼쪽, 다음에는 오른쪽 다리를 비틀었다.……그녀는 울었다. '예수님, 오셔서 도와주세요……' 그녀는 그들이 자신을 죽일지라도, 아무 것도 모른다고 했다. 그들은 그녀를 높이 끌어 올렸다. 그녀는 조용해졌다. 그리고 자신은 마녀가 아니라고 말했다. 그들은 다시 그녀의 다리를 비틀었다. 그녀는 다시 비명을 지르며 울었다.……그리고 조용해졌다.……그녀는 계속 아무 것도 모른다고 했다.……엄마가 무덤에서 나와 도와주어야 한다고 했다…….

그들은 기른 방에서 끌고 나아, 머리카락을 밀고 흔적을 찾았다. 책임자가 돌아와 그들이 흔적을 찾았다고 했다. 그는 바늘을 그곳에 밀어 넣었고, 그녀는 그것을 느끼지 못했다. 피도 나오지 않았다. 그들은 다시 그녀의 손과 발을 묶고 그녀를 끌어 올렸다. 그녀는 또 비명을 지르며 아무 것도 모른다고 했다. 그들은 그녀를 바닥에 놓고 죽였다. 그리고 또, 또, 또…… (Becker *et al*, 1977:426ff에서 인용).

1631년 프리드리히 폰 스페Friedrich von Spee는 용기를 내어 고문과 마녀사냥에 대해 익명의 에세이를 쓰려고 했다. 그는 고문의 가학적 성격을 폭로했다. 교회와 세속권력이 권위를 이용해 마녀 히스테리를 만들어 일종의 희생양을 찾고 있다고 했다. 모든 문제와 혼란, 가난한 사람들의 소요를 무마하기 위해, 사람들의 분노를 권력이 아니라 일부의 가난한 여성에게 향하도록 했다는 것이다.

1724년 10월 31일. 쾨스펠트Coesfeld, Münster 출신의 프리스테나레스 Enneke Fristenares를 고문.
피고를 심문했지만 죄를 자백하지 않자, 고그라비우스Gogravius 박사는 고문을 명했다.……그는 그녀에게 사실을 말하라고 했다. 고통스러운 문초를 하게 되면 어쨌든 그녀는 고백을 하게 되고, 처벌도 배로 받게 될 것이기 때문이었다.……이후 1단계 고문이 가해졌다.
그리고 나서 심판관은 2단계 고문을 진행했다. 그녀는 고문실로 끌려갔다. 옷이 벗겨지고, 몸이 묶여진 상태에서 심문을 당했다. 그녀는 어떤 행위도 시인하지 않았다.……그녀가 끈질기게 버티자 그들은 3단계 고문을 진행했다. 그녀의 양쪽 엄지에 나사못을 돌렸다. 듣기 너무 괴로운 비명소리가 나오자, 입에 재갈을 채우고, 계속 손가락 고문을 했다. 50분을 계속 하다가, 나사못이 헐거워지자 다른 것으로 조였다.

그러나 그녀는 결백을 호소했다. 그녀는 흐느끼기보다는 소리를 질렀다. '나는 죄가 없다. 오, 예수님 오셔서 도와주세요.' 그러더니, '어르신, 저를 데려다 죽여주세요.' 이제 그들은 4단계로, 스페인식 차꼬를 채웠다.…… 그녀가 흐느끼지 않았기 때문에 고그라비우스 박사는 피고가 마술을 통해 고통에 무감해지지는 않았는지 우려했다. 그래서 그는 다시 집행인에게 그녀의 옷을 벗겨 몸에 의심스러운 부분이 없는지를 찾아보라고 말했다. 집행인은 모든 곳을 샅샅이 검사했지만 아무것도 발견하지 못했다고 보고했다. 다시 그는 스페인식 차꼬를 신기라고 명했다. 피고는 그러나 계속 결백을 주장하면서 소리질렀다. '오 예수님, 저는 다 했습니다. 저는 다 했습니다. 어르신, 저를 죽이세요. 저는 죄가 없습니다. 저는 죄가 없습니다!'…….

이 명령은 30분 동안 지속되었고, 결과는 얻지 못했다.

그러자 고그라비우스 박사는 5단계 고문을 명령했다.

피고는 매달려서 두 개의 매로 30대까지 맞았다. 그녀는 만신창이가 되어 자백을 하겠다고 말했다. 그러나 특정한 기소 내용에 대해 그녀는 어떤 죄도 저지른 바 없다고 계속 부인했다. 집행인은 그녀의 팔이 관절에서 떨어져 나와 꼬일 때까지 그녀의 몸을 끌어올렸다. 이 고문은 6분 동안 계속되었다. 그리고 나서 다시 매를 맞았고, 또 그녀의 엄지 손가락에는 나사못이 박혔고, 다리에는 스페인식 차꼬가 채워졌다. 그러나 피고는 악마와 관계가 있다는 혐의를 계속 부인했다.

고그라비우스 박사는 규정에 따라 고문이 제대로 되었다는 결론을 내렸고, 집행인은 피고에게 더 고문을 하면 살아남지 못할 것이라고 말했다. 고그라비우스 박사는 피고를 내려 놓고 풀어주라고 명했다. 그는 집행인에게 그녀의 사지를 똑바로 놓고 조심해서 다루라고 명령했다(Becker *et al*, 1977:433~35에서 인용, 영어번역은 저자).

마녀 화형, 자본의 원시적 축적, 그리고 근대 과학의 발전

산파를 마녀로 기소하고 화형에 처하는 것은 근대 과학의 등장과 직접 연관되어 있었다. 의술이 전문직이 되었고, 의학이 '자연과학'으로 발전했으며, 과학과 근대 경제가 발달했다. 마녀사냥꾼의 고문실은 실험실이었다. 이곳에서 인간의 몸, 주로 여성 몸의 조직, 구조, 내성 등을 탐구했다. 근대 의학과 다양한 분야에서의 남성 헤게모니는 부서지고, 망가지고, 찢기고, 훼손되다가 마침내 화형을 당한 수백만 여성의 몸 위에 세워진 것이라고 말할 수 있다.[2]

교회와 국가는 계획적인 분업을 통해 조직적인 마녀 대학살과 테러를 진행했다. 교회에서 파견된 이들은 마녀를 식별해내고, 신학적 논리를 제공하면서 심문을 주도했다. 국가의 '세속 부대'는 고문을 수행하고 마지막으로 마녀를 장작더미 위에서 처형하는 일을 했다.

마녀의 처형은 근대 사회의 발전을 보여주는 것이지, 통념대로, 비합리적인 '어두운' 중세의 유물 때문은 아니었다. 이는 프랑스 신중상주의 경제 이론가인 보댕Jean Bodin이 가장 잘 보여주었다. 보댕은 화폐

---

2. 마녀로 처형된 이의 수는 수십만에서 천만까지 어림의 폭이 크다. 이런 처형은 관료적으로 기록되어 있음에도 불구하고 유럽역사가들은 이 세기들 동안 화형을 당한 남녀의 숫자를 살피는 일에 별 수고를 들이지 않아 왔다. 서독 페미니스트들은 마녀로 화형당한 이의 수가 나치 독일 아래서 사망한 유대인 수와 거의 같다고, 즉 6백만에 달한다는 연구를 내 놓는다. 역사학자 쇼르만(Gerhard Schormann)은 마녀를 죽이는 것은 '전쟁 때문에 일어난 일을 제외하면, 인간이 저지른 가장 큰 규모의 집단 살인'이라고 했다 (*Der Spiegel*, no. 43, 1984).

수량설과 주권에 대한 근대적 개념, 그리고 중상주의 인구론의 기초를 놓은 사람이다. 그는 근대적 합리주의의 확고한 옹호자였고, 동시에 국가가 행하는 고문과 마녀에 대한 대량학살을 소리 높여 옹호한 사람이었다. 그는 중세 농업 위기 이후 새롭게 부를 발전시키기 위해서는 근대국가가 절대적인 주권을 갖춰야 한다는 생각을 갖고 있었다. 또한 이 국가는 새로운 경제를 위해 노동력을 충분히 제공해야 할 의무도 가졌다. 이를 위해, 그는 강력한 경찰력을 요구했다. 보댕은 경찰이 무엇보다 마녀와 산파에 맞서는 싸움을 해야 할 것이라고 보았다. 산파가 유산, 출산하지 않는 커플, 임신 없는 성교 등을 조장하는 책임이 있다고 생각했다. 임신이나 출산을 막는 이는 누구든 살인자이며, 국가가 나서서 처벌해야 한다고 생각했다. 보댕은 프랑스 정부의 마녀 박해 정책에서 고문관으로 일하면서 마녀에 대한 고문과 화형을 옹호했다. 그의 마녀의 힘에 대한 소책자는 마녀에 대해 나왔던 당대의 모든 팸플릿 중 가장 잔인하고 가학적인 것의 하나이다. 독일의 인스티토리스와 스프렝거처럼 그는 공격할 여성들을 추려냈다. 그가 마녀 사냥에서 기소한 비율을 보면 여성 50명에 남성 한 명이다(Marchant, 1983:138 참조). 새로운 국가에 대한 홍보와 마녀에 대한 직접적인 공격을 이렇게 결합시킨 근대 합리주의자로 유럽 문명의 새로운 시대를 연 또 한 명의 위대한 거장이 있다. 이름은 프란시스 베이컨이다(Marchant, 1983:164~77 참조).

앞의 경우와 비슷하게, 마녀 대학살과 법의 전문직화 사이에는 직접적인 관계가 있다. 이 시기 이전에, 독일법은 구舊게르마니아 전통을 따랐다. 이는 민중의 법 혹은 관습법이었으며, 학문의 탐구대상이 아니었다. 그러나 로마법이 도입되면서, 대부분의 대학에서 법대가 만들어졌다. 그리고 프랑크푸르트 대학처럼 사실상 법대로만 구성된 대학도 여럿 생겼다. 당대인 중 몇몇이 이 대학들에 대해 불만을 표했다.

이들은 아무짝에도 쓸모없으며, 기생충으로 살아가는 법만 배울 뿐이다. 이들은 사람들을 혼란스럽게 만들고, 좋은 것을 나쁘게, 나쁜 것을 좋게 만드는 방법을 배운다. 가난한 사람이 마땅히 갖는 권리는 유보시키고, 부자에게는 그의 권리를 벗어난 것에 대한 권리까지도 부여하는 작자들이다(Jansen, 1903, Hammes, 1977:243에서 재인용. 영어번역은 저자).

도시에서 잘나가던 계급의 아들들이 법대로 몰려들었던 이유는 다음과 같다. '우리 시대 법학은 모든 이들에게 미소를 짓고, 모든 이들이 법학 박사가 되기를 소망한다. 대부분은 돈에 대한 욕심과 야심에 끌려 이 분야로 오게 된다(ibid).'

마녀 재판은 많은 변호사, 판사, 심의관 등에게 일자리와 돈을 제공해주었다. 그들은 권위적인 텍스트에 복잡한 학문적인 해석들을 가하여 재판을 연장시키고, 재판 비용을 높였다. 세속적 권력, 교회, 작은 영주 국가들의 지배자와 변호사는 가까운 관계였다. 변호사는 비용을 부풀린 책임이 있다. 그들은 마녀 사냥의 가난한 희생자에게 돈을 짜내서 금고를 채웠다. 사람들이 도망가는 일이 지나치게 횡행하여, 수백 명의 사람들을 마녀나 마술시로 처형했던 트리어Trier 선제후(트리어의 대주교는 독일 카이저를 선출하는 일곱 제후 중 하나였다)인 요한나 폰 쇼엔부르크와 같은 이도 교육받은 법관을 비롯한 마녀 재판과 관계된 모든 이들을 대상으로 하여 과부와 고아들을 강탈하지 않았는지 조사를 해야 할 정도였다. 일부 지배자는 다양한 관리가 뽑아간 돈과 그들이 요구한 비용이 얼마인지를 조사하는 회계감사제도를 만들기도 했다. 재판에 드는 비용 항목은 아래와 같다.

· 마녀를 쫓는 군인들이 소비한 술값
· 감옥에 있는 마녀를 방문한 사제에게 지불할 돈
· 사형집행관의 개인경호원 유지비
(Hammes, 1977:243~257)

교회법에 따르면, 마녀의 재산은 상속자가 있건 없건 간에 몰수해야 했다. 몰수된 재산의 절반 이상을 정부가 전유했다. 재판에 든 비용을 공제하고 남은 모든 것은 정부 재정으로 들어갔다. 1532년 신성로마제국의 황제 카를 5세가 공포한 '형사법전'에 따르면 이런 몰수는 불법이었다. 그러나 이 법은 그저 종이조각일 뿐이었다.

마녀 사냥이 돈과 재산을 모으는 욕망의 원천이라는 사실은 특별위원회로 이어졌고, 특별위원회는 더 많은 사람을 마녀와 마술사로 모함했다. 피고가 유죄 선고를 받으면, 가족은 모든 재판비용을 감당해야 했다. 위원회 위원들이 매일 먹는 식비와 술값에서부터 시작해서, 화형에 쓰이는 땔감까지 이들이 지불해야 했다. 또 다른 돈을 버는 방법은 마녀 혐의를 받은 이를 가족으로 둔 부자집에서 그 가족을 석방시키기 위해 학벌있는 판사와 변호사에게 주는 비용이었다. 이는 또한 가난한 사람이 유독 많이 처형된 이유이기도 하다.

하메스Manfred Hammes는 마녀사냥의 '정치경제학'의 또 다른 면을 밝혀 주었다. 1618~1648년의 30년전쟁을 비롯한 유럽 제후들의 전쟁

비용이 바로 그것이다. 1618년 이래, 마녀와 마술사의 재산몰수를 금지했던 카를 5세의 법은 사실상 폐기되었다. 일부 제후는 백성의 재산을 몰수할 수 있기 위해 마녀 사냥을 특별히 조직하고 장려하기까지 했다.

하메스는 쾰른시 행정관들과 교구 지배자인 바바리아의 페르디난드 선제후 사이의 논쟁을 예로 들어 설명한다. 상공업중심지 쾰른시는 30년전쟁 동안 계속 중립을 지켰다. (17세기 초 쾰른에서는 주로 비단과 직물을 거래하는 상업이 크게 발달했다.)[3] 그러나 쾰른은 황제의 전쟁 비용의 상당 부분을 부담했다. 이는 증세를 통해 가능했다. 외국 군대가 쳐들어 와 마을을 약탈하자 많은 시골 사람들이 자유롭고 중립적인 도시로 도망을 왔다. 그 결과 식량이 부족해졌고, 사람들 사이에서 긴장이 고조되었으며, 공공연한 폭동으로 이어지기도 했다. 동시에 헤르넛Catherine Hernot[4]에 대한 마녀 재판이 시작되었고, 이는 집중적인 마녀사냥으로 이어졌다. 일심 판결이 나오자, 군인 월급을 주어야 했던 바바리아의 페르디난드 선제후는 시의회에 법안을 하나 보냈다. 이 법안을 통해 그는 처형된 마녀들의 모든 재산을 압수하여 국고로 보내라고 했다. 시의회는 모든 수단을 동원하여 이 법의 실행을 막으려고 했다. 자신들의 변호사들에게 이 법에 대한 전문적 연구를 할 것을 부탁하기도 했다. 그러나 선제후와 그의 변호사들은 이 법이 비상조치라고 주장했다. 마녀의 악마성이 커지고 있는 국면에서 기존의

---

3. 쾰른의 비단 방적공과 방직공은 주로 영국, 네덜란드 상인과 거래하는 부유한 비단상의 여성들이었다.

4. 헤르넛은 쾰른의 여성우체국장이었다. 우체국은 수세대 동안 그녀 집안의 가업이었다. 트룬 운트 탁시스(Thurn und Taxis) 가문이 모든 우편업무의 독점을 주장하면서, 헤르넛은 마녀로 기소되었고 마침내 화형을 당했다.

법(즉, 몰수를 금지했던 카를 5세의 형사법전)을 문자 그대로 따르는 것은 정치적으로 현명하지 못하다고 했다. 그러나 시의회의 변호사들은 이에 승복하지 않고, 타협안을 내 놓았다. 그들은 마녀 재판에 관계했던 변호사나 집행관 등에게 '재판에 들인 노고와 시간'을 보상하기 위해 사례금을 지급하는 것이 공정하고 정당하다고 했다. 도시 마녀사냥에서 돈을 짜내지 못하게 된 선제후는 교구의 시골 지역에서 처형된 마녀의 재산을 모두 압수했다.

봉건계급(특히 좀 더 작은 공국의 제후로, 도시의 신흥 부르주아나 더 큰 공국의 제후와 경쟁하기 힘든 이들)뿐 아니라 도시의 자산가계급도 마녀재산의 압수를 통해 자본을 축적했다.

그래서 쾰른에서도 30년전쟁이 시작되고 10년이 경과한 후인 1628년, 시 위정자들은 마녀 재산 몰수제도를 도입했다. 쾰른의 변호사들이 내놓은 주장 중 하나는 마녀가 악마로부터 큰 돈을 받았기 때문에, 위정자는 악마의 돈을 몰수하여 악의 무리인 마녀와 마술사를 멸종시키는 데 써야 한다는 것이다. 그래서 어떤 경우에는 도시와 공국이 마녀 학살과 재산몰수를 이용해 경제 파탄을 회복시키는 수단으로 사용한 것 같기도 하다. 마인츠 시의 유력자들은 법의 세세한 것을 따지지 않고 관리에게 마녀의 모든 재산을 압수하라고 명했다. 1618년 호크하임Hochheim의 성클라라 수도원은 '마녀 근절'을 위해 2천 길더를 기부했다.

가이스Bailiff Geiss가 린트하임 영주에게 다리와 교회 재건에 돈이 필요하니 자신이 박해를 시작하는 것을 허락해달라고 부탁하는 보고서가 남아 있다. 그는 대부분의 사람들이 마법의 악이 번지는 것에 혼란스러워하고 있다고 썼다.

공께서 불만 붙여주시면, 우리가 기꺼이 장작과 모든 비용을 제공하겠습니다. 그렇게 되면 공께서도 다리와 교회를 재건할 수 있을 만큼 충분한 돈을 벌게 될 것입니다.

특히 잘사는 이들의 재산과 집까지 몰수할 수 있기 때문에, 공께서는 하인들에게 장차 더 많은 봉급을 줄 수 있을 만큼 [돈을] 많이 갖게 될 것입니다(Hammes, 1977:254에서 재인용. 영어번역은 저자).

종교지도자, 세속 정부, 봉건 지배층, 도시 유력자, 법관, 집행관 등 큰 빨대를 꽂아 피를 빨아먹는 이들과는 별도로, 마녀 화형을 통해 생계를 이어가는 날파리 군단도 나날이 성장했다. 탁발승은 여기저기 다니며 성자의 그림을 팔았다. 마법에 걸리지 않도록 해주는 그림이라고 사람들을 꼬드겼다. 자칭 마녀 조사관도 많았다. 관에서는 마녀를 발견, 체포, 조사한 것에 대해 비용을 지불했기 때문에, 그들은 여기 저기 다니면서 가난한 사람들에게 불안한 일이 마녀 때문은 아닌지 잘 찾아보라고 선동했다. 그래서 모든 이들이 집단 정신병에 사로잡혀 있을 때, 검사관은 해충을 박멸하겠다고 나섰다. 첫 번째로 조사관은 수금원을 보내서 가가호호 방문하며 기부를 받아오도록 했다. 농민이 직접 자신을 초청한 것임을 분명히 하기 위함이었다. 그런 다음 조사관이 와서 두 세 건의 화형을 조직한다. 어떤 사람이 기부금을 지불할 준비가 되어 있지 않으면, 그는 마술사 혹은 마녀 혹은 마녀의 조력자라는 혐의를 받는다. 어떤 경우에는 마을에서 미리 조사관에게 일정한 돈을 주어, 아예 그 마을에 오지 않도록 하기도 했다. 라인바흐의 아이펠 마을에서 그랬다. 그러나 5년 뒤, 같은 조사관이 돌아왔다. 이 협박에 농민들이 다시 지불할 준비를 하지 못했기 때문이다. 그는 많은 이들에게 사형선고를 하여, 800명이라는 그의 이전 기록을 훌쩍 뛰어 넘게 되었다.

마녀 히스테리가 번지고, 무죄 방면된 이가 거의 없었던 이유는 재정적 소득에 대한 갈망이 컸기 때문인 것 같다. 이는 프리드리히 폰 스피Friedrich von Spee가 1633년에 용기를 내서 이 야비한 관행에 반대하며 쓴 책에 분명히 적혀있다. 그는 다음과 같이 적었다.

· 변호사, 조사관 등은 자신들이 천박하지 않으며 책임감있는 변호사라는 점을 과시하고 싶어서 고문을 사용한다.
· 그들은 마녀가 많아야 자신들의 직업이 꼭 필요하다는 것을 증명할 수 있다.
· 그들은 제후가 마녀 한 명당 약속했던 보수를 빼놓지 않고 모두 챙기고 싶어 한다.

마녀 재판은 '인간의 피에서 금을 만들어낸 새로운 연금술'이었다는 루스Cornelius Loos의 말로 요약할 수 있다(Hammes, 1977:257). 그리고 여기에 우리는 그 금이 여성의 피에서 나온 것이라고 덧붙일 수 있다. 신흥 부르주아 계급과 구지배층에 의한 마녀사냥 과정을 통해 이루어진 자본축적은 당대 경제사학자의 어림이나 계산에는 전혀 언급되지 않는다. 마녀 사냥의 피 묻은 돈은 파산한 제후, 변호사, 의사, 판사, 교수 등의 사적인 부를 위해 사용되었을 뿐 아니라 전쟁비용, 관료제 수립, 기반시설, 그리고 마지막으로 새로운 절대주의국가 등의 공적인 일에도 사용되었다. 이 피 묻은 돈은 식민지에 대한 약탈과 강탈로 얻은 양만큼은 아니더라도, 오늘날 알려진 것보다는 훨씬 큰 규모로 초기 자본축적 과정에 일조했다.

그러나 마녀의 학대와 고문은 경제적 고려에서만 시작된 것은 아니다. 마녀 심문은 어머니 자연으로부터 비밀을 캐내는 새로운 과학적 방법을 발전시키는 모델을 제공하기도 했다. 머천트^{Carolyn Merchant}는 근대과학의 '아버지'이자 귀납법의 창시자인 프란시스 베이컨이 마녀 검사들이 마녀에게 비밀을 자백하게 할 때 사용했던 고문, 파괴, 폭력 등과 같은 방법, 같은 이데올로기를 사용했음을 보여주었다. 베이컨은 그의 새로운 과학 방법론을 설명하면서 의도적으로 마녀 사냥의 이미지를 이용했다. 그는 '기계적 발명품들을 통해 고문 받는 여성처럼 자연을' 다루었다. 마녀들은 새로운 기구들을 통해 고문을 당했기 때문이다. 베이컨은 자연의 비밀을 발견하는 방법은 심문을 통해 마법의 비밀을 알아내는 수사방법에서 찾을 수 있다고 했다. '그녀가 이리저리 움직이는 것을 따라가기만 하면, 자연을 추적해 낼 수 있다. 같은 곳으로 다시 끌거나 몰아가고 싶으면, 그렇게 할 수 있을 것이다. ……'(Merchant, 1983:168). 그는 어머니 대지에 구멍을 뚫거나 해치는 것을 금하는 것과 같은 중세 사회의 모든 금기를 깨야 한다고 강하게 주장했다. '진리를 획득하는 것이 그의 전체 목적이라면, 구멍을 내서 관통하거나 구석으로 파고들어가는 것을 꺼려서는 안 된다. ……'(Merchant, 1983:168). 그는 자연에 대한 조사를 마녀에 대한 심문과 법정 증인에 대한 심문 모두와 비교했다.

신의 가호와 섭리(이에 따라 인류는 자연에 대한 권리를 회복하려 한다)가 허락하신 가운데, 이 위대한 진술 혹은 탄원에서 나는 (민간의 관행에 따라) 자연 그 자체와 탐구 방법을 연구하려고 한다(Merchant,

1983 : 169).

새로운 기계 장치를 통해 억지로 파고들지 않으면 자연은 그녀의 비밀을 내놓지 않을 것이다 :

사람의 기질은 화나기 전까지는 절대 알 수 없는 것처럼, 프로테우스는 난처한 상황에 처하거나 꽉 잡혀서야 변신을 하는 것처럼, 자연도 가만히 놔두기보다는 (기계장치) 방법을 통해 시험에 들게 하고 성가시게 해야 자신을 좀 더 분명하게 드러낸다(Merchant, 1983 : 168에서 인용).

베이컨에 따르면, 자연은 '서비스를 제공할 수 있도록' 만들어야 하고, '노예'로 만들어져야 하며, '규제'되고, '해부'되어야 한다. '여성'의 자궁이 상징적으로 겸자에 굴복한 것처럼, 자연의 자궁이 품고 있는 비밀 역시 인간의 삶 조건을 향상시키기 위해 발굴해야 한다(Merchant, 1983 : 169).

베이컨의 과학적 방법론은 여전히 근대 과학의 기초이며, 물질적 힘과 결합된 지식이다. 화약, 항해술, 나침반 등 기술 발명의 많은 것이 사실 전쟁, 정복과 연관되어 있다. 이 '전쟁의 기술'은 인쇄술처럼 지식과 결합되어 있다. 따라서 폭력은 신남성이 여성과 자연에 대한 지배를 수립하는 데 사용된 핵심 단어이자 핵심 방법이다. 이런 폭력수단은, '옛날처럼 자연의 작용을 부드럽게 인도하는 것에만 그치지는 않는다. 이 수단들은 자연을 정복하고 종속시킬 힘, 그 뿌리까지 흔들어 놓을 수 있는 힘을 갖고 있다'(Merchant, 1983 : 172).

머천트의 결론은 다음과 같다.

자연에 대한 심문의 상징인 마녀에 대한 심문, 문초의 모델인 법정, 혼란을 진압하는 수단인 기계를 사용한 고문 등은 권력이기도 한 과학적 방법론에서 근본적인 것이나(강조는 저자)(Merchant, 1983:172).

여성과 자연에 대한 이 새로운 과학적이고 가부장적인 지배를 통해 이득을 본 계급은 발전하고 있던 개신교, 상인 자본가 계급, 광업 기업가, 의류업계 자본가 등 이었다. 이 계급에게 꼭 필요한 것은 여성이 자신의 섹슈얼리티와 재생산 능력에 대해 갖고 있던 자율성을 와해시키고 여성들이 더 많은 노동자를 낳도록 강제하는 것이었다. 비슷하게 자연도 이 계급이 착취하여 이윤을 창출할 수 있는 물질적 자원의 거대한 저장소로 바꾸어 버렸다.

따라서 교회, 국가, 신흥 자본가 계급, 근대 과학자는 협력하여 여성과 자연을 폭력적으로 종속시켰다. 19세기의 연약한 빅토리아 여성은 이 계급이 자신의 이익을 위해 주조해낸 '여성적 자연'상을 따라 폭력적 수단을 통해 만들어낸 산물이다(Ehrenreich, English, 1979).

식민화와 자본의 원시적 축적

지금까지 언급한 시기를 자본의 원시적 축적의 시기라고 한다. 자본주의가 수립되고 — 잉여가치 생산의 동력에 의해 — 자본의 확대 재생산 과정이 유지되기 이전에, 이런 과정이 시작될 수 있도록 충분한 자본이 축적되어야 했다. 16~17세기 많은 식민지에서 큰 자본축적이 있었다. 이 자본의 대부분은 상업 자본가의 '정직한' 무역이 아니라 약탈, 해적질, 강제노동과 노예노동을 통해 축적되었다.

포르투갈, 에스파냐, 네덜란드, 영국의 상인은 베니스 상인이 독점하고 있는 동양과의 향신료 무역을 침범하기 위해 출격했다. 에스파냐-포르투갈 발견의 대부분은 동양으로 가는 다른 항로를 찾기 위한 항해 과정에서 이루어진 것이다. 이런 항해의 결과 유럽에서는 가격혁명 혹은 인플레이션이 있었다. 그 이유는 1. 은에서 구리를 분리해내는 기술 발전, 2. 쿠스코[페루 남부의 도시]에 대한 강탈과 노예 노동의 이용이었다. 그리고 값비싼 금속의 비용이 하락했다. 이는 기존의 오래된 봉건계급과 임금으로 생계비를 벌었던 기술자들의 파산을 가져왔다. 만델Mandel은 다음과 같이 정리했다.

실질임금의 몰락 — 이는 민중의 기본식량이 빵 대신 싸구려 감자로 대체될 수 있게 되었다는 점에서 분명히 드러난다 — 은 16~18세기 산업자본의 원시적 축적을 낳은 주된 원천이 되었다(Mandel, 1971:107).

원시적 축적의 첫 번째 단계는 상인과 상업 자본이 식민지의 인적 자연적 자원을 무자비하게 약탈하고 착취한 결과라고 말할 수 있다. 1550년 무렵 영국에는 자본 부족 현상이 분명했다.

합자주식회사joint stock company에서 모두 조직했던 스페인 함대에 대한 해적 원정이 몇 년 만에 상황을 바꾸어 놓았다. …… 1577~1580

년 사이에 드레이크는 5천 파운드의 자본을 갖고 해적 활동을 시작했다.……이를 통해 60만 파운드의 수익을 올렸고, 이 중 절반은 여왕에게로 갔다. 비어드Beard는 엘리자베스 1세의 재임기간 중 해적이 약 1천2백만 파운드를 영국에 가져갔을 것이라고 어림했다(Mandel, 1971:108).

아이티, 쿠바, 니카라과 등에서 인구를 격감시키고, 1천5백만의 인디언을 사망하게 만든 스페인 정복자의 이야기는 잘 알려져 있다. 1502~1503년 인도에 두 번째로 갔던 바스코 다 가마도 같은 피의 절차를 거친 것으로 유명하다.

이는 후추, 정향, 계피 상인들이 벌이는……일종의 십자군 전쟁이다. 여기서 끔찍한 잔혹행위가 벌어졌다. 세계의 다른 끝에서 포르투갈 인이 증오스러운 이슬람교도를 다시 대면하게 되자, 이들에게는 무슨 짓을 해도 괜찮을 것처럼 보였다(Houser, Mandel, 1971:108에서 인용).

처음부터 상업적 팽창은 독점에 기초한 것이었다. 네덜란드인이 포르투갈인을 몰아냈고, 영국인이 네덜란드인을 몰아냈다.

인도네시아해 점령으로 향신료를 독점해 수익을 올렸던 네덜란드 상인이 유럽에서 계피가격이 떨어지기 시작하자 몰루카 해의 작은 섬들로 가서 계피나무를 대대적으로 베어냈던 사실은 놀랄만한 것도 아니다. 이 나무들을 베어내고, 수세기 동안 이 나무들을 키우며 생계를 이어온 주민들을 살해했던 일은 비슷한 방식으로 시작되었던 네덜란드 식민지 역사에 어두운 흔적으로 남았다. 이는 '홍이 원정'Hongi Voyage[1607년부터 네덜란드 동인도회사가 인도네시아에아 말루카제도의 암본Ambon섬 외 지역의 정향나무를 모두 제거하기 위해 군함을 동원했던 원정이다. 이는 동인도회사가 독점을 유지하려는 목적에서였다. 이는 50년 이상 지속되었다]과 비슷한 방식이었다. 코헨J. P. Cohen 제독은 반다Banda섬 남성 주민 모두를 몰살하는 것도 주저하지 않았다 (Mandel, 1971 : 108).

네덜란드의 동인도회사, 영국의 동인도회사와 허드슨 베이 회사, 프랑스 동인도회사 등의 무역회사는 모두 향신료 무역과 노예 무역을 결합했다.

1636~1645년 사이에 네덜란드 서인도회사는 2만3천 명의 흑인을 팔아 모두 은화 6백7십만 플로린을 챙겼다. 한 명당 약 300플로린에 판 것이다. 그러나 이들이 노예 한 명당 지불했던 상품의 가치는 50플로린을 넘지 않았다. 1728~60년 사이에 르아브르Le Havre[프랑스 서부 항구도시]에서 [서인도제도의] 앤틸레스제도까지 항해했던 배들은 [아프리카의] 로앙고Loango 등에 있는 황금해안의 세네갈에서 203,000명의 노예를 샀다. 이 노예를 팔아서 2억3백만 리브르를 챙겼다. 1783~1793년 리버풀의 노예상은 30만 명의 노예를 1천5백만 리브르에 팔았다. 이 자금은 공업화의 기초가 되었다(Mandel, 1971 : 110).

이 시기를 연구한 만델 등은 아프리카, 아시아, 라틴과 중앙아메리카에 새로 세워진 포르투갈, 네덜란드, 영국, 프랑스 식민지에서 식민화

과정이 여성에게 어떤 영향을 미쳤는지에 대해서는 많이 언급하지 않는다. 상인 자본가는 주로 거친 폭력, 노골적인 강탈과 노략질을 일삼았기 때문에 여성 역시 이 과정에서 피해를 당했을 것이라고 가정할 수 있다.

최근 페미니스트 학자들이 수행한 연구를 통해 '문명화 과정'에서 일어난 이런 숨겨진 면이 드러나고 있다. 캐리비안의 여성과 노예제를 연구한 레독Rhoda Reddock은 식민주의자들이 종속된 민족의 여성에게 적용한 가치체계가 자신들이 '소유한' 여성에게 적용한 가치체계와 달랐다는 점을 잘 보여주었다. 캐리비안의 노예 여성은 오랜 기간 동안 결혼이나 출산이 허용되지 않았다. 노예 노동을 재생산하는 데 들이는 비용보다 수입노예 가격이 더 저렴했기 때문이다. 동시에, 부르주아 계급은 자신들이 '소유한' 여성은 후계자를 낳는, 순전하게 한 사람하고만 성관계를 갖는 출산자로 길들였다. 그래서 집 밖에서 일하지 못하도록 했고, 재산에 접근하지 못하도록 했다.

유럽의 상인 자본가들이 아프리카, 아시아, 아메리카 사람들에게 저지른 모든 잔혹한 살육은 기독교 국가들이 하는 **문명화** 선교 사업의 일환으로 정당화했다. 여기서 우리는 마녀사냥을 통해 처형당하고 '훈육된' 가난한 유럽 여성이 거쳐 간 '문명화' 과정과 식민지에서 '야만' 민족들을 '문명화'한 것 사이의 관계를 볼 수 있다. 양쪽 모두 통제 불능의 위험하고 야만스러운 '자연'으로 규정되었다. 유럽 식민주의자들은 강탈과 몰수, 착취에 맞선 식민지인의 저항을 물리치기 위해 힘과 고문을 이용했다.

식민주의 하의 여성

레독(Rhoda Reddock, 1984)이 보여준 것처럼, 카리브제도에서 식민주의자들의 노예제와 노예 여성에 대한 태도는 분명히 자본가의 비용효과 계산에 기초한 것이었다. 노예여성에게 좀 더 많은 노예를 '출산'하도록 허용할 것인지의 문제에 대해서는 확실히 그랬다. 근대 노예무역과 노예경제 시기(1655~1838년) 동안, 이 문제는 '모국'에 적용되었으리라 보이는 기독교적 윤리의 원칙에 따른 것이 아니라, 농장주 자본가의 재산축적을 위한 고려를 따랐다. 1655년부터 18세기 초까지 첫 번째 시기 동안은 영토 대부분이 적은 수의 노예를 가진 소규모 농장들로 구성되어 있었는데, 이 농장주들은 농부의 재생산 모델을 따라 노예 인구의 자연적 재생산에 여전히 의존하고 있었다. 두 번째 시기는 이른바 설탕혁명의 시기로 설탕을 생산하는 대규모 농장이 도입되었던 시기였다. 1760~1800년 무렵에는 노예 여성이 출산이나 가족을 이루는 것을 적극적으로 방해했다. 좋은 자본가인 농장주들은 '낳는 것보다 사는 것이 더 싸다'는 견해를 갖고 있었다. 가톨릭(프랑스)이든 개신교(영국, 네덜란드)이든 상관없이 모든 사탕수수 농장주들이 공유한 생각이었다. 사실, 임신한 것을 들킨 노예 여성은 욕설과 핍박을 받았다. 게다가 허리가 끊어질 정도로 고된 사탕수수 농장의 노동 때문에 노예 여성이 어린 아기를 돌보는 것은 허용되지 않았다. 이렇게 농장주들이 출산에 부정적인 정책을 폈던 이유가 쿠바 농장주였던 홀G. M. Hall의 글에 표현되어 있다.

임신부터 출산 이후까지 몇 개월 동안 노예는 별 쓸모가 없게 되지만, 먹기는 더 많이, 더 잘 먹는다. 이로 인한 노동력 손실과 추가 비용은 모두 주인의 주머니에서 나온다. 신생아를 돌보게 되는 긴 기간 동안의 손실을 감수하는 것도 주인이다. 농장에서 노예가 태어나 일을 할 만하게 자라는 기간 동안 들어가는 비용이 시장에서 비슷한 나이의 노예를 사서 데려 오는 것보다 많이 든다(G. M. Hall, Reddock, 1984:16에서 인용)

프랑스 식민지 생도미니크의 농장주들은 18개월 동안 여성 노예의 노동 가치를 600리브르로 계산했다. 18개월을 임신과 수유기간으로 계산한 것이다. 이 기간 동안 노예 여성은 보통 때의 절반 밖에는 일을 할 수 없을 것이다. 따라서 주인은 300리브르의 손실을 보게 된다. '15개월 노예 가격이 그 정도는 되지 않는다'(Hall, Reddock, 1984:16에서 인용). 많은 이들이 언급한 것처럼, 이 정책으로 인해 노예 여성의 '출산율'은 이 기간부터 19세기까지 현저히 낮았다(Reddock, 1984).

18세기 말, 서아프리카는 노예사냥을 할 만큼 인구가 많지 않다는 점이 분명해졌다. 게다가 영국 식민주의자들은 아프리카 자체를 제국의 일원으로 병합하여 원료와 광물의 보고로 사용하는 것이 훨씬 이득이 될 것이라고 보았다. 그래서 좀 더 '진보적인' 영국 부르주아 일파는 노예무역을 폐지하고, '지역 출산'을 장려하자고 주장했다. 노예무역은 1807년 폐지되었다. 식민지 정부는 농장에서 여성 노예가 노예를 낳아 시억적 차원에서 노예 새생산을 하는 것을 지원한 18세기 밀과 19세기의 노예법이 여러 모로 이득이 될 수 있다고 예견했다. 그러나 이런 갑작스러운 정책 변화는 여성 노예에게 별 영향을 미치지 못했다. 레독이 지적한 것처럼, 긴 노예제 기간 동안 노예 여성은 노예제에 대한 저항의 한 형태로 반모성적 태도를 내면화했다. 그들은 19세기 중엽까지 일종의 출산 파업을 지속했다. 임신을 하면 독한 약초를 먹어 유산을 했고, 출산을 하면 '자녀가 노예가 되어 평생을 노예주의 부를 위해 고된 노동에 시달려야 하는 것을 참을 수가 없었기 때문에 죽이는 것을 용납받기도 했다'(Moreno-Fraginals, 1976, Reddock, 1984:17에서 인용). 레독은 이런 노예 여성의 반모성적 태도가 '억압받는 이들이 지배계급의 이데올로기를, 다른 물질적 이유 때문이기는 하지만, 받아들이는 방식'의 한 예라고 했다(Reddock, 1984:17).

식민지의 노예주는 이제 아프리카 여성을 자본축적을 위한 생산물의 조건으로만 대우한 결과를, 혹은 잘못을 감당하게 되었다. 여성노예의 출산 파업으로 카리브제도 대농장에서 노동력 부족 문제가 매우 심각해지면서, 쿠바에서는 사실상 '종마 농장'들이 세워졌다. 노예 번식은 일종의 정규 비즈니스가 되었다(Moreno Fragimals, Reddock, 1984:18에서 인용). 레독은 노예여성의 출산 능력에 대한 식민주의자의 정책 변화를 다음과 같이 정리했다.

아프리카가 자본주의 세계 경제에 인간노동력의 생산자로만 통합되어 있는 한, 지역에서 노동력을 생산할 필요는 없었다. 비용효과분석을 통해 농장주는 가장 이득이 되는 행동 노선을 취한 것이다. 이제 이것이 더 이상 이득이 되지 않자, 그들은 여성노예들,…… 자신들의 지위가 농장주의 재산에 불과하다는 것을 분명히 인지하고 있는 여성노예들이 보여준 저항에 놀랐다. 100년 동안 카리브제도의 노예 여성 대다수는 사실 아내도 어머니도 아니었다. 이들은 자신들의 재생산 능력에 대한 통제력을 행사하는 것을 통해 대농장 경제에 깊이 영향을 미칠 수 있었다(Reddock, 1984:18).

'카리브제도의 노예 여성이 아내도 어머니도 아니었던' 1백년 동안의 기간은 유럽 부르주아 여성이 길들여지고 이데올로기적으로 조종되면서, 아내와 어머니를 '타고난' 소명으로 받아들이게 된 시기와 정확히 일치한다(Badinter, 1980). 한 편의 여성이 순전한 노동력으로, 에너지의 원천으로 취급당했던 반면에, 다른 일군의 여성은 '비생산적인' 번식자로만 취급되었다.

19세기 말 카리브제도에서 식민주의자들이 노예출신 주민 사이에 핵가족과 일부일처제 결혼 규범을 도입하려고 필사적인 노력을 했던 것은 정말 역사의 아이러니이다. 그러나 여성과 남성 모두 이 규범을 적용해서 얻을 수 있는 것이 없다고 보았고, 결혼을 거부했다. 이제 식민주의자가 했던 두 얼굴의 정책이 그들에게 부메랑이 되어 돌아간 것이다. 노예를 맘껏 착취하기 위해 식민주의자는 수백 년 동안 주민을 인간으로 취급하지 않았고, 기독교도 소개하지 않았다. 이들은 흑인은 유럽인과 같은 '종'이 아니라는 민족학자들의 주장을 지원으로 받아들였다(Caldecott, 1970:6). 영국 국교회에 따르면, 기독교인은 노예가 될 수 없었기 때문에, 노예는 기독교인이 될 수 없었다.

1780년 무렵, 신노예법에 따라 노예사이에서 결혼이 장려되기 시작했다. 지역에서 노예를 번식시키기 위해서였다. 그러나 노예들은 이 '고상한 신분'의 짓거리를 비웃있고, 자신들의 '보통법'에 따른 동거 관행을 유지했다. 이 관행은 각 여성이 한 남자와 원하는 기간만큼 함께 사는 것이다. 같은 원칙이 남성에게도 적용되었다. 노예 여성은 결혼 관계를 한 남성이 여성을 자신의 통제 아래 두는 것, 심지어 때릴 수도 있는 것으로 이해했다. 한 명보다는 더 많은 부인을 원하는 남성들도 결혼을 거부했다. 유럽 중산층의 남녀관계 모델을 도입하려고 했던 선교사와 대농장주는 분개했다. 교회사가인 칼데콧은 문명화의 혜택을 이렇게 거부하는 이유를 마침내 설명해 냈다. 흑인들은 사실 '자신들의 환상(자신들의 성적 욕망)을 통제'하는 것이 불가능했던 것이고, 그래서 지속성으로부터 달아나버린 것이라는 설명이다. '이런 점들에는 남성만큼이나 여성도 관련되어 있다. 유럽 인종보다 흑인 인종이 양성 사이의 평등에 더 가까이 가 있다……'(Caldecott, Reddock, 1984:47에서 인용). 그러나 '양성 사이의 평등'은 원시적이고 후진적인 인종의 표식으로 여겼다. 이런 생각은 19세기 식민주의자와 민족학자도 공유하는 점이었다.

남성과 여성의 평등은 후진성의 표식이며, 식민지 여성의 독립성을 훼손하고 식민지 남성에게는 성차별주의와 군사주의의 '미덕'을 가르치는 것이 영국 식민주의자의 '문명화 사명'의 일부라는 생각은 홀[Mr. Fielding Hall]의 책, 『교육받는 민중』*People at School*에 분명하게 표현되어 있다.[5] 홀은 1887~91년 사이에 버마에 있는 영국 식민행정부에서 정치담당 장교를 지냈다. 그는 버마 여성의 독립성, 양성 사이의 평등, 그가

---

5. 1915년 런던의 조지앨런앤언윈 출판사(George Allen and Unwin Ltd.)가 저자 익명으로 낸 『군사주의 대 페미니즘』(*Militarism versus Feminism*) 제목의 한 텍스트에서 나는 홀(Mr. Fielding Hall)의 책에서 발췌한 굉장한 글들을 찾아냈다. 아마도 영국의 페미니스트들일 저자들은 군사주의와 페미니즘 사이의 역사적 적대감이 여성운동, 특히 국제여성참정권연맹(International Suffrage Alliance)과 더불어 영국과 미국의 여성이 반전(反戰)운동을 함께 하도록 한 국제여성평화운동(International Women's Peace Movement)에 기여했음을 상당히 명철하게 분석했다. 전쟁 때문에 저자들은 자신들의 연구물을 익명으로 발가했다. 그들은 이용한 책의 저거를 온전히 쓰지 않았다. 그래서 홀의 책, 『교육받는 민중』(*People at School*)은 제목과 페이지 숫자만 표기되어 있다. 책 『군사주의 대 페미니즘』은 수도 워싱턴에 있는 의회도서관에 소장되어 있다.

불교의 영향 때문이라고 생각한 버마인의 평화를 사랑하는 성정 등을 생생하게 설명한다. 그러나 그런 행복한 사회를 유지하려고 시도하는 대신, 홀은 버마인을 억지로라도 발전의 길로 데려와야 한다는 결론을 내린다. '그러나 오늘날 법, 힘, 권력을 가진 것은 우리이다. 우리는 우리가 소유한 백성을 우리 방식으로 다스린다. 이곳에 우리가 존재하는 것은 그들이 원하는 것이 아니다.' 그는 버마인을 문명화하기 위해 다음과 같이 제안한다.

1. 남성은 영국 식민주의자들을 위해 싸우고 죽이는 방법을 배워야 한다. '나는 버마인이 자신들 만으로 구성된 연대를 조직하여 우리의 전쟁에서 두각을 보이도록 하는 것만큼 좋은 일은 없다고 생각한다. 이런 경험을 통해 그들은 새로운 생명관에 눈뜨게 될 것이다'(*People at School*, 264쪽).

2. 여성은 남성의 이익을 위해 자유를 양보해야 한다.

양성 사이의 평등은 후진성의 표식이라고 생각했던 이 식민지 관료는 이렇게 경고했다. '버마인의 문명이 우리보다 1천년은 뒤진 것이라는 점을 잊어서는 안 된다.' 이런 후진성을 극복하기 위해 버마 남성은 죽이고, 전쟁을 만들어내고, 여성을 억압하는 법을 배워야 한다. 홀의 표현에 따르면, '외과의사의 칼이 병든 몸을 고치는 것처럼, 군인의 칼은 병든 국가를 구한다'는 것이다. 그리고 또 이렇게 밀했다.

…… 진보, 지식, 행복의 복음은…… 책이나 설교를 통해 배우는 것이 아니라 창과 칼을 통해 배우는 것이다.…… 불교에서 말하는 것처럼

용감한 것은 중요한 것이 아니라고 선언하고, 그들에게 여성들이 하는 것처럼, 당신들은 우리보다 더 좋지도 않고 더 많지도 않으며, 같은 삶의 방식을 가져야 한다고 말하는 것. 그것보다 더 나쁜 것이 뭐가 있는가?

그는 이런 남성 사냥꾼 이데올로기를 옹호하기 위해 민속학자의 연구에서 도움을 찾기도 했다. '남성과 여성은 버마에서는 아직 충분히 구별되지 않았다. 이는 아직 미성숙한 종족이라는 것을 나타내는 것이다. 초기 인류 사이에서 성별구별은 아주 약했다. 종족이 성숙해져가면서 성별 차이도 커졌다.' 그리고 홀은 버마 여성이 결국 문명화된 자리로, 의존적인 가정주부로 '정복된' 과정을 설명했다. 이전에는 여성의 손에 있던 지역의 가내 수공업이 영국 수입품 때문에 몰락했다. 이와 함께 여성도 무역에서 밀려나게 되었다. '랑군Langoon에 큰 영국 상점들이 들어서면서, 여성이 독립적이고 자급적으로 살아왔던 지역 시장의 기반이 크게 약화되었다.'

경제적 독립을 상실하면서, 홀이 생각하기에 가장 중요한 결혼법과 상속법이 변화했다. 이제 버마 역시 남성이 지배하는 '발전한' 땅이 되었다. 여성은 그녀의 독립이 발전의 길에 방해가 된다는 것을 이해해야 한다:

여성의 독립적인 힘과 함께 그녀의 자유 의지와 영향력도 사라질 것이다. 여성이 남편에게 의존하게 되면, 그녀는 더 이상 남성에게 명령할 수 없다. 남성이 여성을 부양하게 될 때, 그녀는 더 이상 남자만큼 목소리를 크게 낼 수 없다. 그녀가 물러나는 것은 불가피하다.……성공하는 민족은 여성의 민족이 아니라 남성의 민족이다. 여성의 영향력은 멀리 미치지 않아야 좋은 것이다. 그러나 여기서는 멀리까지 미치고 있다. 남성에게 나쁜 것은 여성에게도 나쁘다. 여성이 너무 독립적이어서 좋은 것은 아무것도 없다. 그래봐야 여성의 많은 미덕을 앗아갈 뿐이다. 아내와 가족을 위해 일을 해야만 하는 것은 남자를 성장시키고, 그를 남성이 되게 만든다. 여성이 자신을 지킬 수 있고, 또 필요한 경우에 그녀의 남편까지 지킬 수 있다면 그 두 가지 모두 곤혹스러운 일이다(*People at School*, 266쪽).

카리브제도에 노예로 온 아프리카 여성은 그들이 식민주의자보다 '후진적'이거나 덜 '문명화'되었기 때문에 노예가 된 것이 아니라, 반대로 노예제 자체와 그 식민주의자 때문에 '야만적'이게 되었다는 것이 서아프리카의 여성에 대한 역사적 연구를 통해 현재 밝혀지고 있다. 예를 들어, 브룩스George Brooks는 18세기 세네갈의 여성 무역인인 시그나레signares에 대한 연구서에서 이들이 식민지 이전의 아프리카 사회에서, 특히 월로프Wolof 부족 사이에서 높은 지위를 갖고 있었다고 했다. 또한 상품을 찾아 세네갈로 왔던 포르투갈과 프랑스 상인들은 이 여성 유력자들의 협조와 선의에 완전히 의존해 있었다. 이 여성들은 유럽 남성들과 성관계와 상거래를 함께 진행했다. 이 여성들은 큰 부를 갖고 있었고, 자신들 지역 내 열등한 부분과의 무역을 통해 부를 축적했을 뿐 아니라, 문화적 생활방식, 아름다움과 우아함에 대한 감긱을 발전시켜가기도 했기 때문에, 이들을 처음 접한 유럽의 탐험가는 크게 당황했다. 브룩스는 존 린드세이 목사가 영국배의 선상에서 한 설교를 다음과 같이 인용했다.

그들의 여성에 대해, 특히 숙녀들(나는 세네갈의 상당 수 여성을 이렇게 불러야만 할 것 같다)에 대해 말하자면, 그들은 놀라울 정도로 멋있고, 아주 세련된 외모를 하고 있으며, 굉장히 매혹적이다. 대화와 매너 모두 훌륭할 정도로 예의바르고, 자신을 깨끗하고 단정하게 관리한다. (우리는 이에 대해 일반적으로, 노예의 짐승 같은 더러움 때문에 이상한 선입견을 갖고 있다.) 그녀들은 모든 면에서 유럽인을 뛰어 넘는다. 그들은 하루에 두 번 목욕을 한다.······ 그리고 특히 모든 백인을 진심으로 경멸한다. 특히 우리 여성에 대해서도 도저히 동의할 수 없을 것이다. 바로 이런 생각에서, 그들의 남성도 차가운 무관심으로 우리 여성 중 가장 아름다운 이들도 쳐다보지 않을 것이다. 이곳 여성의 다수가 이곳에서 장교의 숙녀로 있다. 이들은 옷을 보란듯이 차려입었다. 영국에 있어도 멋지다고 여겨질 사람들이다.

유럽 남성들, 상인이나 군인으로 서아프리카에 처음 온 포르투갈인이나 프랑스인은 보통 아내나 가족 없이 혼자서 왔다. 이들이 '숙녀들' 혹은 시그나레(포르투갈어 senhoras에서 나온 것)와 관계를 맺는 것은 그들에게 너무 매력적인 일이어서, 그들은 이 여성들과 월로프 방식을 따라 결혼을 하고, 아프리카 생활방식대로 살기도 한다. 유로 아프리카계인 자손은 식민 사회에서 높은 지위에 오르기도 한다. 보통 딸들은 다시 시그나레가 된다. 분명히 포르투갈과 프랑스의 식민주의자는 서아프리카여성과 성관계, 결혼관계를 갖는 것에 반대하는 강한 인종적 편견을 아직 갖고 있지 않았으며, 이런 관계가 이득이 될 뿐 아니라 인간적으로도 만족스럽다는 것을 알게 되었다

그러나 서아프리카에 영국인이 등장하면서, 아프리카 여성에 대한

이런 태평한 가톨릭의 태도가 변화했다. 영국 군인, 상인, 관료는 더 이상 시그나레와 결혼관계를 맺지 않았고, 대신 아프리카 여성을 창녀로 만들었다. 이는 역사에서 본격적으로 인종주의가 등장하는 분기점으로 보인다. 아프리카 여성은 지위가 하락하여 영국 식민주의자의 창녀가 되었고, 백인 남성의 인종적 우월성과 아프리카 여성의 '짐승같음'에 관한 이론들이 널리 전파되었다. 확실히, 영국 식민주의 역사는 네덜란드 만큼이나 이런 면들에 대해 신중했다. 브룩스는 '시그나레' 제도의 기원이 감비아Gambia에 있는 것이 아니라고 했다. 왜냐하면

> 감비아는 영국에서 새로 도착한 이들이 넘쳐나면서 숨쉬기 힘들 지경이 되었기 때문이다. 이들은 상인이건, 정부 관리건, 군 장교건 간에, '바람직한' 영국 행실에서 벗어나 공공연하게 유럽계 아프리카계 여성이나 아프리카 여성과 동거를 하는 이는 거의 없었다. 뒤에서야 어땠는지 몰라도. 영국 필자들은 이런 문제에 대해 입이 무거웠다. 그러나 서아프리카의 영국령 지역들에서는 상인과 시그나레의 가족 생활과는 대조적인, 정처 없는 독신남성 사회가 발달했다는 점 또한 분명히 드러났다. 노골적이고 완고한 인종주의가 이 사회의 한 특징이었다. 다른 두 가지 특징은 무모한 도박과 알콜중독이었다(Brooks, 1976:43).

이런 설명은 로드니Walter Rodney의 '유럽이 아프리카를 저개발상태로 만들었다'는 일반석 테제를 확증해줄 뿐 아니라, 우리의 중심 주장인 식민화 과정이 식민지 여성의 지위를 상대적인 권력과 독립성을 갖고 있던 높은 지위에서 '짐승같은' 지위로 몰아냈고, '자연'으로 강등시켰다는 것을 확인해 준다. 식민지 여성을 이렇게 '자연화'한 것은 유럽

여성을 '문명화'한 것과 상응한다.

'흑인을 자연으로 규정한 것' 혹은 카리브제도에 노예로 데려온 아프리카 여성을 '자연취급한 것'은 아마도 유럽 식민화의 이중적이고 위선적인 과정을 가장 잘 보여주는 증거일 것이다. 아프리카 여성을 '야만인'으로 취급하면서, 조국에 있는 백인 식민주의자의 여성은 '숙녀'의 지위로 '상승'시켰다. 이 두 과정은 그냥 우연히 나란히 진행된 것이 아니다. 이 두 과정은 역사적으로 단순히 평행하게 진행된 것이 아니라, 가부장적·자본주의적 생산양식 내에서 인과관계로 깊숙이 얽혀 있었다. '야만적' 여성과 '문명화된' 여성을 창안하고, 이 둘로 양극화시킨 것은 자본주의적 식민주의에 의해 종속된 세계의 다른 지역을 조직하는 구조적 원리였고, 지금도 여전히 그런 원리로 작용하고 있다. 식민화과정이 여성에게 미친 영향에 대한 역사적 연구가 아직 풍부한 것은 아니지만, 이런 관측을 확증해 줄 수 있는 증거가 아주 없는 것은 아니다. 이는 레독이 연구한 자본축적 과정의 변동에 따른, 여성에 대한 식민지 정책의 변화를 설명해주기도 한다.

스톨러Annie Stoler는 20세기 초 수마트라라는 지구의 또 다른 한쪽 끝에서 네덜란드인이 보여준 여성에 대한 비슷한 이중적인 정책을 발견했다.

사유지 팽창이 일정한 분기점에 이를 때면, 예를 들어 자바에서 쿨리 [저임금 노동자]로 모집해온 여성들이 대거 수마트라로 들어가 결혼하지 않은 남성 노동자와 경영자들의 성적 욕망을 충족시키고 가사노동을 제공하는 서비스 일에 종사하게 되다 성매매는 허용되는 것은 넘어서 장려될 정도이다. …… (Stoler, 1982:90).

이들 대농장주의 동력은 카리브제도에서 프랑스인 혹은 영국인의 경우와 마찬가지로, 이득을 올리는 것이다. 스톨러는 여성에 대한 네덜란드 식민지 정책의 변동을 설명해주는 것은 바로 이 동력이라고 말한다. 식민지 기록에 따르면, '결혼 관계, 질병, 성매매, 노동 분규 등의 문제는 수익과 연관되어 있는 것으로 보인다. 20세기 첫 10년 동안 기혼 노동자에게 들어가는 비용이 너무 큰 것으로 여겨졌고, 이에 따라 결혼 관계를 취득하는 것도 어렵게 되었다'(Stoler, 1982:97).

확실히, 여성을 창녀로 만드는 것이 값싼 방법이었다. 그러나 결국 북부 수마트라 여성 노동자의 거의 절반이 성병에 걸려 회사 비용으로 입원 치료를 받아야 하게 되자, 농장 노동자들 사이에서 결혼을 장려하는 것이 더 이득이 되었다. 이것이 1920년대와 30년대에 일어난 일이다. 첫 단계에서 이주 여성은 대농장에서 모든 힘든 일들을 충분히 해냈다. 그러나 이들이 가정주부가 되어감에 따라 여성 주민은 농장의 임금노동에서 배제되기 시작했다. 스톨러는 이렇게 설명했다.

대농장 역사의 경제적 분기점과 정치적 분기점들을 거치면서, 대농장주는 이렇게 주장했다. (1) 영구적인 여성 노동자는 유지비용이 너무 많이 든다. 이들은 출산과 생리로 쉬는 시간이 너무 많기 때문이다. (2) 여성은 '고된' 노동을 해서도 안 되고, 할 수도 없다. (3) 여성은 임시 노동력에 더 잘 맞는다(Stoler, 1982:98).

이렇게 '약한 여성'이라는 이미지를 도입한 것은 분명 이데올로기적인 움직임이었다. 이는 여성 임금을 낮추고 여성 임시 노동력을 창출하려는 경제적 목적에 부응했고, 이는 통계에서 명확히 드러났다. 그런데

1903년 쿨리 재정 보고서를 보면, 임신으로 빠진 날은 전체 노동일의 1%에 불과했다(Stoler, 1982:98).

레독 또한 그녀의 연구서 후반부에서 비슷한 시기 영국 왕령 식민지 트리니다드에서 여성을 온전한 임금노동자의 대열에서 배제시키고 여성을 '의존적'이라고 규정하는 과정에 대한 충분한 증거를 제공한다(Reddock, 1984).

또한 네덜란드 식민주의자의 경우, 이윤을 창출한다는 철저한 목적의식이 있었다. 자신의 고국에 있는 '문명화된' 여성과 수마트라의 '야만적' 여성에 대한 모순적인 가치관과 정책이 이윤을 보장해주는 최고의 메커니즘을 이루었다. 두 집단의 여성에게 정 반대로 대조되는 두 가지 가치관을 적용했지만, 이것을 통해 양심의 가책을 느끼는 일은 없었다. 성매매는 여성을 창녀로 모집하는 것이 더 이상 이득이 되지 않을 때에만 공론화되었다. 여기서 우리는 다시 한 번 네덜란드 가정주부의 등장을 주목해야 한다. '고국'에서 가족과 가정을 이루는 것을 강조한 것은 네덜란드 식민지의 농장 노동자 사이에서 가족과 가정을 파괴한 것과 그저 일시적으로 겹쳤던 것이 아니라, 인과 관계로 연결되어 있었다.

독일 식민주의 아래 여성

위에서 서술한 영국과 네덜란드의 여성의 대한 식민지 정책의 예들이 식민지의 측면에 주로 초점을 맞춘 것이라면, 다음에는 독일 식민주의가 여성에 미친 영향을 연구한 마모자이Martha Mamozai에 기초해서 이런 과정이 '고국'의 독일 여성에게 미친 결과를 살펴본다. 이 설명을 통해 식민지 건설과 가정주부화의 양면 정책을 좀 더 총체적으로 이해할 수 있을 것이다.

독일은 세계를 강탈하고 분할하는 경주에 좀 늦게 참여했다. 독일 식민협회German Colonial Society는 1884년에 건립되었다. 이때부터 유럽 제국주의 국가들 사이의 헤게모니 각축전이었던 제1차대전 발발까지 독일 제국정부는 식민지, 특히 아프리카에서의 식민지 건립을 장려했다.

마모자이의 연구는 식민화가 남성과 여성에게 같은 방식으로 영향을 미친 것이 아님을 보여준다. 식민주의자는 특유의 자본주의 성적 분업을 이용하여 아프리카의 노동력을 자본과 백인 남성의 지배 아래 두었다. 정복자, 침략자, 식민주의자들이 보통 그랬던 것처럼, 1880년대에 처음 서아프리카로 갔던 독일 대농장주는 대부분 싱글이었다. 포르투갈과 프랑스 남성처럼, 그들도 아프리카 여성과 성관계, 부부관계를 맺었다. 많은 이들이 이 여성들과 정규 가족을 구성했다. 시간이 지나면서 이들 결혼은 '혼혈'의 유로아프리카인이라는 새로운 세대를 만들어내고, 이 혼혈인들은 가부장적이고 부르주아적인 독일 법을 따라 온전한 경제적 정치적 권리를 가진 독일인이 될 것이었다. 독일제국의회에서 이 '식민지 문제' 혹은 '원주민 문제'를 놓고 열띤 논쟁이 있었다. 하나는 '혼혈'과 '사생아'를 둘러싼 문제, 결국은 백인의 특권에 대한 문제였다. 또 다른 문제는 생산에 관한 것으로, 독일 영토와 프로젝트를 위해 아프리카 노동력을 충분히 종속시키고 훈련시키는 문제에 관한 것이었다.

총독 폰 린드퀴스트Friedrich von Lindquist는 '서남부 아프리카에서 사생아 문제'를 다음과 같은 방식으로 표현했다.

> 백인 남성의 인구가 백인 여성보다 압도적으로 많다는 점이 안타까운 상황이며, 이는 향후 국가의 삶과 미래에 큰 영향을 미칠 것이다. 우선 혼혈이 크게 증가하는 결과를 낳고 있는데, 이는 특히 유감스럽다. 혼혈 인종 자체가 악영향을 가져오는 것은 차치하고라도, 남아프리카에서 백인이 소수이지만 유색인에 대해 지배력을 유지할 수 있는 것은 인종적 순수성을 유지하고 있기 때문이다(Mamozai, 1982:125; 영어 번역은 저자).

이런 우려에 따라 1905년 유럽 남성과 아프리카 여성 사이의 결혼을 금지하는 법이 통과되었다. 1907년에는 1905년 법 이전에 이루어진 결혼조차 무효라고 선언했다. 1908년에는, 그런 관계에서 함께 살고 있는 이들, '사생아'까지 포함해서 이들 모두 투표권을 비롯한 시민권을 상실했다. 이 법의 목적은 재산이 소수 백인의 손에 확실히 보존될 수 있도록 하는 것이었다. 아프리카계 독일인들이 독일 시민권과 투표권을 갖는다면, 이들은 시간이 지나면 선거에서 '순수' 백인을 능가할 수도 있을 것이다. 그러나 유럽 남성과 흑인 여성의 결혼을 금지하는 법을 통해 제국 의회가 식민지를 세우고 있는 남성의 성적 자유를 제한하고 싶어 했던 것은 아니다. 그 반대로, 독일 남성은 의사로부터 아프리카 여성을 첩이나 창녀로 두라는 권고를 들었다. 독일제국의회의 의원이었고, 의사였던 부처Max Bucher는 이렇게 썼다.

> 토지의 딸들과 갖는 자유로운 성관계에 대해 말하자면, 이는 건강

에 해가 되기보다는 도움이 될 것으로 봐야 한다. 검은 피부 아래에도 '영원한 여성'이 뛰어난 성적 매력을 갖고 자리하고 있어, 아프리카의 외로운 삶 속에서 쉽게 일어나는 정서적 결핍을 상쇄해준다. 이런 심리적 보상 외에도 개인의 안전에 좋다는 실용적인 이점도 있다. 친밀한 흑인 여자 친구가 있으면 여러 위험을 피할 수 있다(Mamozai, 1982:129에서 인용).

이는 흑인 여성이 백인 남성에게 서비스를 제공하는 첩이나 창녀로는 만족스럽지만, '아내'로는 적합하지 않다는 것을 의미한다. 이는 장기적으로 아프리카에서 재산관계의 변화를 가져올 수 있기 때문이다. 이는 다르-에스-살람Dar-es-Salaam에서 모로고로Morogoro까지 철도를 건설하는 동안 보건청에서 근무했던 의사 오에트커Karl Oetker의 말에서 분명하게 표현되었다.

흑인 여성과 성관계를 가진 유럽 남성은 혼혈이 태어나지 않도록 당연히 피임을 해야 한다. 이는 재차 강조해야 한다. 혼혈은 우리 식민지에 최악의 결과를 가져올 것이기 때문이다. 이는 서인도제도, 브라질, 마다가스카르에서 충분히 증명되고 있다. 그런 관계는 결혼의 대용품일 뿐이다. 또 그렇게 여겨져야 한다. 백인사이의 결혼이 누리고 있는 국가의 인정과 보호가 그런 관계까지 미치도록 해서는 안 된다 (Mamozai, 1982:130에서 인용).

여기서 이중 기준이 분명히 드러난다. 백인, '주인 남성'(지배하는 남성)에게 결혼과 가족은 보호받는 상품이다. 그러나 아프리카 가정은 파괴될 수 있다. 여성과 남성은 집단 노동에 강제로 동원될 수 있고, 여성은 창녀가 될 수 있다.

여성에 대한 이런 위선적인 식민지 정책을 도덕적인 시각에서만 바라보지 않는 것이 중요하다. 보호받는 제도인 '그럴싸한' 부르주아 결혼과 가족의 발전, 그리고 일반화가 '원주민'의 친족과 가족 관계를 파괴한 것과 인과적 관계가 있다는 점을 이해하는 것이 가장 중요하다. '프롤레타리아의 비참함' 속에서 독일 가정이 대거 등장한 것은, 한 식민지 관리가 언급했던 대로, 식민지에 대한 착취 및 식민지 노동력을 종속시킨 것과 직접 연관되어 있다. 독일이 선진 공업국으로 발전한 것은, 당대에도 많은 이들이 인지했던 것처럼, 식민지의 획득 덕분이었다. 훗날 대통령이 된 힌덴부르크Paul von Hindenburg는 이렇게 썼다. '식민지가 없으면, 원료를 얻을 수 있다는 보장이 없다. 원료가 없으면 공업도 없다. 공업이 없으면 웬만한 삶수준이나 부를 누릴 수 없다. 따라서 우리 독일인은 식민지가 필요하다'(Mamozai, 1983:27에서 인용, 영어번역은 저자).

이런 착취 논리에 대한 정당화는 '원주민'이 백인 주인 인종의 수준까지 아직 진화하지 않았다는 이론에서 나왔다. 식민주의는 이런 지역에서 잠자고 있는 생산력을 발전시켜주고, 그들이 인류의 향상에 기여하게 만든다고 주장했다. 서남부 아프리카에서 온 한 식민지 관리는 이렇게 썼다.

원주민의 권리는 백인종의 발전을 희생해야만 실현될 수 있는 것인데, 그런 일은 없다. 수단Sudan 흑인 반투인과 아프리카의 호테토트이도 자신들 좋은 대로 살고 죽을 수 있는 권리가 있다는 생각은 말도 안 된다. 유럽의 문명화된 국민들 사이에서도 셀 수 없을 만큼 많은 이들이 좀 더 부유한 생활수준으로 올라가기보다 불쌍한 프롤레타리아 상태에 머물러 있고, 건강한 신체와 국가의 부를 일구는 데 기여하기도 힘든 형편이다. 소유하고 있는 식민지의 생산력을 총 가동해도 말이다(Mamozai, 1983:58에서 인용, 영어번역은 저자).

식민지에서 생산력을 '발전'시키고, '야만인'을 문명의 궤도에 올려놓는 것은 신이 백인 주인 남성에게 준 소명이라는 확신이 공유되고 있었다. 앞으로 살펴보겠지만, 사회민주주의자도 식민주의를 통해 생산력을 발전시켜야 한다는 신념을 공유하고 있었다.

그러므로 서남부 아프리카에서 '원주민' 여성이 증오스러운 식민주의 주인을 위해 출산을 거부한 것은 이런 생산력 발전 정책에 대한 공격으로 보였다. 헤레로[Herero]인의 반란을 독일 장군 폰 트로타[von Trotha]가 잔인하게 진압한 이후, 헤레로 여성은 사실상 출산파업을 했다. 카리브제도의 노예여성처럼 그들은 농장주와 영주 소유자들을 위한 강제노동력 생산을 거부했다. 1892~1909년 사이 헤레로 인구는 8만에서 19,962명으로 감소했다. 독일인 농장 경영자에게 이는 심각한 문제였다. 한 농장주가 이렇게 썼다.

반란 이후, 원주민, 특히 헤레로인이 자녀를 낳지 않으려는 경우가 종종 있다. 그는 자기 자신을 수인이라고 여긴다. 하고 싶지 않아도, 당신이 말하면 뭐든 해야 하기 때문이다. 헤레로인은 억압자를 위해 새로운 노동력을 만들고 싶지 않다. 억압자는 그의 금쪽같은 게으름을 앗아갔다.······ 독일 농장 경영자는 이 슬픈 상황을 개선하려고 농장에서 신생아가 태어날 때마다 암염소 등을 상금으로 제공하기도 한다. 그러나 효과는 거의 없다. 오늘날 원주민 여성 일부는 너무 오래 창녀 일을 해 와서 어머니가 될 수 없게 되었다. 다른 일부는 자녀를 원치 않아서 임신을 해도 낙태를 한다. 이런 경우 권력이 개입하여 엄하게 다스려야 한다. 매번의 경우 철저히 조사하여 투옥하고 쇠고랑을 채워 혹독하게 벌해야 한다(Mamozai, 1982:52에서 인용, 영어번역은 저자).

많은 경우, 농장 경영자는 스스로 법을 정하여 완고하게 저항하는 여성을 잔인하게 벌주었다. 헤레로 여성의 입장에서 보면, 카리브제도 여성과 마찬가지로, 아프리카 여성은 식민화 과정에서 무력한 희생자만은 아니었다. 이들은 식민지 생산관계 내에서 자신의 상대적인 힘을 정확하게 이해하고 있었고, 그 힘을 자신의 입장에서 사용한 것이다. 그런데, 위에서 인용한 독일 농장 경영자의 말에서 주목할 점은 출산파업을 한 것은 헤레로 여성인데, 농장 경영자는 헤레로인(남성)만을 언급한다. 그들의 보고서에서도 식민지의 백인 남성은 종속민 여성이 매우 주체적이고 주도적이라는 것을 부인하고 있다. 모든 '원주민'은 '야만인'이고 야생의 자연이었다. 그러나 그중 가장 야만적인 것은 '원주민' 여성이었다.

아프리카의 백인 여성

마모자이는 아프리카인, 특히 아프리카 여성을 종속시킨 식민화 과정의 '다른 측면', 즉 식민화 과정이 '고국'의 독일 여성과 아프리카에서 식민주의 개척 사업을 함께 한 독일 여성에게 미친 영향에 대해서도 흥미로운 자료를 제공한다.

앞서 서술한 것처럼, 백인 식민주의자의 문제 중 하나는 주인인 백인종이 식민지에서 스스로를 재생산하는 것이었다. 이는 '조국'의 백인 여성이 식민지로 기꺼이 와서 '이곳의 아들'과 결혼하여 백인을 출산하기만 하면 해결될 수 있었다. 대부분의 농장주는 '모험적인 독신남' 부대원이었기 때문에, 여성을 식민지에 신부로 데려오기 위해서는 특별한 노력이 필요했다. 백인 우월성을 옹호했던 독일은 식민지의 독일 남성을 '카피르Kaffir 여성'의 악마적 영향력에서 구원하는 것이 독일 여성의 특별한 책무라고 보았다. 이들은 카피르 여성이 독일 남성을 결국은 유럽 문화와 문명에서 떼어 놓게 할 것이라고 생각했다.

이런 부름에 폰 릴리언크론Adda von Liliencron 부인이 응답하여, '독일 식민지협회 여성연맹'을 세웠다. 이 단체의 목표는 소녀들에게 식민지 가정 일을 위한 특별한 훈련을 시켜서 아프리카에 신부로 보내는 것이었다. 폰 릴리언크론 부인은 농민이나 노동계급 출신에서 주로 소녀들을 모집했고, 이들 대다수가 도시에서 하녀로 일한 경험이 있었다. 1898년 처음으로 25명의 독신 여성이 '식민지 저 아래에 있는 우리 소년들'을 위한 '크리스마스 선물'로 보내졌다. 마모자이는 이들 여성 중 얼마나 많은 이들이 백인 마님의 수준으로 '승격'했는지를 보여준다. 부르주아 숙녀들은 아프리카 여성에게 문명의 미덕, 즉 청결, 정확성, 순종, 근면을 가르치는 것을 사명으로 삼았다. 스스로도 억압받으며 살았던 이들 여성은 놀랍도록 빠르게 '더럽고 게으른 원주민'이라는 식민지에서 널리 통용되던 편견을 공유해 갔다.

아내로, 그리고 '인종과 민족의 번식자'로 식민지에 갔던 소수의 유럽 여성만 식민지 여성을 종속시킨 가운데 정식 가정주부로 등급한 것이 아니었다. '고국'의 여성도 마찬가지였다. 처음에는 부르주아 여성, 나중에는 프롤레타리아 여성도 점차 정식 가정주부로 길들여지고 문명화되었다. 식민주의와 제국주의가 팽창하던 것과 같은 시기에 유럽과 아프리카에서 가정주부의 성장이 있었다. 이제 이야기의 이 측면을 다루어 보겠다.

가정주부화

1단계: '숙녀'를 위한 사치품

마녀사냥으로 유럽 여성을, 식민화 과정을 통해 아프리카, 아시아, 라틴아메리카 여성을 폭력적으로 종속시킨 '이야기의 다른 측면'은 유럽과, 그리고 나중에는 미국에서 처음 부를 축적한 계급의 여성이 사치품과 부의 소비자와 과시자로 만들어지고, 나중에는 가정주부의 단계로 가는 이야기이다. 식민지에서 훔치고, 강탈하고, 교역해 간 물품 모두가 사실은 대중이 일용하는 생필품이 아니라 사치품이었다는 점을 상기하자. 처음에는 구매력이 있는 소수의 특권층만이 이를 소비했다. 몰루카제도에서 온 향료, 인도에서 온 비싼 직물, 비단, 비싼 보석과 모슬린, 카리브제도에서 온 설탕, 카카오, 향료, 에스파냐계 아메리카에서 온 비싼 금속 등. 좀바르트Werner Sombart는 『사치와 자본주의』 *Luxury and Capitalism*(1922)에서 이렇게 식민지에서 온 귀한 사치품 시장이 만들어진 것은 17~18세기 프랑스와 영국 절대 왕정에서 정부情夫로 등

극한 일군의 여성에 의해서라고 하는 테제를 내놓았다. 좀바르트에 따르면, 고위층 창녀와 정부가 여성 드레스, 화장품, 식문화, 특히 신사들 가정의 실내 장식에서 새로운 유행을 창출했다. 이런 사치품에 대한 섬세한 취향과 문화와 상상력을 가진 이들은 호전적인 귀족도 상인계급의 남성도 아니었다. 사치품과 관련된 모든 것의 중심에는 여성이 있었다. 좀바르트에 따르면, 자본주의에 결정적인 자극이 되었던 새로운 사치품에 대한 '욕구'를 창출한 이는 이 일군의 여성들이었다. 이들은 절대왕정이 축적한 돈에 접근할 수 있었고, 이를 통해 초기 자본주의를 위한 시장을 창출했다.

좀바르트는 16~17세기 이탈리아, 프랑스, 영국 궁정에서 사치품 소비가 발전했던 것을 자세하게 설명한다. 특히 루이 14세 통치 동안 사치품 소비 트렌드를 분명히 보여주었다. 1542년 프랑스 왕이 사치품에 소비한 액수는 2,995,000리브르였는데, 이후 꾸준히 증가하여 1680년에는 28,813,955리브르가 되었다. 좀바르트는 사치품과 화려함이 이렇게 크게 과시된 것은 봉건 영주의 정부와 창녀에 대한 사랑 때문이었다고 설명했다. 루이 14세의 라 발리에르^{La Valliere}에 대한 사랑 때문에 베르사유 궁전이 세워졌다. 좀바르트는 구체제 문화의 옹호자였던 퐁파두르^{de Pompadour} 부인이 유럽 어느 여왕의 예산보다 큰 소비력을 갖고 있었다고 말한다. 19년의 권력기 동안 퐁파두르 부인은 36,327,268리브르를 소비했다. 1769~1774년에 권세를 누렸던 뒤바리^{Dubarry} 백작부인도 사치품에 12,481,803리브르를 소비했다(Sombart, 1922:98~99).

처음에 유럽 궁정을 중심으로 진행되고, 나중에는 유럽 부르주아 중 졸부들이 따라했던 이런 발전이 사치스러운 의복, 집, 가구, 음식,

화장품에 중독되었던 허영심 많은 고위층의 창녀들 때문이라는 좀바르트의 주장에 페미니스트는 동의하지 않을 것이다. 이 계급의 남성이 자신의 부를 여성에게 쓰고, 여성을 축적한 부의 전시품으로 만들길 원했다고 하더라도, 이 역시 여성에게 악역을 부여하는 것이다. 그렇다고 해서 정치력과 경제력을 휘두른 것, (맑스주의적 의미에서) 역사적 '주체'는 남성이 아니라 여성이었으며, 여성이 무대 뒤에서 유력자 남성이 춤추도록 줄을 당기고 배경음을 넣었다고 하는 것은 아니지 않은가? 그러나 이와 별도로, 자본주의가 사치품 소비에서 탄생했으며, 대중의 생계를 위한 수요가 커지는 것을 만족시키기 위해서가 아니라는 점은 식민화와 가정주부화 사이의 관계에 대한 우리의 논의와 깊은 연관성이 있다. 좀바르트는 초기 상업 자본주의가 사실 식민지에서 유럽 엘리트 소비자를 위해 들여온 사치품에 전적으로 의존해있었음을 분명히 보여주었다. 레반트 무역의 품목에는 동양 약품(예를 들어, 알로에, 밤balm, 생강, 장뇌, 소두구, 미로발란myrobalam, 사푸론 등); 향신료(후추, 클로브, 설탕, 계피, 육두구); 향수(벤조인, 사향, 백단, 향, 호박); 옷감 염료(예를 들어, 인디고, 랙lac, 퍼플purple, 헤나); 옷감 원료(비단, 이집트 아마포); 귀한 금속과 보석(산호, 진주, 상아, 자기, 유리, 금과 은); 옷감(비단, 양단, 벨벳, 정교한 아마포, 모슬린, 모직물)이 있다.

18세기와 19세기에는 더 많은 품목이 이 리스트에 올랐다. 특히 설탕, 커피, 카카오, 차 등 신식민지 대농장에서 체계적으로 생산된 것이 추가되었다. 좀바르트는 영국에서 차 소비가 증가한 것을 설명해준다. 영국 가정의 평균 차 소비는 1906년에 6.5파운드였다. 이 정도 소비 수준이 가능했던 가족 수를 역사적으로 살펴보면 아래와 같다.

1668년까지 3가족

1710년까지 2,000가족

1730년까지 12,000가족

1760년까지 40,000가족

1780년까지 140,000가족

(출처 : Sombart, 1922 : 146).

아프리카, 아시아, 아메리카 사람들을 착취하여 유럽 부자가 누린 이런 사치품의 사용이 유럽 여성에게 어떤 의미가 있는가? 좀바르트는 앞서 본 것처럼, 일정한 여성 집단의 관심에서 촉발한 사치품 생산에 일정한 트렌드가 있음을 규명했다. 이는 다음과 같다.

1. 가정화의 경향 : 중세 사치품이 공적인 것이었던 반면에, 이제 사치품은 사적인 것이 되었다. 사치품의 과시가 시장이나 공공의 페스티벌보다 격리된 궁전과 부자의 저택에서 이루어졌다.

2. 객관화의 경향 : 중세의 부는 군주가 의지할 수 있는 가신이나 신하의 숫자로 표현되었다. 이제 부는 돈으로 살 수 있는 상품들, 물질적 품목들을 통해 표현되었다. 아담 스미스의 표현을 빌면, '이전의 개인적 부는 "비생산적인" 일손을 일하게 한 것인데 반해, 객관화된 사치품은 "생산적인" 일손을 일하게 했기 때문에, 사치품은 "비생산적"인 것에서 "생산적인" 것으로 변화했다'(여기서 "생산적" 일손은 자본주의적 의미, 즉 자본가 기업의 임금노동자를 뜻한다)(Sombart, 1922 : 119).

비슷한 트렌드를 설탕과 커피를 통해서도 볼 수 있다. 18세기 유럽인 대부분은 설탕으로 꿀을 대체하지 못했다. 19세기까지도 설탕은 여전히 유럽 부자의 전형적인 사치품목이었다(Sombart, 1922:147).

　유럽과 미국, 아프리카, 동양 사이의 외국 무역은 19세기까지도 주로 위에서 언급했던 사치품을 거래했다. 1776년 프랑스가 동인도에서 수입한 품목의 가치는 36,241,000프랑에 달했다. 그것을 분류해 보면 아래와 같다.

커피 3,248,000프랑

후추와 계피 2,449,000프랑

모슬린 12,000,000프랑

인도 아마포 10,000,000프랑

자기 200,000프랑

비단 1,382,000프랑

차 3,399,000프랑

초석 3,380,000프랑

합계 36,241,000프랑

(출처 : Sombart, 1922:148)

　좀바르트는 사치품 생산과 소비 수치에 노예무역으로 생긴 이득도 포함시킨다.[6] 노예무역은 완전히 자본주의 노선을 따라 조직되었다.

　영국에서 도매시장과 소매시장의 발전은 17세기부터 19세기까지 같은 논리를 따랐다. 지역 시장을 대체해서 등장한 도시의 첫 대형 상점들은 사치품을 취급했다.

---

6. 노예가 설탕, 카카오, 커피와 같은 사치품을 생산했기 때문이 이는 상당히 타당하다.

3. 시간적 모순의 경향 : 이전의 사치품 소비는 일정한 계절에 국한되어 있었다. 토착지역에서 여분의 양을 생산해 내려면 오랜 시간이 필요했기 때문이다. 그러나 이제 사치품은 연중, 그리고 평생 소비되었다.

좀바르트는 이런 경향을 개인주의와 여가를 즐길 수 있는 계급의 여성이 애인에게 사랑의 표식으로 즉각적인 욕망의 실현을 요구하면서 참을성 없는 태도를 보였기 때문이라고 설명했는데, 내가 보기에는 아닌 것 같다.

위 경향들 중, 가정성과 개인화 경향은 19세기와 20세기 자본주의 중심부에서 '좋은 여성', 즉 어머니와 가정주부로서의 여성이라는 새로운 이미지가 형성되는 데 확실히 큰 영향을 미쳤다. 가정이 여성의 영역, 소비와 '사랑'의 사적인 영역이 되면서, 남성이 지배하는 생산과 축적의 영역에서 배제된 은신처가 되었다. 다음에는, '사랑'과 소비에 주로 관심이 있고, 남성 '부양자'에게 의존적이고 가정화되고 개인적 소유가 된 여성을 이상적으로 여기는 것이 어떻게 보편화되었는지를 알아보려고 한다. 이런 여성을 이상화하는 태도는 처음에는 제대로 된 부르주아 사이에서, 이후에는 이른바 소부르주아로, 그리고 마침내 노동계급 혹은 프롤레타리아까지 점차로 확대되었다.

2단계 : 가정주부와 핵가족 ─ 미력한 백인 남성의 '식민지'

유력한 백인남성, '지배적인 남성'(마모자이)이 아프리카, 아시아, 중남미에서 스스로가 생산하지 않은 원료, 생산물, 노동력을 추출하기 위해 토지, 자연자원, 사람들을 전유하면서, 지역민들이 만들어놓은 모든 사회적 관계들을 파괴하면서, 이들은 자신들의 조국에서는 가부장적 핵가족, 즉 오늘날 우리가 알고 있는 일부일처제의 핵가족을 세우기 시작했다. 국가의 특별한 보호 아래 놓이게 된 이 가족은 혈연의 원칙과 동거의 원칙을 권력을 통해 결합한 가운데 구성되며, 남성이 이 가정의 '가장'으로, 돈벌이를 하지 않는 법적 아내와 자녀들의 '부양자'로 규정된다. 18세기와 19세기 초까지 이런 결혼과 가족 구성은 부르주아의 유산계급 사이에서만 가능했다. 농민, 장인, 노동자 여성은 언제나 모든 일을 함께 해야 했다. 그러나 19세기 후반부터 국가는 많은 법적 개혁들을 통해 부르주아 가족 형태가 모두에게 규범이 되도록 만들었다. 다른 유럽 국가와 마찬가지로 독일은 여러 방식으로 재산이 없는 사람이 결혼하는 것을 제한했다. 그러나 19세기 후반 국가가 개입하여 재산이 없는 노동계급을 위해 산아증가 정책을 추진하면서 이런 제한들이 폐지되었다(Heinsohn and Knieper, 1976).

최근의 가족사를 통해 유럽, 특히 프랑스와 영국에서 '가족' 개념이 대중화된 것은 18세기 말이며, 이 개념이 노동자와 농민의 가정에도 적용된 것은 19세기 중반에나 이르러서라는 것이 밝혀졌다. 가족은, 통념과는 다르게, 분명한 계급적 함의를 갖고 있었기 때문이다. 재산이 있는 계급만이 '가족'을 감당할 수 있었다. 재산이 없는 이들, 농장 하인이나 도시빈민 등은 '가족'을 가질 수 있다고 여기지 않았다 (Flandrin, 1980; Heinsohn and Knieper, 1976). 그러나 오늘날 우리가 이해하고 있는 의미에서의 '가족', 즉 가부장의 원칙에 기초하여 동거와 혈연을 결합한 형태의 가족은 귀족 사이에서도 찾아볼 수 없다. 귀족 '가족'은 가족 구성원 모두가 동거하는 것을 의미하기 않았다. 동거, 특히 남편, 아내, 자녀의 동거는 부르주아 가족의 중요한 척도가 되었다. 따라서 우리의 현재 가족 개념은 부르주아의 가족 개념이다 (Flandrin, 1980; Luz Tangangco, 1982).

자본주의의 특징인 사회적 성별노동분업을 수립한 것은 부르주아였다. 부르주아는 '가족'이 경제 정치적 활동인 공적 영역과 대조되는 사적 영역이라고 선언했다. 부르주아는 우선 '자신들의' 여성을 이 공공영역에서 철수시키고, 그들의 안락한 '가정'에 고립시켜서, 남성이 전쟁을 부추기고, 돈을 벌고, 정치공작을 하는 데 끼어들지 못하도록 했다. 수천 명의 여성이 함께 싸웠던 프랑스 혁명조차도 결국 여성을 정치에서 배제했다. 부르주아, 특히 청교도적인 영국의 부르주아는 낭만적 사랑이라는 이데올로기를 만들었다. 이는 부르주아 계급이 성장하기 전에 있던 여성의 성적 경제적 독립성이 증발된 것에 대한 일종의 보상이었다.

성장하는 부르주아의 주요 이론가 중 한 명인 맬서스Malthus는 자본주의가 다른 유형의 여성을 필요로 한다는 점을 명확히 간파했다. 가난한 이들은 성적 '본능'을 억제해야 한다. 그렇지 않으면 식량 공급이 부족한 상황에서 너무 많은 빈민을 부양하게 되기 때문이다. 한편, 빈민은 프랑스의 콩도르세Condorcet가 추천했던 방식인 피임기구를 사용하면 안 된다. 피임기구는 빈민을 게으르게 만들 것이기 때문이라는 것이다. 왜냐하면 성적 억제와 일에 대한 준비 사이에는 밀접한 관계가 있다고 보았기 때문이다. 맬서스는 '사랑'이 성행위로 표현되지 않는 고상한 부르주아 가정을 장밋빛 그림으로 그려냈다. 부르주아 가정에서 가정 일에 익숙한 아내는 경쟁적이고 적대적인 외부 세계에서 돈을 버느라 고된 노동을 하는 부양자를 위해 아늑한 집을 만들어주느라 분주하여 성적 '본능'을 증발시킨다(Malthus, Heinsohn, Knieper and Steiger, 1979에서 인용). 하인손, 크니퍼, 그리고 스타이거가 지적한 바대로, 자본주의는, 맑스와 엥겔스가 생각했던 것처럼, 가족을 파괴하지 않았다. 반대로, 국가와 국가 정책의 도움을 받아, 자본주의는 처음에는 유산 계급 사이에서, 나중에는 노동계급 사이에서, 가족을 **창조**했고, 이와 함께 가정주부를 하나의 사회적 범주로 만들었다. 또한, 초기 산업 프롤레타리아의 구성과 조건을 고려하면, 가족은, 오늘날 우리가 이해하고 있는 것처럼, 규범이라고 하기에는 일반적으로 믿는 것보다 많이 부족했던 것으로 보인다.

모두 알다시피, 여성과 어린이가 초기 산업 프롤레타리아의 상당 규모를 구성하고 있었다. 그들은 값싸고 가장 다루기 쉬운 노동력이었다. 어떤 노동자도 그토록 착취당하지는 않았다. 자본가는 아이가 있는 여성이 생존하기 위해서라면 어떤 임금도 마다않고 일할 것임을 잘 알았다. 자본가에게 여성은 남성보다 문제가 덜 되었다. 직인 협회나 길드부터 내려온 조직화의 전통을 가진 기술직 남성과는 달리, 여성은 아직 조직화되어 있지 않았기 때문에 여성 노동력은 저렴했다. 노동조직에서 여성은 일찍이 내쳐졌고, 아직 새로운 조직도 없었기 때문에 이들은 협상력도 갖지 못했다. 자본가에게는 여성을 고용하는 것이 더 이득이 되고 또 덜 위험했다. (1830년 무렵) 산업자본주의가 발전하고 상업 자본주의가 쇠퇴하면서, 여성과 아동 노동에 대한 지나친 착취가 문제가 되었다. 과로와 경악할만한 노동 조건 때문에 건강을 해친 여성은 건강한 자녀를 생산할 수 없었기에, 강한 노동자와 군인을 키워낼 수도 없었다. 19세기 동안 몇 차례의 전쟁을 겪고나서야 인류는 이런 사태를 깨닫게 되었다

이런 여성 다수가 제대로 된 '가족' 속에서 살지 못했다. 이들은 비

혼이거나 버려졌다. 어린이나 젊은이와 함께 집단으로 살며, 일하고, 이리 저리 옮겨 다녔다(Marx, *Capital*, vol. 1 참조). 이 여성은 공장에서 일하는 불쌍한 노동자의 다음 세대를 생산해야 한다는 특별한 물질적 동기가 없었다. 이들은 가정적으로 길들여진 여성을 이상화했던 부르주아의 도덕에 위협이 되었다. 따라서 프롤레타리아 여성을 가정적으로 길들이는 것이 필요했다. 프롤레타리아 여성이 더 많은 노동자를 번식할 수 있도록 '만들어야' 했다.

맑스의 생각과는 반대로, 어린이의 생산은 프롤레타리아의 '본능'에 맡겨놓을 수가 없었다. 하인손과 크니퍼가 지적한 것처럼 재산이 없는 프롤레타리아는 아이를 낳는 것에서 물질적 이득을 찾을 수 없기 때문이다. 부르주아의 아들과 달리 프롤레타리아의 아이들이 노년을 보장해 줄 수 없었기 때문이다. 그래서 국가가 입법과 경찰 조치와 교회의 이데올로기적 캠페인을 통해 사람의 생산에 개입해야 했다. 프롤레타리아의 성적 에너지가 부르주아 가정의 구속망으로 연결되어야 했다. 프롤레타리아의 여성도 그녀와 아이들이 먹고 살기 위해서는 집에 앉아 남편만 기다리고 있을 수는 없다는 현실에도 불구하고, 가정주부가 되어야 했다. 하인손과 크니퍼는(1976) 19세기 독일에서 일어난 이 과정을 연구했다. 이들의 주된 논지는 경찰 조치를 통해 프롤레타리아에게 '가족'을 강제했다는 것이다. 그렇지 않으면 재산이 없는 프롤레타리아가 다음 세대 노동자를 위해 충분한 아이를 낳지 않을 것이기 때문이다. 이미 일어나고 있던 영아살해를 범죄화한 이후, 가장 중요한 조치 중 하나는 재산 없는 사람에 대한 결혼금지를 없애는 법이다. 이 법은 1868년 북부독일연맹에서 통과되었다. 이제 프롤레타리아도 결혼을 하고 '가족'을 갖는 것이 허용되었다. 그러나 이것으로 충분하지는 않았다. 섹슈얼리티가 이 가정의 범위 안에서 일어나는 방식으로 제한되어야 했다. 그래서 결혼 전 혹은 결혼 외 성관계가 범죄가 되었다. 생산수단의 소유자에게는 고용된 노동자의 도덕성을 감독하는 데 필수적인 경찰력이 제공되었다. 1870~71년 보불전쟁 이후, 낙태를 범죄라고 하는 법률이 통과되었다. 그러나 효과는 크지 않았다. 이 법은 신여성운동이 맞서 싸웠던 법이기도 했다. 국가와 협력했던 교회는 사람들의 영혼에 호소했다. 세속 국가가 범죄라고 부른 것을 교회는 죄라고 했다. 교회는 국가보다 더 광범한 영향력을 행사했다. 교회가 더 많은 사람들에게, 특히 농촌에까지 영향을 미쳤기 때문이었다(Heinsohn and Knieper, 1976).

이런 식으로 여성의 가정주부화는 노동계급으로까지 강제로 진행되었다. 하인손과 크니퍼(1976)와 다른 학자에 따르면, 가족은 재산이 없는 농장노동자나 프롤레타리아트에게 존재해본 적이 없었다. 이는 강제로 창조되어야만 했다. 그 당시 이것이 가능했던 것은 여성이 피임에 대한 지식을 대부분 잃게 되었기 때문이고, 국가와 교회가 여성의 몸에 대한 자율성을 철저하게 억압했기 때문이다.

그러나 여성의 가정주부화가 자본과 국가를 위해 충분한 노동자와 군인을 확보하려는 목적으로만 진행된 것은 아니다. 가사노동과 소비의 주체로서 가정주부를 만드는 것은 19세기 말과 20세기 초의 매우 중요한 전략이 되었다. 이 시기 가정은 일련의 새로운 기계와 물품의 중요한 시장이라는 점이 부각되었고, 과학적 가정경영은 여성을 더욱 더 가정화시키는 새로운 이데올로기가 되었다. 가정주부는 노동력 비용을 줄이기 위해 부름을 받기도 했고, 새로운 수요를 창출하는데 그녀의 에너지를 사용하도록 동원되기도 했다. 청결과 위생을 위한, 먼지, 세균, 박테리아 등에 대한 사실상의 전쟁이 시작되었다. 이 전쟁은 화학 산업의 신상품 시장을 만들기 위해 시작되었다. 과학적 가정 경영 역시 남성의 임금을 낮추려는 수단으로 옹호되었다. 가정주부가 이를 경제적으로 사용하면 임금을 좀 더 오래 쓸 수 있기 때문이다(Ehrenreich and English, 1975).

그러나 여성의 가정주부화 과정을 밀어붙인 것은 부르주아와 국가만이 아니었다. 19, 20세기의 노동계급운동도 여기에 일조했다. 조직된 노동계급은 재산 없는 노동자의 결혼을 제한하고 독신을 강요하는 법을 폐지한 것을 환영했다. 1863년 국제노동자협회International Workingmen's Association의 총회에서 독일 대표단이 했던 요구 중 하나는 '노동자가 가족을 구성할 자유'였다. 하인손과 크니퍼(1976)는 당시 라셀Lassalle이 이끌었던 독일 노동계급 조직들이 무산자에게 독신을 강요하는 것에 대해 싸우기보다는 가족을 가질 권리를 위해 싸웠다고 지적한다. 강제적 독신에서의 해방은 전체 무산계급을 부르주아 결혼과 가족법들 아래 포섭하면서 역사적으로 해결되었다. 부르주아적 결혼과 가족은 '진보적인' 것으로 여겨졌기 때문에, 노동계급이 이런 기준에 접근하는 것을 노동계급 지도자 대부분은 진보적인 움직임이라고 여겼다. 노동계급은, 특히 '가장 발전한 부분'인 기술직 노동자는 남성의 월급이 가족을 부양할 만큼 충분해야 아내가 집에 머물며 자녀와 가정을 돌볼 수 있다는 주장으로 노동운동의 임금인상 투쟁을 정당화했다.

1830~40년부터 계속해서, 실제로 19세기 말까지, 독일 남성 노동자와 사민당Social Democratic Party으로 조직화되어 있는 이들의 태도는 소네선Thönnessen이 '프롤레타리아 반페미니즘'이라고 부른 것이다

(Thönnessen, 1969:14). 그들의 프롤레타리아 반페미니즘은 주로 여성이 산업생산에 들어가면서 남성의 임금과 일자리를 위협하는 것에 대한 걱정이다. 노동자 협회의 여러 회의와 정당 회의들에서 여성이 공장에서 일하는 것을 금지시키라는 요구가 반복적으로 제기되었다. 공장의 여성 노동력 문제는 1866년 제네바에서 열린 제1차 인터내셔널 총회에서도 논의되었다. 제네바 총회로 가는 평의회 대표들에게 지침을 작성해주기도 했던 맑스는 근대 산업이 여성과 아동을 생산으로 끌어오는 경향을 발전적 경향으로 봐야 한다고 말했다. 그러나 프랑스 대표와 독일 대표 일부는 가정 밖에서 여성이 일을 하는 것에 대해 강력하게 반대했다. 독일 대표는 사실 다음과 같은 각서를 제출했었다.

> 모든 성인 남성이 아내를 가질 수 있고, 가족을 꾸릴 수 있으며, 안정된 일자리를 보장받는 조건을 만들라. 외로움과 절망 속에서 스스로와 자연에게 죄를 범하는 희생자가 되고, 성과 인간의 삶을 거래하면서 오염되는 불쌍한 피조물이 더 이상 존재하지 않는 조건을 만들라……아내와 어머니는 가족과 가정의 일만 할 수 있도록 하라. 남성이 중대한 공무와 가족을 위한 의무를 대표한다면, 아내와 어머니는 가정생활의 안락함과 시를 대표할 수 있어야 한다. 여성은 우아함과 아름다움으로 사회적 예절을 순화시키고, 인간이 좀 더 품위 있고 고상한 수준으로 즐길 수 있도록 해줘야 한다(Thönnessen, 1969:19, 영어번역은 저자).

이 글에서 우리는 맑스와 엥겔스가 공산당선언에서 비난했던 위선과 부르주아의 감상주의를 모두 찾을 수 있다. 그러나 이것은 남성 프롤레타리아가, 여성을 여성에게 '적합한' 자리에 고정시키고 싶어 내놓은 글이다. 맑스는 여성노동문제에 대해 분명하고 명쾌한 입장을 취하지 않았다. 그는 1차 인터내셔널에 보낸 교서에서 여성과 아동의 공장노동이 진보적인 경향으로 보인다고 주장하기는 했지만, 동시에 야간노동 혹은 여성의 '섬세한 몸'을 해칠 수 있는 노동은 줄어야 한다고 선언했다. 물론 그는 야간 노동이 남성에게도 나쁘다고 여겼다. 그러나여성에게 특별한 보호가 필요하다고도 생각했다. '프롤레타리아 반페미니즘'의 경향은 러셀이 이끌었던 독일 사민당 분파 속에서 가장 분명히 볼 수 있다. 1866년 전독일노동자연맹Allgemeiner Deutscher Arbeiter-Verein, ADAV의 한 분과 회의에서 다음과 같은 주장이 나왔다.

> 작업장과 근대 산업에 여성을 고용하는 것은 우리 시대를 가장 화나게 하는 모욕 중 하나이다. 분하게도 노동계급의 물질적 조건이 개선되지 않고 더 악화되었다. 특히 가족 파괴 때문에, 노동인구는 결국 이렇게 비참한 조건에 있게 되었고, 이제껏 지켜온 문화적 이상주의적 가치관의 마지막 흔적조차 상실하게 되었다. 따라서 여성 노동을 더욱 확대하려는 경향은 비난 받아야 한다. 자본의 지배를 종식시키는 것만이 상황을 개선할 수 있다. 그렇게 되면, 적극적이고 조직적인 기구들을 통해 임금 관계가 종식되고, 모든 노동자가 노동의 온전한 결실을 얻을 수 있게 될 것이다(*Social Democrat*, no. 139, 29 November 1867, vol. 3, app. 1; Niggemann, 1981:40에서 인용, 영어번역은 저자).

그러나 프롤레타리아에게 제대로 된 가족이 필요하다는 생각을 한 것은 사민당 '개혁가'만은 아니었다. 맑스의 혁명 전략을 추종했던 급진주의자도 여성과 가족에 대해 다른 개념을 갖고 있지는 않았다. 베벨August Bebel과 제트킨Clara Zetkin은 엥겔스와 함께 당시로는 여성해 방을 위한 사회주의적 이론에 가장 큰 기여를 한 이들로 꼽히지만, 이들 역시 노동계급 사이에서도 제대로 된 아내와 어머니를 가진 제대로된 가족이 유지되어야 한다고 주장했다. 베벨은 여성의 고용을 줄여서 어머니가 자녀 교육에 더 많은 시간을 쓸 수 있기를 희망하기도 했다. 그는 프롤레타리아 가족의 파괴를 안타까워했다.

밤에 지치고 힘없이 귀가한 노동자 아내는 다시 한 가득의 일과 마주 하게 된다. 안할 수 없는 일을 처리하느라 이리저리 뛰어야 한다. 남자 는 선술집으로 가서, 집에서는 누릴 수 없는 즐거움을 찾으며, 술을 마신다.……노름을 하게 되어, 술값보다 더 많이 탕진하게 될 수도 있 다. 반면에 아내는 집에 앉아 투덜거리고, 화가 치밀어 오는 가운데서 도 일해야 한다.…… 이렇게 불화가 시작된다. 그러나 여성이 책임감 이 좀 부족한 경우에도, 예를 들어 피곤한 상태로 퇴근해서, 기분전 환을 위한 외출을 하는 생활을 하게 되어도, 가정은 남아나지 않게 되고 불행은 배가 된다(Bebel, 1964:157~8; 영어번역은 저자).

베벨은 성별노동분업의 변화나 가사노동을 남성과 공유하는 것은 생 각하지 않았다. 그에게 여성은 주로 어머니였다. 미래에 역할이 변화할 수 있다고는 생각하지 않았다.

이는 제트킨도 마찬가지였다. 그녀는 '프롤레타리아의 반反페미니 즘'에 대해 싸웠지만, 그녀 역시 프롤레타리아 여성을 노동자로 보기보다는 아내이자 어머니로 보았다. 1896년 고타^{Gotha} 당대회 연설에서 제트킨은 자신의 이론을 다음과 같이 정식화했다.

1. 여성해방을 위한 투쟁은 프롤레타리아의 자본주의에 대한 투쟁과 마찬가지이다.
2. 그러나 노동여성에게는 노동현장에서 특별한 보호가 필요하다.
3. 노동여성의 조건이 향상되면 그들은 전체 계급의 혁명 투쟁에 더욱 적극적으로 참여할 수 있을 것이다.

맑스, 엥겔스와 마찬가지로, 제트킨은 자본주의가 남녀 사이에서 착취의 평등을 만들어 냈다고 생각했다. 프롤레타리아 여성은 부르주아 페미니즘처럼 남성에 맞서서 싸울 수 없으며, 남성과 함께 자본가 계급에 맞서 싸워야 한다고 주장했다.

프롤레타리아 여성의 해방투쟁은 자신의 계급 남성에게 맞선 부르주아 여성과 같을 수 없다. 반대로 이 투쟁은 노동계급의 남성과 함께 자본가 계급에 맞선 투쟁이다. 그녀는 자유경쟁을 제한하는 장벽을 무너뜨리기 위해 그녀 계급의 남성에 맞서 싸울 필요가 없다. 착취를 위한 자본의 필요와 근대적 생산양식의 발전이 그녀를 위해 이미 이를 이루었다. 반대로, 필요한 것은 프롤레타리아 여성에 대한 착취를 막기 위한 새로운 장벽이다. 필요한 것은 그녀에게 아내로서, 어머니로서의 권리를 되돌려 주는 것이고, 그것을 지킬 수 있게 해주는 것이다. 프롤레타리아 여성 투쟁의 최종 목표는 남성과 자유롭게 경쟁하는 것이 아니라, 프롤레타리아가 정치적으로 집권할 수 있도록 하는 것이다(Evans, 1978:114에서 인용, 영어번역은 저자).

이 연설문에서 놀라운 것은 어머니와 아내로서의 여성의 권리를 강조했다는 점이다. 제트킨은 같은 연설 뒷부분에서 이를 좀 더 명확히 했다.

여성이 어머니와 아내의 의무로부터 벗어나도록 하자는 것이 사회주의자의 주장이어야 하는 것은 절대 아니다. 반대로, 사회주의자는 여성이 그런 의무를, 프롤레타리아의 이익을 위해 이전보다 더 잘 수행할 수 있도록 개선해야 한다. 가족의 삶의 조건이 좋아지고, 가정에서 여성이 더 유능해질수록, 그녀는 더 잘 싸울 수 있게 될 것이다.……그래서, 남편과 자녀가 계급의식을 가질 수 있도록 격려하는 많은 어머니와 많은 아내가 나오게 될 것이다. 우리 모임에서 보는 여성 동지들처럼(Evans, 1978:114에서 인용, 영어번역은 저자).

이런 생각은 사민당 내에서 아주 긍정적인 반향을 낳았다. 이는 우리가 앞서 본 것처럼, 어쨌든 여성의 역할을 어머니와 아내로 보는 부르주아적인 생각이다. 노동계급 내에서 부르주아식 핵가족이 창출되는 과정과 프롤레타리아 여성의 가정주부화는 독일에만 국한된 것이 아니라 모든 산업화되고 '문명화된' 국가에서 추적할 수 있다. 이는 부르주아 계급과 국가에 의해서만이 아니라, 노동계급 중 '가장 선진적 부분', 즉 유럽의 남성 기술직 노동귀족에 의해서도 추동되었다. 특히 사회주의자에게, 이 과정은 기본적으로 모순이며, 이는 아직 해결되지 않은 문제이다. 사회주의 국가들에서도 마찬가지이다.

모든 정통 사회주의자들이 믿는 것처럼, 사회적 생산으로 진입하는 것이 여성해방 혹은 독립의 전제조건이라면, 남성을 부양자이자 가장으로, 여성을 의존적인 가정주부이자 어머니로 여기고, 핵가족이 '진보적'이라는 생각을 고수하는 것은 모순이다.

그러나 이 모순은 노동계급 남성과 여성 사이의 그야말로 계급적 분리의 결과이다. 나는 하이손과 크니퍼가 노동계급 모두가 핵가족을 창출하고 여성을 가정주부화하는 것을 통해 물질적 이익을 얻지 않는다고 주장하는 것(Heinsohn and Knieper, 1976)에 동의하지 않는다. 노동계급 여성은 얻을 것이 없을지라도, 노동계급 남성은 얻을 것이 있다.

프롤레타리아 남성은 같은 계급의 동료 여성을 가정화하면서 물질적 이득을 얻는다. 이 물질적 이득은, 하나는 남성이 쓸 만한 임금노동에 대해 독점적 권한을 주장할 수 있게 해주는 것이고, 다른 하나는, 가족이 벌어오는 모든 소득에 대해 통제권을 주장하는 것이다. 자본주의 아래에서 돈이 권력의 원천이자 화신이기 때문에, 프롤레타리아 남성은 돈을 두고 자본가와 싸울뿐 아니라, 아내와도 싸운다. 가족임금에 대한 이들의 요구는 이런 투쟁의 한 표현이다. 여기서 중요한 것은 제대로 된 가족 임금이 지불된 적이 있는가 없는가의 문제가 아니다(Land, 1980; Barrett and McIntosh, 1980 참조). 중요한 것은 이런 생각의 이데올로기와 이론을 통해 프롤레타리아는 부르주아의 가족과 여성에 대한 생각을 그대로 받아들이게 된다는 점이다.

맑스의 노동력 가치에 대한 분석 또한 이런 생각, 즉 노동자는 '노동하지 않는' 가정주부를 동반하고 있다는 생각에 기초해 있다(Mies, 1981). 이런 분석에 따라, 여성의 노동은 그것이 임금노동이든 가사노동이든 간에 모두 평가절하된다.

자본축적 과정에서 가사노동의 기능은 페미니스트가 최근 광범하게 논의해 왔다. 여기서 이 부분은 생략하겠다. 그러나 가정주부화는 자본가가 감당해야 할 비용을 외부화, 혹은 외부영역화한 것이라는 점을 강조하고 싶다. 이는 여성 노동이 자연자원처럼, 공기나 물처럼 공짜로 이용할 수 있는 자연자원처럼 여겨진다는 것을 의미한다.

동시에 가정주부화는 이 숨은 노동자의 완전한 원자화와 파괴를 의미한다. 이는 여성의 정치력이 부족하기 때문만이 아니라, 여성의 협상력이 떨어지기 때문이다. 가정주부와 임금노동 부양자의 관계는 자유롭지 않은 노동자가 '자유' 프롤레타리아에게 연결되어 있는 것이다. 프롤레타리아가 자신의 노동력을 팔 '자유'는 가정주부의 자유롭지 않음에 기초해 있다. 남성의 프롤레타리아화는 여성의 가정주부화에 기초해 있다.

따라서 힘이 약한 백인 남성도 자신의 '식민지', 즉 가족과 가정에 길들여진 가정주부를 갖게 되었다. 무산계급인 프롤레타리아가 마침내 '문명화된' 시민의 지위에 오르고, '문화국가'의 온전한 구성원이 된 것이 그 표식이었다. 그러나 그런 성장에는 같은 계급 여성의 종속과 가정주부화라는 희생이 필요했다. 부르주아 법이 노동계급까지 확대되는 것은 무산자 가정에서도 남성이 지배자이자 주인이 된다는 것을 의미했다.

식민화와 가정주부화의 두 과정이 밀접하게 인과관계로 연결되어 있다고 하는 것이 나의 논지이다. 외부 식민지에 대한 지속적인 착취, 전에는 직접 식민지를 통해, 현재는 새로운 국제노동분업을 통한 착취가 없이는 남성 '부양자'가 부양하는 핵가족과 여성이라는 '내부 식민지'가 수립되지 못했을 것이다.

가정주부화의 국제화 : 여성과 새로운 국제노동분업

4장

가정주부화의 국제화 :
여성과 새로운 국제노동분업

국제자본, 제3세계 여성을 재발견하다

이 장은 자본주의 세계경제의 발전이 식민지를 종속시키고 착취하는 특별한 국제노동분업에 기초할 뿐 아니라, 성별노동분업을 잘 운용하는 것에도 기초하고 있음을 보여준다. 두 가지 노동분업을 관통하는 논리는 한 쪽의 진보와 다른 한 쪽의 후퇴 사이의 모순적 관계이다. 16세기 이래 세계는 여러 지역과 구역으로 분할되어 왔다. 다르지만 내적으로 연결되어 있는 여러 형태의 노동 혹은 생산관계들이 다양한 생산양식아래 도입되어 왔다. 그러나 자본의 축적은 유럽의 중심부에서, 그리고 나중에는 미국에서도 일어났다. 국제노동분업 International Division of Labour, IDL이라는 개념이 구조적 구분, 식민주의 권력과 그들에게 의존해 있는 아프리카, 라틴아메리카, 아시아이 시민기들 사이의 수직적 관계를 설명하는 데 사용되어 왔다. 구舊국제노동분업은 식민지시대에 시작되어 거의 1970년대까지 지속되었다.

　구 국제분업은 식민지 혹은 전™식민지에서 원료를 생산하고, 이 원료가 유럽과 미국, 나중에는 일본 등 산업화된 국가로 수송되고, 공산품으로 바뀌어 산업화된 국가들 자체에서 판매되거나 수출되는 것을 의미했다. 이 국제분업 초기에 기계를 통해 생산된 상품, 특히 모두 기계로 제작한 직물이 강제로 식민지 시장에 던져지기도 했다. 그럴 경우, 공산품 직물이 더 저렴하기 때문에 지역 고유의 직물업이 몰락하게 되었다. 인도 직물산업이 영국의 공산품 의류가 들어오면서 파괴된 것은 이 과정을 잘 보여주는 유명한 예이다(Dutt, 1970).

　구 국제분업은 식민지와 중심부의 노동가치가 다르다는 것을 의미하기도 했다. 식민지에서는 노동력 비용이 낮게 유지되었다. 이는 부분적으로는 강제력(예를 들면, 대농장)을 통해, 노예제 노동을 통해, 다양한 형태의 노동 통제(예를 들면, 계약노동제)를 통해 가능했다. 이는 식민지에서 서구 산업노동자의 원형인 자유임금노동자가 등장하지 못하도록 만드는 요인이 되었다. 따라서 구™국제분업은 식민지와 과거 식민지였던 지역에서 값싼 노동력이 생산한 값싼 원료를 중심부 자본이 수입하여, 중심부에서 구매력을 가진 비싼 노동력이 기계로 상품을 생산하는 것을 의미했다. 낮은 임금 때문에 식민지 노동자의 구매력은 계속 낮은 수준이었다. 우리가 알다시피, 이런 관계는 산업화된 국가에서 부가 계속 쌓이고 성장이 지속되는 것으로 나타났으며, 이와 동시에 노동자의 임금인상 요구도 커졌다. 식민지와 자신의 노동지에 대한 착취를 통해 부가 증대되던 부유한 사회에는 노동자도 살고 있었던 것이다. 이들 노동자 입장에서 보면, 빈곤화와 저개발이 점점 심해지고 있었다.

그러나 1970년대에 유럽, 미국, 일본의 대기업과 다국적기업의 경영자는 제2차 세계대전 이후 이어진 경기호황의 시기가 끝나고 있음을 알게 되었다. 그동안 계속되는 경제 성장은 산업화된 국가의 국민에게 하나의 도그마로 홍보되었고, 국민은 이를 당연시했는데, 이제 그런 시대가 끝나게 된 것이다. 경영자들은 만약 이 경기 후퇴가 일시적 위기라기보다는 자본주의 세계경제 시대 전반이 끝나는 것을 의미한다는 것이 분명해지면 사회적 혼란이 일어나지 않을까 두려워했다. 이에 따라, 세계경제체제, 혹은 국제노동분업을 바꾸어 지속적인 성장이 자본주의 국가로 되돌아올 수 있도록 만들 필요가 절박했다. 서구 산업화 국가의 초국가적 조직인 경제협력개발기구Organization for Economic Cooperation and Development, 이하 OECD가 만들어낸 이 새로운 모델은 노동집약적인, 즉 노동비가 주로 많이 드는 생산과정은 식민지로, 이른바 개발도상국, 혹은 제3세계 등으로 수출하는 것이다. 공장 전체를 이 국가들로 옮겨서 임금이 낮은 제3세계의 노동자가 서구의 대중을 위한 공산품 소비재를 생산하도록 하는 것이다. 동시에 개발도상국의 농업에 신기술을 도입하여 근대화하고, 이를 통해 부유한 국가로 수출될 수 있는 농산물을 생산하도록 했다(Fröbel et al, 1980).

제3세계 국가의 이런 부분적 산업화로 자유무역지대이거나 자유생산지대 혹은 세계시장공장들에 세워진 산업에 대해 제3세계 국가가 큰 통제력을 갖게 된 것은 아니었다. 필리핀, 말레이시아, 한국, 싱가포르, 멕시코, 스리랑카, 태국 등에 자리한 공장은 대개 미국, 독일, 일본의 다국적 기업이었다. 특히 옮겨간 산업의 생산과정은 여전히 노동집약적이어서, 아직 높은 수준으로 합리화되지 않은 분야였다. 주로 직물, 의류산업, 전자산업, 완구산업 등이었다. 공장들이 개발국에서 저개발국으

로 옮겨간 것이 후자의 진정한 산업화를 의미하지는 않았다. 이는 공장
이 독일연방, 네덜란드, 미국 등에서 문을 닫고, 동남아시아, 아프리카,
남미에서 다시 문을 여는 것을 의미할 뿐이기도 했다. 따라서,

> 독일연방시장을 겨냥한 바지들이 이제는 뮌헨글라드바흐에서 생산되
> 는 것이 아니라 같은 독일연방 공장의 튀니지 지부에서 생산되는 것
> 을 뜻한다. …… 이전에는 독일연방시장용 분사펌프를 슈투트가르트
> 에 있는 독일연방회사에서 만들었는데, 이제는 인도에 있는 같은 회
> 사에서 부품을 똑같이 제조해낸다. 텔레비전도 타이완에 있는 다른
> 회사에서 같은 방식으로 생산된다. 말레이시아의 자동차 라디오 장
> 비, …… 홍콩의 시계, 싱가포르와 말레이시아의 전자 부품들 모두 같
> 은 범주에 있다(Fröbel *et al*, 1980:9~10).

주로 미국과 일본의 회사가 동남아시아로 옮겨오면서 가능해졌던
이른바 제3의 기술혁명인 컴퓨터 '혁명'은 반도체와 마이크로프로세
서의 발전에 기초한 것이다. 이는 전자산업 노동력의 80%를 구성했던
아시아 여성에 대한 극도의 착취를 통해 이루어졌다(Grossman, 1979;
Fröbel et al, 1980).

이 신국제노동분업의 결과는 다음과 같이 정리할 수 있다.

1. 산업화된 국가에서 노동자의 실업 증가. 직물이나 전자산업처럼 이
주해 간 공장 대부분은 주로 여성을 고용하고 있었다. 따라서 이로 인
해 생긴 실업은 남성보다 여성에게 더 큰 영향을 미쳤다.
2. 개발도상국은 점점 더 부유한 국가의 소비재 생산지역이 되었고,

부유한 국가는 주로 소비만 하는 곳이 되어 갔다. 생산과 소비가 세계 시장에 의해 유례없는 수준으로 분리되었다.

3. 개발도상국에서의 수출지향적 생산은 자국 국민의 수요에 맞추는 것이 아니라, 대체로 부유한 국가의 시장 수요에 맞추어 노동시간, 원료, 기술, 기술적 발전 등을 조정했다.

4. 산업화된 국가의 시장이 생필품 소비재로 포화상태에 이르게 되자, 제3세계 노동자는 점점 더 부유한 국가로 수출할 사치품(예를 들어, 꽃, 수공예품, 고급 과일이나 음식, 오락기구 등)이나 군사용품의 부품들 혹은 마이크로프로세서와 같은 고급기술제품 등을 생산해야만 했다.

5. 이런 상품이 극도의 낮은 임금으로 생산되면서, 이 제품은 부유한 국가에서 대중소비재가 될 수 있을 정도로 낮은 가격에 판매될 수 있었다. 이전에는 소수의 엘리트나 갖는 완전 사치품이었던 것(예를 들어, 난초)을 이제 일반 노동자도 저렴한 가격에 언제든 구매할 수 있게 되었다. 이는 실업이 많아지고 실질임금이 낮아져도, 신국제노동분업이 부유한 국가에서는 일정한 수준의 대중 소비를 보장해 주고, 이를 통해 사회적 소요가 폭발하는 것을 막는 데 일조했음을 의미한다. 그러나 이는 부유한 국가에서 일정한 수준의 대중 구매력이 유지될 수 있을 때에나 가능하다. 지금까지는 서구 자본주의 국가들이 이런 수준을 유지할 수 있었다.

신국제노동분업의 전략은 두 가지 전제조건이 만족되어야 실행될 수 있다. 1. 공장과 농업비즈니스와 수출위주 기업의 이주는 생산비용을 가능한 낮출 수 있도록 저개발 국가에서 가장 값싸고, 가장 순하고, 가장 다루기 쉬운 노동자를 찾을 수 있을 때에만 가능하다. 2. 이 기업들은 제3세계에서 생산된 모든 품목들을 구매할 소비자를 부유한 국가에서 확보할 수 있어야 한다. 이 두 가지 전략 모두에서 가장 중요한 역할은 여성을 동원하는 것이다.

자본의 축적과정에 가정주부로서의 여성이 통합되어 있는 것에 관한 분석과는 별개로, 제3세계 여성 노동이 세계시장경제에 통합되는 것은 크게 4개의 부문에서 나타난다.

1. 자유생산지대 혹은 세계시장공장들에서 다국적 기업이 소유하고 있는 대공장 산업. 이들 대부분은 전자, 직물, 의류, 완구 산업들이다. 이런 중심 단위와 별도로 많은 소규모 부속 단위들이 있다. 영세 작업장이나 가내공업으로 진행되는 이런 일정한 생산과정은 하청으로 이루어져 있다(일본식 모델 참조).

2. 수공예, 식품가공, 의류제조에서부터 공예품제작에 이르기까지 다양한 소비재를 생산하는 소규모 제조업. 이 부문은 보통 '비공식 부문'이라고 하는데, 도시 슬럼과 시골에서 모두 볼 수 있다. 이 부문의 노동은 주로 선대제 방식으로 조직되어 있다. 여성이 생산품을 시장에 내놓는 중개상 남성의 착취를 피하기 위해 협동조합을 구성하기도 한다. 여성이 생산하는 생산품의 일부는 공동체 내에서 전통적으로 생산되어 오던, 즉 교환가치가 아니라 필요가치를 위해 생산되던 품목이라는 점이 이 부문의 특징이다. 이런 품목이 외부 시장 시스템에 통합되면서 이들 품목은 가내생산과 같은 형태로 계속 생산된다고 하더라도, 외부시장에 팔리는 상품이 된다. 그리고 생산자는 상품 생산자가 된다. 최근 몇 년 사이에, 가난한 제3세계 여성 사이에서 소득을

증가시키려는 전략으로 알려진 의도적인 노력을 통해 여성 노동의 이런 분야가 세계 시장과 이어지게 되었다.

3. 여성노동이 세계시장과 통합되는 세 번째 영역은 농업이다. 이는 다음과 같이 구성되어 있다.

    a. 수출을 위한 대규모 환금작물의 생산(예를 들어, 딸기, 꽃, 채소)

    b. 대농장(차, 커피)에서의 여성노동

    c. 독립적으로 혹은 기업농 회사와의 계약 아래에 있는 소규모 농가에서 '무상'으로 일하는 '가족 노동력'인 여성노동

    d. 수출품을 생산하는 협동조합 내에서 무상의 '가족 노동력'인 여성노동

    e. 상업농(쌀, 설탕)에서 임시노동자인 여성노동

모든 제3세계 국가와 지역을 세계시장체제에 통합시키는 새로운 전략의 영향 아래 성별노동분업이 이루어졌다. 이런 변화를 통해 남성은 현금, 새로운 기능, 기술, 임금노동, 생산적 자본에 접근할 수 있는 기회를 얻을 수 있다. 그러나 여성은 점점 더 '의존적'인 존재, 즉 가정주부로 규정되는 경향이 있다. 예를 들면 아프리카에서 여성이 많은 경우에 여전히 진행되는 자급적 생산에서 상당히 중요한 역할을 하고 있다는 점은 고려되지도 않는다.

4. 네 번째 분야에서의 여성노동은 최근 그 비중이 더욱 커지고 있다. 주로 아시아와 아프리카에서 유럽, 미국, 일본 남성에게 관광업과 섹스산업을 통해 서비스를 제공하는 여성들이다.

새로운 국제노동분업과 성별노동분업에 대한 운용이 위에서 언급한

지역과 세계적 차원에서 각각 어떻게 상호작용하고 있는지를 체계적으로 탐구하는 것도 흥미롭겠지만, 나는 이 연구를 위해서는 몇 개의 특징적인 사례들을 분석하는 것으로 충분할 것이라 생각한다. '개발'이 제3세계 여성에게 미친 효과에 대한 최근의 연구들 덕분에 중요한 트렌드를 확인할 수 있는 경험적 증거들을 충분히 가지게 되었다.[1] 그러나 구체적 사례로 접어들기 전에, 왜 갑자기 여성, 그것도 가난한 제3세계의 여성을 국제 자본이 재발견하게 되었는지를 스스로에게 묻는 것이 좋겠다. (이미 본 것처럼, 이들은 이미 식민주의 초기 단계에서 발견되었기 때문이다.) 1975년 멕시코에서 있었던 국제여성회의 International Women's Conference를 비롯해서, 1970년대에 얼마나 많은 공식 선언문들을 통해 '여성을 개발에 포함시켜야 한다'는 말이 나왔는지를 생각하면, 자본주의적 가부장제의 중심부에서 진짜 마음의 변화가 있었다는 생각을 할만도 하다. 그러나 16세기 이래 계속된 여성에 대한 신랄한 태도를 생각하면, 오늘날 식민지 여성에게 집중되는 관심의 깊은 이유를 따져봐야 할 것이다.

왜 여성인가?

나는 위의 문제에 답하기 위한 다음과 같은 연구 지침을 제안한다.

---

1. 국제노동기구(ILO)의 세계고용프로그램(World Employment Programme)의 후원 아래 이루어진 제3세계여성과 그들의 노동에 대한 조사와 연구 간행물 시리즈에는 저개발 국가에서 가난한 여성이 사는 형편에 대한 풍부한 실증적 정보가 담겨있다.

1. 통념과는 달리, 남성이 아니라 여성이 세계적 차원의 자본가(그리고 사회주의자)의 축적 과정에서 최적의 노동력이다. 늘 그랬듯이, 세계경제의 발전 국면에서 이 점은 국가적이고 국제적인 정책입안자들의 경제 전략에서 공공연한 고려사항이었다.

2. 여성은 보편적으로 노동자가 아니라 '가정주부'로 규정되기 때문에, 최적의 노동력이 되었다. 이는 여성의 노동이 필요가치를 생산하든, 상품생산을 하든, 보이지 않는다는 것, '자유 임금노동자'로 보이지 않는다는 것, 여성의 노동은 '소득을 유발하는 활동'으로 규정된다는 것을 의미한다. 따라서 남성 노동력보다 훨씬 더 값싸게 구매될 수 있다.

3. 게다가, 여성을 보편적으로 가정주부로 규정하여 그들의 노동력을 값싸게 만들 뿐 아니라, 여성에 대한 정치적 이데올로기적 통제도 할 수 있게 된다. 가정주부는 개별화·고립화되어 있다. 그들의 일은 공동의 이해관계, 전체 생산과정을 간파하는 것이 아주 어렵게 조직되어 있다. 그들의 시야는 가족에게 가로막혀 있다. 노동조합은 가정주부인 여성에게 관심을 둔 적이 없다.

4. 여성에 대한 관심, 특히 식민지 여성을 최적의 노동력으로 보는 관심 때문에, 우리는 '자유' 프롤레타리아를 전형적 노동력으로 일반화하는 경향을 주시하는 것이 아니라, 주변부의 가정주부화된, 자유롭지 못한 노동력, 대부분이 여성인 노동력의 추이를 주시한다.

5. 이런 경향은 성별노동분업과 국제노동분업이 점점 융합되어 가는 것에 기초해 있다. 남성과 여성 사이의 구분, 남성은 '자유' 임금노동자로 규정되고, 여성은 자유롭지 못한 가정주부로 규정되는 것과 (주로 식민지와 시골의) 생산자와 (주로 부유한 국가 혹은 도시의) 소비자 사이의 구분. 이런 구분 속에는 여성 사이의, 주로 식민지의 생산자와

서구의 소비자 사이의 구분도 있다.

6. 서구 슈퍼마켓에 상품이 지나치게 풍요로운 것은, 통념처럼 산업화된 국가의 노동과 노동자의 '생산성'이 가져온 결과가 아니다. 이 '생산성'은 식민지, 특히 그곳 여성에 대한 착취, 그것도 극도의 착취의 결과이다.

이는 오늘날 제3세계의 노동력을 구성하고 있는 이들을 통해 확인할 수 있는 분명한 사실이다. 우리는 여성의 노동을 (예를 들어 '비공식 부문'까지) 모두 포괄하는 수치를 갖고 있지는 못하지만, 오늘날 전 세계 노동력의 2/3가 여성이라고 하는 증거는 충분히 갖고 있다(UN Conference on Women, Copenhagen 1980). 동남아시아, 아프리카, 라틴아메리카의 자유생산지대에서, 노동력의 70%가 여성이다. 프레벨과 그의 동료들이 찾아낸 것처럼, 여성 대다수는 젊은 여성(14~24세)이다. 이들은 조립라인의 실제 생산과정에서 일하며, 이 산업에 고용된 소수 남성은 대부분 관리자이다(Fröbel et al, 1977:529~30).

자유생산지대의 젊은 여성 숫자에 수출용 기업농, 비공식부문, 가정과 가내공업에서 일하는 여성을 모두 합치면 제3세계 여성 노동력의 상당 부분이 부유한 국가의 시장용 상품 생산에 관여하고 있음을 보게 된다. 우리는 이 숫자에 아프리카, 아시아 농업에서 생계를 위해, 때로는 환금작물 생산을 위해, 그리고 또 대농장에서 허리가 끊어질 정도의 중노동에 종사하고 있는 수억 명의 여성도 포함해야 한다.

그러나 국제 자본이 노동자로 남성보다 제3세계 여성에게 끌리는 이유는 무엇인가? 그로스만(Rachael Grossman et al, 1979) 등은 남아시아와 동남아시아의 여성이 가장 고분고분하고 말 잘 듣는 노동력이며, 동시에 상당히 높은 생산성을 가진 노동력이기도 하다는 점을 밝혀냈다. 외국 투자자를 끌어오고 싶은 정부는 대부분 '민첩한 손'을 가진 저임금 여성의 매력을 홍보한다. 말레이시아 정부는 이렇게 광고를 한다.

동양여성의 민첩한 손재주는 세계적으로 유명하다. 그녀의 손은 작지만, 아주 세심하게 살피며 빠르게 일한다. 조립작업 생산라인이 효율적으로 돌아가기 위해 동양의 소녀보다 더 잘 타고난 일손이 어디 있겠는가? (Grossman, 1979; 8).

말레이시아에 있는 미국 반도체 회사인 인텔의 인사담당관은 이렇게 말한다. '우리가 소녀들을 고용하는 것은 이들이 에너지가 좀 덜 들고, 좀 더 규율이 있으며, 다루기 쉽기 때문이다'(Grossman, 1979; 2). 제3세계투자의 아이티 지부는 독일 투자자를 유인하기 위해 아름다운 아이티 여성을 보여주는 홍보물을 만들면서 다음과 같은 글을 써 넣었다. '당신의 독일 마르크를 불려줄 더 많은 노동력이 여기 있다. 미화 1달러만 있으면, 여성은 당신을 위해 8시간 동안 즐겁게 일할 것이다. 그녀의 수백 명의 친구도 그렇게 일할 준비가 되어 있다'(Fröbel et al, 1977:528, 영어번역은 저자).

이 광고에는 성차별주의가 분명하게 깔려 있다. 정부가 포주처럼 젊은 여성을 외국 투자자에게 제공한다는 인상을 주기도 한다. 사실, 성매매는 관광산업의 일부일 뿐 아니라, 제3세계 국가에서 기업운영계획의 일부이기도 하다.

새로운 국제노동분업이 발생하는 곳에서 '성매매의 맥락'을 간과하는 것은 불가능하다. 그러나 우리가 제3세계 여성에 대한 새로운 관심이 체계적인 전략에 기초한 것인지 아닌지를 이해하기 위해서는 다양한 프로젝트와 프로그램을 좀 더 꼼꼼히 살피는 것이 필요하다. 이런 프로그램은 주로 국제조직들이 고안했는데, 이는 **여성을 개발에 참여시키자**는 제목으로 요약될 수 있다.

이런 신국제노동분업이 고안되고 실행되는 것과 거의 동시에, 세계는 '여성을 개발에 포함할' 필요성을 인식하게 되었다. 이미 1970년에 보세럽Esther Boserup은 제3세계 국가에서 어떤 개발이 이루어지든 간에 여성은 거의 혜택을 받지 못했다는 점을 밝혀냈다. 보세럽의 발견은 1975년 멕시코에서 열린 유엔 세계여성총회에 여러 정부가 제출한 여성 지위에 대한 많은 보고서 속에서도 재차 확인되었다. 제3세계에서 여성의 지위는 더욱 악화되었으며, 제1세계에서도 정치, 고용, 교육, 건강 등 모든 영역에서 여성의 지위가 악화되었음이 밝혀졌다. 그래서 이 회의에서는 세계행동계획을 채택하여 각국 정부에게 이 상황을 개선하고, 여성을 개발에 포함시키기 위해 구체적인 노력을 기울여달라고 요구했다. 이후 유엔 조직들, 월드뱅크, 비정부기구들은 모두 여성에 대해 말하기 시작했고, 자신의 프로그램에 여성과 개발을 한 장씩 끼어 넣기 시작했다. 이제 남성 개발 계획자의 마음에 진실한 변화가 생겼다고 여기면 될까? 이전에는 여성을 내내 잊고 있다가 이제 여성해방에 진짜 관심을 갖게 된 것일까? '여성을 개발에 포함시킨다'는 것이 그들에게 무엇을 의미했는가, 의미하고 있는가?

우선 한 가지 잊지 말아야 할 것이 있다. 여성은 이전의 개발전략에도 포함되어 있었다. 농장노동자, 공장노동자, 가정주부로서 무상의 혹은 낮은 임금의 여성 노동력은 이른바 개발도상국 근대화의 기반이었다. 그러나 이 노동력은 여전히 보이지 않는다. 이들은 남성 임금노동이 등장할 수 있는 커다란 생계 기반을 제공하고 있다. 이는 남성 임금을 보조하고 있다(Deere, 1976). 그러나 이제 다른 것이 기획되었다. '여성을 개발에 포함시키는 것'은 대부분의 경우 여성을 이른바 소득을 유발하는 활동, 즉 시장지향적인 생산으로 진입하게 하는 것을 의미한다. 이는 여성이 자신의 자급 생산을 확대하는 것, 토지에 대해 더 많은 권한을 갖도록 노력하고, 좀 더 많은 음식, 더 많은 옷 등 자신의 소비를 위해 좀 더 많이 생산하는 것을 의미하지 않는다. 개발 전략에서 소득은 현금 소득을 의미한다. 현금 소득은 여성이 시장에 팔 수 있는 것을 생산할 때에만 발생할 수 있다. 제3세계 가난한 여성 사이에서 구매력이 낮기 때문에, 그들은 구매력이 있는 사람을 위해 무언가를 생산해야 한다. 구매력 있는 이들은 자국의 도시나 서구에서 산다. 여성노동을 개발에 포함시키는 전략은 수출 혹은 시장지향적 생산으로 향하게 하는 것을 의미한다. 가난한 제3세계 여성은 자신이 필요한 것을 생산하는 것이 아니라, 다른 이들이 구매할 수 있는 것을 생산하게 된다.

이 전략의 또 다른 특징은 제3세계 여성을 노동자가 아니라 가정주부로 규정한다는 것이다. 그들이 하는 것은 노동이 아니라 '활동'으로 규정된다. 가정주부 이데올로기와 핵가족 모델이 진보의 표식으로 보편화되면서 여성이 하는 모든 노동, 그것이 공식 부문이든 비공식 부문이든 간에, 여성의 모든 노동을 보조적 일, 여성의 소득을 이른바 주된 '부양자' 남편의 소득을 보조하는 소득으로 규정할 수 있게 되었다. 이런 가정주부화의 경제 논리를 통해 노동력 비용이 크게 줄었다. 이것이 국제 자본과 그 대변인이 오늘날 여성에게 관심을 갖는 이유 중 하나이다.

이 전략은, 앞서 본 것처럼, 유럽과 미국에서 19세기와 20세기에 처음 만들어졌다. 그곳에서 가정주부화는 '자유로운' 프롤레타리아를 만들어 내기 위한 필수적인 보완제였다. 유럽과 미국의 많은 노동자가 '일하지 않는' 가정주부를 (식민지에서의 착취를 통해) 감당할 수 있었던 반면에, 제3세계 남성 다수는 가정주부가 '일하지 않고' 집에 머무를 수 있게 해줄 만한 지위를 절대 가질 수 없었다. 여성을 위해 소득을 유발하는 전략을 쓴다는 것은 제3세계 여성 대다수의 경험에 기초한 것이 아니라 여성에 대한 이미지에 기초한 발상이다. 카리브제도에서는 남성 부양자 가장이 없는 가구가 전체의 3분의 1 이상이다 (Reddock, 1984 참조). 최근 연구에 따르면 아시아, 아프리카, 라틴 아메리카의 특히 시골 지역에서 여성 가장의 가구, 여성이 경제를 책임지는 가구의 수가 증가하고 있다(Youssef/Hetler, 1984). 그 이유로 수출을 위한 환금작물 생산으로의 변화, 농업의 기계화, 가난한 사람 중 토지 상실한 사람이 증가하면서 생긴 토지보유시스템의 변화 등을 들 수 있다. 남성은 임금노동을 찾아 도시로 이주하거나, 돈벌이가 되는 환금작물 생산지역으로 가면서, 여자와 가족은 시골에 남게 된다. 도시나 다른 국가로 이주했던 남성이 20년씩이나 떠나 있는 경우도 있고(Obbo, 1980), 가족 '부양자'로서의 책임을 부분적으로 혹은 완전히 포기하는 일도 종종 있다고 한다. 특히 아프리카에서 남성이 밖으로 이주해간 뒤, '뒤에 남은' 농촌 여성들은

이 여성들은 농촌 가구의 유일한 혹은 주된 부양자가 되었다(말리, 가나, 브라질, 토고, 라이베리아, 나이지리아, 스와질랜드, 그리고 우간다 일부). 남편의 벌이에 의존할 수 없게 되면서 이 여성들은 토지세와 농업노동력 비용을 지불하기 위해 환금작물재배나 장사를 시작했

다(Handwerker, 1974; Carr, 1980; Obbo, 1980; Ahmad and Loutfi, 1981).

요르바 여성은 [남편이 보내준] 송금액수가 충분하지 않아 불만이다. 레소토에서는 여성 가장의 50%만이 송금을 받았다(Youssef/Hetler, 1984:44~45).

이런 연구는 제3세계의 여성, 특히 농촌 여성이 근대화 속에서 점점 더, 말 그대로 부양자와 가장이 되고 있음을 보여준다. 그러나 이런 현실이 그들의 존재에 대한, 법적 그리고 일반적으로 이데올로기적인 규정을 바꾸지는 않았다. 여전히 여성은 의존적인 가정주부로, 그들의 남편은 부양자이자 가장으로 규정되었다. 반대로, 고전적 자본주의 커플인, '자유로운' 임금노동자 혹은 '자유로운' 생산수단 소유자와 그에게 의존하는 가정주부가 등장할만한 물질적 기반이 제3세계 국가에서 약화될수록, 실제적 현실은 위의 모델이 선전되고 보편화되는 가운데 왜곡되었다. 개발 프로그램과 계획이 세워진 것은 사실 구조적이고 이데올로기적인 중심부였다. 이 유명한 커플에서 전형적으로 표현된 자본주의적 성별노동분업은 전략적 원리였다. 이로 인해 다양한 소득유발활동을 하는 여성은 시장을 위한 상품을 생산하면서도 임금노동자로 규정되지 못하고 제대로 온전한 임금을 지불받지 못했다. 또한 토지개혁 과정에서 여성은 토지에 대해 독립적이고 정당한 소유권을 가질 수 없었다. 다른 생산적인 재산에 접근하는 것도 어려웠다. 협동조합에서도 남성 멤버에 부가된 존재로 여겨졌고, 독립적인 멤버가 될 수 없었다(v. Werlhof, 1983). 여성은 기본적으로 가정주부라고 하는 이런 신비화는 새로운 국제노동분업의 우연한 부산물이 아니다. 이는 이 노동분업을 순조롭게 기능하게 만드는 필수적인 전제조건이다. 이는 세계시장을 위해 착취 혹은 극도의 착취를 당하고 있는 노동력의 상당 부분을 보이지 않게 만든다. 가정주부화는 저임금을 정당화한다. 여성이 조직화되지 못하도록 한다. 여성을 개별화한다. 이는 관심을 여성에 대한 성차별적이고 가부장적인 이미지로, 말하자면 남성의 부양을 받는 '진짜' 가정주부로 쏠리게 만든다. 가정주부화는 대다수 여성에게 실현될 수 없는 일일 뿐 아니라, 여성해방의 관점에서 보면 자기 파멸적인 모습이기도 하다.

제3세계 대다수 여성이 '진짜' 가정주부가 될 수 있는 가능성이 적을수록, 가정주부 이미지를 '근대적이고 선진적인' 여성, '좋은' 여성이라고 보편화하는 것이 모든 미디어를 통해 널리 선전되면서 이데올로기적 공세는 오늘날 더욱 커지고 있다.

'번식자'와 소비자로서의 여성

'나쁜' 여성

가난하고, 값싸고, 고분고분하고, 민첩하며, 복종적인 제3세계 여성을 수출지향적 생산에 동원하는 전략은 세계적 노동분업의 일면일 뿐이다. 앞서 말한 것처럼, 이런 상품이 가능한 값싸게 생산되는 것만으로는 충분하지 않다. 상품은 팔리기도 해야 한다. 제3세계에서 수출용으로 생산된 상품으로 번창한 서구와 일본 기업의 마케팅 전략에서, 서구 여성도 중요한 역할을 한다. 그러나 여기서는 생산자가 아니라, 소비자로, 가정주부로, 어머니이자 성적 대상으로 중요한 역할을 한다.

생산자로서의 상황을 보자면, 유럽과 미국의 여성은 이 새로운 국제노동분업의 결과로 제일 먼저 해고되었다. 그들은 직물산업과 전자산업에서 일자리를 잃었다. 네덜란드 에인트호벤의 필립스가 제3세계에서 다시 시작하기 위해 공장 문을 닫으면서 수천 명의 여성이 일자리를 잃었다. 각자의 부엌으로 돌아가면서, 이들이 들어야 했던 말은 일자리가 필요한 제3세계의 여성에게 연대성을 보여주어야 한다는 것이었다. 네덜란드에서는 남편의 임금으로 여성이 집에 머물면서 아이를 돌보는 데 더 많은 시간을 쓸 수 있다는 것이었다. 동시에 다국적기업은 여성을 자사 상품의 구매자로 계속 동원했다. 텔레비전 방송이 크게 증가하고 케이블TV가 도입된 주목적은 광고를 증대시키기 위해서였다. 광고의 대부분은 소비자로서의 여성에게 맞추어져 있다. 광고 자체에서 가장 중요한 요소는 섹스 심볼로서의 여성의 이미지이다. 여기서 우리는 새로운 국제노동분업이 세계를 생산자와 소비자로 나누는 것을 본다. 그러나 이는 여성을 국제적이고 계급적 차원에서 생산자와 소비자로 나누는 것이기도 하다. 이 관계는 제3세계 여성이 주관적으로가 아니라 객관적으로, 상품을 통해, 이 상품을 구매하는 제1세계 여성과 이어지면서 구조화된다. 이는 모순적 관계일 뿐 아니라, 지구의 각각 다른 편에 사는 두 주체가 서로에 대해 아무것도 알지 못하는 관계이기도 하다. 남아시아와 동남아시아의 여성은 자신이 생산하는 것에 대해서도, 자신이 만드는 물건이 누구를 위한 것인지도 거의 알지 못한다. 한편, 서구 가정주부는 자신이 구매하는 물건이 생산되는 조건, 여성노동, 노동조건, 임금 등에 대해 아무 것도 알지 못한다. 관심 있는 것은 가능한 한 값싸게 물건을 구입하는 것뿐이다. 서구 국가의 대다수 사람들과 마찬가지로, 서구 여성 역시 슈퍼마켓의 지나칠 정도의 풍요는 서구 노동자의 '생산성' 때문이라고 생각한다. 우리는 세계 여성을 노동자와 가정주부로 나누는 이런 모순적인 전략이 여성의 해방에 기여하는 것인지의 문제를 논의해야 할 것이다. 이 전략은 제3세계 여성에게는 일자리를 주고 서구 여성/가정주부에게는 값싼 소비재를 제공한다고 주장되곤 한다. 그렇다면 양쪽 모두 만족스러워야 한다. 그러나 이 전략의 결과를 가까이 들여다보면 다른 결론을 내리게 된다. 한 쪽에서는 한 세트의 여성이 노예화되고 착취당하고, 또 그것을 기반으로 해서 다른 쪽에서는 또 한 세트의 여성이 질적으로 다른 유형의 노예화를 경험한다. 한 쪽이 다른 한 쪽의 결과이자 조건이 된다.

생산자로서의 여성과 어머니이자 소비자로서의 여성을 분리하는 것은 또 다른 면에서, 중요한 역할을 한다. 이는 신국제분업에서 꽤 중요한 부분이다. 부유한 산업화된 국가에서 여성은 점점 더 '공식적 분야'에서 쫓겨나면서, 주로 가족을 연상시키는 존재가 된다. 여성이 남편과 자녀를 위한 '재생산' 노동을 하고 소비하는 것이 그들의 '타고난' 운명이 된다. 이에 반해 제3세계 여성의 소비자와 출산자로서의 역할은 바람직하지 않거나 심지어는 소모적으로 여겨지기도 한다. 1960년대 말부터 서구의 정부들, 특히 미국과 유엔조직들, 그리고 비정부기구들까지 내놓은 선언문을 살펴보면, 제3세계 여성을 잠재적인 '민식자'와 소비자로 보는 것은 전 세계에 대한 가장 심각한 위협이라고 여기는 것을 알 수 있다.

매스(Bonnie Mass, 1976)는 유엔의 인구 선언이 끊임없이 맥락을 벗어나 인용되어 왔으며, 과잉인구가 오늘날 가장 심각한 문제라는 인식을 전파하는 데 이용되어 왔다고 지적했다. 일찍이 1969년에 미국 국무부 대변인은 유엔자료를 인용하여 이렇게 말했다.

이는 유엔과 전 세계가 직면한 가장 어려운 문제이다. 절망과 폭력으로 가고 있는, 점점 증가하는 영양실조의 세계와, 존엄과 풍요 속에서 개인이 건설적 삶을 살아갈 수 있는 가능한 세계 사이의 이런 갈등은 우리 시대에 큰 노력과 헌신을 요구하고 있다(Mass, 1976:7에서 인용).

매스가 보여준 것처럼, 식민화된 국가에서의 빈곤과 기아에 대한 책임을 가난한 당사자에게 묻는 신-맬서스 전략은 담합적 자본주의와 제국주의의 두 축에 의해 체계적으로 발전했다. 처음에는 록펠러 재단, 미국 국무부, 미국 국제개발단이 시작했고, 이어 세계은행이 참여했다. 세계은행은 이 이론으로 많은 제3세계 정부와 실제 모든 서구 정부들을 설득했다.

1968년 세계은행은 이렇게 말했다.

(가족계획과 관련된 ─ 저자) 이런 모든 활동은 급속한 인구증가가 우리 여러 회원국의 사회적 경제적 발전을 가로막는 주요 장애물이 될 것이라는 세계은행의 우려에서 나온 것이다. 가족계획프로그램들은 통상적인 개발 프로젝트보다 비용이 적게 든다. 그리고 이와 관련된 지출 방식은 일반적으로 상당히 다르다. 이런 프로그램이 성공하게 되면 상당히 높은 경제적 성과를 거둘 수 있다는 사실을 우리는 잘 알

고 있다(E. K. Hawkins, 1968).

마침내, 다양한 유엔조직이 '인구 폭발'이 저개발 국가의 첫 번째 문제이며, 가족계획프로그램이 다른 활동과 함께 추가로 수행되어야 한다는 점을 잘 인식하게 되었다. 국제노동사무국International Labour Office도 가족계획을 저개발 국가에 대한 정책에 도입하기 시작했다. 1970~1979년 사이, 국제노동사무국의 (유엔인구기금에서 재정지원을 받는) 인구관련 활동을 위한 연간지출이 미화 60,217달러에서 4,500,000달러로 증가했다(ILO Governing Body statement, GB 211/OP/31 1979). 사람이 '노동력'으로 나타나는 '생산적 영역'에만 초점을 맞추는 조직은, 인구통제가 주된 문제가 될 때에만 오로지 '가족'과 '노동력의 생산자'로서의 여성에만 관심을 둘뿐이며, 인간으로서의 여성에 대해 관심을 둔 것이 아니라는 점은 시사하는 바가 크다. 이 정책은 '가족계획', 혹은 심지어 '가족복지' 등 완곡한 표현으로 위장했지만, 이는 처음부터 여성을 연구와 정책의 주 표적으로 삼았다.

1974년 부카레스트Bucharest에서 열린 유엔 인구회의와 특히 1975년 멕시코에서 열린 유엔 여성회의 이후, 여성과 여성의 '지위'에 대한 이런 집중된 관심은 여러 정책가 사이에서 상당히 분명해졌다. 1975년 세계은행은 다음과 같은 결론을 내렸다.

개발에서 여성의 역할을 인식하고 지원할 필요에 대해 세셰은행은 자신과 회원국 정부에 있어 아주 중요한 이슈라고 생각한다. 세계은행은 회원국 정부가 개발의 혜택을 남성뿐 아니라 여성에게까지 모두 확대하려는 노력을 더욱 적극적으로 할 것이라고 기대하고 있다. 이를 통해 세계 인적자원의 상당부분이 충분히 이용되지 않는 일이 없도록 할 것이다(World Bank, 1975).

세계은행은 정부가 출산율을 낮추고 여성의 사회적 경제적 정치적 지위를 향상시킬 수 있도록 특별한 사회 경제적 실천을 해야 한다고 하면서, 이를 위해 차관을 신청하라고 압력을 가했다(McNamara, 1977). 그러나 '여성의 지위를 향상'시킨다는 것이 구체적인 정책에서는, 주로 생산성을 증가시키기 위해 여성을 교육하는 것과, 피임에 대한 지식과 출산 통제수단을 받아들일 준비가 되도록 교육하는 것으로 구현된다.

이 두 가지 목표는 모순되는 것처럼 보이지만, 그렇지 않다. 이 둘은 '충분히 이용되지 않고 있다고 보이는 가난한 여성의 생산성'을 세계적 자본축적과정에 통합시키기 위한 하나의 전략에서 나온 것이다. 이 전략은 제3세계 여성을 생산자로만 보는 것이며, 소비자나 '번식자'로는 보지 않는다.

신용 제공을 통해, 그들의 노동은 세계시장의 수요와 연결되지만, 자신의 필요를 충족시키지는 않는다. 다양한 개발 프로그램을 통해 얻은 이런 신용을 갚아나가기 위해, 이 여성들은 생산한 물품을 직접 소비하고 싶어도 소비하지 못하고, 억지로 팔아야 한다(Bennholdt-Thomsen, 1980 : 36). 또한 자신에게는 사용가치를 갖지 않는 물품을 생산해야만 한다. 이 물품은 세계 시장에서는 종종 사치품으로 거래된다.

개발에 여성을 통합시키는 것을 목표로 하는 어떤 프로그램도 가난한 사람이 소비할 수 있는 자금을 증대시키는 것에는 관심이 없다. 관심은 오직 시장에 내놓을 수 있는 생산품을 증가시키는 것 뿐이다.

가난한 소비자의 수를 줄이는 것이 이런 전략이 필요로 하는 '또 다른 면' 이 된다.

가난한 여성의 생산 노동을 자본축적 아래 종속시키는 것이 소득유발활동으로 규정되면서, 즉 '가정주부'가 하는 임시적인 노동으로 규정되면서 은폐된다. 반면에, 그들의 '출산 행위'는 전 세계의 주목을 받는다. 제3세계 여성을 경제발전에 통합시켜낸다고 하는 표현이 정확히 의미하는 것은, 여성을 노동자가 아니라 가정주부로 규정함으로써, 그리고 그들의 행위를 원하지 않는 소비자의 '번식자'로 강조함으로써, 그들의 노동이 자본을 위한 과정이라는 점을 보이지 않게 만드는 것이다(Mies, 1982).

아시아, 라틴아메리카, 아프리카에서 인구 조사와 인구통제정책에 쓴 액수와 제3세계 여성의 소득유발활동을 진작시키기 위해 쓴 액수를 비교해 보면, 전자가 후자보다 훨씬 많다. 사실 새로운 국제노동분업의 근대화 전략 내에서, 제3세계여성은, 인도 인구학자 미트라Ashok Mitra 쓴 것처럼

소비자와 출산자로서 소모할 수 있는 상품이 되어 왔다. 인도 독립 이후 지난 30년 동안 점점 더 인도 여성은 인구적 의미나 경제적 의미에서 모두 소모할 수 있는 소모품이 되었다. 인구적으로 여성은 점점 더 자신의 재생산 기능으로 왜소화되고 있다. 그러면서 그녀는 소모할 수 있는 존재가 된다. 경제적으로 그녀는 가차 없이 생산적 영역에서 쫓겨나 실현될 수 없는 소비 단위로 왜소화되고 있다(Mitra, 1977).

그러나 미트라가 놓친 점이 있다. '생산적 영역에서 쫓겨났다'는 사실이

이제 여성 노동이 더 이상 자본축적을 위해 생산적으로 사용되지 않음을 의미하는 것은 아니라는 점이다. 여성을 '노동자'의 자리에서 쫓아낸 것, 그리고 그들을 비공식 부문의 이른바 '영세 자영업자' 혹은 '가정주부'로 바꾸어 놓는 것을 통해 무제한의 착취와 극도의 착취가 가능해진다. 이런 극도의 착취 과정에서, 그들 자신과 자녀들은 말살된다. 여기에 대해 별다른 애도는 없다. 이들 여성이 번식자와 소비자 역할을 하는 것은 지구적 시스템을 위협하는 것으로 여겨지기 때문이다. 그리고 그들의 '생산적으로 충분히 이용되지 않고 있는 능력'을 (World Bank, 1975) 이용하는 전략과 관련해서 보더라도, 제3세계에서 더 이상의 인구증가는 필요가 없다. 첨단기술이 점점 더 많은 인력을 잉여로 만들고 있기 때문이다.

너무 가혹한 결론인가?

'가족계획'이라는 미명아래 인도, 방글라데시, 중국, 싱가포르 같은 국가에서 사용되는 전략, 전술, 기술 등을 보면, 사실상 여성학살로 가는 추세라는 것을 인식하지 않을 수 없다. 특히 인도와 방글라데시를 비롯한 제3세계 여성은 다국적 제약회사가 양수천자[2]와 같은 위험한 피임기구나 방법을 테스트하기 위해 기니피그처럼 거침없이 이용되었다. 미국에서는 발암성 때문에 금지된 데포프로베라가 제3세계 국가에 대규모로 배포되기도 했다.[3] 방글라데시 정부는 자국의 영토 내

---

2. 몇 년 전에는 인도여성을 대상으로 양수검사 실험을 했다. 한편 이 검사는 인도에서는 주로 태아의 성별검사에 사용되었다. 이 검사를 통해 태아가 여아로 판명될 경우, 많은 개인병원이 낙태 서비스를 제공한다.

3. 페미니스트는 디포프로베라를 저개발 국가에 덤핑하는 것에 항의했지만, 이 피임약의 판매를 금지시키지는 못했다. 대신 미국회사 업존(Upjohn)은 악명을 갖게 되었다. 한편, 서베를린의 독일 회사 쉐링이 새로 개발한, 주사로도 넣을 수 있는 호르몬제제 피임약 네트엔(Norethisterone Enanthate)은 인도에서 피임약으로 보급되었다. 독일연방보

에서 모든 종류의 과학 실험을 할 수 있도록 허용해야 했고, 서구 제약업계로부터 엄청난 양의 피임기구를 구매해야 했다(Minkin, 1979). 인구성장을 막기 위한 국제전쟁에서 일부 과학장교들은 이 모든 것에서 강제적인 조치를 옹호했을 뿐 아니라 공공연하게 가부장적이거나 성차별적인 태도를 이용하고 또 강화시켰다. 일찍이 1968년, 강제조치를 옹호했던 데이비스Kinglsey Davis와의 논쟁에서 맥엘로이William McElroy는 이렇게 말했다. '대부분의 사회는 여아보다 남아를 선호한다. 첫아이가 남아이면, 아이를 더 가지려는 동기가 감소하게 될 것이다'(McElroy, 1968, Mass, 1975 : 22에서 인용). 1973년, 생물학자 포스트게이트Postgate는 한발 더 나아가서 인구 통제의 한 방법으로 성별감식을 의도적으로 옹호했다. 발라수브라만얀Vimal Balasubrahmanyan은 포스트게이트 같은 이들이 선전하는 남성 유토피아에 대해 언급했다.

> 포스트게이트는 출산조절이 가장 필요한 국가에서는 막상 조절이 '이루어지지 않으며,' '전쟁, 질병, 합법적인 영아 살해, 안락사와 같은 대안적인 인구조절방식은 선택할만한 것이 아니고, 받아들일 수 없으며,

---

건청은 주사용 피임약의 사용을 제한했지만, 독일제약회사인 쉐링의 인도지부는 인도약품통제위원회가 인도에서 네트엔을 대량생산하도록 허가해줄 것을 신청해놓고 있다(Mona Daswani, 1985).
다스와니(Mona Daswani)의 연구에 따르면, 인도의료연구위원회의 연구원이 네트엔을 비롯한 다른 여러 위험한 피임약을 인도 여성에게 실험하고 있다. 이 여성들은 기니피그처럼 실험에 이용되었다는 것을 알지도 못하는 경우가 많다. 세계보건기구(WHO)는 호르몬 피임약 연구를 부추기는 주요 세력의 하나인 것으로 보인다. 인도의료연구위원회의 연구 자금 대부분을 세계보건기구가 제공한다. 인도의 페미니스트 단체는 주사용 피임약, 특히 네트엔을 금지하라는 캠페인을 시작했다. 이는 이 약의 알려지지 않은 부작용 때문이고, 또한 이 약이 여성의 자신의 몸에 대한 통제력을 더욱 더 감소시키기 때문이다(Daswani, 1985).

너무나 효과적이고 지속성이 커서 거부되고 있다'고 주장한다. 그는 '남자를 출산하는 것이 위의 항목을 모두 만족시키는 유일한 해결책'이라고 제안한다. (특히 제3세계에서는) 셀 수 없이 많은 수백만의 사람이 남아를 낳을 기회를 갖고자 몰려올 것이다. 성공 사례만 있다면, 이 방법을 권하기 위해 어떤 강제도, 심지어는 홍보도 필요하지 않을 것이다(Balasubrahmanyan, 1982:1725).

한편, 태아의 성별을 미리 감식하는 기술, 양수천자, 초음파 스캐너의 발전과 함께, '남아 출산'의 가능성은 인도에서만이 아니라 중국에서도 현실이 되었고, 이는 훨씬 광범하고 큰 결과를 낳았다. 인도에서 양수천자를 통해 태아의 성별을 알아보고, 여아를 낙태하는 관행은 암리차르의 일부 약삭빠른 의사들이 인도 부모의 남아 선호 덕분에 성업을 한 것이 알려진 이후에야 공론화되었다. 그 의사들은 태아성별감식과 여아낙태를 모두 한다고 선전했다. 인도의 여러 여성단체가 항의한 이후에도, 이 관행은, 발라수브라만얀이 우려한 대로, 좀 더 은밀한 방식으로 여전히 지속되고 있다. 특히 초음파 검사가 널리 사용되면서 더 성행하고 있다.

1984년 여름, 인도를 방문하면서 나는 태아성별감식과 여아 낙태가 마하라시트라의 시골에 사는 낮은 카스트와 가난한 이들 사이에서도 이미 실행되고 있음을 알게 되었다.

중국의 경우는 더욱 무시무시하다. 중국에는 강력한 국가와 정당기구가 한 자녀정책을 마오 이후 중국의 근대화 전략의 하나로 시행하고 있기 때문이다. '남아 번식'이 중국 정부의 의도적 전략은 아니었을 수도 있다. 그러나 크롤Elizabeth Croll 등이 보여준 것처럼, 이는 소농의

사적 토지소유의 확대와 부계거주의 결혼, 그리고 가족 유형의 지속과 국가의 한 자녀 정책 사이의 모순에서 나온 불가피한 결과이다. 노년에 자녀에게 의존해야 하는 대다수 농민은 아들을 원한다. 아들이 가계를 잇고, 계속 마을에 남기 때문이다. 딸은 다른 마을에 사는 다른 가족과 결혼하는데, 이는 인도도 마찬가지이다. 따라서 딸을 원하지 않게 된다. 이런 상황은 한 자녀 규범을 따르는 이들에게 정부가 보상을 하는 정책에 의해 더욱 강화되었다. 농민이라면, 사적 소유의 토지를 더 갖기를, 도시인이라면 더 많은 방, 더 많은 학교와 보건 시설, 더 근대적인 시설을 원하기 때문이다.

그러다보니 토지를 많이 갖게 되면 일할 노동력은 적어진다. 정부의 강압적 정책과 결합된 이런 모순, 정당의 완전한 통제 아래에 있는 장려책과 벌칙의 상호작용, 더욱 강화되는 신가부장적 태도와 관계 등이 모든 면에서 여성에게 압박을 가하고 있고, 이는 여아낙태가 무섭게 증가하는 결과로 나타난다(Croll, 1983:100).

서구 언론에서 이런 전개가 처음 보도되었을 때, 분노의 외침이 여러 곳에서 나왔다. 그러나 중국의 반여성정책을 비난하는 이들도 역시 수년간 인구증가가 제3세계 빈곤의 원인이며, 따라서 출산율을 낮출 수 있는 엄한 정책을 시행해야 한다고 주장했던 이들이다.

한 국가가 사회주의 발전의 길을 채택한 혁명 이후에도 결국은 노골적인 반여성정책으로 갈 수밖에 없었는가 하는 문제는 후에 좀 더 깊이 분석해야 할 것이다. 여기서는 중화인민공화국에서도 여성은 오늘날 노동자로서는 은폐되고 있고, 번식자와 소비자로, 그것도 탐탁치 않은 번식자와 소비자로 강조되고 있다는 점만 언급하는 것으로 충분하다.

'좋은' 여성

은폐되고 강조되는 것 사이의 변증법은, 지금까지의 여성과 개발에 대한 담론에서 완전히 배제되어 온 또 다른 측면의 이야기이다. 이는 과개발 국가와 계급에서 가정주부가 하는 역할에 관한 것이다.

여기서 다시 여성은 어머니와 소비자로 강조되고, 생산자로는 가려진다. 이는 제3세계에서는 아주 바람직하지 않은 것으로 여겨지는데 반해, 부를 축적하는 국가와 계급에서의 모든 정책들은 이를 '그들의' 여성에게는 매우 바람직한 것으로 본다. 제1세계 여성은 어떤 수단을 통해서라도 지금보다 더 많이 (백인) 자녀를 번식시켜야 한다. 그리고 어떤 수단을 통해서라도 그들의 가족, 자녀, 가정, 그리고 성적 대상으로서의 자신을 위해 더 많은 상품을 구매해야 한다.

'그들의' 여성과 '우리' 여성에 대해 이렇게 모순되게 가치를 적용하는 배경에 자리한 논리는 우리가 식민지 초기 단계에서 보았던 것과 동일하다. 자본은 식민지에서 여성을 가장 값싼 노동력으로 사용해야 하기 때문에, 식민지 여성은 '자유노동자'로 규정될 수가 없다. 그러나 이렇게 생산된 상품을 시장에 판매하기 위해서는 소비가 전문인 중심지 여성이 필요하다. 소비 혹은 상품의 구매 없이는 자본이 실현될 수 없기 때문이다! 산업화된 국가에서는 여성이 소비자로서 자신의 의무를 충실히 수행하도록 하는 것이 자본의 주된 전략의 하나가 된다. '소비노동'(Bridges and Weinbaum, 1978)은 따라서 부유한 국가에서 크게 커지고 있다. 또한 '소비노동'은 임금노동과 비#임금노동 여성의 '자유' 시간을 더욱 더 많이 차지하고 있다. 과개발한 국가에서는 대부분의 사람이 기본적 욕구를 만족시키기 위해 시장을 필요로 하기 때문에, 그들은 생존을 위해 이 소비노동을 해야만 한다. 컴퓨터와 로봇이 인간 노동력을 대규모로 대신하면서, 이 소비노동은 앞으로 더욱 확대될 것이다. 몇 년 전만해도, 가정주부는 상품을 고르고, 가격을 비교하고 계산대에서 돈을 지불하고, 상품을 집으로 옮기고, 모두 풀어보고, 보관하고, 포장재를 처분하는 일을 했다. 그러나 이제 여성은 카운터에서 돈을 지불할 수 있기 전에 상품을 직접 바구니에 넣고, 무게를 달고, 컴퓨터에 가격을 입력하고, 가격표를 그녀의 상품에 부착해야 한다. 계산대에서 소비자에게 돈을 받는 일을 제외한 나머지 필수적인 작업을 소비자가 직접 한다. 그러나 모든 사람이 신용카드로만 구매하거나 가정 컴퓨터를 통해서 구매를 할 경우에는 이 일마저 없어질 수 있다.

앞서 살펴본 것처럼, 국제적 자본은 생산비용을 낮추기 위해 여성, 주로 저개발 국가의 여성을 재발견했을 뿐 아니라 상품에 대한 적당한 수요를 만들어내는 비용을 더욱 낮추기 위해 자본주의 중심부에서도 여성을 재발견했다. 많은 국가에서 복지국가를 통해 지불되었던 각종 사회화된 서비스(건강, 교육, 정보, 교통)가 다시 사유화되고 있다. 이런 사유화는 가정주부로서 해야 하는 여성 노동이 미래에는 크게 증대할 것임을 의미한다. 아탈리Jaques Attali가 말한 것처럼, 적합한 소비자를 생산하는 것은 점점 더 소비자 자신의 일이 되고 있다. 새로운 상품은 특별한 유형의 소비자를 필요로 한다. 마이크로일렉트로닉스와 같은 신기술은 사실 새로운 소비자를 만들어내고 다룰 수 있는 분야이다(Attali, 1979). 기술이 개별 가정으로 진입해 늘어갈수록, 자본의 개별 소비자, 특히 여성에 대한 장악력은 커진다. 미래에, 공장과 사무실의 '생산적 영역에서 밀려나게 된' 여성은 컴퓨터 앞에서 자신을 밀어낸 회사 혹은 다른 회사를 위해 기계를 통해 재택근무를 하고 있는 자신의 모습을 발견하게 될 것이다. 이는 오래된 선대제와 같은 선상에 있는 것이다. '자유로운 임금노동'이 자유롭지 않은 가정주부화된 노동으로 더 많이 바뀔수록, '자유' 소비자는 생존을 원한다면 상품을 사지 않을 수 없게 되고, 갈수록 이전보다 소비노동을 많이 하지 않을 수 없는 강압적 구조로 들어가게 된다.

가정주부는 저개발 국가에서도 과개발 국가에서도, '자유 프롤레타리아'가 아니라, 이런 과도기에 있는 자본에게 적합한 노동력이다(v. Werlhof, 1983). 서구의 소비자 가정주부가 자본의 실현 비용을 낮추기 위해 무보수 노동을 더 많이 해야 한다면, 식민지의 생산자 가정주부는 생산비를 낮추기 위해 무보수 노동을 더 많이 해야 한다. 두 범주의 여성은 '근대' 여성, 즉 '좋은' 여성 이데올로기의 조종을 더욱 크게 받을 뿐 아니라, 제3세계의 출산통제에서 이미 잘 볼 수 있었던 것처럼, 직접적인 강제수단의 지배도 더욱 크게 받고 있다.

자본을 위한 여성의 생산노동을 잘 보이지 않게 만드는 새로운 전략은 '노동유연성'의 슬로건 아래 더욱 확대되고 있다. 얼마 전 인도여성이 경험한 것처럼, 여성은 이제 공식부문에서 밀려날 뿐 아니라, 비공식적이고 조직화되지 않고, 보호받지 못하는 생산관계를 통해 자본주의 발전 과정과 다시 통합되고 있다. 그 형식은 파트타임 일자리에서부터 계약제 노동, 재택근무, 무보수의 이웃 노동까지 다양하다. 제3세계 노동을 분해했던 이중모델이 산업화된 국가에도 점점 더 많이 재도입되고 있다. 따라서 우리는, 오늘날 제3세계 여성을 자본주의적 발전에 통합시키고 있는 방식은 자본주의 중심부에서 노동을 재조직하는 모델이 되었다고 말할 수 있다.

그러나 노골적으로 인종주의적인 주장을 통해 두 여성 집단 사이의 실재적이고 구조적인 유사성은 이데올로기적으로 은폐되고 있다. 서구 소비자-가정주부에게는 더 많이 소비하고 더 많은 백인을 낳으라고 하고, 식민지 생산자-'가정주부'에게는 더 값싼 상품을 더 많이 생산하고 더 많은 흑인을 낳는 것은 멈추라고 한다. 오늘날 서구에서 부는 인종주의의 새로운 바람은 이런 모순에, 그리고 부유한 국가의 주변인이 결국은 모두 제3세계 국가의 여성처럼 소모되고 말 것이라는 두려움에 깊이 뿌리를 두고 있다.

연결고리들: 몇 가지 사례들

성별노동분업과 새로운 국제노동분업이 상호작용하는 일반적 유형은 분명한 것 같다. 다소 불분명한 것은 소비자-가정주부와 생산자-가정주부 사이에 존재하는 실재적인 연결고리이다. 이것이 불분명한 것은 상품생산, 그리고 생산과 소비의 구분이 창출해 낸 신비화 때문이다. 상품이 일단 소비자에게 도착하고 나면, 소비자는 그 상품에 어떤 생산관계가 연루되었는지에 대해 더 이상 알 수가 없다. 그러므로 여기서는 제1세계와 제3세계 여성 사이에 존재하는 실재적 연결고리의 사례들을 분석해 보고자 한다. 제3세계와 제1세계 내부의 다양한 계급 관계 등에 대해서도 간과하지 말아야 하겠지만, 여기서는 두 세계 사이의 관계에만 제한하고자 한다. 많은 가능한 사례 중, 연결고리가 덜 가려진 부분을 선택했다.

a. 농축산업의 여성

b. 수공예업의 여성

c. 전자산업의 여성

d. 성매매/관광업계의 여성

콜롬비아에서 꽃을 생산하는 여성, 남아프리카(인도, 스리랑카)에서 의류산업에 종사하는 여성, 식품업계에서 일하는 여성 등 여러 사례를 추가할 수 있다. 이 논의는 최근 이루어진 몇 가지 경험적 연구가 찾아낸 사례에 기초하고 있다(Mies, 1982, 1984; Grossman, 1979; Phongpaichit, 1982; v. Werlhof, 1983; Mitra, 1984).

a. 농축산업의 여성

페미니스트가 자본축적을 위한 가내노동의 기능을 발견하고 연구하기 시작하면서, 우리 중 일부는 일찍이 1978년에 서구 가정주부의 생산 관계와 아시아, 아프리카, 라틴아메리카의 가난한 농민 생산자의 생산관계가 구조적으로 유사하다는 점을 지적했다(v. Werlhof, 1978; Bennholdt-Thomsen, 1981; Mies, 1980).

양쪽의 생산관계는 보통은 제대로 된 자본주의의 '외곽'에 있다고 여겨진다. 이를 정통 맑스주의자들은 '전前자본주의', '반半봉건제', '소小부르주아'라고 규정하기도 했다. 그러나 우리는 이들을 자급 생산자라고 부른다. 이들을 자세히 분석해 보면, 이들은 자본의 확대재생산을 위한 기초, 보이지도 않고 임금도 받지 않는 기초를 구성하고 있다(Bennholdt-Thomsen, 1981).

그러나 처음에는 디어(Carmen Diana Deere, 1978)의 분석을 따라

영세농민생산자는 도시나 서구의 공업중심지로 이주한 남성의 임금을 보조할 뿐이라고 생각했다. 그러나 세계은행의 소농전략에 따라 이런 측면, 즉 '진짜' 프롤레타리아의 임금 비용을 낮추는 것은 일반적으로 가난한 농민, 특히 여성 농민을 자본축적과정에 결합시키는 다양한 생산 관계의 하나일 뿐이라는 점이 분명해졌다. 다음에서는 농업에서 여성을 이렇게 결합시키는 것이 어떻게 일어나는지에 대해 두 가지 사례를 말하고자 한다. 하나는 인도에서 전형적인 여성 농업노동자와 주변부 농민에 대한 것(Mies, 1984; Mitra, 1984)이고, 다른 하나는 기업농을 위해 사탕수수를 생산하는 베네수엘라의 한 대표적 협동조합에서 일하는 여성에 대한 것이다(v. Werlhof, 1983).

여성농업노동자와 주변부 농민에 대한 연구는 남인도 안드라 프라데쉬 주에 있는 날곤다 구역에서 진행되었다. 연구 목적은 시장지향적인 생산이 전형적인 여성 농업노동자의 노동과 삶의 조건에 얼마나 영향을 미치는지를 알아보기 위한 것이었다. 이 여성노동자 대부분은 남인도 지역에서 벼농사에 종사한다. 라리타, 크리슈나, 쿠마리, 그리고 나는 세 마을에서 현장 연구를 했다. 들판에서 하는 벼 심고, 피를 뽑고, 추수를 하는 일과 담배, 고추, 유자 등과 같은 환금작물을 이식하고, 잡초를 뽑고, 가공하는 일 외에도 오두막집 안팎에서 이루어지는 다양한 여성 노동(청소, 음식 가공과 준비, 물과 연료의 공급, 버팔로 돌보기 등)을 조사했다.

분명한 생산판세뿐 아니라 이런 노동의 형태 역시 큰 변화는 없었다. 여성은 여전히 임시 노동자 혹은 '쿨리'로 중산층 혹은 부유한 농장주에게 고용되어 있었다. 이곳 농장주는 기억할 수 없는 옛날부터 쿨리의 도움을 받아 토지를 경작해왔다. 쿨리는 대개 불가촉천민 공동체 출신이었다. 이런 생산관계의 실제 본질은 큰 변화를 겪었다.

농장주와 쿨리-카스트 사이의 관계는 쿨리가 일정한 직종(예를 들어, 시체 처리, 밭에 물대기, 신발 제조, 밭에서 여성이 하는 모든 이식과 잡초제거 작업 등)에서만 일할 권리가 있었다. 고정된 보수를 보통은 현물로 받게 되어 있던 전통적 관계는 아니었다. 이제 지주는 이 사람들에 대해 책임감을 더 이상 느낄 필요가 없었다. 가난한 이들이 계속 부채를 지고 있었기 때문에, 지주는 이들 공동체의 많은 **남성**을 **종속된 노동자**로 부릴 수 있었다. 그러나 여성은 여전히 농번기에 임시 노동자로 고용되었다. 그러나 이들은 일정한 직종에서 일할 권리를 가진 쿨리처럼 전통적 방식으로 대우받지도 못했고, 진짜 프롤레타리아트처럼 자신의 노동력을 자유롭게 판매할 계약의 자유를 가진 '자유' 임금노동자로 대우받지도 못했다. 이들은 사실 종속적인 '가정주부'로, '부양자'의 노동을 보조하는 노동으로 여겨졌다. 그러나 현실에서 이 여성들은 가사노동을 할 뿐 아니라 농사일의 대부분을 하기도 했다. 농업 노동의 약 80%를 여성들이 수행했다. 그들은 농촌 노동력의 큰 부분을 담당했다. 게다가 많은 경우 그들은 가정에서 진짜 부양자였다. 남자가 실업자이거나 일자리를 찾아 도시로 가서 돈을 보내지 않았기 때문이다. 최근 몇 년 사이에 인도에서 여성을 '생산적인' 일이나 소득이 있는 고용에서 쫓아내는 트렌드에 대한 저술이 많이 나오고 있다. 이 연구의 대부분은 가사노동을 노동으로 규정하지 않는 센서스 데이터나 다른 통계 자료에 기초한 것이다.[4] 모든 여성이 다른 일

---

4. 1971년 인도의 센서스는 '노동'을 다음과 같이 규정한다 : 노동은 육체적 혹은 정신적 활동을 통해 경제적으로 생산적인 노동에 참여하는 것을 의미한다. 노동이 아닌 일은 다음과 같이 규정한다 : '식구를 위한 요리 혹은 자기 집 가사노동, 소년 소녀가 학교 등

과 별개로 가사노동을 하기 때문에, 그들이 하는 일의 많은 부분이 통계에서 잡히지 않고, 이에 따라 공공의 인식 속에서 사라져 버린다. 그러나 우리가 연구한 바에 따르면, 인도의 농촌 여성은 이전보다 일을 덜 하지 않으며, 오히려 더 많이 한다. 사실, 남성이 일을 덜 하는 것으로 보인다. 그러나 남성은 더 많은 임금을 받고, 더 권위 있고 근대적인 일(예를 들어 새로운 기계관련 일)을 한다. 근대화와 자본주의 발전은 여성에게 전통적 권리를 앗아가면서, '프롤레타리아'의 새로운 권리는 부여하지 않았다. 그러나 아이들과 함께 생존해야 하기 때문에, 이들 대부분은 최저임금보다 낮은 임금을 주는 일자리도 받아들여야 하고 먹고 살기위해 온갖 일을 해야 한다. 여성은 절대적인 측면에서도 가난해졌고, 남성과 비교한 상대적 의미에서도 더 가난해졌다.

농업생산 과정의 일부는, 가난한 지역에서도, 환금작물과 시장 생산에 맞추어져 있고, 일정한 정도의 근대화가 진행되었기 때문에, 전통적 쿨리-계급의 여성은 뒤처지고 궁핍해졌다. 전동 펌프를 비롯한 여러 기계가 도입되면서 쿨리-계급의 남성은 일자리를 잃었다. 많은 이들이 마을을 떠났고, 남은 이들은 그저 빈둥거렸다. 여성이 나서서 가족이 살 수 있는 방안을 마련해야 하는 경우가 많았다. 게다가 마을의 전통적인 장인인 카스트도 공산품이 도입되면서 직업을 잃어, 그들의 여성 또한 농업노동자가 되어 얼마 안 되는 일자리를 놓고 전통적인 쿨리 여성과 경쟁을 하게 되었고, 임금은 더욱 낮아졌다.

을 다니는 일. 전일제노동자가 아니라 그냥 집안일을 돕는 일 등과 같은 주로 가사노동과 관련되어 있는 남성 혹은 여성은 주된 활동이 노동인 노동자로 간주되어서는 안 된다'(Census of India, 1971, pp. 240~242. Source : Ashok Mitra, Lalit Pathak, Shekhar Mukjerji, *The Status of Women, Shift on Occupational Participation 1961~1971*, New Delhi, 1980).

빈곤이 커지는 가운데 자발적 조직의 도움으로 소농 발전을 위한 프로그램이 도입되었고, 가난한 여성에게까지 확대되었다. 여러 목표[5] 중 소규모 은행 융자를 통해 버팔로, 염소 등을 사서 키우거나 작은 가게 등을 시작할 수 있는 소득유발활동도 포함되어 있었다. 버팔로는 이 프로그램 중 가장 중요한 아이템이었다. 이는 큰 액수의 융자를 동반했을 뿐 아니라 자본주의적 시장 메커니즘과 좀 더 직접 연결되어 있었고, 또 그래서 철저한 통제와 감독을 받았다. 이 마을에서 버팔로 계획은 낙농업 발전 계획의 일부이기도 했다. 이른바 '우유홍수 작전'으로 불리는 이 계획을 통해 인도에서 우유 생산이 시작되었다.[6] 이 프로그램은 소농, 그리고 심지어 영세한 농장까지 확대되었다. '수혜자들'은 번식률이 높은 버팔로를 구매하기 위해 은행 융자를 받았다. 동시에 낙농협동조합 협회의 회원이 되었다. 이들은 생산한 우유를 모두 우유센터로 보내고, 이곳에서 유제품을 도시로 보냈다. 융자에 대한 보상은 은행이 우유센터에서 직접 수익의 50%를 공제하는 방식으로 확보되었다. 그러므로 실제 생산자는 융자를 다 갚을 때까지 우유 수익에 대해 직접 권한을 행사할 수 없었다.

버팔로를 유지하는 데 필요한 노동은 대부분 여성의 몫이었다. 여성은 건초를 모아 집으로 가져와야 했다. 이것을 버팔로에게 먹이고,

---

5. 봉기르(Bhongir) 지역에서 가난한 농민과 토지가 없는 노동자를 조직하는 자발적 조직(CROSS)은 그 주요 목적을 민중의 의식화에 두고, 자체 연구를 수행하고 있다. 이들은 야간학교를 운영하면서 프레이리(Paulo Freire)의 방법론을 인도의 상황에 적용하고 있다. 이 조직은 가난한 농촌 여성을 '상감'(Sangham)이라는 여성조직으로 따로 조직하면서 새로운 길을 개척한 바 있다.

6. 우유홍수작전에 대한 논의와 비판에 대해서는, *Operation Flood: Development or Dependence?*, Research Team, Centre of Education and Documentation, 4 Battery Street, Bombay 400 039, India, 1982.

씻기고, 우유를 짰다. 그러나 우유 수익금은 남성이 챙겼다. 영세농과 토지가 없는 노동자가 버팔로를 키울 수 있기 위해서는, 여성이 수십 킬로미터를 걸어서 경작지 밖으로 나가거나 경작되지 않은 영토를 찾아 꼴을 마련해야 한다는 것을 뜻했다. 이전에는 이것이 모든 공동의 재산이었다. 지주들은 쿨리가 자신의 들판에서 꼴을 모으는 것을 언제나 허용했다. 그러나 낙농업 계획이 도입되자 지주는 자신의 들판과 그 주변에서 자라는 모든 풀은 자신의 사유재산이라고 하면서, 거기서 나온 풀은 자신의 가축만 먹이거나 상품으로 판매하려고 했다. 전통적 방식으로 풀을 모았던 가난한 여성은 풀을 훔쳤다고 기소되기도 했고, 지주에게 매를 맞거나 괴롭힘을 당했다.

다음의 한 여성 이야기는 가난한 여성이 이런 유형의 상품생산에 통합되는 것이 무엇인지를 말해준다. 아바마 Abamma는 2년 전에 버팔로를 구입했다. 처음 두 달간 우유 5리터를 얻고, 다음 두 달간 우유 4리터, 그 다음 두 달간 우유 2리터를 얻었다. 이후에는 버팔로가 임신을 해서 더 이상 우유가 나오지 않았다. 송아지가 죽었다. 거의 1년 동안 우유가 나오지 않았다. 아바마의 남편이 우유를 우유센터에 가져가 돈을 받아 왔다. 그들은 리터당 평균 1.5루피를 받았다. 유지방 함유에 따라 차이가 있었다. 그들은 우유를 팔아 모두 990루피를 벌었다. 이 중 절반은 은행 융자에 대한 비용으로 공제되었다. 실제 그들이 받은 것은 445루피였다. 아바마는 수유기의 버팔로에게 먹이기 위해 76루피의 사료믹스를 샀다. 출산 뒤에 그녀는 버팔로에게 사료믹스 먹이는 것을 중단했다. 그 가격을 감당할 수 없어서였다. 자기 땅이 없었기 때문에 이 부부는 풀을 사기위해 융자를 받아야 했다. 아바마는 그렇게 받은 융자 중 150루피를 갚았다. 남편이 부근의 소도시 시장에서 짐꾼으로 일하고 있었고, 아바마는 쿨리 노동을 하러 나가야 했기 때문에, 버팔로를 돌볼 사람을 고용해야만 했다. 큰 문제는 3월, 4월, 5월, 6월의 모든 것이 바짝 말라버리는 건조한 여름 기간 동안 버팔로를 건사하는 것이었다. 이 기간 동안 버팔로는 우유를 생산하지 않지만, 먹이기는 해야 했다. 그러나 아바마와 같은 가난한 이들은 우유를 얻지 못하면 꼴을 살 돈도 없었다. 선택은 두 가지였다. 이 기간 동안 동물을 못 본 체 하거나, 다음 몬순이 시작될 때까지 가축을 먹여 살리기 위해 좀 더 돈을 빌리는 것이다. 토종 버팔로는 이 기간 동안 꼴을 거의 먹지 않으면서 아프지 않고 생명을 유지했다. 그러나 가난한 농민이 사야했던 값비싼 혼종 버팔로는 이 기간을 버티지 못하는 경우가 많았다. 아바마는 여름 기간 동안 버팔로를 먹이기 위해 더 돈을 융자할 수가 없었다.

임금노동으로 버는 적은 소득을 보완해줄 것으로 기대했던 버팔로를 힘들여 키우며 아바마가 얻은 것은 무엇인가? 버팔로는 2년 중 6개월 동안만 우유를 생산했다. 융자를 갚느라 50%가 공제되고, 아바마에게 남는 것은 445루피였다. 이 중 사료믹스로 76루피, 꼴을 사기 위해 융자한 것을 갚느라 150루피를 지불했다. 버팔로를 데리고 다니며 풀을 뜯어먹을 수 있도록 돌봐준 소년에게도 지불을 해야 했지만, 그에게 얼마를 줬는지 아바마는 말하지 않았다. 약 40루피 정도를 주었다고 계산하자. 그래서 아바마가 이를 통해 얻은 순소득은, 445루피-226루피=179루피가 된다. 2년 동안 아바마는 179루피를 벌었다. 그러나 이 기간 동안 그녀가 생산한 우유는 도시에서 리터당 2.50루피에 판매되었다. 모두 990리터를 팔았으니, 그 액수는 2,475루피에 이른다.

이 소득을 버팔로를 키우고 우유를 생산하느라 소요한 노동시간과 비교해보면, 가난한 이들을 돕고자한 이 계획이, 농업노동자로 여성이 착취당하는 것과 비교할 때, 어떠한지를 평가할 수 있다. 도시에서 우유를 판매하여 만들어진 이득은 실제 생산자에게 분배되지 않았다. 이 경우 주로 국가 소유의 안드라 프라데쉬 낙농회사와 도시에 유제품을 판매하는 여러 사기업이 전유했다. 농업노동자로 아바마는 하루에 2.50루피를 받았다. 하루에 8시간 일을 했기 때문에, 시간당 0.31루피를 받은 것이다. 상품 생산자로서 아바마가 당한 착취는 농업노동자로서 그녀가 당했던 착취의 두 배가 넘는 셈이다(Mies, 1984:176~7).

안드라 프라데쉬의 가난하고 뒤처진 농민에 대한 우유홍수작전 Operation Flood의 효과에 대해 최근 광범하게 이루어진 연구에서 미트라Manoshi Mitra는 이런 발견을 확인시켜주었다. 그녀는 토지가 없고 가난한 농민 사이에서 낙농업의 도입은 여성에게 노동부담만 가중시켜주었다고 했다. 여성은 노동의 결실을 제대로 향유할 수 없었고, 낙농협동조합 경영에 참여할 방법도 없었다. 협동조합에서 임금을 받는 일자리는 모두 남성이 장악했으며, 남성은 낙농으로 얻은 소득도 마음대로 처분했다. 게다가 토지가 없고 가난한 집안의 여성은 우유를 생산하면서도 자신은 거의 우유를 마시지 못했다. 이들 여성이 가족을 위해 챙겨두는 소량의 우유도 주로 남성이나 남아가 소비했고, 여아는 거의 마시지 못했다. 미트라의 연구에 따르면, 우유에서 얻은 새로운 현금 소득을 주로 남성이 관리했다. 이를 갖고 이들은 농업 노동 나가는 것을 중단하면서, 동물을 돌본다는 구실로 놀러다녔다(Mitra, 1984).

이런 발견을 통해 '가난한 이에 대한 투자'의 수익성에 대한 벤홀트–톰센Bennholdt-Thomsen 테제를 확증할 수 있다(Bennholdt-Thomsen, 1980). 이 테제는 신용을 확장하면서 자본이 가정주부 생산자에 대해 갖게 되는 통제력과 실제 발생하는 '분수효과'에 대한 것이다. 분수효과는 이 발전 프로그램이 표면적으로는 가난한 여성을 돕기 위한 것이기 때문에 발생한다. 연구자들은 이 프로그램들이 남녀 사이의 불평등을 더욱 크게 만들고, 여성은 더 많은 일을 하면서, 몫은 잘 챙기지 못하고 있음을 분명히 보여준다. 양성 사이의 양극화가 더욱 심화되는 것이다.

다른 면

토지없고 가난한 인도 여성의 노동과 우유가 빨려 나가가는 이런 과정, 오웰식의 신어 전통에서 ('흥건하게 되는' 것은 도시이고, '진액이 빨려나가는 것'은 촌락과 여성이다) '우유홍수작전'이라고 불리는 과정에 대한 분석은 인도에서 자본주의 우유 생산에 연루되어 있는 가난한 여성에 대한 극도의 착취와 유럽 공공시장에서 우유의 과대생산이 어떻게 연관되어 있는지를 짧게라도 살펴보아야 온전한 분석이 될수 있을 것이다. 수백 가지의 치즈, 요구르트, 우유제품, 크림 등을 선택할 수 있는 영국, 네덜란드, 독일, 혹은 프랑스 가정주부가 아바마와 같은 여성과 어떤 관계가 있는가? 일반적인 서구 소비자–가정주부는 '우유홍수작전' 이전에는 인도의 마을에서 생산된 우유가 그 마을에서도 소비되었다는 것을 거의 알지 못했다. 이제 인도산 우유가 도시로 수출된다. 서구의 소비자–가정주부는 아바마에 대한 착취가 유럽 공공시장에서 바다처럼 널려 있는 우유와 산처럼 쌓여 있는 버터와 관련이 있다는 것을 알지 못할 것이다. 이것이 '우유홍수작전'이 시작된 이유이다

1968년 유럽경제위원회가 잉여 우유와 버터를 덤핑으로 판매할 장

소를 모색하면서, 인도를 발견했다. 처음에는 잉여상품을 인도의 유제품 협회에게 선물로 주겠다고 했다. 이를 도시 시장에 다시 팔기위해서는 탈지분유를 우유와 유제품으로 다시 만들어야 한다. 이를 위해서는 인도에서 유제품 산업을 근대화해야 하고, 또 이를 위해서는 투자할 자본을 벌어야 했다. 이 때, 인도 정부는 국제연합식량농업기구 FAO에 접근하여 유럽경제위원회로부터 버터와 분유 기부를 얻어냈다.

9억5천4백만 루피(수정된 예상치는 11억6천4백만 루피)의 초기 투자를 확보한 우유홍수작전은 세계에서 가장 큰 낙농업 개발 프로그램이었다. 이 프로그램은 구제라트Gujerat의 아난드Anand에 있는 카이라지역 협동조합 우유생산자연합회사를 모델로 삼아 '백색 혁명'을 일으켜서, 도시를 시골에서 생산한 우유로 '홍수'가 되게 만들겠다고 공약했다. 이런 '흥건함'이 낙농업의 확산, 농촌에 신선하게 우유를 모을 수 있는 시설 설비, 우유생산을 위해 개량된 동물들, 협동조합을 통한 우유생산자조직 등을 통해 다른 이들 속에서 실현되기를 기대했다. 도시에는 더 우유가 많아지고, 우유 생산자는 더 많은 소득을 올릴 것이다. 그러나 대체로 이런 기대는 실현되지 않았다고 평가된다. 봄베이, 델리, 마드라스, 캘커타 등 4대 도시는 좀 더 많은 우유를 공급받는다. 그러나 대다수 가난한 도시인은 2루피를 지불하고 우유를 사먹을 만한 여유가 없기 때문에, 낙농가에서는 우유를 아이스크림과 같은 사치품, 유당, 이유식 등으로 가공을 했다. 우유홍수작전에서 혜택을 받은 것은 농촌이나 도시의 빈민이 아니라, 값비싼 유제품을 구매할 수 있는 주로 중산층 가정주부였다.

그러나 유럽에서 잉여우유의 수령자로서 인도의 홍수정책은 지속적으로 우유를 과잉생산할 수 있게 유지해주는 중요한 역할을 했다.

이런 과잉생산은 제3세계 국가와 미국에서 가축사료를 수입하는 것과 정부보조가 뒷받침된 상품가격에 기반을 둔 것이었다. 유럽의 낙농업 농가들, 유럽 식품 다국적기업, 유럽 정부들은 모두 우유홍수작전이 계속 유지되면서 성장하는 것에 중요한 관심을 두었다. 우유홍수작전 덕분에 우유의 과잉생산문제를 해결하는 데 큰 도움을 받았기 때문이다. 이 프로그램이 없었다면 정치적 폭동이 일어났을지도 모른다. 우유의 과잉은 공업적으로 생산하는 유제품이 크게 증가하게 만들었고, 이런 다양한 유제품은 유럽 가정주부의 관심을 받고자 경쟁을 벌였다. 시장을 지배하고 있던 다국적기업 식료품 관계자들은 좀 더 유제품을 구매하라고 선전하는 텔레비전과 다른 홍보를 통해 유럽 가정주부를 계속 동원했다. 그들은 어머니, 소비자, 그리고 성적 대상으로서의 가정주부의 이미지를 널리 선전하는 것에 큰 관심을 두었다.

토지가 없고 가난한 농민 여성을 우유홍수작전에 결합하는 것을 통해, 우유를 소비할 여유가 없는 가난한 여성 생산자와 점점 더 다양해지는 유제품의 기대 소비층인 인도 도시와 유럽의 중산층 가정주부 사이에서 객관적인 연결고리가 만들어진다. 이 두 여성 집단 사이에서 잘 보이지 않는 것은 대규모 다국적 식품과 사료업계의 이익, 정부들, 그리고 이런 배치로부터 이득을 보는 수많은 기업이다.

기업농에서 일하는 여성

가정주부 모델은 농촌의 비공식 부문에서만이 아니라 가장 근대적으로 발전한 기업농 부문에서도 전략적으로 중요하다. 폰 벨호프 (Claudia von Werlhof, 1983)은 베네수엘라 여성 노동력이 영세농이 무보수 가족노동의 형태로 착취당할 뿐 아니라 토지개혁 이후 국가가 세운 대규모의 근대화된 사탕수수 협동조합 농장에서도 착취를 당한다는 점을 보여준다. 이 협동조합은 계약과 신용을 기반으로 해서 기업농으로 직접 이어지는 생산을 한다. 야라쿠이Yaracuy 지역에 있는 쿠마리파Cumaripa의 모델 협동조합에서는 남성만이 조합원이 될 수 있었다. 가족이 있는 경우 남성 조합원의 노동이 아내와 자녀의 노동으로 대체될 수 있었다. 조합원이 아프면, 아내나 아들이 대신 일을 해야 했다. 그러나 여성은 조합원이 될 수 없었다. 여성은 결혼을 통해서만 협동조합에 관계할 수 있었다. 이는 여성이 가정주부로, 가장에 부속되어 있는 존재로 규정되었다는 의미이다. 여성은 남편이 해야 하는 일을 모두 할 준비가 되어 있고 또 할 수 있어야 했지만, 남성이 가진 조합원의 권리가 있어야 현금 소득을 배당받을 수 있었다. 이 가장 근대화된 형태의 협동조합에서 여성의 경제적 지위는 최악이었다. 폰 벨호프에 따르면, 협동조합에서 여성을 가정주부로 규정한 것은, 여성을 언제나 준비되어 있고 유용한 예비 노동력이면서, 임금을 지불할 필요가 없는 이들로 만들기 위해서였다. 국가가 장려한 이 모델을 통해 협동조합의 남성이 자기 여성의 생산적 노동력을 이용해 이득을 누렸을 뿐 아니라, 협동조합 전체와 협동조합과 관계되어 있는 기업농까지도 그 이득을 취할 수 있었다.

이렇게 여성의 노동이 상업작물 생산에 보이지 않게 결합되어 있는 것과 별도로, 여성은 온전한 가정주부로도 동원되었다. 농촌 사회 복지사의 도움으로, 그리고 식습관을 바꾸고 신기술(예를 들어 인형 만들기)를 배우면서 '가정주부의 점수'를 높이기 위해, 이른바 여가 시간을 생산적으로 활용하기 위해 이들은 곧장 상품 생산 영역에 돌입했고, 이를 통해 부양자의 소득을 보완했다. 이들 여성의 노동은 상품

생산과 자본축적 아래 완전히 포섭되었다. 그러나 이는 여전히 가정주부가 하는 자급적 생산 정도로 보였다. 폰 벨호프는 다음과 같은 결론을 내렸다. '가정주부가 되는 것은 상품생산자가 되지 못한다는 것을 의미하지 않는다. 상품생산자임에도 불구하고 자급적 생산자로 간주된다는 것을 뜻한다'(v. Werlhof, 1983 : 148, 영어번역은 저자).

쿠마리파 모델 협동조합은 기업농과 계약 하에 사탕수수를 생산했다. 이 설탕이 어떻게 어떤 형태로 세계 시장에 들어가는지에 대해서는 알려지지 않았다. 이 생산품이 결국 어느 부유한 국가 혹은 제3세계 도시의 소비자 손에 들어가게 되는지에 대해서도 알 수 없다. 나로서는 미국 혹은 유럽의 가정주부와 베네수엘라의 무보수 가정주부 생산자 사이에 존재할 직접적인 연결고리를 추적할 만한 자리에 있지 못하다. 1차 생산자의 생산품이 최종 소비자에게로 가는 경로를 추적하기는 대체로 어렵다. 많은 생산품이 기업농을 통해 세계 시장으로 진입하기 때문이다. 진귀한 과일이나 야채의 경우에는 조금 쉬울 수 있지만, 카사바, 타피오카, 야자유, 설탕, 땅콩 등의 경우 동물 사료나 식료품 생산의 원료로 들어가고 나면 그림에서 사라져버린다. 말할 수 있는 것은 일반적 차원에서 이들 상품 생산에 활용된 여성의 무보수 노동이 서구 시장의 풍요로운 상품을 설명해주는 하나의 이유로 볼 수 있다는 사실이다.

제3세계 국가에서 무보수의 가정주부 노동은 부유한 국가의 가정주부가 소비하는 상품을 생산하는 데 활용될 뿐 아니라, 무기 생산을 비롯한 다양한 생산과정의 원료로 쓰일 수 있는 상품을 생산하기도 한다. 사탕수수로 석유 대용제인 알콜을 만드는 것이 그 한 예이다.

b. 수공예산업(레이스와 코이어[야자섬유]매트) 여성

수공예품의 생산은 제3세계 국가의 가난한 농촌과 도시 여성이 적은 소득을 보충하기 위한 전략으로 오래 동안 지속되어 왔다. 이 전략은 가정 혹은 가내공업에 기초해 있다. 여성은 이 일을 가정에서 '여가' 시간에 한다. 그들은 자신을 가정주부라고 생각하지 노동자라고 여기지 않는다. 일은 대체로 선대제로 조직되어 있다. 성과급으로 지급받는데, 농업노동자의 최저임금보다 훨씬 낮다. 일찍이 19세기부터 이 산업에 종사해 온 나르사푸르Narsapur의 레이스 생산자들은 하루 8시간 정도 일을 하면 약 0.58루피를 번다. 10만 명 이상의 여성이 이 산업에 종사하고 있다. 그러나 한 명도 노동자로 통계에 올라가 있지 않다. 그들의 노동은 가정주부의 여가 활동으로 규정된다.

레이스는 모두 미국, 유럽, 호주, 남아프리카로 수출되었다. 자신이 만든 레이스 제품을 자신의 오두막에 사용하는 일은 절대 없다. 이들은 그 제품이 어떻게 사용되는지도 알지 못한다. 노동분업이 되어 있어, 혼자서 상품 하나를 다 만드는 것이 아니라 일부분, 혹은 그들 표현에 따르면 '꽃'만 만들기 때문이다. 19세기 선교사가 도입한 이 산업은 시간이 경과하면서 이 지역에서 여러 개의 큰 수출업체가 생겨났다. 이들은 여성에 대한 착취에 기반하여 수백만 루피를 벌었다(Mies, 1982).

또 다른 측면은 산업화된 국가의 수입상이다. 오늘날 대부분의 슈퍼마켓 체인은 제3세계 수공예품을 구비하고 있다. 쾰른의 한 슈퍼마켓에서 나는 나르사푸르에서 온 수제 레이스가 중국에서 온 수제 레이스와 나란히 진열되어 있는 것을 보았다. 둘 다 비교적 저렴했다. 이는 오늘날 노동계급 여성도 가구에 수제 레이스를 놓아 실내 장식을 섬세한 부르주아처럼 보이게 할 수 있게 되었다는 것을 의미한다. 수제 레이스는 이전에는 부르주아 가정에서나 볼 수 있는 사치품이었다. 인도의 가난한 농촌 여성이 먹고살기도 힘든 수준의 임금을 받고 이런 제품을 만들기 때문에 산업화된 국가의 노동계급 여성도 이전에는 부르주아 여성만 가능했던 생활방식을 구가할 수 있게 되었다. 이런 관계는 지구의 양편 모두에서 여성을 가정주부로 규정하면서 만들어졌다.

리시우Carla Risseeuw가 스리랑카의 비슷한 사례를 연구했다(Risseeuw, 1981). 이곳에서는 여성에게 수출용 야자섬유매트를 제작하라고 부추겼다. 레이스 생산은 19세기에 이미 도입되었던 것이지만, 팔릴 만한 야자섬유매트 제작기술은 네덜란드가 여성을 위한 개발 프로젝트로 도입한 것이다. 작업 조직은 나르사푸르의 레이스 제작과 비슷했지만, 스리랑카산 매트 생산자들은 작은 작업장을 세워서 여성이 함께 모여 일하도록 했다. 이는 레이스 제작이 개별화되어있던 것을 고려하면 그보다는 개선된 점이라고 볼 수 있다. 한편, 개별 생산자 사이에서 벌어진 치열한 경쟁은 나르사푸르에서보다 스리랑카에서 더욱 치열했다. 리시우는 이 여성노동자를 조직하는 것이 어려운 일이었다는 점을 연구에서 강조했다. 리시우가 지적한 또 하나의 어려움은 네덜란드 여성이 좋은 의도를 갖고 이 매트들이 네덜란드를 비롯한 유럽에서 판매될 수 있도록 대안적인 마케팅 시스템을 조직했음에도 불구하고, 결국은 대형 마케팅 기업이 이 매트를 마케팅하기 시작했다는 점이다. 제3세계의 작은 작업장이 그들과 경쟁을 할 수는 없었다. 결과적으로 이 프로젝트는 새로운 상품, 서구 가정을 위한 사치품을 또 하나 만들어낸 것이다. 이는 대규모 슈퍼마켓 체인을 통해 제공되는 다양한 상품 중 하나가 되었다. 이 프로젝트는 여성 생산자가 좀 더 현금 소득을 올릴 수 있게 해주면서도, 한편으로는 이들을 서구 시장의 변덕과 동요에 의존하게 만들었다. 제3세계에서 최근 수출지향적인 수공예품 생산을 시작하면서 동원된 모든 여성이 오늘날 산업화된 국가에 영향을 미치고 있는 경제위기의 영향을 가장 심하게 받고 있다는 점은 놀랍지 않다. 네덜란드나 독일의 여성이 야자섬유매트를 구매할 돈이 더 이상 없거나, 야자섬유매트와 레이스에 싫증이 나서 그저 사지 않게 되면 스리랑카의 야자섬유매트 생산자와 인도의 레이스 생산자는 무엇을 하게 될 것인가?

c. 전자산업의 여성

위의 예가 가내산업을 통해 여성 노동을 자본에 종속시키는 결과를 설명해준다면, 인도네시아, 말레이시아, 싱가포르, 홍콩, 태국, 엘살바도르, 멕시코, 필리핀 등의 자유생산지대에서 일하는 여성은 진짜 공장에서 노동을 하고 있다. 여기서 추가로 분명히 할 점은 가내공업과 선대제 시스템은 수공업이나 제3세계 국가에만 국한된 것은 아니다. 이른바 제3의 기술혁명과 함께, 비슷하게 원자화된 노동조직은 고도의 섬세한 생산과정에서도 이용될 것이다. 이미 미국 회사도 가정용 컴퓨터 앞에 미국 가정주부들이 앉아서, 나르사푸르의 레이스 노동자가 레이스 일부를 만드는 것과 같은 방식으로, 그들에게 할당된 부분의 작업을 하도록 하고 있다. 그러나 마이크로칩에 기초한 이런 '기술혁명'은 동남아시아의 전자산업에서 일하는 1백만 명 이상의 여성 노동자의 작업에 기초한 것이다. 오늘날 누구나 서구시장에서 이런 마이크로칩 혁명이 가져온 결과에 대해, 자동화와 컴퓨터화를 통해 수백만의 일자리가 없어지게 될 가능성에 대해 말하지만, 이 모든 것을 가능하게 만든 '손이 빠르고, 손재주가 좋고 고분고분한 아시아 여성'에 대해서는 언급이 거의 없다. 그로스만Rachael Grossman은 이 여성들의 노동조건과 이들을 다루는 메커니즘에 대해 연구했다.

전자산업의 아시아 여성은 미국의 실리콘벨리에서 동남아시아까지 이어져있는 세계적 조립라인에 위치해 있다. 이 조립라인 위에서 아시아 여성은 가장 단조롭고, 시간이 많이 걸리고, 스트레스가 쌓이고, 건강에 해로운 일을 한다. 이들은 현미경을 통해 작은 칩을 갖고 있는 머리카락처럼 가는 와이어들을 들여다보면서 일일이 용접하여 하나의 통합된 회로로 만들어야 한다. 이 전자부품들은 새로운 컴퓨터와 자동장치에게 지시를 내리는 실제 '두뇌'들이다. 미국과 일본의 기업은 심리적 조정 방식과 직접적인 강제 방식을 결합하여 노동력을 교묘하게 통제하는 시스템을 만들어냈다. 이 공장들에서 노동조합 활동이 금지된 것은 말할 필요도 없다. 말레이시아에서, 여성이 노동조합에 가입한 것이 알려지면, 해고된다.

기업은 14~25세의 젊은 여성만 고용한다. 결혼하게 되면 보통 실직이다. 이를 통해 회사는 출산수당을 절약할 수 있고, 언제나 젊고, 금방 배우는 신입여성을 채용할 수 있다. 여성은 매일 일정 분량의 칩을 완성해야 한다. 말레이시아, 페낭의 반도체 공장에서 온 한 여성은 모든 여성이 매일 700개의 칩을 완성해야 하고, 작업 중 말을 하면 안 되며, 작업장소를 벗어나서도 안 되고, 휴식을 취할 수도 없었다고 말했다. 감독관은 계속 노동자를 비난했다. 현미경 작업을 하루 8시간씩 히디보면 눈에 통증이 있고 신경이 곤두섰다(Fröbel et al, 1977: 593). 모든 여성 옆에는 탁자가 있어서 당일 해야 할 일이 표시되어 있었다.

각 공장의 여성은 일일 노동량을 높이기 위해서 다른 이들과 계속 생산성 경쟁을 벌이도록 배치되었다. 당일 목표를 완수하지 못한 여성은 해고되거나 초과근무를 해야 한다. 앞에 인용한 여성은 또 이렇게 말했다. '그들은 우리를 짐짝처럼 다룬다'. 동시에, 회사는 여성을 섹스 심볼로, 아주 불쾌한 방식으로 조종했다. 주말에 회사는 화장품 바자를 조직하여, 노동자 여성이 어렵게 번 돈을 립스틱, 화장, 크림 등에 쓰도록 부추겼다. 언론이나 영화는 서구의 글래머 여성들을 내보내 노동자 여성들이 모방하도록 조장한다. 또한 미인선발대회를 개최하여 회사의 미의 여왕이라는 타이틀을 놓고 서로 경쟁하게 했다. 그런 미인대회 이후, 사보에는 이런 내용이 실렸다. '지난겨울 회사는 미인대회에 40달러를 써서 여왕의 이브닝 가운을 구입했다. 그런데 그녀가 다리를 자랑하기 위해 드레스를 너무 찢어놓아서, 그녀는 그 옷을 더 이상 입을 수 없게 되었다'(Grossman, 1979).

회사는 노래, 재봉 경연대회를 조직하고, 사보에는 우승자의 사진을 실었다. 노동자는 노동시간에만 회사에 잡혀 있는 것이 아니라, 여가시간에도 그랬다. 회사는 스스로를 큰 가족으로 제시했고, 백인 혹은 일본인 경영자는 경연대회의 우승자에게 뽀뽀를 해주는 등 아버지처럼 행세한다. 여기서 가부장적 구조와 태도는 그저 이용되고 강화된 것만은 아니다. '아시아 여성의 순종적 태도'는 서구와 일본 자본을 이 지역 국가에 유치하는 데 이용된다. 가부장제의 전통적 형태와 관계없이, 새로운 가부장제는 분명히 자본주의적 형태로 표현되었고, 자본주의적 목표와 목적을 갖고 있다. 자유생산지대의 아시아여성은 우선 노동자가 아니라 여성으로 간주되었다. 가내산업의 여성과 달리, 이들은 여기서 우선 섹스 심볼로 규정된다. 이는 세계시장을 위한 생산에 아시아 여성을 동원하는 것이 전체적으로 내가 성매매 세계라고 부르는 것과 얼마나 밀접하게 연결되어 있는지를 보여준다.

다른 면

국제노동분업의 다른 면은 수백만의 서구 여성(과 남성)이 이미 일자리를 잃고 있다는 점이다. 기계와 전자 산업에서, 그리고 컴퓨터, 자동장치, 텍스트 편집기 등의 도입으로 제3섹터에서는 더욱더 일자리가 사라질 것이다. 게다가, 여성은 이 모든 것을 판매하려는 마케팅 전략 속에서 가정주부, 소비자, 섹스심볼로 동원될 것이다. 오늘날 경제적 정치적 기획가들이 희망하고 있는 것 중 하나는 이런 새로운 기술 제품이 조만간 서구에서 한 집 건너 판매되면서, 경제 위기가 극복되고 새로운 자본축적 순환이 시작되는 것이다. 1990년까지 한 집 건너로 가정용 컴퓨터를 갖게 될 것이라고 기대되고 있다. 가정주부는 컴퓨터로 작동되는 오븐을 갖게 될 것이고, 컴퓨터를 통해 쇼핑을 하고, 텔렉스 등을 통해 편지를 보내게 될 것이다. 가장 기대가 큰 것은 비디오 산업과 관련해서이다. 비디오 필름과 이를 위한 도구들이 상당한 정도로 구식 텔레비전을 대체할 것이라고 기대하고 있다. 그래서 모든 남편이 가족을 위한 프로그램 감독이 될 것이라는 말도 최근 나오고 있다. 이것이 서구 여성에게 의미하는 바는 무엇인가? 서독에서 최근 새로운 비디오 경향에 대한 토론을 통해 밝혀진 것은 모든 비디오 영화의 40%가 공포물과 전쟁물, 30%가 차들이 서로 들이박는 등의 액션물, 12%가 포르노, 그리고 나머지가 교육, 문화 등에 관한 것이라는 점이다. 공포물을 포르노에 넣을 수도 있다. 두 킹크 모두에서 여성, 특히 '흑인' 여성은 성차별적이고 가학적인 폭력의 피해자로 자주 나온다. 이미 여성에 대한 폭력이 존재하고 있지만, 앞으로 계속 더욱 증가할 것이라고 추정할 수도 있다. 이는 여성이 자본주의 발전에 이렇게 통합된 결과이기도 하다. 여성에 대한 폭력 그 자체가 상품이 된 것이다. 여기서, 서구 여성과 관련해 분명히 짚고 넘어갈 것은 이런 방식의 발전, 이런 방식의 기술 진보, 이런 방식으로 보장되는 부富는 여성의 이익에 전혀 도움이 될 수 없다는 점이다. 여기서 여성은, 우리 사회에서 이미 욕구불만 상태에 있는 남성에게 새로운 '수요'를 창출해주기 위해, 그리고 이미 포화상태에 있는 시장이 계속 움직일 수 있도록 하기 위해, 가장 삐뚤어지고 가학적인 방식으로 이용되고 있기 때문이다.

d. 섹스관광산업과 국제적 성매매 알선

신국제노동분업이 신가부장적 혹은 성차별적 노동분업과 결합한 것을 가장 뻔뻔하게 보여주는 것이 섹스관광산업이다. 제3세계로, 특히 아시아로의 관광업은 1970년대에 크게 성장했고, 국제적인 구호기구들이 하는 개발전략으로 선전되면서 계속 이어지고 있다. 사실 이 산업을 처음 계획하고 지원한 것은 세계은행, IMF, 그리고 미국 국제개발처였다. 1960~1979년 사이에, 동남아시아에 갔던 관광객은 25배 증가했다. 주로 서구와 일본에서 온 관광객들에게 문호를 개방한 이 지역의 국가들은 1979년에 40억 달러 이상의 관광 소득을 올렸다(Wood, *South-East Asia Chronicle*, no. 78). 홍콩, 태국, 말레이시아, 필리핀, 싱가포르는 여행업을 주된 수출산업의 하나로 만들어 왔으며, 다른 제3세계 국가들, 예를 들어 케냐, 튀니지, 멕시코, 카리브제도의 국가들, 스리랑카, 페루 등도 그 뒤를 따르고 있다. 일본과 미국, 유럽에서 남성 여행객이 줄을 잇도록 만드는 주된 수출품은, 햇볕 좋은 해변보다는 아시아, 아프리카, 라틴아메리카의 여성들일 것이다. 특히 태국과 필리핀 정부는 여성을 여행 패키지 상품의 일부로 제공하고 있다. 1980년 10월, 태국의 수상은 지역의 지방관에게 담당 지역에서 경치 좋은 지점들을 개발하고 '당신들 일부는 역겹고 당황스럽기도 하겠지만, 성적 즐거움과 관련되어 있는 확실한 오락 활동들'을 조장하여 국민적 관광사업에 기여하도록 하라고 촉구했다(Santi Mingmonkol, *South-East Asia Chronicle*, no. 78:24). 퐁파이치트[Pasuk Phongpaichit]에 따르면, 방콕에서 약 20~30만의 여성이, 마사지업, 찻집, 호텔업 등으로 가장한 섹스산업에서 일하고 있다(Phongpaichit, 1982). 공식적으로 성매매는 태국에서 1960년 이래 금지되어 있다. 다른 통계에 따르면, 방콕 여성의 약 10%가 성매매 산업에서 일하고 있다(Santi Mingmonkoi, *South-East Asia Chronicle*, no. 78). 마닐라에서 성매매업 종사자 수는 10만 명에 달한다고 한다.

성매매는 케냐에서도 법적으로 금지되어 있다. 그러나 정부는 서구 관광객을 유치하는 것에 관심이 많고, 유명한 해변에서 일어나는 일들을 주시하고 있다. 드문 일이기는 하지만, 의회의 의원 한 명이 독일과 스위스인이 해변 지역을 신식민지 섹스 지역으로 만들고 있다고 비난하며 항의하기도 했는데, 이는 관광업에 어떤 변화도 가져오지 않았다. 너무 많은 돈이 이와 연관되어 있기 때문에, 정부의 엘리트도 여기서 자신의 몫을 챙기고 있다(Tourism Prostitution Entwicklung, 1983:52).

관광업과 성산업, 그리고 정부 사이의 끈끈한 결탁은 필리핀에서 좀 더 뻔뻔한 모습을 보인다. 필리핀의 대통령 미르고스와 부인 이멜다의 친인척과 사업 동업자들이 이 관광업 노다지의 주요 수혜자 중 일부이다(Linda Richter, *South-East Asia Chronicle*, no. 78:27~32).

　잘 알려진 대로, 동남아시아 여성이 대규모로 성매매를 하게 된 것은 베트남전쟁과 태평양 연안에 미국 공군과 해군 기지가 세워지면서였다. 동남아시아 섹스관광의 중심에 있는 세 국가, 타일랜드, 필리핀, 한국에는 1960년대 중반부터 지금까지 미군이 큰 규모로 주둔해 왔다. 베트남 여성은 미군을 상대로 성매매를 했다. 태국의 미군부대 주변에는 술집, 매음굴, 나이트클럽, 마사지 업소 등이 있다. 수천 명의 여성이 그곳에서 미군의 '여가와 오락산업'에 종사한다. 미군 시설의 대부분은 태국의 북부에 있다. 소녀들은 그 지역의 영세농가에서 주로 모집된다. 미국 군대가 1976년에 철수하면서 이 여성 대부분은 방콕으로 가서, 사우나의 '서비스 부문'에서 계속 일하고 있다. 이제는 유럽, 일본, 미국에서 온 관광객을 상대한다.

　필리핀에서도 비슷한 상황이 전개되었다. 올랑가포에 있는 미국 수빅베이 해군기지와 앤젤레스에 있는 클라크 공군기지 주변에서 급속하게 '휴식과 오락 산업'이 팽창해서, 이곳 도시들은 1964~73년 사이에 큰 경제 호황을 누렸을 정도였다. 베트남전쟁이 끝나면서 '여가와 오락산업'의 성장도 주춤했다. 그러나 수빅베이의 군사기지는 제대로 된 산업 발전을 위해 성장한 지역이 되었다. '전국경제개발공사'National Economic Development Authority는 외국자본을 초청하여 이 지역에 투자할 것을 권했다. 일본회사 가와사키가 이곳에 조선소를 하나 지었다. 제국주의 군대를 따라 제국주의 산업자본이 온 셈이다. 그리고 그 두 가지는 성산업을 강화시켰다. 이 도시 개발공사의 계획자들은 '여가와 오락산업'이, 20년 뒤 미국 해군이 수빅베이에서 철수한 뒤에도, 이 지역에서 가장 큰 규모로 산업단지에 남을 것이라고 전망했다(Mselina, 1981).

자본과 군대와 아시아 여성에 대한 성착취 사이의 밀접한 연결은 사우디아라비아의 군사시설 지역에서 미국 기업을 위해 일하고 있는 한 페루인 기술자의 개인적 설명을 통해서도 잘 볼 수 있다. 보안상의 문제 때문에 노동자들은 외부 상황으로부터 완전히 격리되어 있었다. 두 주에 한 번 이들은 방콕으로 갔다. 그곳 마사지 가게나 술집에서 태국여성은 이들에게 성적이고 감성적인 서비스를 제공해야 했다. 이 남성은 태국 여성에게 환호를 했다. 그에 따르면 태국 여성은 단순히 돈을 받고 섹스를 파는 이들이 아니라, 서구에서는 이제 찾기 힘들게 된 것, 말하자면 사랑을 주는 이들이다. 그는 이 여성들이 왜 그와 같은 남성들에게, 혹은 서독, 스위스, 미국, 일본 등에서 온 남성 관광객에게 '사랑'을 파는지에 대해서는 묻지 않았다. 이 여성 대부분은 국가의 기획자들이 추진한 근대화의 과정에서 토지를 상실하거나 빚을 진 가난한 농민의 딸이다. 빚을 진 아비 중 많은 이들이 딸을 — 때로는 어린 아이인 딸을 — 어느 정도의 돈을 받고 중개인에게 넘겼다. 중개인은 소녀들을 어떤 시설로 데려가 강제로 일을 시켰다. 중개인이나 주인이 볼 때, 빚을 다 갚을 때까지 이 소녀들은 빚을 볼모로 한 노동자였다. 보통 이 소녀들은 언제까지 이렇게 일을 해야 하는지 알지도 못했다. 방콕의 마사지사 대부분은 자신들이 번 돈 대부분을 가족에게 보냈다 (Phongpaichit, 1982). 동남아시아와 아프리카의, 그리고 라틴 아메리카에서도 점점 늘어나는, 계속 성장추세에 있는 성산업 분야 여성의 고객은 유럽, 미국, 일본, 그리고 아시아 엘리트 층의 사업가나 관료만이 아니다. 많은 서구 성관광객들이 보통의 서구 노동자이다. 이들은 제3세계의 햇볕 좋은 해변에서 그들에게는 이국적인 여성을 사서 휴가를 즐기며 돈을 쓰는 것이 자신의 권리라고 생각한다. 1970~1980년 사이에 태국을 방문한 2백만 관광객 중 71.1%가 남성이었다.

방콕을 방문했던 한 베트남 여성은 비행기 안에서 봤던 이상한 상황을 말해주었다. 그녀는 독일 남자들 — 일부는 노동자, 일부는 사업가 — 사이에 앉아 있었는데, 이들은 태국 억양의 서툰 영어로 이야기했다. 아마 태국 술집에서 배운 말이었을 것이다.

이 산업의 또 다른 면은 주로 서독에 있는 개인 회사들이 세운 아시아와 라틴아메리카 여성의 결혼시장이다. 이 회사들은 사업소개소에서, 그리고 심지어는 권위 있는 신문의 결혼관련 칼럼에서 '순종적이고, 자유분방하지 않은, 고분고분한' 아시아 여성을 공공연하게 홍보했다. 독일-필리핀만남클럽German-Filipina Kontakt Club을 운영하는 독일인 크레취만Karl-Heinz Kretschmann은 필리핀인이 섹시할 뿐 아니라 값이 싸다는 점도 강조했다. '가정주부를 쓰는 셈인데도 매달 30마르크가 들지 않으며 그 외에는 그녀가 먹을 음식만 주면 된다. 왜 비싼 세탁기를 사려고 하는가?' 모든 '결혼' 혹은 '파트너' 관련 기구들은 남성 고객에게 아시아 여성과 함께 있으면 확실히 주군과 주인으로 살게 될 것이라고 말한다. 한 고객은 이렇게 썼다. '독일 여성과 두 번 결혼하고 헤어진 이후 나는 우리 독일의 "자유분방한 여성"에게 질려버렸다(Schergel, 1983).

순종성 외에도, 독일 남성은 필리핀 여성의 가정지향적이고 요구하는 것이 없는 성격을 좋아한다. 한 고객은 이렇게 썼다.

많은 독일 남성이 필리핀 여성을 원하는 이유는 독일 여성이 가족보다 자신의 일자리와 커리어에 더 관심을 두기 때문이다. 필리핀인은 무엇보다 가족을 우선시한다. 그들은 독일여성처럼 구제불능의 속물이 아니다(Schergel, 1983; 영어 번역은 저자).

보통의 독일 남성은, 비록 실직자라고 하더라도 카탈로그의 아시아 여성 중 한 명을 주문할 수 있다. 만족하면 계속 옆에 둘 수 있고, 만족스럽지 못하면 반송하거나 프랑크푸르트, 함부르크, 베를린 등에 있는 매음굴로 보낼 수 있다. 함부르크 부근의 한 마을에서 실직한 한 석공이 9천마르크를 주고 두 명의 아시아 여성을 주문했다. 그는 이 '투자'로 큰돈을 벌었다. 이 여성들을 강제로 성매매를 시켜서 돈을 번 것이다. 루르의 한 작은 마을에 있는 한 볼링 클럽에서 아시아 여성을 한 명 주문했다. 그녀는 공식적으로 한 명의 남성과 결혼했지만, 실제로는 그 클럽의 남성 모두에게 성 서비스를 제공해야 했다. 많은 독일 남성이 태국 혹은 필리핀에서 직접 결혼하는 것을 계획하고 있다. 방콕의 독일 대사는 방콕에 관광 온 많은 독일 남성이 태국인 여성과 결혼한다고 말한다. 그는 이 결혼의 목적이 여성을 독일로 데려가 강제로 성매매를 시키는 것이라고 단언한다(Ohse, 1981). 이 발언에서 놀라운 것은 타이 여성과 '결혼'하고 싶어 하는 독일 남성에게 큰 문제를 만들어줄 생각이 방콕의 대사에게는 분명히 없다는 점이다. 개인적으로 들은 바에 따르면, 독일 남성과 결혼한 태국 여성이 비자를 받는 것에는 어떤 큰 어려움도 없다. 이는 독일 여성이 정치적 망명을 위해 혹은 일자리를 위해 혹은 독일에서 누군가를 만나기 위해 독일에 왔을 아시아나 터키 혹은 아프리카 남성과 결혼하게 될 때 따라오는 법규와 관행과 크게 대조된다. 일단 이 결혼은 가짜 결혼일 것이라고 간주된다. 이 커플은 오래 동안 조사를 받아야 하고, 남자의 체류증과 비자가 취소되는 경우도 종종 있다. 이는 독일에서 이국 남자를 노동자로는 원하지 않기 때문이다. 이에 비해, 이국 여성은 서구 국가들에서 성장가도를 달리는 부문 중 하나인 성산업에서 강력하게 원하는 것이 분명하다. 서독 국가는 제3세계와 하는 몸의 무역에서 이중기준을 적용하고 있다.

다른 면

이 이야기의 다른 측면은 산업화된 부유한 국가의 남성은 경제적 불황일 때라도 제3세계에서, 특히 연화soft currency를 쓰는 국가에서 소비하는 것을 원할 경우에는, 휴일을 즐기고 상품으로 이국 여성을 직접 구매할 수 있을 정도로 여유가 있다는 사실이다. 서구 남성, 특히 독일 남성은 차와 이국에서의 섹스 휴가에 너무 꽂혀 있다. 그렇기 때문에 정부들은 가장 중요한 두 가지 대중 소비재를 상당히 낮은 가격에 제공하기 위해 할 수 있는 모든 것을 다하고 있다. 독일 노동자에게서 자동차와 휴가를 박탈하는 정부가 있다면 금방 무너질 것이다.

'국제적 성매매알선'에서는 제3세계의 정부만이 아니라 부유한 국가의 정부도 중요한 역할을 한다. 그러나 이 수출산업에서 가장 중요하고 눈에 띄는 역할을 하는 것은 (서독의 네케르만 혹은 TUI 같은)다국적 관광회사, (힐튼인터내셔날, 홀리데이인, 인터콘티넨탈, 쉐라톤, 하얏트 등)호텔 체인, 비행사, 그리고 이와 관련되어 있는 각종 서비스 산업이다. 이들 기업이 섹스관광과 몸 거래를 통해 얻는 이익에 대해 말할 수 있는 숫자를 거의 구할 수 없다는 점은 중요하다. 이 기업들은 자신의 외양을 '품위'있고, '깔끔하게' 유지한다. 그러나 이 성산업 부문의 다양한 지점들 사이에는 밀접하고 직접적인 연결고리들이 있다. 예를 들어 인터콘티넨탈 호텔회사는 항공사 팬암의 자회사이다(Wood, *South-East Asia Chronicle*, no. 78). 또한 성산업에서 벌어들인 이익의 대부분은 제3세계에 남는 것이 아니라 다국적기업이 위치한 국가들로 들어간다(Tourism Prostitution Entwicklung, 1983 : 47~49). '비물질 상품' 생산의 새로운 트렌드, 우리 시장은 물질 상품으로 이미 넘쳐나고 있기 때문에 생겨난 새로운 트렌드를 고려해보면, 제3세계 여성의 몸을 산업화된 국가로 수출하는 무역은 계속 증가할 것이라고 전망할 수 있다. 이와 함께 이 시장에서 성차별적이고 인종주의적이고 가학적인 경향도 더 커질 것이다. 인종주의는 초기 식민주의시대부터 지금까지 언제나 이 산업의 부분으로 한 몫을 해왔다. '흑인' 혹은 '황인' 여성이 점점 더 선호되었던 것은 이국적인 성적 매력 때문만은 아니었다. 이들은 사디즘과 폭력의 대상으로 쉽게 바꿀 수 있기 때문이었다. 비디오 산업은 여성에 대한 폭력으로 번성하는데, 그 여성 중 다수는 유색인 여성이다. 여성에 대한 고문과 폭력에 대한 금기는 유색여성과 관련해서 제일 먼저 무너지기 시작했다. 이제 백인 여성도 백인 남성의 성적 학대에 대한 누를 수 없는 욕망을 만족시켜주기 위해 점점 더 '자유를 포기'하고 있다.

국제 혹은 국내 자본, 지역과 서구 정부들, 군인과 민간인으로 구성되어 있는 국제적 성매매알선업에서 빼놓지 말아야 할 것은 이른바 '아방가르드 혹은 대안적' 여행자들이 하는 역할이다. 이들은 큰 호텔에 머무는 대신, '배낭여행'이라는 구호를 내걸고 성적 착취를 위해 새로운 지역과 새로운 영역을 개척한다. 지역과 서구의 금기를 감히 깨고 들어가는 이들이 주로 이런 아방가르드 여행가와 대안적 여행 안내자이다. 예를 들어 이들은 고아Goa 해변에서 나체로 목욕을 하고, 아직 '오염되지 않은 처녀지'를 찾는 여행자들, 섹스와 모험에 목말라있는 이들에게 정보를 준다. 몇 년 전만 해도 아시아에 대한 대안적 여행 안내서의 저자는 고객에게 지역민의 문화에 존중을 표하고, 여성을 같은 사람으로 대하라는 주의를 주었지만, 이제 이들 중 많은 이들이, 세계 각국을 다녔던 사람에게 받은, 아시아의 어디를 가야 가장 어리고 값싼 여성을 구할 수 있는지에 대한 정보를 제공한다. 그들의 고객은 대부분 젊고 돈이 없는 '대안적' 여행가이다. 그러나 이들이 새로운 수요와 유행을 창조하기도 한다(Frankfurter Rundschau, 24 Nov. 1984).

서구와 일본 남성이 제3세계 여성을 성적으로 착취하는 것에 대해 많은 여성단체가 항의하기 시작했다. 이들 중 일부는, 특히 교회 조직들은 도덕적 분노를 강하게 표현했지만, 이들은 새로운 국제노동분업이 가장 야비하게 표현된 성산업부문의 근원에 대해서는 공격하지 않았다. 개신교 교회가 후원하는 조직인 발전을위한교육센터Centre for Development-Oriented Education가 발행한 서류를 보면, 섹스관광을 반대하기 위한 많은 활동이 제안되어 있다. 그러나 제3세계 관광업이 자본축적을 위한 전략의 일환이라는 점은 드러나지도, 비판받지도 않았다. 제3세계여성을 인종주의적이고 성차별적이고 가학적으로 착취하면서 개발전략 속에 통합시켜 온 국제노동분업이나, 일반적으로 여성을 '의존적인' 가정주부와 성적 대상으로 규정하는 성별노동분업에 대해 거부하거나 부정하지도 않는다. 성적 착취의 기초를 이루는 것은 정확히 이 두 노동분업의 목적의식적인 상호작용과 운용이다. 서구와 제3세계 국가 여성이, 가난한 제3세계 여성을 야비하고 비인간적으로 이용하고 있는 부유한 국가와 계급의 남성에게 도덕적으로만 분노한다면, 국내적이고 국제적인 자본주의적 성장 모델에 대해 분명하게 비판하지 않는다면, 그들은 필리핀에 있는 올롱가포Olongapo 군사기지에서 여가와 오락산업을 개척한 미국인이 스스로를 정당화했던 논리에 실제적으로 굴복하는 것이다. '정숙한 여성이 강간을 당하거나 다른 형태의 성희롱을 당하게 하는 것보다는, 해군이 성욕을 안전하게 배출할 수 있는 공간을 마련해 주고, 또 그러면서 돈도 벌고 하는 것이 훨씬 좋은 일이다'(Moselina, 1983:78, 영어번역은 저자).

미국, 유럽, 일본, 태국, 혹은 필리핀의 중산층 가정주부의 '정숙'이 아시아나 자국의 가난한 여성을 '유린'하는 것에 기초하는 한, 전 세계 여성이, 흔히들 말하는 것처럼, 성매매를 의미하는 정숙 개념을 거부하지 않는 한, 자본은 '돈을 벌기 위해' 섹스를 놓고 여성을 분열시키고, 또 국제적으로 여성을 분열시켜 이용할 것이다.

결론

여성의 관점에서, 여성해방의 관점에서 국제노동분업을 바라보려면, 항상 동전의 양면을 보는 것이 꼭 필요하다. 지구 양쪽의 여성은 세계 시장에 의해, 그리고 국내자본과 국제자본에 의해, 구분되어 있으면서, 또 실제로는 연결되어 있다. 이 구분에서는, 여성을 한 편에서는 제3세계의 보이지 않는 생산자로, 다른 한 편에서는 개별화되어있고 잘 보이는, 그러나 의존적인 소비자(가정주부)로 교묘하게 조작하는 것이 중요한 역할을 한다. 전체적인 전략은 여성에 대한 가부장적이고 성차별적이고 인종주의적인 이데올로기, 즉 여성을 기본적으로 가정주부이자 성적인 대상으로 규정하는 것에 기초해 있다. 여성을 계급과 식민주의에 따라 구조적으로 구분하는 것과 결합된 이런 이데올로기적 조작이 없다면, 이런 전략은 자본에 그리 이득이 되지 않을 것이다. 또한 여성이 산업화된 국가에서 시장의 확대를 위해 점점 더 성적 대상으로 이용되고 있음을 알 수 있다. 그렇지 않았다면 이 시장들은 정체를 면치 못했을 것이다. 이런 전략에서 남성은 '자본의 에이전트'로 결정적인 역할을 한다(Mies, 1982). 그러나 이런 역할은 국제노동 분업에서 지역과 인종뿐 아니라 계급에 따라서도 구분되어야 한다. 백인 남성 유력자 혹은 자본가만이 아니라 백인 남성 약자 혹은 노동자도 자신의 여성과 제3세계의 여성을 착취하는 것을 통해 이득을 본다. 황인 혹은 흑인 남성 유력자만이 아니라 흑인 혹은 황인 남성 약자도 '자신의' 여성에 대한 착취를 통해 이득을 본다. 백인여성 유력자와 약자 또한 식민지의 브라운 흑인 남성과 여성 약자에 대한 착취를 통해 이득을 공유한다. 발전의 상징인 진짜 서구 가정주부의 지위를 갈망하는, 그리고 제3세계 자본주의의 추동자로 보이는 식민지의 브라운 혹은 흑인 여성 유력자 또한 마찬가지이다.

그러나 남성과 대조적으로, 여성은, 백인이든 흑인이든 간에, 점점 더 자신의 인간적 존엄과 삶을 지키기보다는 창녀가 되거나 가정주부가 되는 '영광'을 택하도록 만들어지고 있다. 나는, 제3세계의 가난한 여성(영세농이나 주변화된 도시여성)을 밑바닥에 놓은 신국제질서라고 불리는 이 통합된 착취체제를 유지하는 것이 부유한 국가의 여성에게 객관적으로 전혀 이득이 되지 않는다고 생각한다. 이 제3세계의 가난한 여성은 산업화된 국가의 여성에게도 '미래의 이미지'(v. Werlhof, 1983)이기 때문이다. 이런 미래는 제3세계 자매에게 적용되었던 것과 같은 방식과 방법으로, 즉 새로운 비공식 부문에서 '보이지 않게' 노동하고, 생계를 위해 다양한 방식으로 몸을 팔면서 '발전 속으로 통합된' 미국과 유럽의 많은 여성 사이에서도 이미 시작되었다.

여성에 대한 폭력과
계속되는 자본의 원시적 축적

5장

여성에 대한 폭력과
계속되는 자본의 원시적 축적

여성이 '개발로 통합되는' 혹은 전 지구적 차원의 자본축적 과정 아래 종속되는 다양한 생산관계들 사이의 차이가 무엇이건 간에, 한 가지는 분명하다. 이런 통합은 그들이 '자유' 임금노동자 혹은 프롤레타리아가 되었음을 의미하지 않는다. 개발기구들이 남발하는 미사여구처럼, '자유' 기업가가 된 것도 아니다. '진짜' 가정주부도 아니다. 앞에서 묘사한 모든 생산관계, 노동관계의 공통된 특징은 여성이 착취 혹은 극한의 착취를 당하는 과정에서 구조적인 혹은 직접적인 폭력과 강제가 사용된다는 점이다.

비정기적으로 농업노동을 하는 인도 여성은 자본주의적 농장 때문에 자신에게 일과 소득을 보장해주었던 전통적인 마을의 규범이 깨져나가는 것을 목도했다. 여성이 법적인 최저임금을 요구할 경우 그들은 더욱 더 직접적인 폭력에 노출되었다.

토지개혁을 통해 합법적으로 할당받은 토지를 개간하려하면 약자였던 농민 여성은 강간을 당하고, 그들의 오두막이 불탔다. 그녀의 남편은 구타를 당했다. 남성은 '자유로운' 프롤레타리아가 되기보다는 점점 더 부채가 많은 노동자가 되어갔다. 앞에서 본 것처럼, 인도의 축산업에서 가난한 농촌 여성은 우유 생산과 관련한 모든 노동을 억지로 해야 했다. 그러나 축산업으로 생긴 소득에는 가까이 가지도 못했다. 우유에서 나온 소득의 50%는 융자해 준 은행으로 자동 입금되었다. 이들 여성의 노동력은 이미 은행과 국가 소유의 축산업개발회사에게 담보로 잡혀 있는 셈이어서, 이 여성들은 자신이 번 돈을 제대로 보지도 못한다. 우유 소득의 나머지는 남편이 전유한다. 자본을 축적하는 기구들이 거의 비용을 들이지 않고 편하게 여성 노동력을 부릴 수 있게 된 것이다.

여성노동력의 추출은 기존 계급관계 만이 아니라 가부장적 남녀관계에 내재한 폭력을 통해 보장되었다. 축산 일을 하게 된 가난한 여성이 들판에서 꼴을 베는 전통적 권리를 행사할 경우 지주의 직접적인 폭력에 직면해야 했다. 근대적인 쿠마리파Cumaripa의 모델 협동조합에서 여성에 대한 극심한 착취가 이루어진 것은 가정주부-생산자의 도입을 통해서였다. 이러한 사례를 통해 제3세계의 가난한 농민 여성이 자발적으로 가정주부 모델을 수용한 것이 아니라, 온전한 자급적 생산을 포기하고 상품 생산을 받아들이라는 상당한 경제적 이데올로기적 압력에 놓여 있었음을 알 수 있다. 개발 계획자들이 계속 우려하는 것 중 하나는 신용 대출을 받을 수 있는 상품생산을 시작했고, 아직은 약간의 생산수단을 확보하고 있는 소생산자가 이 신용을 지정된 수출용 상품생산 대신 다른 개인적 소비에 사용하지 않을까 하는 점이다. 이런 두려움은 가정주부-생산자에 대해서도 마찬가지였다

(Mies, 1982 참조). 그래서 생산자는 상품 생산을 위한 일을 하지 않을 자유가 없고, 생산품에 대해서도 통제권을 갖지 못하는 방식으로 생산과정이 조직되었다. 쿠마리파 모델 협동조합은 관료제적 서열이 분명한 강압적 기구로 조직되어 있었다. 조합원은 마음대로 조합을 떠날 수 없었고, 항상 자리를 지켜야 했다. 폰 벨호프Claudia von Werlhof가 주목한 것처럼, 이런 사실상의 강제적인 노동관 때문에 조합원은 마치 군대, 감옥 혹은 강제수용소에 있는 이들처럼 행동했다.

거의 군사적 통제 아래 강제적 노동관계를 맺고 있는 강압적 기구의 특성은 대부분의 자유생산지대나 세계시장용 공장에서도 발견할 수 있다. 이들 공장에서는 보통 노동조합이 용인되지 않았으며 노동법이 적용되지 않거나, '여성 가정주부' 모델을 교묘하게 이용하여 법망을 피해갔다. 젊은 미혼 여성만이 이 지대 공장에서 일했다. 결혼할 경우에는 해고되었다. 도덕적 직접적 억압을 통해 여성이 더욱 더 민첩하게 노동하도록 만들었다.

제3세계와 제1세계 성산업에서 일하는 여성에 대한 폭력과 잔혹행위에 대해서는 특별히 강조할 필요도 없다. 이들은 이런 생산관계가 만연한 환경을 구성하고 있다. 이는 가장 잔인하고 비인간적인 형태의 노예노동이다.

폭력과 억압에 기초한 이런 모든 생산관계에서 우리는 남성(아버지, 형제, 남편, 포주, 아들), 가부장적 가족, 국가, 자본가 기업 사이의 상호작용을 볼 수 있다.

모든 여성노동관계에 만연한 이런 사례와 폭력과 억압의 현실을 바라보면 이것이 이렇게 필수적인 것인지, 혹은 이런 폭력을 다른, 좀 더 우연적 원인을 통해 설명해야 하는 것인지 의문을 품게 된다. 이 질문에 답하기에 앞서, 나는 최근 제3세계의 페미니스트에 의해 알려지게 된 여성에 대한 몇 가지 폭력의 사례를 소개하고자 한다. 주로 인도의 상황에 대해 집중하려고 한다. 인도에서는 1970년대 말 이래 페미니스트 단체가 여성에 대한 공공연하고 특별한 폭력에 대해 반대하는 운동을 시작했다. 특히 결혼지참금에 대한 과도한 요구, 지참금을 충분히 가져오지 않은 신부에 대한 살해, 성별감식을 통한 태내 여아 살해 등과 증가하는 강간, 성폭력, 성적 잔혹행위 등에 반대하는 운동이 시작되었다.

지참금 살해

인도 시골의 근대화는 시골 부자와 시골의 가난한 사람들 사이의 계급 갈등을 날카롭게 했을 뿐 아니라, 1960년대 말부터 여성에 대한 폭력이 유례없는 규모로 증가하는 결과를 낳았다. 지주 집권계급이 가난하고 토지가 없는 농민에게 교훈을 주는 일반적인 방식은 이들의 오두막을 태우고, 남성을 때리거나 죽이고, 여성을 강간하는 것이었다 (Mies, 1983).

1972년 이래, 나는 인도에서 발생한 '약자에 대한 잔혹행위'라고 하는 신문기사를 모았는데, 가난한 여성에 대한 강간과 학대가 많이 있었다. 이런 단신 뉴스에 대해 도시의 교육받은 중산층은 어떤 문제도 제기하지 않았다. 좌파 조직은 여성에 대한 강간이 봉건적 혹은 반봉건적 생산관계의 일부라고 말한다. 이들에 따르면, 여성에 대한 강간은 주로 인도 시골에서 만연하고 있다. 또한 당시 인도공산당과 인도 맑스주의공산당의 여성 진영은 여성에 대한 강간과 폭력을 중요한 이슈로 여기지 않았다.

그러나 1978~1980년 사이 상황은 변화했다. 봄베이, 델리, 하이데라바드 등 대도시에서 신여성운동[1]의 영향을 받은 작은 여성단체들이 결혼지참금을 충분히 가지오지 않은 신부에 대한 살해와 강간에 반대하는 캠페인을 시작했다. 비슷한 시기, 여성에 대한 폭력이 멀리 있는 시골에서만이 아니라 대도시에서도 크게 자리하고 있다는 점이 분명하게 드러났다. 게다가, 교육받은 중산층 여성 역시 갈수록 커지는 지참금에 대한 요구 때문에 강간, 성희롱, 특히 성적 학대와 그런 과정에서 결국 발생하게 되는 살해의 잠재적 피해자가 될 수 있다는 것을 이제는 깨달아야 했다.

'진보적인' 중산층 남녀가 자주 하는, 여성해방은 가난한 시골과 도시 여성만이 아니라 중산층 여성을 위해서도 필요하다는 주장이 이제 더 이상 논란거리가 되지 않았다.

인도에서의 지참금 살해는 거의 비슷한 패턴으로 진행된다 : 결혼은 양가가 주선하며, 신랑과 신부는 사진 교환을 통해서만 서로를 알 뿐이다. 결혼 계약이 진행되는 동안 신랑집은 일정한 '지참금'을 요구한다. 신부집은 뭔가를 요구할 권리가 없으며, 다만 신랑집의 요구를 충족시키기 위해 최선을 다해야 한다. 당시 신부지참금은 천문학적 숫자로 증가했다. 잘 사는 중산층 가정은 50만루피 이상의 현금과 그 외 추

---

1. 인도의 신여성운동에 대한 최초의 설명에 대해서는 Gail Omvedt, *We Wil Smash This Prison*, Zed Press, London, 1980 참조. K. Lalitha, 'Origin and Growth of POW, First ever Militant Women's Movement in Andhra Pradesh', in *HOW*, vo..2, no. 4, 1979도 참조. 1979년 이래 페미니스트 잡지 『마누시』(*Manushi*)는 인도 여성운동의 주요 사건을 다루고 있다.

가로 냉장고, 스쿠터, 텔레비전, 금, 라디오, 시계, 자동차, 여행상품 등을 요구했다. 보통의 중산층 가정은 5천 루피에서 3만 루피 정도의 지참금을 요구하고 받았다(Krishnakumari & Greetha, 1983). 신부 가정은 딸을 '결혼시켜 치우기'에 열심이었다. 가부장적 인도 사회에서 결혼하지 않은 여성은 있을 곳도, 사회적 지위도 없기 때문이다. 따라서 신부 부모는 '다른 쪽'의 지참금 요구를 결국은 받아들이게 된다. 돈이 없으면 빚을 져야 한다. 뱅가루르^{Bangalore}가 105개 가정을 조사한 결과, 그중 66가구가 딸 결혼 때문에 빚을 지게 되었음이 밝혀졌다. 지참금 일부를 결혼 후 지불하는 방식을 취한 경우도 있었다. 결혼 이후 신부는 시부모 집으로 가야했다. 대부분의 가정이 부계거주를 하고 있기 때문이다. 학대가 곧장 시작되는 경우도 있다. 남편 혹은 시어머니 혹은 시가 식구가 신부 아버지나 형제로부터 좀 더 많은 지참금을 받아내기 위해 신부를 학대하기 시작한다. 이런 요구와는 별도로, 신부는 모든 모욕과 만행을 감수해야 한다. 만약 지참금을 좀 더 가져오지 않으면, 어느 날 시체로 발견되는 경우가 허다하다. 시가 사람들은 그녀가 자살을 하려고 몸에 불을 질렀다거나, 요리하다가 사고가 났다는 식으로 경찰에 진술한다. 여성을 불에 태워 모든 증거를 없애기 때문에 지참금 관련 사건이 경찰이나 법정의 수사를 받는 일은 거의 없다. 신문 기사에서도 3줄 이상을 넘지 않는다. '여성 자살하다' 혹은 '요리 중 사고로 불에 타 죽은 여성' 등이다. 여기 1979년 6월 델리에 나온 몇 가지 역사적 기록이 있다. 이는 일부 여성과 페미니스트 단체가 지참금살해 반대캠페인을 시작하면서 페미니스트 언론이나 다른 언론을 통해 발표한 것으로, 인도 사회의 여러 지역과 여러 부문에서 수집한 사건들이다. 페미니스트 단체인 스트리 상가르쉬가 정리한 것이다(Manushi, no. 4, 1980 참조).

델리 : 압하Abha는 다울라트 람 대학에서 동물학을 전공했으며, 지금
은 교사를 하고 있고, 5개월 된 딸의 엄마이다. 그녀의 부모 말에 따르
면, 그녀가 뉴델리, 푸사에 있는 IARI에서 과학연구청장(1급)을 하고
있는 고아르Shankar Goar 박사와 결혼한 뒤, 고문을 당하면서 지참금
을 더 가져오라는 요구를 듣고 있었다고 했다. 그런 요구 때문에 그녀
가 살해당하기 4개월 전 그녀의 부모가 냉장고를 주었다고 한다. 1979
년 7월 7일, 남편이 그녀를 때려 이마를 다치게 해서 4바늘을 꿰맸
다. 그녀의 남편은 서독에 가고 싶어 했다. 그는 지참금을 더 벌기 위
해, 재혼을 원했던 것 같다는 의심을 받고 있다. 10월 1일, 압하는 부
모에게 가서 두세라Dussehra 축일을 보냈다. 밤에 집에 왔을 때, 그녀의
오빠와 여동생도 그녀 남편이 화가 나 보인다는 것을 눈치 챘다. 다
음 날, 모르는 사람이 와서 그녀의 부모에게 압하가 몹시 아파서 병원
에 있다는 말을 전했다. 그들이 병원으로 달려갔을 때, 간호사는 압
하가 독극물로 사망했다고 했다. 지금까지 누구도 구속되지 않았다
(*Manushi*, Dec. 1979~Jan. 1980).

델리 : 델리에서 쿠마리Prem Kumari가 결혼한 지 두 달 뒤인 1980년 5
월, 그녀는 심한 화상으로 사망했다.
'결혼 직후부터 남편과 시댁 식구는 지참금이 부족하다고 불평해 왔
다.'고 쿠마리의 어머니는 나에게 말했다. '그들은 우리가 냉장고, 텔레
비전, 선풍기 등을 주지 않았다고 불평했다.…… 이후 그들은 우리가
쿠마리에게 말을 하거나 쿠마리를 만나지 못하게 했다. 쿠마리가 친정

에 올 수 있었던 것은 그녀의 건강이 심하게 악화되어서였다. 우리가 지참금을 충분히 주지 않았다는 이유로 그녀가 얼마나 혹독한 대우를 받고, 구타를 당했는지를 그녀는 우리에게 이야기했다. 다음 번 우리가 그녀를 만났을 때, 그녀의 몸은 불에 타 있었다(*Sunday*, 27 July 1980에서)

아그라Agra : 타즈간지 경찰은 샤르마Rajni Sharma 부인에게 잔혹행위를 한, 이 부인의 시가 식구 4명을 구속했다. 이들은 부인의 가슴을 도려냈는데, 이는 이 도시 역사에서 가장 잔인한 지참금 사건 중 하나이다. 경찰에 따르면 샤르마 부인은 타즈간지 지역의 샹카르Hari Shankar에게 몇 달 전에 시집을 왔다.

남편과 시댁가족은 샤르마 부인에게 스쿠터를 살 돈 1만루피를 가져오라고 압력을 가했다고 한다.

그녀가 거부하자 남편은 그녀의 양쪽 가슴을 물어뜯었다. 시댁 식구가 그의 이런 고문 행위를 응원했다고 한다(*Indian Express*, 10 December 1980에서).

방갈로 : 필리스는 개신교 집안의 다섯 딸 중 하나다. 그녀의 아버지는 부동산 관리관이다. 그녀의 결혼은 방갈로의 우편통신국에서 일하는 토마스의 주선으로 이루어졌다. 토마스의 형은 현금 1만루피와 금화 15개, 부동산 일부를 요구했다. 그녀의 가족은 앞의 두 가지는 들어주었지만, 부동산 일부를 주지 않았다. 결혼은 1981년 9월에 이루어졌다. 토마스는 필리스를 육체적 정신적으로 고문하기 시작했다. 그는 5만 루피를 추가로 요구하면서, 자신이 갚아야 할 빚이 있다고 주장했

다. 그녀에게 여러 날 동안 음식과 물을 주지 않는 일도 많아지면서, 그녀의 몸이 몹시 약해졌다. 이런 처지를 보고 그녀의 어머니는 부부를 불러 크리스마스까지 친정에 머물라고 부탁했다. 둘 다 동의했지만, 12월 15일, 토마스는 필리스를 친정에 보내고, 당일 밤에 그녀를 다시 자신의 집으로 데려갔다. 그녀를 다음 날 다시 데려다주겠다는 약속을 하고 나서 데려간 것이었다. 12월 17일, 토마스는 필리스의 어머니에게 필리스가 스스로 분신하여 자살했다고 했다. 그녀의 가족은 필리스가 당한 것이라고 강하게 의심하고 있다. 그들은 필리스에게 결혼안한 자매가 셋이 있기 때문에, 이혼은 하고 싶어 하지 않았다고 했다. 그들은 부검 결과 필리스가 질식과 뇌출혈로 사망했다고 주장한다. 당국의 비협조적 태도로 어떤 조치도 취해지지 않고 있는 형편이다. 신부는 결혼 88일 만에 생명을 다했다(*Manushi*, June~July 1983).

찬디가르 : 25세의 마노라마 Manorama는 암리차르 Amritsar, 라니카바흐 Rani-ka-Bagh 72–B에 있는 그녀의 시집에서 지난 8월 불에 타 죽었다. 그녀가 죽은 것은 결혼 이래 그녀의 남편에게 계속 돈을 지급해 왔던 그녀의 형제들이 계속되는 지참금 추가 요구에 더 이상 응하지 않겠다고 했기 때문임이 분명하다.

마노라마는 3년 선에 차드 Kailash Chad와 결혼했고, 아들 하나와 딸 하나를 두었다. 이웃에 따르면 마노라마는 지참금을 적게 가져 왔다고 계속 시어머니 데비에게 모욕을 당했다. 이들의 요구는 이웃의 아들이 지참금으로 자동차를 갖게 되면서 한층 심해졌다. 마노라마가 끔찍한 죽음을 맞기 이틀 전, 시집식구와 그녀의 형제 사이에 폭력적인 싸움이 있었다. 마노라마와 그녀의 형제들은 잔혹하게 구타를 당했다.

마노라마의 시누이는 마노라마에게 함께 마노라마의 형제네 집으로 돌아가자고 애원했다. 시누이는 제일 어린 며느리를 불과 10개월 전에 불태운 것을 알고 있었기 때문에, 최악의 상황을 우려했던 것이다. 제일 어린 며느리의 부모는 가난했고, 또 어머니가 계모였기 때문에 신경도 쓰지 않았기 때문에, 이 사건은 그냥 묻혀 버렸다. 그녀의 시집식구가 이런 극악무도한 범죄를 저지르고도 법망을 피해갈 수 있었던 또 다른 이유는 그들이 가난한 어린 며느리에게 자살할 것이라는 말을 계속 하도록 압력을 가했기 때문이다(*Manushi*, Dec. 1979~Jan. 1980).

또한 여자경찰관인 샤마는 1980년 델리에서 남편에 의해 화상을 입고 사망했다. 다음은 『마누시』*Manushi*에서 발췌한 기사이다.

델리: 그녀가 남편을 위해 요리를 하려고 부엌에 있을 때, 남편이 와서 인화성이 강한 액체를 그녀에게 붓고 불을 당겼다. 그는 밖으로 뛰어나와 가스관이 터졌다고 소리를 질렀다. 그러나 그렇지 않다는 것이 밝혀졌다. 4살 아들은 아버지가 어머니에게 불을 붙였다고 증언했다. 샤마는 델리 경찰서의 부경감이었다.…….

그녀는 부모의 반대를 무릅쓰고 남편인 나그라데Nagrathe와 결혼했다. 그녀는 델리 대학에서 힌두문학으로 석사학위를 받았지만, 남편은 7학년을 겨우 통과했으며, 신체적으로 장애가 있었고, 정규 직장을 가진 적이 없었다. 샤마는 가족의 주된 부양자였다. 나그라데는 정기적인 소득이 없었지만, 음주와 도박으로 많은 돈을 썼다. 그러면서도 비 ‍는 ‍아이 독립적인 부양 활동에 분개했고, 미친듯이 그녀를 의심했으며, 그녀가 동료나 친구와 어울리지 못하게 했다. 가사노동이나 육아를 돕는 것도 거부했다.……(*Manushi*, July~August 1980).

결혼지참금 살해 반대캠페인이 시작된 이후, 젊은 신부가 남편이나 남편 친지에 의해 살해되거나, 자살에 이르게 된 사건들이 언론에 훨씬 더 많이 등장했다. 여성 단체와 조직들은 정부가 범죄자에게 더욱 엄격하게 법집행을 하도록 압력을 가했다. 또한 1961년 지참금 금지법을 제정하도록 했는데, 이는 사실 종이 조각에 불과하여, 이를 제정한 정치인 자신도 이 법을 지키지 않았다. 또한 이들은 정부에 대해 인도에서 사망한 젊은 신부 사건들을 좀 더 세밀하게 수사하도록 했고, 그런 죽음의 숫자도 밝히도록 요구했다. '1980년 6월 10일 의회에서 여성에 대한 잔혹행위를 논의했다. 델리 경찰은 1979년 화상으로 사망한 여성이 모두 69명이라고 발표했다. 그러나 화상으로 사망한 여성은 1980년을 보면 7월까지만 계산해도 65명에 달했다. 세계여성의 해인 1975년, 350명의 소녀와 여성이 결혼지참금 때문에 불에 타서 사망한 것으로 보인다. 가정주부 장관에 따르면, 인도에서 1976년에 2,670명의 여성이, 1977년에 2,917명의 여성이 화상으로 사망했다. 이는 경찰 기록에 남게 된 사건만 집계한 숫자이다(Sunday, 27 July 1980).

결혼지참금 살인과 여성에 대한 다양한 잔혹행위에 대한 반대운동이 커지고 있었음에도 불구하고 1980년 이후 남편이나 시집친지에 의해 젊은 여성이 살해되는 숫자는 급속하게 증가했다. 1983년 고등법원은 남편, 시어머니, 시형제가 20세의, 그것도 임신 9개월의 젊은 여성을 살해한 사건에 대해 처음으로 사형을 선고했다. 그들은 그녀에게 등유를 퍼붓고 몸에 불을 질렀다. 지참금을 충분히 가져오지 않았다는 이유에서였다. 그러나 이런 엄벌조치에도 불구하고 상황은 호전되지 않았다. 그 판결이 나온 같은 주에는 평소보다 더 많은 결혼지참금 관련 살해사건이 신고되었다.

1981년, 우타르 프라데시 주에서만 1,053명의 여성이 자살한 것으로 집계되었다(Maitreyi, no. 4, Oct.~Nov. 1982) 1982년 11월 6일 마드라스에서 열린 토론회에서 포렌식의과대학 교수 자나키K. Janaki 박사는 사회적 관계의 패턴이 지난 몇 년 사이에 극적으로 변화했다고 말했다. '1977년 이래 화상으로 사망하는 여성의 수가 3배로 증가했고, 목을 매달아 자살하는 여성의 수는 두 배로 증가했다.……' 병원 통계를 인용하면서, 그녀는 사우스 마드라스에서만 지난 5년 동안 해마다 화상으로 사망하는 여성의 숫자가 52명에서 178명으로 증가했으며, 목매달아 죽은 여성의 수는 70명에서 146명으로 증가했다고 했다(Hindu, 4 November 1982, in Maitreyi, no. 4, 1982에서 인용).

마디아 프라데시 주의 다른 언론에 따르면, 평균 매일 최소한 한 명의 여성이 대형병원에 화상으로 실려온다고 했다. 이들 대부분은 젊은 여성이다. 남편이 말하는 이유는 주로 가스 폭발이나 요리 중 우연한 사고로 인한 것이다. 이들 중 3분의 1은 결국 사망에 이르게 된다(Sunday, 4 October 1982, in Maitreyi, no. 4, 1982에서 인용).

양수천자와 여성 살해

1911년 이래 인도에서 성비가 하락한 것[2], 최근 생긴 결혼지참금

---

2. 인도에서 남성에 대한 여성 인구 비율은 1911년 이래 감소해 왔다. 그러나 가장 급격하게 감소한 것은 1961~71년 사이로, 남성 1천 명당 여성 인구가 930명으로 집계되었

에 대한 과도한 요구, 결혼지참금 관행이 결혼지참금 제도가 없었고 오히려 신부를 사오는 관행이 있던 가난한 지역 공동체로까지 확산된 점(Epstein, 1973; Mies, 1984; Rajaraman, 1983), 지나친 결혼지참금의 요구로 빈민의 부채가 증가한 점(Sambrani & Sambrani, 1983; Krishnakumari & Geetha, 1983) 등은 인도에서 여성을 선호하지 않게 되었음을 보여주는 충분한 증거들이다. 사실 여성 선호도가 남성에 비해 크게 떨어졌다. 신가부장제의 이런 새로운 트렌드의 원인을 분석하기 이전에 이런 트렌드의 최근 동향을 간단히 살펴보는 것이 필요하다. 양수천자와 초음파진단을 통해 태아의 성별 선택을 할 수 있는 새로운 기술이 등장했고, 이는 인구통제정책과 가부장적 제도와 남성지배적인 태도가 강화되는 추세와 결합되었다.

몇 년 전, 새로운 기술이 도입되었을 때 인도 신문에는 이런 제목의 기사가 실렸다. '의사, 여아면 죽여라.' 이 문장은 병원에서 태아 성감별 실험에 참여한 여성이 한 말에서 따온 것이다. 태아성별진단을 받은 꽤 많은 수의 여성이 의사에게 태아가 여아이면 낙태를 해 달라고 말했다.

이런 문제가 처음 언론에 보도되었을 때, 여론의 반응은 없었다. 반여성적인 태도에 너무 익숙해져 있었기 때문에, 어머니가 여아 출산을 원하지 않는다는 것을 당연하게 여겼다. 이 짧은 기사를 보고 나는 만약 임산부가 의사에게, '의사, 남아면 죽여라'라고 했다면 어떤 일이 벌어졌을지 궁금해졌다.

다. 1921년에는 남성 1천 명당 여성 955명이었다(Mies, 'Capitalist Development and Subsistence Reproduction: Rural Women in India', in Bulletin *of Concerned Asian Scholars*, vol. 12, no 1, 1980 참조).

여아 출산은 재앙이라는 것이 사회적인 공감대를 갖게 되면서, 몇 년 뒤인 1982년 6월, 암리차르의 일부 약삭빠른 의사들이 반여성적이고 남성우호적인 가부장적 인도 사회를 이용해 사업을 할 궁리를 했다는 것은 전혀 놀라울 일이 아니다. 이들은 양수천자를 통해 성감별을 하고, 여아낙태를 한다고 홍보했다. 지참금반대, 강간반대 캠페인과 마찬가지로, 여아 낙태의 실상에 대해서도 여성단체가 여성 전멸로 가는 위협적인 경향에 대해 선동하기 시작하면서 언론이 보도하기 시작했다. 대중잡지가 태아의 성감별과 여아 낙태에 대한 취재기사와 보고서를 간행했다. 이후 벌어진 논란에 대해 파텔Vibhuti Patel은 이렇게 썼다.

정책기획자에서부터 학교와 활동가에 이르기까지 모두를 놀라게 한 숫자가 있다. 인도에서 1978년에서 1983년 사이 약 78,000명의 여아가 성감별 테스트 이후 낙태되었다.
이 수익성 높은 거래에 관계된 국립병원 혹은 개인병원 관계자들은 성감별 테스트가 인구 정책의 수단이라고 정당화한다(Patel, 1984:70).

여성운동의 저항에도 불구하고, 봄베이, 델리, 암리차르, 찬디가르, 바로다, 칸푸르, 아메다바다, 메루트 등의 도시에 있는 국립 혹은 개인 병원에서 성감별과 여아낙태가 시행되고 있다. 봄베이에 있는 여성센터의 한 연구팀이 6개의 병원을 조사한 결과, 하루 10명의 여성이 성감별 테스트를 하는 것으로 나타났다. '채식주의를 하지 않고', '낙태에 반대'하는 것으로 유명한 한 병원은 임산부에게 성감별 테스트만 해주고, 낙태와 같은 '더러운 일'은 다른 병원에 가서 하라고 권한다. 그들은 임산부에게 연구를 위해 필요하니 낙태한 '태아'를 가져오라고 부탁한다(Abraham & Sonai, 1983, Patel, 1984:69에서 인용).

성감별과 여아낙태의 비용은 낮은 편이다. 80루피에서 500루피 정도 한다. '남성을 번식'Postgate하기 위해 이 정도 금액은 중산층만이 아니라 농촌의 가난한 집도 감당할 수 있었다. 한편, 돈 되는 사업에 관심 있는 의사들은 외곽에 사는 환자를 위한 서비스를 만들기도 했다. 큰 도시에서 멀리 떨어진 곳에 사는 여성은 우편을 통해 결과를 통보받는데, 약 일주일이 소요된다. '낙태를 결심했을 때, 태아가 18주 이상일 경우가 있다. 그럴 경우 낙태는 임신부에게 상당히 해롭다'고 파텔은 썼다(op. cit:69).

한편, 성감별 테스트와 여아낙태는 마하라슈트라의 농촌까지 전파되었다.[3] 봄베이의 슬럼을 연구한 결과 많은 가난한 여성이 80루피에서 800루피까지 주고 성감별과 여아낙태를 한 것으로 밝혀졌다. 그들은 나중에 결혼시킬 때 수천 루피를 쓰는 것보다 지금 그 돈을 쓰는 것이 더 낫다고 했다(Patel, 1984:69).

발라수브라만얀Vimal Balasubrahmanyan에 따르면, 양수천자에 대한 논쟁이 일어났을 때, 논란이 되었던 것은 그것이 여성 전체를 위협하는 수단이라기보다는, '(암리차르 의사들의—저자) 강매방식의 홍보와 판매 전략이 범하는 잘못'에 관한 것이었다(Balasubrahmanyan, 1982:1725). 그녀는, 초음파검사와 같은 첨단 기술이 사용될수록, 의사와 병원은 이 기술 판매에 있어 더욱 신중해야 한다고 하면서, 여아살해는 지금보다 더 광범하게 확산될 것이라고 전망한다. 그녀는 가

---

3. 1984년 8월 저자와 개인적으로 나눈 통신에서.

부장적 남아선호가 여아낙태를 낳고 있음을 비난하면서도, 이와 함께 '오늘날 태아 연구, 배아이식, 유전자공학 분야의 광범한 장난질로 첨벙거리고 있는 과학자의 엘리트주의적 사고방식, 또 이를 부추기고 있는 국제적 철학'을 더욱 강도 높게 비난했다(Balasubrahmanyan, 1982:1725).

여아낙태는 일찍이 1974년부터 인도인구정책기관에서 중요한 역할을 한 파이 박사가 옹호하기 시작했다(Balasubrahmanyan, 1982: 1725). 그러나 인도 '인구문제'를 해결하는 가장 좋은 방법으로 여아낙태를 주장한 것이 남성 의사나 과학자만은 아니다. 자본주의의 수요와 공급의 법칙을 사회에서 여성의 가치에 적용하는 쿠마르Dharma Kumar와 같은 여성도 있다. 경제학자 바르단은, 다른 많은 사람과 마찬가지로, 인도에서 여성에게 적대적이게 된 것은 농업에서 여성의 경제 참여가 변화하면서 나타난 직접적인 결과라고 주장했는데(Bardhan, 1983), 이런 주장에 대해 쿠마르는 이렇게 썼다.

그러나 왜 이런 경제 논리를 더 철저하게 적용하지 않는가? 임신계획에서 성감별은 여성의 공급을 줄일 것이다. 그들은 좀 더 가치 있는 존재로 여겨질 것이고, 더 많은 관심을 받게 될 것이며, 더 오래 살게 될 것이다. 우리는 여아의 수요와 공급의 균형을 맞추고, 인도 전역에서 그 값을 평준화시킬 수 있는 좋은 수단을 갖고 있다. (카스트, 지역, 종교 등 다양한 장벽이 여성의 이동을 가로막고 있기 때문이다.) 따라서 시간이 지나면 북부지역에서 결혼지참금이 하락할 것이라고 기대할 수 있다(Kumar, 1983:63).

그녀는 양수천자와 여아낙태가 여아 신생아에 대한 살해보다 훨씬 인도적인 방법이라고 옹호했다. '여아 신생아를 살해하거나 여아를 학대하는 것보다는 여아낙태가 나은 것 아닌가? 여성에 대한 대우를 개선할 만한 어떤 대안이 있는가?'(Kumar, 1983:64).

나는 가부장적 자본주의 사회에서 가장 암울한 여성혐오적인 표현은 여성 스스로가 체화시켜 이를 다른 여성에게 적대적으로 표현한 것이라고 생각한다. 그런 의미에서 쿠마르가 위에서 한 조언 같은 암울한 표현은 다시없을 거라고 생각한다. 가부장적이고 성차별적인 사회관계는 언급도 되지 않았고, 이를 극복하기 위한 변화노력을 옹호한 것도 없다. 여성 스스로 절멸하게 하는 것만이 해결책으로 제시되어 있다. 이는 우리에게 빈민을 섬멸함으로서 빈곤을 퇴치하는 것을 제안한 인구통제기구의 논리를 상기시킨다. 그러나 이는 그보다 더 끔찍하다. 여성이 여성 살해를 최종 해결책으로 제안하고 있기 때문이다.

강간

인도에서 결혼지참금 살해를 막고자하는 운동 단체와 조직이 출범하던 무렵, 여성에 대한 강간 등의 잔혹행위가 증가하는 것을 막고자 하는 캠페인도 시작되었다. 봄베이와 델리에 있는 작은 페미니스트 단체들이 다시 반[反]강간 캠페인을 시작했다.

결혼지참금 살해와 마찬가지로, 강간 역시 일반적인 일로, 인도의 농촌 지역에서 만연한 '후진적'이고 봉건적인 관계의 특징인 것으로 여겼다. 그러나 대도시에서 많은 사건이 벌어지면서, 강간자가 교육받은 중산층에서도 나온다는 점이 분명해졌다. 게다가 강간사건은 도시에서 증가하고 있는 것으로 보였다. 그런데, 작은 여성 단체를 정말 놀라고 화나게 만들었던 것은 다른 무엇보다 여성이, 여러 종류의 남성에게 강간을 당하지만, 1978년 이후로는 특히 경찰에게, 법과 질서의 수호자인 경찰에게 당하는 경우가 계속 증가하고 있다는 사실이었다. 이런 강간 사건의 대부분은 경찰서 내부에서 일어났으며, 희생자는 대부분 집단 강간을 당했다.

이 무서운 이야기가 처음 나온 것은 1978년 3월 30일 하이데라바드 Hyderabad에서였다. 비Rameeza Bee라고 하는 시골 출신의 젊은 무슬림 여성이 남편과 함께 하이데라바드에 있는 친척집을 방문하러 왔다. 이 부부가 늦게 영화를 보고 돌아가려는 길에 비는 시 경찰관에게 붙잡혀 한 경찰서로 끌려갔다. 그곳에서 그녀는 밤새 구금되어, 최소한 3명의 경찰관으로부터 구타와 강간을 당했다. 이어 남편도 경찰서로 불려왔다. 경찰은 남편에게 400루피를 갈취했다. 비가 경찰관에게 구타와 강간을 당한 것을 알게 된 남편이 항의를 했다. 그러자 그는 아주 심하게 구타를 당하고, 당일 사망했다(Muktadar Commission Report, 1978).

무크타다르 위원회가 조사에 착수했고, 경찰관의 죄상이 밝혀졌다. 무크타다르 사법관이 범죄를 저지른 경찰관들에 대해 엄하게 처벌할 것을 요구하자, 경찰서는 복수에 들어갔다. 한 영화제작자가 집으로 돌아가 있던 비에게 연락을 해서 하이데라바드로 와서 그녀에 대한 영화를 만드는 것을 도와달라고 부탁했다. 그녀가 하이데라바드에 있는 영화제작자의 집에 갔을 때, 세 명의 소녀가 그녀에게 다가와 말을 걸었다. 그리고 갑자기 두 명의 경찰관이 와서 비에게 이 소녀와 어떤 관계냐고 물었다. 소녀들은 비가 자신들을 데려다가 성매매를 시킨다고 말했다. 비는 성매매를 알선하는 여성 포주로 구속되었다. 그녀는 창녀라는 혐의로 2년을 선고받았다. 경찰은 그녀에 대한 온갖 험담을 퍼뜨렸다. 1980년 강간자들에 대한 재판이 시작되자, 경찰은 이 사건을 다른 멀리 떨어진 주로 이관해달라고 요구했다. 고등법원은 피고인들이 하이데라바드에서 '공정한 재판'을 받기 힘들 수 있다는 이유로 이에 동의했다. 2월, 피의자 경찰관들은 강간, 살인, 갈취 혐의에 대해 무죄 판결을 받았다. 유죄 선고를 받은 것은 '부당한 감금'뿐이었다 (Manushi, No. 7, 1981).

비 사건은 대중 시위로, 특히 하이데라바드 시에서 무슬림 젊은이의 시위로 이어졌다. 페미니스트 언론 『마누시』와 몇몇 여성 단체도 시위에 참여했다. 페미니스트의 시위는 1년 뒤 하이데라바드 부근의 소도시 봉기르Bhongir의 경찰에게 샤킬라Shakila라는 여성이 비슷한 일을 당하면서 더욱 분명해졌다. 이 여성은 경찰서 부근에 있는 한 방으로 끌려가 경찰관에 의해 감금되었다. 그녀는 낮에는 경찰들을 위해 밥을 해야 했고, 밤에는 여러 경찰관들이 그녀를 강간했다고 한다. 그녀의 남편은 절도 혐의로 체포되어 경찰서에 구금되었다. 1979년 10월 10일, 그녀와 남편은 경찰에 의해 신상미상으로 병원에 이송되었고, 당일 그녀는 사망했다. 그녀의 남편은 진상조사위원회에 그녀가 그날 밤 여러 차례 강간을 당했고, 그는 구타당했으며, 경찰들이 그에게 억지로 수면제를 삼키게 했다고 진술했다. 샤킬라의 시신은 검시가 이루어지기 전에 경찰에 의해 급하게 매장되었다.

이 사건은 주 전체에 알려졌고, 많은 여성조직이 시위에 참여했다. 수천 명의 여성이 경찰의 여성에 대한 잔혹 행위에 맞서는 시위를 하기위해 거리로 나왔다(Farooqui, 날짜 미상).

그러나 전국적 차원에서 강간에 반대하는 캠페인이 시작되도록 한 것은 마투라Mathura 사건이었다. 마투라는 16세도 안 된 소녀였다. 그녀는 경찰서 내에서 두 명의 순경에게 강간을 당했다. 다음은 다타르Chhaya Datar가 설명한 사건 개요이다.

마투라는 마하라슈트라 주, 찬드라푸르 지역에 있는 데사이간즈 Desaiganj 경찰서 관할 지역에 사는, 소유한 토지가 없는 노동자였다. 심문과정에서 그녀를 강간한 것으로 기소된 두 순경은 경찰서 내의 다른 고발사건과도 관련되어 있는 상황이었다. 기소는 8년을 끌었다. 첫 번째 재판에서 그들은 무죄 선고를 받았다. 2심에서는 유죄선고를 받았다. 그러나 최종심에서는 다시 바뀌어서 무죄 선고를 받고 자유 인이 되었다. 이렇게 사건이 종료되었다(Datar, 1981).

최종심에서 이들이 무죄를 받은 것은 강간이 마투라의 동의 이래 발생했다는 순경들의 진술을 법정이 받아들였기 때문이었다.

이 판결이 1979년 보도되자, 훗날 '강간에 맞서는 포럼'Forum Against Rape, FAR을 시작한 봄베이의 한 작은 여성단체가 이 사건을 다시 검토해야 한다는 운동에 적극 뛰어들었다. 이 운동은 4명의 법학교수들이 그런 판결은 남성 위주의 관점에 기초한 판단이기 때문에, 사건을 다시 심의해야 한다는 공개편지를 보내면서 시작되었다. 이 편지와 마투라 사건 재심 요청은 여성들이 반강간캠페인을 전국적 차원에서 전개하도록 만든 출발점이 되었다. 이는 봄베이와 델리의 작은 페미니스트 단체들이 시작했지만, 좌파 정당들의 여성 그룹들과 여러 다른 여성 조직의 지원을 받았다. 1979년, 1980년, 1981년에 여러 강간 사건이 인도 언론에 보도되었다. 여성운동은 세력과 명분이 커졌을 뿐 아니라, 여성에 대한 폭력에 집중하면서 목표를 좀 더 분명히 할 수 있게 되었다. 이들은 이어지는 사건에 계속 대응해 나가면서, 강간자를 엄격하게 처벌하는 법률 개혁을 요구했고, 나아가 가부장적, 성차별적, 사회적 가치와 규범과 제도에 대한 변화까지 요구했다.

여성에 대한 폭력 문제를 둘러싸고 인도의 모든 계급, 모든 지역, 모든 정파의 여성이 힘을 합치는 이 광범한 운동의 전개에 대해 여기서 자세하게 설명하지는 않겠다.[4] 그러나 반ᴿ강간 반ᴿ결혼지참금 캠

---

4. 봄베이에서 전개된 강간반대 캠페인에 대한 기록과 분석은 Chhaya Datar, 1981에 정리되어 있다. 내가 알기로는 이 책이 인도에서 일어난 이 중요한 페미니스트 캠페인의 전개를 기록한, 지금까지는 유일한 시도이다. 아래 리플릿은 1980년 2월 23일 강간에 맞서는 포럼(Forum Against Rape)에서 간행한 것이다.

이제 강간 문제를 본격적으로 대면해야 할 때가 아닌가?

고등법원에 따르면 이것은 강간이 아니라 성관계일 뿐이었다. 마하슈트라에 있는 한 마을에서 농장 노동자로 일하는 14~16세의 마투라는 처음 보는 경찰 간파트(Ganpat)와의 성관계를 '기꺼이 받아들였다.' 또 다른 순경 투카람(Tukaram)이 목격했다. 투카람은 너무 취해서 친구를 말릴 수는 없었다고 하지만, 취했다는 투카람 역시 그녀를 성추행했다.

1972년 3월 26일에 자정, 경찰서 화장실 부근이었다. 문의 빗장은 잠겨있었고, 불은 꺼져 있었다. 대법원은 마투라가 '거세게 저항'했다는 것은 '말짱 거짓말'이라고 선언했다. '언급된 성관계는 순조로운 관계였다.' '그녀가 소리를 지른 것은 그녀 입장에서 볼 때 물론 복합적으로 만들어진 것이다.' 그녀는 자신이 정숙함을 증명하기 위해 강간을 당했다고 말하는 것이다. 대법원은 '경찰측이 유죄라는 것을 증명할 타당한 증거가 없다'고 선고했다. 간파트의 파자마와 마투라의 몸과 옷에 있는 정액은 아무 것도 증명하지 못한다. 마투라는 처녀가 아니었기 때문에, 이 함의를 계속 발전시키면, 그녀는 자신이 당했다고 주장하는 강간과 다음날 이루어진 의료 검진 사이에 누군가와 잘 수 있었다는 것이다. 말할 필요 없이, 그는 같은 짓을 했을 것이다.

또한 대법원은 봄베이 고등법원이 간파트에게 5년, 투카람에게 1년을 선고했던 것을 파기하고, 자신의 판단 대로 판결을 내렸다. 두 경찰은 처벌을 모면했다. 다른 대부분의 강간 사건과 마찬가지로, 다시 한 번 검사는 변호인이 되고, 기소자는 피고인이 되었다. 이 사건은 한 법 관련 잡지에 구린 자취를 남긴 채, 잊혀졌다.

일년 뒤인 1979년 9월, 네 명의 변호사(Upendra Bazi, Lotika Sarkar, Raghunath Kelkar, Vasudha Dhagamwar)가 우연히 이 판결을 발견하고, '냉혈적인 법률주의'에 경

악을 금치 못했다. 그들은 인도의 대법관에게 공개편지를 써서, 이 사건을 재개할 것을 요청했다. 그들은 재판부가 '수백만 명의 마투라의 인권 보호에 대한 애타는 열망을 무시'했다고 비난했다.

이는 무엇을 의미하는가? 마투라의 사건은 한 사례일 뿐이다. 이 한 사건을 끄집어내는 것은 모든 강간 사건의 판결에 의문을 제기하는 것이다. 강간법을 문제 삼는 것이다. 왜 유죄판결이 그렇게도 드문지에 대해 의문을 품기 시작하는 것이다. 인도 형법 아래에서는 강간을 증명하는 것이 사실상 불가능하다는 것을 깨닫는 것이다. 우리가 너무나 오랫동안 현실에 없는 것인 양 눈감아왔던 것에 관심을 두는 것이다. 지금이 강간 문제를 본격적으로 대면해야 할 때가 아닌가?

강간은 항상, 어느 곳에서나 발생한다는 것을 우리가 받아들여야 할 때가 아닌가? 모든 여성은, 노소에 관계없이, 매력이 있든 없든, '멋지든' '멋지지 않든', 부자든 가난하든, 잠재적 피해자라는 것을 아는가? 당신이 마투라가 아니고, 문맹의 농장 노동자가 아니고, 강간을 당하지 않으면 괜찮은 것인가. 이 국가의 마투라들은 이중으로 억압을 당하고 있다. 그들은 여성이며, 정의가 소수의 특권인 국가에서 억압받는 부문에 이미 속해 있다. 여성은 개인으로가 아니라, 하나의 범주로 강간 테러의 위협에 직면해 있다. 집단 강간은 힘을 과시하는 하나의 무기로 자주 사용된다. 사례를 찾기 위해 멀리 볼 필요도 없다. '1974년 철도 파업'시 철도노동자 아내들에게 일어난 일을 잊었는가? 찬디가르, 보즈푸르, 아그라의 달리트 여성들에게 벌어졌던 일은? 혹은 알리가르의 잠세드푸르의 무슬림 여성에게, 그리고 거의 모든 지역 반란에서 일어났던 일은? 인도군대가 미조와 네팔리 여성들에게 저지른 일은?

당신 앞에 있는 현실을 깨닫기 위해, 강간을 당해야 하는 것은 아니다. 당신은 이미 알고 있지 않은가? 모든 여성이 아는 거 아닌가? 영화를 보면 생생한 강간 장면과 관객의 야유와 휘파람을 부르는 장면들이 당신을 불쾌하게 한다. 길을 걸을 때, 버스와 기차를 타고 갈 때, 조롱하고 비웃는 소리를 무시하고 있을 때, 누군가의 손이 당신의 몸을 더듬는다. 당신이 부탁한 것인가? 당신이 유혹한 것인가?

만약 내일 강간을 당한다면, 어떻게 할 것인가? 만약 당신은 남성이고, 당신의 자매, 딸 혹은 어머니가 강간을 당했다면, 당신은 어떻게 할 것인가? 당신 주변에 흩어져있는 이야기들을 꼼꼼히 살펴보면, 강간은 여성이 '부탁'하지 않은 상태에서 일어난다고 하는 점을 알게 된다. 봄베이에서 한 해 보고되는 8백 건의 사건 중 하나가 되어, '내가 강간당했다'고 말할 것인가? 아니면 다른 묻어둔 8천 건의 사건 중 하나가 될 것인가. 신고되는 사건보다 묻히는 사건이 10~12배에 달한다.

그렇다. [참여자] 숫자에 안전이 있고, 그것이 힘이다. 이제 바꾸어 나가자. 참여하라. 강간이 만연한 현실을 직면하고, 다음과 같은 것을 요구하자: 1) 사건에 대한 재심을 즉각 시작하라. 2) 강간법을 개정하라.

우리가 시작하면, 상황은 바뀔 수 있다.

★ 푼잡의 바틴다에서, 민주권리연합(The Association of Democratic Rights) 푼잡지부는 바로 그것을 했다. 다리를 저는 걸인인 데비(Lakshmi Devi)가 서너 명의 경찰들에게 반복적으로 강간을 당한 뒤, 마을 공터에 심한 출혈 상태로 버려졌을 때, 이 조직의

페인을 통해 인도에서 여성운동은 새로운 전환점을 맞게 되었다는 점은 강조할 만하다. 이 캠페인을 통해 페미니즘은 서구에서 수입된 이데올로기일 뿐 아니라 인도 여성이 가부장적이고 여성차별적인 남녀관계에 맞서는 투쟁을 전개하는 것에도 관련된 것이라는 점이 분명해졌다. 이 캠페인 과정에서 분명해진 또 하나의 어두운 사실은 여성에 대한 폭력이 중산층 여성도 위협하고 있다는 점이다. 따라서 여성에 대한 강간과 잔혹행위들은 봉건적 혹은/그리고 자본주의적 계급관계의 일부일 뿐이라는 인도 좌파의 표준적인 설명은 더 이상 견지될 수 없게 되었다. 토지를 소유하고 있지 않은 노동자나 가난한 집안의 여성만이 강간 피해자인 것은 아니었다. 존경받고 교육받은 중산층 여성도 마야 티아기Maya Tyagi사건에서 볼 수 있는 것처럼 피해자가 되었다.

활동가들 몇몇이 그녀를 병원으로 옮기고, 끈질기게 사건을 추적하여 마침내 범죄자들이 구속되도록 했다.
★ 마하라쉬트라에서 원주민 여성이 지주에게 강간당했을 때, 마을 여성이 함께 모여 민중이 주관하는 재판을 열었다. 범죄자는 마을 거리를 끌려다니며, 공개적으로 수모를 당했다.
★ 하이데라바드에서, 비(Rameeza Bee)가 강간당한 사건이 발생한 뒤, 대중 집회가 열렸다.
★ 봄베이의 돔비블리에서 몇 주 전에, 강간 사건 뉴스가 번지자, 5백 명 이상의 사람들이 강간자의 집 주변에 모여 그의 처벌을 요구했다.
우리는 모든 노동조합, 여성 조직, 민주적 권리를 추구하는 단체, 학생 조직, 변호사, 교사, 기자, 달리트(dalit)['스스로 팝박는 자라는 뜻으로 불가촉천민이 스스로를 부르는 말] 단체 등에게 다음의 집회에 함께 할 것을 요청했다.
1980년 2월 23일, 3:00 P.M. 카마(Cama) 홀(라이온 게이트 맞은 편)에서 열리는 공공 집회. 1980년 3월 7일 3:00 P.M. 국제여성의날 집회. 아자드 마이단에서 후타르마 초크까지.
강간에 맞서는 포럼(Forum Against Rape)
미즈 미라. c/o Flat No. 3, 캐롤 맨션, 시트라데비 템플 로드, 마힘, 봄베이 400 016.
미즈 미라 발행, 강간에 맞서는 포럼, c/o Flat No. 3, 캐롤 맨션, 시트라데비 템플 로드, 마힘, 봄베이 400 016. 인쇄:미즈 미라. 뉴에이지 인쇄소, 85 Aayani Road, Prabjadevi, Bombay 400 025

부유한 농가 출신의 23세 여성인 마야는 남편과 함께 자동차를 타고 조카 결혼식장에 가는 길이었다. 마야는 임신 중이었다. 길 위에서 타이어가 펑크가 나자, 그들은 바그파트에 있는 경찰서 부근에 차를 세웠다. 사복차림의 한 경찰이 자동차로 와서 티아기를 성희롱하기 시작했고, 그러자 티아기의 남편이 그 경찰을 때렸다. 경찰은 경찰서로 가서 경찰 부대를 모두 동원해 데리고 왔고, 이들에게 불을 질렀다. 이들은 경찰들로부터 도망가고 싶었지만, 차 안에 두 사람이 있었다. 그녀의 남편은 총을 맞고 숨졌고, 다른 남성도 곧 총을 맞고 숨졌다. 이후 마야는 차 밖으로 끌려나와 구타를 당하고, 장식품을 모두 강탈당했으며, 옷이 벗겨진 채로 시장을 끌려다녔다. 경찰서로 끌려간 마야는 7명의 경찰에게 강간을 당하고 구속되었다. 그들은 그녀에게 자신들의 오줌을 마시게 했다.

경찰은 보고서에서 이는 강간 사건이 아니며, 사망한 남자들은 도둑이고, 마야는 두 남자 중 한 명의 '정부'라고 했다(Economic and Political Weekly, 26 July 1980; Manushi, August 1980).

다른 어떤 사건보다 이 사건은 많은 대중적 저항과 의회의 항의와 여러 여성 조직의 집회, 그리고 엄벌에 대한 요구를 낳았다. 그러나 정부는 경찰에 대해 엄격한 태도를 취하려고 하지 않았다. 이것이 자신의 정통성을 위협하고 '법과 질서'를 지킨다고 여기는 집단의 세력이 약해질 것을 우려했다. 가정주부 장관이 마야를 만났고, 진상조사위원회에게 마야가 수상인 인디라 간디를 만날 수 있도록 해주라고 조언했다. 다음은 진상조사위원회가 서술한 내용이다.

한 여성이 야만적인 대우를 받은 사건에 대해 정의를 실현시킬 수 있기 위해서라도 그녀(인디라 간디)의 인정이 필요하다는 것을 깨닫고, 우리는 수상과 일정을 약속하고 그녀와 함께 갔다. 수상은 우리의 말을 듣고 나서 영어로 다음과 같이 간단히 말했다. '글쎄요. 거기에는 견해 차이가 있는 것 같네요.' 수상은 마야에게 직접 말하겠다고 했다. 우리는 나중에 그녀가 마야에게 딱 두 개의 질문만 했다는 것을 전해 들었다. 첫째는, 당시 그녀가 금붙이를 얼마나 지니고 있었으며, 그날 했던 장신구 목록은 있는가 하는 것이었다. 둘째는, 누구의 조언 아래 델리까지 오게 되었냐는 것이었다(*Economic and Political Weekly*, 26 July 1980).

인도 정부의 이런 대응을 길게 인용한 것은, 이런 무시무시한 사건도 여성 수상을 비롯한 정치가에게는 정치적 필요를 위한 것으로 밖에는 여겨지지 않는다는 점을 여실히 보여주기 때문이다. 야당도 이사건을 인디라 간디의 정부가 인도에서 여성을 '보호'하고 '존중'할 수 없다는 점을 보여주는 것에 이용했다.

이런 사건이 알려지면서, 언론에서 여성에 대한 강간과 다른 잔혹행위 기사가 더욱 더 넘쳐나게 되었다. 경찰관에 의한 집단 강간이 늘어나기는 했지만, 어쨌든 경찰관만 여성을 강간한 것이 아니라 일반 남성 사이에서도 강간범이 나왔다. 그중에는 신부, 승려, 우편배달부, 시집형제, 10대 소년, 여성의 고용자, 노동자, 지주 등이 있었다. 집단강간은 전국적으로 유행중인 것처럼 보였다. 게다가 강간사건은 힌두, 무슬림, 기독교 등 모든 공동체에서 발생했다. '다른' 공동체의 여성만이 아니라 같은 공동체에 있는 여성도 강간을 했다. 앞서 비의 경우도 무슬림 경찰들에 의해 강간을 당했다. 강간은 모든 계급에서 발생하고 있으며, 최근 증가하고 있다는 점이 비로소 인정되었다. 가정주부 장관은 1972년부터 1978년 사이 강간 사건의 숫자를 아래와 같이 공식적으로 발표해야 했다.

1972년 2,562건

1973년 2,861건

1974년 2,862건

1975년 3,283건

1976년 3,611건

1977년 3,821건

1978년 3,781건

(*Sunday*, 27 July 1980)

이 숫자들은 확실히 적은 편을 택한 것이지만, 그래도 강간사건이 증가하고 있는 트렌드는 보여준다. 마리 스토프스 협회Marie Stopes Society의 레이튼Peter Layton은 매해 2백만여 명의 여성이 강간 피해자라고 말했다(Sunday, 27 July 1980). 카르나타카 주의 재상은 매 15.3시간마다 한 명의 여성이 강간을 당하고 있고, 매 34시간마다 한 명의 여성이 납치되고 있다고 했다(Maitreyi, June~July 1982).

분석

인도에서 여성에 대한 폭력이 증가하고 있다는 점은 더 이상 부인할 수가 없다. 여성운동만이 아니라 언론, 정치인, 그리고 몇몇 학자도 '여성에 대한 잔혹행위'가 증가하는 것에 대해 그 이유를 묻기 시작했다. 인도의 인구학자는 인도에서 여성 인구가 감소하고 있는 것을 우려한다. 그러나 이를 어떻게 설명해야 할지는 알지 못한다.[5] 인도가 간디가 꿈꾸었던 평화로운 사회와는 거리가 멀다는 것을 인정하는 것은 교육받은 중산층에게는 일종의 쇼크이다. 결혼지참금 살해와 강간을 막는 운동을 전개하면서, 여성조직과 언론, 그리고 마침내 몇몇 학자도 인도에서 여성이 왜 점점 더 남성 폭력의 희생자가 되고 있는지, 왜 여성은 점점 더 원치 않는 존재가 되어가고 있는지를 숙고하게 되었다. 고전적인 좌파적 설명에 따르면 자본주의 국가들에서 여성은 남성과 경제적으로 평등하지 않고, 따라서 남성 폭력에 굴복하게 된다는 것이다. 혹은 법들이 통과되지만 제대로 집행되지는 않고 있으며, 따라서 정부가 법과 질서가 무너지고 있는 상황에 대해 책임을 져야 한다는 주장이다(Gita Mukherjee, 1980). 좌파의 또 다른 설명은 파루퀴[Vimal Farooqui]가 내놓고 있다. 그녀는 이렇게 썼다.

지난 30년 동안 우리 사회 가치관에 경종을 울리는 퇴보가 있어 왔다. 이는 우리의 지배자가 자본주의 발전의 길을 추구하면서도 봉건

---

5. 1950년 이래 인도에서 여성 인구가 감소한 것에 대한 신문보도에서 인도의 인구학자는 이런 추세에 대해 '설명할 말이 없다'고 인정했다. 그들 중 한 명은 여성에 대한 무시와 여성의 열악한 지위로는 이 상황을 충분히 설명할 수 없다고 했다.
'만약 그것이 유일한 요인이라면, 최근 여성의 지위가 향상되었으니 남녀 성비도 그에 걸맞게 향상되어야 할 것이다. 그러나 상황은 그 반대이다. 최근 여성의 지위는 상당히 개선되었지만, 여성 수는 여전히 감소하고 있다. 이는 눈에 보이는 것보다 더한 문제가 있음을 말한다. 정말 어렵다.'('Shrinking Population of Women,' in *The Statesman*, 14 August 1980).

적 가치체계는 유지함으로써 약자에게는 어떤 보호도 제공하지 않고 있기 때문이다. 약자 중의 약자인 여성이 자연스럽게 가장 참혹한 일을 겪고 있다. 이는 여성 조직, 정치 정당, 그리고 국가의 복지와 발전을 위해 일하는 모든 이가 심각하게 고민해야 할 상황이다(Farooqui, 1980).

여성에 대한 잔혹행위들, 특히 결혼지참금 요구와 살해는 인도의 '봉건적 과거'의 일부일 뿐 아니라 자유주의적인 언론의 다음과 같은 서술에서도 발견할 수 있다.

스트리 상가르쉬 사미티Stree Sangarsh Samiti, 나리 라크샤 사미티Nari Raksha Samiti, 마힐라 다크샤타 사미티Mahila Dakshata Samiti 등과 같은 조직들의 열정을 통해, 이런 고발과 경고의 횟수가 증가하면서, 인도의 신랑들이 점점 더 부당한 이득을 누리고 있다는……상당히 잘못된 인상이 만들어지고 있다. 사회 시스템은 언제나 그들에게 가장 바람직한 거래를 하라고 권한다. 부유하고 지위가 높은 신랑일수록, 요구도 커진다. 이는 교육받은 풍요한 도시 사회가 **인도 마을의 가치를 탐하여 지키려는** 시도에서 벌어진 상황이다(편집자 칼럼, *Sunday Statesmen*, Delhi, 10 August 1980; 강조는 저자).

이는 여성에 대한 폭력을 둘러싼 인도의 담론에서 많이 발견되는 전형적인 설명방식이다. 이들 대부분은 가부장적이고 자본주의적인 사회관계의 징후를 경제적 결정론이라는 좁은 관점에서 바라본다. 라자라만Indira Rajaraman은 신부를 데려오면서 값을 치루는 관행이 있던 인도 사회의 가난한 계층에서 결혼지참금이 확산된 것은 농촌에서 여성 노동력이 쇠퇴했기 때문이라고 설명한다. 그녀에 따르면, 이런 쇠퇴는 근대 농업의 생산력이 높아졌기 때문이다. 그녀의 논문, 「신부대금과 결혼지참금의 경제학」Economic of Bride Price and Dowry(Economic and Political Weekly, 19 February 1983)에서, 그녀는 단순한 자본주의적 비용 효과 계산을 신부대금과 결혼지참금에 적용한다. 신부대금 혹은 지참금이 갖고 있는 역사적 문화적 뿌리가 다르다는 점을 완전히 무시한 라자라만은 둘을 여성에 대한 일종의 가치등가물, 즉 신부를 데려갈 때 얹어주고(신부대금) 혹은 받아가는(지참금) 것으로 규정했다. 그녀에게 결혼지참금은 일종의 '마이너스 신부대금'이다. 여성의 경제적 혹은 생산적 기여, 즉 여성의 가정노동과 출산능력과 소득노동의 참여가 그녀를 먹이고 입히는 데 드는 비용보다 못할 때 나타나는 것이다. 라자라만에 따르면, 이런 상황은 여성이 생산적인 일자리에서 쫓겨나서, '비공식 부문' 집단이 되면서 생겨난 것이다. 따라서 결혼지참금은 '여성이 벌이를 못하거나, 벌어도 생계비용 이하로 밖에는 벌지 못하는 상황에서 여성을 평생 부양하는 비용을 받는 것'이 된다(Rajaraman, 1983:276).

라자라만의 주장은 결혼지참금이 '여성의 평생 생계를 완전히 혹은 부분적으로' 보상하려는 것이라는 전제에 기초해 있기 때문에, 여기서 더 나아가 결혼지참금은 기본적으로 순환 자금이라는 주장으로까지 발전한다. 이는 인도에서 종종 나오는 주장이다. 가족에서 딸과 아들 숫자가 같다는 것을 전제로 한다. 딸에게 지불했던 결혼지참금을 아들이 결혼할 때 돌려 받는다는 것이다. 이런 신부대금과 결혼지참금의 순환적 성격에 대한 전제는 아마도 비슷한 순환 구조를 갖고 있는 레비-스트로스의 신부와 결혼예물 등식이론에 근거한 생각일 것이다. 그러나 이런 전제는 인도의 현실을 무시하고 있을 뿐 아니라, 인도에서 신부를 주는 가정과 신부를 받는 가정 사이의 기본적으로 불균형하고, 상호적이지 않은 관계, 낮은 지위의 여성이 높은 지위의 남성과 결혼하는 경향이 강한 전통 등을 무시하고 있다(Ehrenfels, 1942; Dumont, 1966).

편협한 경제적 주장을 펼치고 있는 라자라만은 벌어진 상황을 설명할 수가 없다. 즉, 남아보다 여아를 많이 가진 가정만이 아니라, 여아를 가진 **모든** 가정이 현재 결혼지참금 제도 때문에 곤욕을 치루고 있다는 상황이다. 신부를 주고, 받는 가정들 사이에서 **등가교환**이 이루어지고 있다는 전제 때문에, 라자라만은 신부를 주는 가정이 신부를 받는 가정에 대해 일정한 협상력을 갖고 있다고 믿는다. 그러나 현실에서는 신랑의 가정이 거의 독단적으로 결혼지참금의 양을 결정한다. 신랑의 질, 즉 학력, 카스트, 집안 재력, 직장 등에 따라 결혼지참금을 매긴다. 신부의 미모, 학력, 직장, 집안 재력 등이 신랑 집안의 지참금 요구를 낮추게 하는 협상력이 되지 못한다. 요구는 한 쪽만 할 수 있으며, 다른 한 쪽은 여성에게 얹어줄 상품을 공급할 의무만 가진다.

그러나 라자라만은 추상적인 경제적 모델을 만들어 이것과 전혀 관계없는 현실의 면전에 내민다. 그녀는 신부대금과 결혼지참금이 기본적으로 같은 것이라고 주장한다. 빈곤계층의 관행이 신부대금에서 결혼지참금으로 변화한 것은 더 부정적인 효과를 낳을 것이라고 생각할 필요가 없다는 것이다.

(신부대금에서 결혼지참금으로의—저자) 변화의 원인이 무엇이든간

에, 결혼지참금 지불 제도가 선행했던 신부대금 제도보다 훨씬 더 힘든 상황을 초래하지는 않을 것이다. 순전히 보상적이고 순환적인 성격을 유지하는 한(Rajaraman, 1983:278).

이런 주장에 이어지는 정책적 함의가 가부장적이고 자본주의적인 사회적 관계의 구조적 변화를 요구하지 않으며, 남성과 여성의 관계 변화, 여성의 기여를 가치 있게 바라보는 시각의 변화 등을 요구하지 않는다는 점은 당연해 보인다. 이 주장의 정책적 함의는 비용을 줄이고, 여성이 소득유발 활동에 좀 더 결합될 수 있도록 만들자는 것에 머물고 있다.

북인도에서 여아들이 방치되고 있음에 주목한 밀러의 책(Barbara Miller, 1981)에 대해 쓴 서평에서 경제학자 바르단Bardhan 역시 북인도에서 여아 생존율이 떨어지고 있는 것을 같은 경제적 논리로 설명한다. 남부에서 여성은 여전히 광범한 수전논농사[물을 채운 논에서 하는 농사] 지역에서 고용되어 있기 때문에, 이 지역의 성비는 북부에 비해, 특히 여성이 거의 밭일을 하지 않는 밀농사 지역인 푼잡이나 하리아나에 비해 양호한 편이다. 바르단 역시 여성이 좀 더 임금노동에 고용되는 것이 인도의 반여성적 경향을 치유할 수 있는 최선의 방법이라고 본다. 그의 분석에 따르면,

여아 생존율을 개선하기 위해서는 여성 취업률을 올리고 남녀 간의 일당 격차를 줄여야 한다. 이것이 효과가 있다면, 여성의 고용 기회를 확대시키고, 인도 농촌에서 남녀의 격차를 낮추는 것은 단지 '페미니스트'의 주장에 그치는 것이 아니게 된다. 이는 실제로 농촌 가정의 많

은 어린 여아의 생명을 살릴 수 있게 된다(Bardhan, 1982:1450).

위에서 언급한 것과 같은 설명의 문제는 이들이 모두, 맑스주의자이건 아니건 간에 상관없이, 아주 협소한 자본주의적 '경제' 개념에 기초해 있다는 점이다. 이 개념은 가사노동, 출산, 육아를 '생산적 노동'의 범주에서 제외하고, 여성을 소비 단위로 축소시킨다. 이 주장의 핵심에는 여성을 '비생산적'이고 의존적인 가정주부로 보는 생각이 자리하고 있다. 지참금 살해, 여아낙태, 강간, 어린 여아에 대한 방치 등 여성에 대한 모든 폭력이 결국은 여성이 경제적으로 '비생산적인' 존재이기 때문에, 여성은 부담이자 짐이기 때문이라는 이론적 전제로 귀결된다. 이 이론에 따르면 반여성적 경향은, 엥겔스의 유명한 말처럼 여성이 '사회적 생산으로 다시 진입하게 되면', 즉 여성이 '돈 버는 취업'을 하게 되면 치유될 수 있을 것이라고 말한다.

　그러나 이 논리는 인도만이 아니라 세계 어디나 존재하는 현실을 충분히 설명하지 못한다. 최소한 여성의 40%가 집 밖에서 '사회적으로 생산적인' 노동에 종사하고 있는 서구에서 여성에 대한 폭력이 증가하고 있다는 사실은 잘 알려져 있지 않다. 아내 구타와 여성에 대한 폭력은 모든 계급에서 나타나고 있으며, 취업을 해서 돈을 버는 여성뿐 아니라 '한낱' 가정주부에게도 영향을 미치고 있다. 여성에 대한 폭력은 소련에도(Women in Russia, Almanac, 1981 참조), 중국에도(Croll, 1983), 짐바브웨(성매매가 금지된 곳이다), 유고슬라비아 등과 같은 사회주의 국가들에도 있다.[6]

---

6. 유고슬라비아의 한 친구에게 개인적으로 들은 말에 따르면, 유고슬라비아에서 아내구타는 상당히 만연해있다. 그러나 이 문제에 천착할 여성운동은 없다. 이 친구에 따르면,

인도의 경우 여성 구타는 모든 계급에서, '경제적으로 독립적'이든 그렇지 않든 상관없이 나타난다. 더 많은 결혼지참금을 요구받다 사망한 여성의 경우 많은 이들이 고등교육을 받고 좋은 직장을 갖고 있고, 가족을 위해 돈을 벌고 있었다. 바르단과 라자라만 등은 이렇게 '경제적으로 생산적인' 여성이 살해당한 것을 어떻게 설명할 것인가. 나는 아버지가 가난하거나 딸이 너무 많은 집안이어서 직접 결혼지참금을 벌기 위해 취업 자리를 찾는 미혼의 인도 여성을 몇 명 알고 있다. 아마도 '돈 버는 여성'은 점점 더 집안으로부터 결혼지참금을 직접 벌라는 요구를 받을 것 같다. 결혼지참금은 독신여성에 대한 증오가 강한 사회에서 필수적인 것이다. 미트라^{Manoshi Mitra}의 연구에 따르면 남편은 아내가 소득유발활동을 통해 돈을 벌기 시작하자마자 하던 일들을 모두 그만둔다. 이런 현실들을 간단히 살펴보기만 해도, 여성이 사회적으로 생산적인 노동에 참여하는 것을 통해 가부장적 억압과 착취와 폭력에서 해방될 수 있을 것이라는 단순한 경제적 주장을 포기하기에 충분할 것이다.

전 세계적 차원에서 여성에 대한 폭력이 점점 증가하는 암울한 현실은 엥겔스의 유명한 유토피아에 대한 역사적 비판일 뿐 아니라 맑스주의자이든 아니든 여전히 공유하고 있는 **자본주의 개념**에 대한 비판이기도 하다. 결혼지참금을 통해서 볼 때 **등가교환**은 기능하지 않고 있다. 특히 여성의 경제적 기여와 관련된 부분에는, 그것이 가사, 출산과 육아, 혹은 임금노동 등이든 돈 되는 고용이든 상관없이, 적용되지

아내구타는 국민문화의 일부로 여겨지고 있는 상황이다.
짐바브웨의 반성매매운동과 이에 대한 여성의 대응에 대해서는, *Women of Zimbabwe Speak Out:Report of the Women's Action Group*, Workshop Harare, May 1984.

않는다는 것을 분명히 알 수 있다. 이는 단순한 불찰이나 '후진적이고' '봉건적이며' '인도의 농촌'에서나 볼 수 있는 과거의 유산이 아니라 '근대화와 발전'의 진짜 전제조건이다.

사실 등가교환의 법칙을 여성노동에 적용해서는 안 된다. 여성노동은 (자본주의적) 경제에서 따로 분리되어 있으며, 은폐되어 있다. 여성은 가정에서, 들판에서, 공장에서 일을 그만둔 적이 없으며, 출산과 육아를 그만둔 적이 없다. 그러나 이 노동을 사회적으로 생산적인 노동으로 더 이상 여기지 않으며, 보이지 않게 만들었다.

따라서 결혼지참금을 여성의 평생 생계비에 대한 보상으로 볼 수는 없다. 여성은 사실 가족의 생계를 위해 일하는 중심 노동력이기 때문이다. 이는 중산층 가정에서도 자주 목도되는 현실이다. '생산적' 노동과 '비생산적' 노동을 자본주의적으로 구분하는 것을 더 이상 받아들이지 않는다면, 남성이 여성 노동에 의존하는 것이 여성이 '부양자' 남성에게 의존하는 것보다 훨씬 크다는 사실을 보게 될 것이다.

공물로서의 결혼지참금

역사적이고 구조적으로, 결혼지참금은 신부의 평생 생계를 위한 보상금과는 아무 관련이 없다. 이는 신부를 맞는 가정이 신부를 보내는 가정으로부터 취하는 일종의 **공물**이다. 공물은 남자와 그 가족의 '명예'를 위해, 신부를 '아내'로 만들고 그녀를 남자의 가정에 받아들이는 것에 대한 대가로 남자 쪽이 일방적으로 여자 쪽에게 부과하는 것이다. 이것이 결혼지참금의 원래 의미이다. 이는 인도의 가부장적 체제, 카스트 체제, 자본주의에 대한 맥락을 연구하지 않고는 제대로 이해할 수 없다. 결혼지참금은 브라만 계층에서 가부장적 결혼과 가족에 대한 이론들을 갖고 합리화하면서 발전시킨 것이다. 브라만식 결혼 개념에 따르면, 딸은 아버지가 '건네주는' 것이다. 그리고 '건네준 남자는 언제나 건네야 하는 입장이다'. 신부를 주는 가족과 받는 가족 사이의 관계는 결코 평등하지 않다. 신부를 받는 신랑 가족은 더 높은 지위에 있는 것으로 규정된다. 두 가족 사이의 관계는 비대칭적이며, 상호적이지 않다(Kapadia, 1968). 주는 남자는 언제나 주어야 하기 때문에, 공물도 마찬가지이다. 주는 쪽이 감히 어떤 것을 요구하는 것은 엄격하게 금지되어 있다. 예를 들어 라자스탄의 일부 마을에서는, 신부 가족이 시댁을 방문도 할 수 없으며, 신부가 아들을 시집에 '안겨주기'전까지는 시댁으로부터 음식도 받지 못한다.

　따라서 결혼지참금은 1) 신부를 주는 가족과 받는 가족 사이의, 2) 남성과 여성 사이의 비대칭적이고 강탈적인 관계, 구조적으로 결혼에 지나친 의미를 부여하는 상호적이지 않은 관계를 분명히 보여주는 것이다. 이런 사회적 관계에서 한 쪽은 (여성, 상품, 돈, 서비스, 자손 등을) 요구하고, 다른 한 쪽은 제공해야 한다. 주는 쪽이 '받는' 것은 이러이러한 남자, 이러이러한 가문에게 '주었다'는 '명예'이다.

　브라만에게 이런 비상호적인 공물 관계를 수립하는 것은 중요했다. 이 승려 카스트는 다른 카스트처럼 몸으로 일하여 먹고 살지 않기 때문이며, 크샤트리아처럼 전쟁에도 참여하지 않기 때문이다. 이들은 부유한 혹은 가난한 사람들이 갖다 바친 공물로 먹고 산다. 기부자는 자신이 바친 공물을 통해 정신적 위안을 약속받을 뿐이다. 브라만적 사고에 따르면, 이것이 바로 남성과 여성 사이의 관계이기도 하다

(Mies, 1980). 여성은 남편에게 몸과 노동과 자녀를 주고 이에 더해 돈과 여타 상품까지 바친다. 그리고 그 대가로 아내라는 명예를 '받는다'. 교환이 있다면 이는 물질적인 것과 '정신적'인 것 사이의 교환이다. 브라만과 위대한 전통[7]에 따른 다른 높은 카스트가 심지어 요즘도 인도에서 갖고 있는 높은 위신 덕분에, 결혼지참금을 주는 가족은 신부대금을 주는 가족보다 높은 사회적 지위에 있는 것으로 여겨진다. 이런 지위는 근대화와 서구화 때문에 더욱 높아지기도 했다. 스리니바스Srinivas가 1966년 지적한 것처럼, 산스크리트화[8] 과정은 서구화 과정과 병행했다. 그는 한 공동체의 산스크리트화 과정 앞에는 거의 경제적 풍요가 선행했음을 밝혀냈지만, 신부대금을 주는 관행이 있던 카스트 사이에서 결혼지참금이 번져간 것은 브라만식 가부장적 전통을 의미하는 결혼지참금 제도를 따름으로써 산스크리트어를 사용하고, 경제적 풍요와 서구화의 트렌드를 따르고 있음을 표현하기 때문이기도 했다(Srinivas, 1966).

신부대금과 결혼지참금을 동일시하는 것은 이런 교환을 통해 표

---

7. '위대한'(Great) 전통과 '작은'(Little) 전통이라는 개념은 메리어트(McKim Mariott)가 인도에 처음 적용했다. 위대한 전통은 브라만~산스크리트 문화와 대강 일치한다. 이는 베다의 신성을 인정하고, 채식주의, 브라만의식, 브라만의 신 개념에 대한 믿음, 카스트 제도에 대한 믿음, 가부장 제도와 규범 아래 여성을 종속시키는 것을 특징으로 한다(McKim Mariott: 'Little Communities in an Indigenous Civilization', in *Village India, Studies in the Little Community*, McKim Mariott (ed.), *The American Anthropologist*, vol. 57(3) 1955:181).

8. '산스크리트화' 개념은 스리니바스(M. N. Srinivas)가 발전시켰다. 이는 경제적으로 풍요하게 된 낮은 카스트 사람이 산스크리트(브라만) 카스트의 가치, 규범, 제도를 모방하여, 결국은 높은 카스트 지위를 주장하는 과정을 말한다. 오늘날 이런 산스크리트화 과정은 서구화 과정과 병행한다(M. N. Srinivas: 'A Note on Sanscritization and Westernization', *The Far Eastern Quarterly*, vol. XV, November 1955~August 1956:492~536).

현된 사회적 관계의 기본 성격들을 제대로 이해할 수 없게 만든다. 신부대금은 모계적 전통에서 기원한 것으로, 여성이 가정에 해오던 기여를 더 이상 하지 못하게 된 것에 대한 보상이라고 할 수 있다. 그러나 결혼지참금은 신랑의 품질만 고려되는, 일방적인 공물이다. 따라서 의사, 인도행정서비스Indian Administrative Service, IAS의 공무원, 미국이나 영국에서 학위를 갖고 돌아온 박사 등에게는 각각 다른 결혼지참금이 매겨져 있다. 이들은 가장 고액의 결혼지참금을 요구할 수 있는 자들이지, '입찰자'들은 아니다.

신부대금제도에서 여성은 자급적 생산자로서의 가치를 긍정적으로 평가받는다. 결혼지참금제도에서는 여성이 하는 기여가 그 가치를 인정받지 못하고, 은폐된다. 이런 거래에 연구자들이 자본주의적 수요공급 논리를 적용하는 것은 여성의 기여를 더욱 보이지 않게 만드는 것이다.

구체적인 역사적 현실을 직시함으로서 여성에 대한, 특히 인도에서 여성에 대한 폭력을 설명할 때 일반적으로 등장하는 또 다른 신화를 혁파해 갈 수 있다. 이는 결혼지참금과 '여성에 대한 잔혹행위들'이 여전히 '후진적'이고 '봉건적' 혹은 반봉건적 생산관계에서 나타나는 것이며 근대화된 자본주의 혹은 사회주의 생산관계에서는 사라지게 될 것이라는 주장이다. 그러나 사례를 살펴보면 그 반대임을 알 수 있다.

결혼지참금은 대도시에서, IAS의 공무원[9], 의사, 엔지니어, 치과의

---

9. 인도행정서비스의 공무원은 의사, 엔지니어, 경영자와 더불어 가장 비싼 결혼지참금 요구자이다. 아래 결혼광고에 잘 나타나있다.
   결혼신청자들 초대
   좋은 직장과 고학력의 스마트한 신사 혹은 부유한 부모님의 아름답고, 고학력의 정숙한 나이르 소녀. 21세로 예술에 재능이 있고, 급수와 수상 경력. 고위관리의 딸. 인도행

사, 사업가, '진보적인' 자본가적 농장경영자 등 가장 '선진적인' 남성 사이에서 가장 고액가로 관행화되어 있다. 여성에 대한 강간과 성희롱은 인도 농촌에서만 일어나는 일이 아니라 대도시에서 더욱 증가하고 있다. 첨단의 근대 기술은 태아 성별테스트와 여아낙태에 이용되고 있다. 도시의 교육받은 중산층 사이에서 '문명화 과정'을 가로막고 있는 것은 '인도의 시골'이 아니다. 그것은 '야만주의의 아버지'인 자본주의적 **가부장제 문화 그 자체이다**. 여성에 대한 잔혹행위는 자본주의와 별개가 아니다. 이는 자본주의의 기본적으로 사납고 약탈적인 특성이 발현된 것이다. 이는 자본주의 역사에서 한시도 사라진 적이 없다.

결혼지참금과 태아성별테스트를 통해 성업한 의사들을 통해 이런 성격을 이해할 수 있다. 결혼지참금은, 통념처럼, 신부를 받는 가문에 걸맞게 증가하는 것이 아니라 신랑 자신에 따라 증가한다. 이는 결혼지참금을 가져오는 이의 지위가 높은 범주에 있는 경우 특히 그렇다. 인도 남부에 있는 방갈로르 시의 150개 가족을 연구한 바에 따르면, 57%가 결혼지참금이 사위에게 직접 전달되었다(Krishnakumari & Geetha, 1983). 이들 남성은 교육비로 썼던 돈을 보상하는 차원에서 많은 현금을 요구하기도 했지만, 많은 경우 그들은 결혼지참금을 사업을 시작하고, 변호사 사무실, 개인병원, 엔지니어 오피스 등을 여는 데 사용했다. 혼수 품목에는 자동차, 텔레비전, 스쿠터, 비디오 세트 등 비싸고 이름 있는 현대적 소비재를 요구했고, 이는 젊은 남자가 직접 사용했다. 이 품목 중 냉장고나 가구 등 일부만 가족용이었다. 가난한 계층의 혼수 품목은 양복, 라디오, 손목시계, 양장 셔츠 등 현대

정서비스 공무원, 은행 간부, 엔지니어, 과정을 마친 의사, 경영자 선호.
사서함 번호 2136-추, c/o INDIAN EXPRESS, COCHIN-682001

적 상품들이었다. 결혼지참금 제도는 남성이 직접 한 노동을 통해서나 자기 자본을 투자해서 벌어들인 것이 아니라 갈취와 협박과 직접적인 폭력을 통해 얻는 부의 한 원천이라고 할 수 있다. 결혼지참금에 대한 권리를 통해 모든 남성은 자신이 벌지 않은 자금을 확보할 수 있는 기회를 얻게 되고, 살 수 없었던 현대적 소비재를 가질 수 있는 기회를 얻는다. 결혼지참금은, 생존을 위해서 부채를 지고 소비를 해야 하는 사람들 사이에서도 그런 물품이 거래되는 시장을 창출했다. 결혼지참금은 가난한 사람들 사이에서도 시장적 가치와 시장성 상품이 확산되는 길을 열었다.

남성은 타고난 강간자인가?

결혼지참금과 결혼지참금 살해가 증가하는 것에 대해 주로 경제적 설명이 제시되었던 것에 반해, 강간, 경찰 강간, 집단 강간 등 여성에 대한 다양한 성 폭력이 빠르게 확산되는 것에 대해서는 주로 생물학적 주장이 제시되고 있다. 남성의 섹슈얼리티는 기본적으로 공격적이며 억제할 수 없는 것이고, 여성의 섹슈얼리티는 기본적으로 수동적이고 피학적이라는 주장이다.

여성단체들은 인도 형법에 명기되어 있는 강간에 대한 부분에서 동의에 대한 정의를 수정할 것을 요구했다. 실제로 여성이 성관계에 동의하지 않았음을 입증하기가 불가능하기 때문이다. 성폭력에 대한 저항은 죽음이나 중상을 입을 때에만 동의하지 않았음을 증명할 수 있게 되어 있기 때문이다. 이는 여성이 자신이 거의 반쯤 죽은 상태였다는 증거를 제시하지 않는 한, 성관계에 동의한 것으로 간주됨을 의미한다. 강간에 대한 이런 규정은 여성의 공식적인 항의와 압력 속에서 개정되었지만, 인도를 비롯해 거의 모든 국가의 강간처벌법에 표현되어 있는 이데올로기는 여전히 거의 그대로 남아 있다. 이 이데올로기는 여성과 섹스에 대한 남성의 수많은 신화로 이루어져 있다. 이런 신화는 주로 남성 지배적인 사회에서 발견된다. 이는 사람들의 행동을 결정할 때 튀어나오게 되는 제도와 사회적 관계이며, 성문화된 법이 아니다. 인도를 비롯한 모든 가부장적 사회에서 남성이 제시한 강간에 대한 신화를 몇 가지 살펴보는 것도 필요하다.

1. 강간은 존재하지 않는다. 왜냐하면 자신의 의지와 다르게 강간당하는 여성은 없기 때문이다. 여성은 강간당하는 것을 좋아한다.

2. 여성은 태생적으로 피학적이다. 그들은 강제로 성관계를 갖지 않으면 섹스를 즐기지 못한다. 그들은 맞고 싶어 하고, 힘에 종속되기를 원한다.

(독일 등 유럽에서 페미니스트가 조직한 매 맞는 여성을 위한 쉼터에서 많은 여성은 남성이 자신들을 구타하고 강제로 성관계를 가졌다고 진술한다.)

3. 강간당한 여성은 그럴만한 행동으로 남성을 자극한 것이다. 즉, 창녀처럼 행동했기 때문에 당한 것이다.

(전 세계 대다수의 여성이 법정에서 제일 먼저 증명해야 하는 것은 자신이 창녀가 아니라는 점이다. 남성이 아니라 여성이 범죄자인 것처럼 여겨진다. 라미자 비Rameeza Bee 사건은 이 점과 관련해 분명한 증거를 제공해준다.)

4. 여성이 강간을 당했다면 그것은 여성의 잘못이다. 왜 남성을 자극하는 옷을 입었는가, 왜 밤에 혼자 다니는가? 왜 남성의 보호 없이 다니는가? 등.

그러나 인도를 보면, 다른 곳에서도 그렇지만, '보호자'(예를 들어 경찰이나 남자 친척) 자체가 강간자로 드러나는 경우가 많았다.

5. 강간은 결혼 밖에서만 일어난다. 결혼 내 성관계는, 법 규정에 따라, 상호 동의에 기초한 것이다.

6. 강간은 가난하거나 교육을 별로 받지 못한 층에서 주로 일어난다. 따라서 이는 빈곤과 후진성의 표현이다.

(우리는 강간, 좀 더 일반적으로는, 성폭력이 도시 중심지에서, 그것도 이른바 선진 부문에서 계속 증가하는 것을 목도하고 있다. 특히 가족과 남편에 의한 성폭력을 이 범주에 넣으면 더욱 그렇다.)

7. 강간은 봉건적 혹은 반봉건적 생산관계의 특징이다. 즉, 이는 주로 일정 계급의 문제이다. 봉건적 군주와 그 아들들이 가난한 농민 여성을 강간한다. 가난한 농민과 그의 아내는 조화를 이루고 있다. 성폭력의 이런 봉건적 형태는 소유관계가 자본주의적으로 변화하면서 사라질 것이다.

이 신화는 주로 좌파가 내세우는 주장이다. 그러나 이는 자본주의가 좀 더 발전한 것으로 보이는 도시의 중심부에서 성폭행이 증가하고 있고, 또 자본주의의 발전한 부문에 있는 남성이 더 가난한 부문의 여성을 폭행하는 일이 증가하고 있는 것에 대해서 설명할 수 없다.

이 신화 대부분은 여성, 즉 피해자를 탓한다. 또한 남성과 남성의 섹스에 대한 관계에 대해 무언가를 말하고 있다. 남성은, 자극을 받으면 참을 수 없으며, 여성을 공격하게 되어 있음을 암시한다. 이는 남성의 성욕, 이른바 남성의 성적 본능은 즉각 해소시켜줘야 함을 의미한다. 여성은 기본적으로 피학적이고, 성욕이 없으며, 인간 이하의 존재이기 때문에, 남성은 가학적까지는 아니라고 해도, 공격적으로 타고난 것처럼 보인다. 이런 본능은 엄격한 법과 특정 범주의 여성(어머니, 자매)에 대한 엄격한 사회적 금기, 그리고 여성 스스로가 남성의 공격적이고 가학적인 성 '본능'이 튀어나오지 않도록 행동을 조심하는 것을 통해서만 통제할 수 있다.

나는 이런 생각을 받아들이는 입법자와 남성 학자가 자신들이 만든 인류의 캐리커처에 대해 생각해 보았는지 궁금하다. 여성, 남성, 섹스에 대해 공유하는 이데올로기에 영향을 미치는 것이 이런 통속적인 신화만은 아니다. 더 결정적인 것은 이런 신화들 대부분이 권위 있는 학자와 그들의 이론에 의해 등장하고, 과학적으로 정밀하게 구성되며, '증명'된다는 사실이다. 모든 도서관에는 남성의 성적 욕망은 기본적으로 공격적이며 통제할 수 없고, 여성은 고유의 섹슈얼리티를 갖고 있지 않으며, 남성의 공격적인 욕구를 만족시키는 것이 여성의 생물학적 운명이라는 점을 증명하려는 책들이 가득하다. 이들 학자와 학파 중 가장 유명한 예로 다윈을 들 수 있다. 다윈은 진화의 기초가 되는 것은 여성을 성적으로 통제하기 위한 경쟁에서 남성들이 공격적이고 파괴적인 본능을 통제하는 것이라고 주장했다.

신다윈주의자와 사회적 다윈주의자, 그리고 미국 사회과학계를 지배하고 있는 행동과학학파 전체와 특히 사회적 생물학자는 남성에 대한 그런 관념을 기본적으로 받아들이고 있다. 특히 로렌츠Konrad Lorenz, 타이거Lionel Tiger, 팍스Robert Fox 등의 학자들은 지난 20년 동안 이런 개념을, 앞서 우리가 본 것처럼 '남성 사냥꾼 모델'로 축약하여 대중화시켜왔다. 이런 논리에 따르면, 공격성은 남성의 타고난 본능의 일부이며, 사회 개혁이나 혁명을 통해서는 변화할 수 없다. 많은 남성(그리고 여성) 사회과학자가 도덕적 이유에서 강간에 반대한다고 확신하지만, 한편 이들은 이런 개념과 이론을 수용하고 있기도 하다. 과학적 사고 뒤에 숨어 있는 편향에 대해 좀 더 비판적인 태도를 갖기 위해서는, 이른바 가치중립적인 과학이 여성, 낮은 카스트, 낮은 계급과 민족과 민중에 대한 억압과 착취와 지배를 정당화하는 데 기여하는 일정한 신화에 기초하고 있음을 볼 수 있어야 한다. 예를 들어 생물학적 요인이나 천성이 남성에게 강간을 강요하는 것이 아님을 알 수 있을 것이다. 강간은 동물 세계에는 존재하지 않는다. 이는 인간인 남성이 발명한 것이다.

'적자생존', 즉 강한 남성이 살아남는다는 것은 정복자, 승리자가 항상 옳다는 것을 의미한다. 이것이 바로 강간 법과 강간 신화의 뒤에 자리한 이데올로기이다. 이런 종류의 과학을 수용하는 이들은 파시즘이나 제국주의도 수용할 것이라는 점을 우리가 알지 못하겠는가?

심리분석학파의 창시자이자 잠재의식의 발견자인 프로이트Sigmund Freud조차도 이런 신화와 진화주의자에 의해 정당화된 '과학적' 주장의 영향을 받았다. 그는 문화가 이런 폭력적인 남성의 성적 욕구를 억압하고 승화시킨 것에 기초한 것이라고 믿기도 했다. 그의 오이디푸스 콤플렉스 이론은 기본적으로 어머니라는 하나의 성적 대상을 놓고 아버지들과 아들들이 벌이는 남성의 성 경쟁 이론이다. 또한 그는 남성 섹슈얼리티가 능동적이고 공격적이며, 신경증적 형태로, 가끔은 가학적이라는 이론을 수용한다. 그리고 여성 섹슈얼리티는 수동적이고 심지어 피학적이라고 여긴다. 프로이트에 따르면 여성은 자신의 '타고 난' 여성적 역할을 받아들이는 것을 통해서만, 즉 그녀의 '미숙한' 음핵 (클리토리스) 섹슈얼리티를 포기하고 남성의 성욕을 만족시켜주는 데 필수적인 질의 섹슈얼리티로 옮겨가는 것을 통해서만 완전히 성숙한 섹슈얼리티에 이를 수 있다. 프로이트와 같은 권위 있는 학자가 질의 오르가즘이 여성 섹슈얼리티의 '성숙한' 형태라는 이론을 강화시켰다 고 하는 것은 놀랍다. 프로이트는 질에는 신경말단이 없기 때문에 오 르가즘을 '생산'하지 않는다는 것을 분명히 알고 있었음에도 그런 이 론을 주장했다. 그는 음핵이 여성의 적극적인 성기이며, 따라서 여성은 질을 통한 삽입 없이도 오르가즘을 생산할 수 있음을 알았다. 그러나 남성 섹슈얼리티에 몰두했던 프로이트는 여성을 불완전하거나 거세당 한 남성이고, 음핵은 작은 남근이며, 사회에서 종속적인 역할을 바꾸 려는 여성의 시도는 남근선망의 결과라고 규정했다.

학자들은 이런 이론들을 자신들의 이론적 틀에 적용하기 전에 아 주 비판적으로 검토해야 할 것이다. 이 이론들은 남성과 여성 섹슈얼 리티가 생물학적으로만 결정된다는 함의를 갖고 있기 때문이다. 이 이론들은 남성과 여성 몸의 일정한 부분이 왜 역사적으로 특정한 시 기에 주목을 받는지, 다른 부분은 왜 주목을 받지 않는지를 설명하 지 않는다. 예를 들어, 음핵을 독립적인 여성 성기로 재발견하게 된 것 은 서구의 페미니스트운동 때문이었다. 아프리카의 여러 지역에서는 9~12세 사이의 소녀가 할례를 통해 음핵을 제거 당한다. 그러나 유럽 을 비롯한 다른 세계의 여성도, 그들이 자신의 몸에 대해, 오르가즘이 무엇인지에 대해 알지 못하도록, 심리적으로는 할례를 당해왔다.

여성에 대해 말하지 않고는 남성에 대해서도 말할 수 없다. 위에서 비판한 강간과 남성의 섹슈얼리티에 대한 이데올로기는 여성의 자기 개념 속에 보완적 내용들을 갖고 있다. 이는 전 세계적 현상이다.

공격자들은 종속된 이들이 상황을 자연이 부여한 것으로, 혹은 같은 의미지만, 신이 부여한 것으로 받아들이도록 만들지 않으면, 자신이 정복하고 종속시킨 이들에 대한 통제를 영구적으로 유지할 수가 없다. 남성에 대한 가부장적 이데올로기의 창안자들은 여성에 대해서도 그에 어울리는 이데올로기를 창안해 왔다. 이는 영원한 희생자의 이데올로기, 자기희생의 이데올로기(근대 서구적 버전으로는 여성 피학성의 이데올로기)이다. 힌두교와 민간 신앙은 어머니와 빠띠브라따 Pativrata 10 역할을 해내는 자기희생적인 여성을 이상화한다. 여성은 고유의 정체성을 갖지 않으며, 다른 이들에게, 주로 남편과 아들에게 봉사하기 위해 태어났다. 여성은 자신의 생명, 자신의 몸, 자신의 섹슈얼리티에 대해 자율성을 갖고 있지 않다. 그녀는 수단이며 대상이지, 주체가 아니다. 사티, 시타 등 자기 희생적인 힌두 종교의 여성들이 지금도 소녀들에게 모델로 제시되고 있다. 이들은 교과서, 영화, 소설 등을 통해 널리 회자된다. 강간 희생자들이 반격을 하거나 자신을 변호하기보다는, '좋은' 여성이라는 '명예'가 무너졌다는 이유로 자살을 하는 것이 놀라운 일이 아니다. 대부분의 여성이 자신은 약하고, 남성의 보호가 필요하며, 맞서 싸울 수 없고, 혹은 맞서 싸우면 안 된다고 느끼는 자기 인식을 갖고 있다. 그런 인식 속에서, 현실에서든 상징적으로든, '자기희생'은 그들이 자신의 인간성을 되찾기 위해 거쳐야 하는 활동이 된다.

---

10 빠띠브라따(Pativrata) — 남편을 숭상하고 남편을 위해 희생하는 아내의 첫 번째 신 — 는 고전 힌두 경전에서 이상적인 여성상이다(Mies, 1980).

남성의 경우와 마찬가지로, 여성은 자기희생적인 여성성의 이상에 매달려있기 때문에, 강간자의 이데올로기를 어떻게 받아들이게 되었는지를 대부분 인식하지 못하고 있다.

남성, 특히 약한 여성 이데올로기를 선전하면서 돈을 버는 이들은 냉소적으로 여성을 비난한다. 예를 들어, 영화제작자 타쿠르Dinesh Thakur는 강간에 대한 토론에서 이렇게 말했다. '왜 여성은 희생하는 여성을 미화하고 숭배하는가?'(*The Times of India*, 15 June 1980). 그러나 그는 자신의 영화에서 강간 장면과 자기희생적인 여성을 담아냄으로써 수익을 위해 그런 이데올로기에 기여하고 있다는 점은 부인했다. 이는 비판받는 태도를 통해 수익을 얻으면서도 잘못은 희생자에게 돌리는 또 다른 고전적인 경우이다. 여성은 희생자가 되기를 원하고, 자기희생을 숭배한다는 말을 하는 것으로는 충분하지 않다. 이런 이데올로기는 여성을 지배하는 남성의 이득을 위해 발명되고 유지된다고 말하는 것이 꼭 필요하다. 그러나 좀 더 중요한 것은 이런 이데올로기가 여성에 대한 수천 년 동안의 직접적이고 구조적인 폭력에서 나온 것이라는 점이다. 이는 일부 가부장적 사회에서 처음 시행되었고, 자본주의를 통해 오늘날 일반화되었다. 지속적으로 억압받는 사람들, 그리고 오늘날에도 자신의 인생에 대한 자율권을 갖지 못한 여성은 자신에게 강요된 것을 자발적인 것으로 해석하는 것 밖에는 심리적으로 다른 선택을 할 수가 없다. 인간으로서 자기존엄을 모두 잃고 싶지 않기 때문이다. 이는 여성이 자신들을 억압하는 이들과 이데올로기를 공유하는 가장 깊은 이유이며, 강간당했을 때, 자신의 '명예'와 가족의 명예가 침해당했다는 인식을 받아들이는 이유이다. 마야 티아기의 어머니가 자신의 딸이 강간을 당해 가문의 명예를 떨어뜨렸으니, 차라리 딸이 죽었으면 했다고 말한 이유이다. 강간 피해자 자신이, 어머니와 자매가, 몸과 생명에 대한 여성의 자율권보다 이런 식의 '명예' 개념에 더 심취해있다면, 그들은 강간자와 암묵적으로 공모하고 있는 것이다. 따라서, 델리에 있는 스트리 상가르쉬Stree Sangarsh와 같은 여성 단체들이 강간은 '여성을 치욕스럽게 하는 것', 여성을 '모욕'하는 것이라는 생각을 반박하는 것은 중요하다. 이 단체는 이렇게 말한다. '우리에게 강간은 혐오스럽고 경멸스러운 행위이다. 이는 여성으로서, 인간으로서 스스로를 부정하게 한다. 이는 남성 권력의 궁극적인 자기주장이다.'[11]

---

11. 다음 리플렛은 1980년 3월 8일 델리에서 여성단체 스트리 상가르쉬(Stree Sangarsh)가 가져온 것이다.
'자나타(Janata) 정권 시절에 강간이 더 많았는가, 인도국민회의 시절 강간이 더 많았는가?'
그것은 문제가 아니다!
바그파트(Baghpat) 사건은 다양한 색조의 정치인이 '우리 여성의 명예를 지키기 위해' 뛰어드는 이상한 현상을 촉발하고 있다. 강간자에게 채찍질을 하고, 돌을 던지고, 그의 목을 매달아야 한다는 요란한 주장이 의회 안에 가득 울려 퍼지고 있다. 차란 씽은 집권 시절에는 여성이 인도행정서비스(IAS) 공무원으로 일하는 것을 금했지만, 오늘은 여성에 대한 잔혹행위에 대해 자신의 가슴을 치면서 탄식하고 있다. 산탈 파르가나스에서 벌어진 집단강간사건을 조용히 무마시켰던 자나타당이 지금은 여성을 '모욕'하는 행위를 비난한다. 라즈 나리안은 간디여사가 집권한 이래 '강간사건의 물결'이 전국을 휩쓸고 있다고 하면서, 간디 여사의 퇴진을 요구했다.
나리안은 나리안푸라를 있었는가? 바스티도 있었는가?
인도국민회의도 강간에 대한 주장으로 다른 이슈들을 모두 날려 버리고 있다. 인도국민회의의 역사도 텔렌가나, 바일라딜라, 1974년 철도파업 강간사건……군다 사건……등은 기록하지 않고 있다.
강간은 명예의 문제만은 아니다
인도 정치인의 단어는 항상 한정되어 있다. 인도인민당(BJP)에서부터 인도국민회의에 이르기까지 이들이 내뱉는 분노의 핵심어는 '명예와 모욕'이다. 그들은 '여성을 불명예스럽게 하는 것은 우리국가를 불명예스럽게 하는 것'이라고 말한다. '여성의 명예가 우리국가의 명예'라고 말한다. 그러나 바로 이 나라에서 여성이 성매매를 강요당하고, 노예 노동자로 팔리고, 결혼지참금 때문에 남편과 시형제들과 시부에게 강간을 당하고 살해를 당하고 있다. 최근 한 남성이 아내가 강간당했다는 이유로 자살을 했다. 두 달 전 한 여성은 남편에게 강간당했다는 말을 하는 대신 자살을 했다. 가족은 강간을 당했다는 이유로, 자매를, 딸을, 며느리를 내쫓는다. 당신 자신이 범죄를 저지르지 않는데, 당신의 명

남성이 타고난 강간자라면, 우리는 인도와 여타 다른 세계에서 강간 사건이 증가하는 것을 보게 되지 않을 것이다. 오늘날 남성과 여성에게 가장 급박한 문제는 성 폭력이 이렇게 증가하는 이유를 알아내는 것이다. 이런 사태를 낳는 요인은 무엇인가? 남성-사냥꾼 개념은 이런 증가에 대해 어떤 설명도 제공하지 않기 때문에, 남성의 본성, 남성의 유전자적 기반에 원인이 있는 것은 확실히 아니다. 원인은, 항상 그랬던 것처럼, 사회적, 경제적, 역사적 기반에서 찾을 수 있다.

오늘날 우리가 볼 수 있는 것은 전반적으로 삶이 짐승 같아진다는 점이다. 강자가 약자에 대해, 부자가 가난한 자에 대해, 남성이 여성에 대해 무자비한 투쟁을 하고 있다. 이는 물론 사회의 부조리가 발현

예가 땅에 떨어질 수 있는가? 국가 자체가 경찰, 중앙예비경찰(CRPF), 국경수비대(BSF) 등이 집단강간을 저지르는 것을 허용하고 있는 것이 바로 이 국가이다. 만약 이런 것이 명예로운 행동이라면, 우리는 명예에 침을 뱉는 것이다.

우리에게 강간은 증오와 경멸의 행동이다. 이는 우리가 여성임을, 인간임을 부정하는 것이다. 남성적 힘의 극단적 주장이다.

강간은 치안의 문제가 아니다.

야당은 인도국민회의 정권 아래서 치안 상황이 악화되었다고 주장한다. 인도국민회의는 '악의적인 이들'이 강간을 이용해 '경찰의 사기를 저하시키고 있다'고 말한다. 양 측은 이것이 정당정치의 문제라는 것에 동의한다. 양 쪽 모두 자신들이 경찰 강간의 문제를 해결할 수 있다고 생각하고 있다.

그러나 바일라딜라와 산타 파르가나스의 여성에게, 비와 마투라와 마야 티아기에게 이것은 누가 집권하느냐, 자나타당이냐 인도국민회의냐 하는 문제가 아니다. 그들에게 경찰은 두려움, 협박, 성폭력을 의미한다. 남성이 경찰/중앙예비경찰(CRPF)/국경수비대(BSF) 제복을 입고, 곤봉/총을 들었을 때 갖게 되는 권위가 그로 하여금 때리고, 고문하고 강간하게 만든다. 노동자 가정에서, 농민이 사는 마을에서 강간을 저지르는 자들이 치안의 옹호자들이다. 치안은 경찰의 잔혹행위를 의미한다.

우리 역사에서 수십 년 동안 이런 진실이 반복되어 왔다. 우리는 정치인이 하는 것처럼, 이것이 사실이 아닌 양 가장하면서 싸울 수는 없다. 3월 8일, 오늘 우리가 이런 진실에서 눈을 거두고 저들의 거짓에 손을 들어준다면, 그동안 싸워 얻은 얼마 안 되는 성과도 모두 잃게 될 것이나. — Stree Sangarsh, New Age Printing Press, Rani Jhansi Road, New Delhi-55

된 것이고, 남성–사냥꾼 모델과 남성과 자연 사이의 약탈적이고 지배적인 관계에 기초한 남성 개념이 발현된 것이다. 그리고 이 개념은, 우리가 본 것처럼, 자본주의와 함께 등장했다. 이런 부조리가 왜 이전보다 지금 더 스스로를 드러내고 있는가? 성폭력은 가부장적 남녀관계의 본질적인 부분으로 계속 존재해 왔다. 그런데, 왜 결혼지참금 살해가 증가하고, 강간이 증가하고 있는가? 왜 이른바 사회의 발전한 부문, 도시의 중산층이 이런 부조리의 영향을 받고 있는가?

다음과 같은 것이 현실인 것 같다. 억압적인 가부장적 도덕에 대한 전통적 통제와 점검이 인도와 다른 제3세계 국가에서 무너지고 있다. 그러나 이는 성도덕의 자유화를 통해서가 아니라 자본주의가 이런 사회들을 침투하는 특유의 방식을 통해서 이루어지고 있다. 전통적 도덕의 붕괴는 최근 많은 돈을 번 계급 속에서 더욱 빠르게 진행된다. 이 계급의 남성은 자기 계급의 여성과 또 하층 계급의 여성에 대해 이전에 갖고 있던 여러 규제와 의무에서 스스로를 '해방'시켰다. 그들은 근대적 남성의 모델인 서구의 유력자 백인남성을 모방한다. 양복을 입고, 해외 유학을 하고, 서구 과학을 받아들이는 것도 다 이런 이유에서이다. 그들은 외설 영화를 수입하지만, '자신'의 여성이 해방되기를 원하지 않는다. 자본주의는 이들에게 계층상승할 수 있는 수단을 주고, 새로운 국제적인 (남성) 문화를 공유할 수 있는 수단을 제공한다. 그러나 이들 남성은 자신의 여성만은 이른바 '전통적' 문화의 담지자로 남기를 원한다. 여성은 '전통적인' 이상적 여성상을 따르리라 생각한다.

저개발 국가에서 교육받은 중산층 남성의 문화는 점점 더 국제적으로 되는 반면에, 여성의 이른바 전통 문화는 국가적 정체성의 주된 상징으로 유지하고자 경계를 하고 있다. 이런 모순은 이들 국가에서 남성과 여성 사이의 양극화를 더욱 부채질하고 있다. 가장 잘 알려진 예는 이란과 무슬림 근본주의이다. 이란 여성은 베일을 쓰도록 했지만, 남성은 전통적 의복으로 회귀하지 않는다.

식민지 남성과 식민주의자 남성 사이의 관계를 나는 빅맨(남성 유력자)-리틀맨(무력한 남성) 신드롬이라고 부르고 싶다. '리틀맨'은 빅맨을 모방한다. 돈이 많은 사람은 빅맨이 가진 것, 여성을 포함한 모든 것을 모두 살 수 있다. 돈이 별로 없는 사람은 대신 같은 꿈을 꿀 것이다.

인도 영화산업의 번성은 이런 모순에 기초해 있다. 남성은 근대적이고, 세련되고, 서구화된 영웅으로 묘사된다. 여성은 전통적인 인도를 상징한다. 이 영화들에는 언제나 강간이 있다. 그러나 키스는 검열관이 허락하지 않는다.

이런 모순을 유지하는 것은 도덕적 문제만이 아니라, 인도에서 자본주의 발전의 특별한 형태와 밀접하게 관련되어 있다. 인도에서 영화와 섹스는 성행하는 사업이다. 예를 들어, 녹색혁명 지대에서 농촌 노동력의 착취를 통해 나오는 이윤은 사람들에게 일자리와 더 나은 임금을 주는 것에 생산적으로 투자되지 않는다. 이는 주로 도시로 빠져나가고, 꿈과 환상의 공장인 영화 산업에 투자된다(Mies, 1982). 자본가 계급의 이윤과 영화에서 성폭력과 강간이 만연하는 것 사이에는 분명한 관계가 있다. 일자리와 기회도 없고, 영화 주인공처럼 해외에 나가지도 않을 '무력한 남성'과 도시의 부유한 남성은 이들 영화의 주요 관객이며, 남성 유력자에게 큰 돈을 가져다준다. 실제 삶에서 그들이 가지는 위축감을 모두 보상하기 위해, 영화제작자는 강간 장면을 넣어서 그들이 공격자와 스스로를 동일시하게 해준다. 이는 계급 지배에 전혀 위협이 되지 않는다. 그들의 공격적 성향의 대상으로 제공되는 것은 여성이지, 남성 유력자가 아니다. 그러나 우리가 인도에서 강간 사건에 대한 보고서를 구체적으로 분석할 때, 우리는 불가항력의 성적 충동을 만족시켜야 할 필요에 대한 것은 거의 발견하지 못한다. 이런 장면에서 어떤 '충동'이 있다면, 이는 남성이 지배자라는 것을 보여주기 위해 모욕을 가하고, 침해하고, 괴롭히려는 욕망이다. 강간은 한 계급의 남성이 다른 계급의 남성을 벌주거나 모욕하기 위한 하나의 수단으로 이용되는 경우가 많음을 발견하게 된다. 이는 농촌 지역에서 발생하는 많은 강간사건에서 가장 분명하게 나타난다. 가난한 농부나 농업노동자가 최저 임금이나 그들에게 약속되어 있는 토지와 같은 자신의 법적 권리를 지키려고 할 때마다, '그들은 교훈을 배우게 되고', '자신의 분수'를 알게 된다. 이 과정에서 항상 일어나는 일은 가난한 농가의 여성이 강간당하는 일이다. 왜? 어떤 여성을 강간하는 것과 그들 남성의 토지에 대한 주장 사이의 관계는 무엇인가? 이는 생산수단(토지)에 대한 통제와 노동자의 여성에 대한 통제를 놓고 지배계급은 마음속에서 어떤 연결을 시키고 있음을 분명히 보여준다. 농민이 토지를 요구하면 농민의 여성이 강간을 당하는 것으로 농민이 벌을 받는다. 강간은 기존의 계급과 기존의 남녀관계를 유지하기 위한 하나의 수단이 된다. 사실 일어나는 투쟁은, 유력한 남성과 무력한 남성 사이의 투쟁이다. 여성은 이 투쟁에서 유력한 남성의 남성다움, 그들의 힘을 증명하기 위한 대상으로 사용된다. 이 힘은 돈이나 다른 재산에 대한 통제만이 아니라, 무기에 대한 통제와 직접적인 폭력을 휘두르면서 나오는 힘이기도 하다. 이는 특히 경찰이나 군대의 강간 사건에서 분명해진다. 경찰의 힘은 돈이나 재산에 있는 것이 아니라, 무기에서 나온다.

무기에 대한 통제를 통해 그들은 유력한 남성을 흉내 낼 수 있는 기회를 갖게 된다. 물론, 최근 인도 경찰은 자주 민중과 대치했다. 경제적 강자를 위해 약자와 대치하면서 이들은 자신들의 무기 덕분에 얻을 수 있는 것들을 쉽게 취했다. 그들이 성적 만족을 위해 강간을 했다고 할 수 있을 것 같지는 않다. 경찰이 강간과 성고문을 상당히 자주 저지른 것을 생각해 보면, 아마도 가학적 동기가 성욕을 만족시킬 필요보다 강했을 것으로 보인다. 경찰 강간은 기본적으로 억압적인 가부장적 체제의 결과를 가장 극명하게 보여준다고 할 수 있다. 부르주아 법과 질서를 지키는 이들이라고 하는 경찰은 무기를 통제하고 있기 때문에 사실 법 위에 있는 셈이다. 강간의 확산을 조사하기 위해, 여자 경찰이라고 하더라도, 더 많은 경찰을 부르는 것은 자멸을 가져올 뿐이다. 경찰 강간은 직접적인 폭력과 협박을 사용하여 '빨리 부자가 되려는' 경제적 동기와 여성에 대한 폭력 사이의 상호관계를 보여주기도 한다.

결론

여성 폭력에 대한 논의는 내가 좀 더 익숙한 인도 상황을 주로 다루었다. 그러나 성과 계급 관계에, 그리고 국제노동분업에 내재한 직접적이고 구조적인 폭력의 다른 예를 찾는 것은 어려운 일이 아닐 것이다. 서구 페미니스트운동은 처음부터 '선진' 자본주의 국가에서 이런 측면을 강조해 왔다. 아프리카에서 음핵절제와 근대화에 대한 논의는 여성에 대한 폭력의 또 다른 면을 보여준다(Hosken, 1980; Dualeh Abdalla, 1982). 소련의 한 페미니스트 단체가 비밀리에 발간한 '러시아 여성' 연감은 사회주의 혁명의 조국에서도 남녀관계가 야만적이라는 증거를 제시한다. 중국에서 국가의 인구통제정책으로 나온 여아 낙태와 반여성적 경향에 대한 보고서는 '근대화' 정책과 신가부장적 경향이 사회주의 국가에서도 병행하고 있다는 증거이다.

그러므로 여성에 대한 폭력은 계급, 국가, 카스트, 인종, 자본주의 혹은 사회주의 체제, 제3세계 혹은 제1세계를 막론하고 여성에 대한 착취와 억압의 주된 공통분모라고 할 수 있다.

그렇다면 이런 인식으로부터 우리가 끌어낼 수 있는 이론적이고 현실적인 결론은 무엇인가? 위의 논의를 기초로 우리는 폭력과 강압이 여성과 관련된 모든 생산관계에서 필수적인 부분인가, 아니면 그들에게 주변적인 것일 뿐인가 하는 질문에 답할 수 있는 좀 더 나은 자리에 있다.

우리의 논의를 통해, 여성에 대한 폭력은 자본주의적인 수요 공급 계산에 기초한 편협한 경제적 주장으로도 설명할 수 없고, 가학적인 남성의 '본능'에 대한 생물학적 주장으로도 설명할 수 없다는 점이 명확해져야 한다.

모든 사례를 통해 볼 때, 여성에 대한 폭력은 착취적인 남녀관계, 계급관계, 국제관계와 밀접하게 관련되어 역사적으로 형성된 현상이라는 사실이 분명해진다. 이 모든 관계는 자본축적 체제 속으로 오늘날 어느 정도 통합되고 있다. 이 축적 체제들은 자본가적 혹은 시장지향적이거나 혹은 중앙에서 계획되거나 사회주의적이다. 이들의 이데올로기적 차이와 상관없이, 양 체제에서의 자본축적은 자급적 생산자에게서 이들의 생산수단을 몰수하는 것에 기초해 있다. 자본주의 시장경제의 중심들에서, 몰수당한 남성은 '자유로운' 임금노동자라는 새로운 계급이 된다. 이들은 노동력 이외에는 가진 것이 없다. 그러나 자신의 노동력을 소유한 자들로, 이들은 부르주아 '자유' 시민의 범주에 공식적으로 속하게 된다. 이들은 재산을 소유한 자들로 규정되고, 등가교환의 원칙에 기초해 서로 계약관계를 가질 수 있다. 그래서 사회주의적 변혁 이론가들도 프롤레타리아 남성을 역사적 주체로, 자유인으로 본다.

그러나 여성은 어떤 부르주아적 의미에서도 자유로운 역사적 주체로 규정된 적이 없다. 생산수단을 소유한 계급의 여성이나 프롤레타리아 계급의 여성도 스스로를 소유한 존재가 아니다. 그들 자신, 자신의 총체적인 인격, 자신의 노동력, 자신의 감정, 자신의 자녀, 자신의 몸, 자신의 섹슈얼리티는 자신의 것이 아니라 남편의 것이다. 그들은 재산이었다. 따라서 자본주의의 공식 논리에 따라 그들은 재산의 소유자가될 수 없었다. 남성 프롤레타리아는 자신의 노동력을 소유하고 있다는 의미에서 재산소유자의 범주에 들지만, 여성은 재산소유자의 범주에 공식적으로 포함되지 않기 때문에, 이들은 '자유' 시민 혹은 역사적 주체도 될 수 없다. 이는 부르주아 혁명의 시민적 자유가 여성에게는 아무 의미가 없음을 의미한다. 이것이 여성이 그렇게 늦게 투표권을 부여받게 된 깊은 이유이며, 결혼 관계 내에서의 강간이 범죄로 여겨지지 않는 이유라고 생각한다.

여성은 재산 소유자가 아니라 스스로가 재산인 존재이다. 그렇기 때문에, 부르주아 논리를 따르면, 여성은 자유로운 주체가 될 수 없다. 따라서, 여성은 계약관계를 맺는 것도 가능하지 않다. 이에 비해, 최소한 공식적으로는 자신의 노동력을 소유하고 있어 원하는 사람에게는 팔 수 있는 '자유' 프롤레타리아는 계약관계를 형성할 수 있다. 자본가와 프롤레타리아 사이의 노동계약은 두 자유로운 주체가 등가교환의 관계로 들어간다는 전제에 기초해 있다. 그런 계약은 여성과는 가능하지 않다. 노동이나 용역과 관련해 어떤 것을 여성으로부터 끌어내려 한다면, 폭력과 강압을 쓰는 것이 필수적이다. 여성은, 비록 자유로운 주체로 규정되지는 않지만, 자신만의 의지를 갖고 있기 때문이다. 여성을 자본축적의 법칙 아래만이 아니라 문명사회의 '자유로운' 주체인 남성의 의지 아래 두기 위해서는 강제적으로 굴복시켜야 했다.

여성을 남성과 자본축적과정 아래 폭력적으로 종속시키는 일이 대대적으로 수행된 것은 유럽의 마녀 사냥이 그 시작이었다. 이 일을 기반으로 해서 이른바 자본주의적 생산관계가 수립되었다. 말하자면 노동력을 소유한 이들과 생산수단을 소유한 이들 사이의 계약 관계가 수립된 것이다. 큰 의미에서 자유롭지 않은, 강제로 종속된 여성이나 식민지 노동력의 이런 기반이 없었다면, 자유 프롤레타리아의 강제적이지 않은 계약 노동관계의 수립은 가능하지 않았을 것이다. 여성과 식민지인은 재산과 자연으로 규정되었다. 이들은 자유로운 주체로 간주되지 않았기 때문에 계약의 세계로 진입하지 못했다. 둘 다 무력과 직접적인 폭력을 통해 종속되었다.

민중이 여전히 생산수단을 이용할 권리를 어느 정도 갖고 있을 경우, 경제적 차원에서 이런 폭력은 항상 따르게 마련이다. 예를 들어, 농민은 자발적으로는 외부 시장을 위한 상품 생산을 시작하지 않는다. 그들은 우선 자신들이 소비하지 않는 물품을 생산하라는 압력을 받게 된다. 그렇지 않으면, 자신들의 밭에서 쫓겨나게 되거나, 부족 차원에서 강제로 영토에서 쫓겨나 전략 마을들에 재정착하게 된다.

여성의 첫 번째이자 마지막 '생산수단'은 자신의 몸이다. 전 세계적 차원에서 증가하고 있는 여성에 대한 폭력은 기본적으로 이 '영역'에 관한 것이다. 유력자 남성은 이에 대해 아직까지 견고하고 영구적인 지배를 확립하지 못했다. 이 지배는 협소한, 그러나 중요한 역할을 해 온 경제적 고려에 기초한 것일 뿐 아니라, 권력과 통제 문제와 관련된 정치적 동기와 긴밀하게 얽힌 경제적 동기에 기초한 것이기도 하다. 폭력과 강압이 없었다면, 근대적 남성이나 근대적 국가 어느 것도 자연에 대한 지배에 기초한 진보와 개발 모델을 따를 수가 없었을 것이다.

그러므로 자본주의 시장경제들 내에서, 여성에 대한 폭력은 '계속되는 원시적 축적'의 필요성으로 설명될 수 있다. 프랑크$^{André\ Gunder\ Frank}$에 따르면 원시적 축적은 이른바 '자본주의적' 축적 과정의 전제조건이다. 인도와 같은 제3세계에서, 위에서 묘사한 것과 같은 의미의 '자유로운' 주체가 되는 사람은 소수에 불과하다. 인도 헌법에서 시민권이 잘 보장되고 있다고 해서 상당한 정도의 폭력과 강압에 기초한 실제의 생산 관계가 달라지는 것은 아니다. 남성이 사유재산을 소유한 '자유로운' 주체로 구성된 형제단에 들어가고자 한다면, '계속되는 자본의 원시적 축적'에 내재한 요소인 여성에 대한 폭력이 가장 빠르고 가장 '생산적인' 방법이 된다는 것을 우리는 살펴보았다.

여성에 대한 폭력과 강압적인 노동관계를 통해 여성 노동을 갈취하는 것은, 따라서, 자본주의의 본질적인 부분인 셈이다. 폭력은 자본주의적 축적 과정에 필수적인 것이지, 주변적인 것이 아니다. 자본주의는 그 축적 모델을 유지하기 위해 가부장적 남녀관계를 이용하고, 강화시키고, 심지어 발명해내야 했다. 세계 모든 여성이 '자유로운' 임금노동자, '자유로운' 주체가 된다면, 이윤을 착복하는 것이 상당히 어렵게 될 것이다. 이것이 제3세계에서부터 제1세계까지 가정주부, 노동자, 농민, 창녀 등 모든 여성이 공유하는 점이다.

6장
민족해방과 여성해방

6장

민족해방과 여성해방

앞서 분석했던 자본주의의 발전과 여성에 대한 착취와 억압 사이의 필연적인 상호연관을 지적할 때, 가장 많이 나오는 질문은 이런 것이다. 사회주의는 어떠한가? 질문자의 정치적 지향에 따라 사회주의는 '여성 문제'에 대한 유일한 해결책으로 여겨지기도 한다. 그러나 '실제로 존재하는' 사회주의 국가도 비판을 받는다. 그곳의 여성 역시 가부장적인 남녀관계에서 해방된 것과는 거리가 아주 멀어 보이기 때문이다.

많은 제3세계 여성에게, 여성해방의 이슈는 식민지 그리고/혹은 신식민지 종속에서 벗어나는 민족해방의 문제와 사회주의 사회를 세우는 관점과 밀접하게 연결되어 왔다. 서구의 많은 페미니스트도 최소한 1970년대 초까지는 반제국주의 투쟁과 반가부장제 투쟁의 결합에 대해 큰 희망을 품고 바라보았다. 학생운동에서처럼, 서구 페미니스트 운동의 상당 부분은 반제국주의 민족해방투쟁을 하는 제3세계국가의 여성운동에서 진짜 페미니스트적인 돌파구가 나올 것을 기대했다.

베트남전쟁 기간 동안 내 책상 앞에 걸려있던 포스터 한 장이 기억난다. 빨간 색 바탕에 세 명의 여성이 손에 총을 들고 있는 그림이었다. 아래에는, '캄보디아, 라오스, 베트남, 승리!'라고 쓰여 있었다. 그림 속 여성은 이 국가 국민들의 민족해방투쟁을 상징했다. 우리는 모두 이런 포스터들을 알고 있다. 아시아, 아프리카, 라틴아메리카의 민족해방운동과 연대하는 집회장에서 이 포스터들이 판매되곤 했다. 등에는 아기를 업고 한 손에는 총을 든 여성의 모습은 민족해방과 여성해방이 결합된 것을 상징하는 표준화된 이미지였다. 몇 년 동안 우리 대부분은 그런 이미지에 고무되었다. 민족해방운동이 해방된 민족의 상징으로 왜 여성을 선택했을까, 민족해방과 여성해방이 관련되어 있다는 전제는 타당한가 등에 대해 의문도 품어보지 않았다.

오늘날 이런 포스터들은 나에게 슬픔 감정이 생기게 한다. 민족해방전쟁에서 승리한 이후 여성해방과 관련해 무엇이 일어났는가를 알아보면, 이 국가들에서 성차별적이고 가부장적인 태도와 제도는 여전히 지속되고 있다는, 혹은 더욱 개선된 형태가 도입되었다는 무수한 증거와 직면하게 된다(Rowbotham, 1974; Weibaum, 1976; Urdang, 1979; Reddock, 1982). 중국에서 일어나는 여자영아살해, 여아낙태와 짐바브웨 정부가 성매매 반대 캠페인을 벌인 것에 대한 최근의 보도들을 통해 민족해방이 여성해방으로 직접 이어지는 길에 대한 환상이 깨지고 있다.

이런 전개과정을 접하면서, 아시아, 라틴아메리카, 아프리카에서의 해방운동에 여성이 참여하는 것에 고무되었던 서구의 일부 페미니스트들은 왜 민족해방 이후 여성해방으로 이어지지 않았는가라는 문제로부터도 관심을 돌리고 있다. 그들은 이전의 국제주의적 지향도 포기한다. 이전에 그들은 이렇게 주장했다. '우리 서구 페미니스트는 이 국가들을 비판할 권리가 없다. 우리는 그곳에서 무엇이 벌어지는지 충분히 알지 못한다. 이 사회들은 문화적 역사적으로 서구 사회와 너무 달라서 우리의 비판은 또 다른 온정주의나 유럽중심적인 문화제국주의로 귀결될 수 있다.' 많은 이들이 제3세계 남성과 여성으로부터 '페미니스트 인종주의자'라는 비난을 들을까 두려워한다. 그러느니 차라리 자신의 사회에서 일어나는 일에만 관심을 두려고 한다. 여전히 연합 단체에서 활동하는 이들과 일종의 사회주의적 국제주의에 신념을 가진 이들은 이렇게 주장하기도 한다. '사회주의 국가의 여성은 해방을 향해 큰 발을 내디뎌 왔다. 해방은 단번에 성취되는 것이 아니다. 이런 사회는 자본주의/제국주의에서 사회주의와 공산주의로 가는 과도기에 있다. 어떻든 이들은 자본주의 사회보다는 여성의 완전한 해방을 가져올 수 있는 조건을 더 잘 갖추고 있다.'

나는 두 입장 모두 전 세계에서 벌어지고 상황을 더 잘 이해하고, 여성해방을 앞당기는 데 큰 도움이 된다고 생각하지 않는다. 게다가 미국과 유럽의 사건들은 서구 페미니스트가 민족해방과 여성해방의 관계에 대해 분명한 입장을 생각하게 만들고 있다. 현재 서구 여러 국가에서 여성은 '인종과 민족'을 위해 출산을 해야 하는 '민족적 과업'에 대한 이야기를 많이 듣고 있다(여성과 파시즘 연구 모임, 1982). 오늘날 서독에서처럼 조국을 지키기 위해 군대에 입대할 준비를 해야 한다는 말도 듣고 있기 때문이다. 또한 이런 정책들은 여성의 이익과 민족의 이익이 동일하다는 전제에 기초하고 있다. 페미니스트 중에는 여성이 국방의무에 참여해야 남녀 사이의 평등을 발전시킬 수 있다고 생각하

는 이들도 있다.[1]

그러나 유럽 페미니스트 대다수는 '군대의 형제애'가 낳은 평등에 대해서는 신뢰하지 않는다. 많은 이들이 1982~83년에 평화운동에 참여했다. 이들은 에스에스20(중거리탄도미사일, SS 20)과 크루즈 미사일, 퍼싱투미사일Pershing II의 배치와 그리고 즉각 전쟁에 돌입할 수 있는 명분을 갖고 있는 두 초강대국이 야기한 핵참사 위협에 두려움을 느꼈기 때문이다. 그러나 평화운동에서도 페미니스트는 민족해방과 여성해방 문제를 피해갈 수 없었다. 이들 중 많은 이들이 무기 사용에 함께 반대했다. 생명을 낳는 여성의 능력 때문에 여성은 생명을 파괴하는 편에 설 수 없다는 암묵적 전제에 기초하여 평화운동을 벌이는 이들도 있었다. 이는 기본적으로 구좌파 여성 평화운동과 이를 계승한 조직들이 견지해 온 입장이기도 했다.[2]

그러나 민족해방 투쟁에 여성이 참여하는 문제가 나오면 이 여성들은 딜레마에 직면한다. 많은 이들이 반제국주의 투쟁의 필요성을 인정하고, 때로는 민족해방운동을 지원하기도 한다. 그러나 기본적으로 평화주의자인 혹은 반폭력적인 여성의 '본성'이라는 암묵적인 혹은 공공연한 이들의 생각과 여성도 무기를 들고 실제 전투에 참여하는 모

---

1. 1984년 흐로닝언(네덜란드)에서 열린 제2차 학제간여성연구총회(Interdisciplinary Congress on Women's Studies)에서 '군대 내 여성'에 대한 워크숍이 몇 차례 있었다. 군대에 여성이 참여하는 것이 여성의 '권력을 강화'하고 남성과의 평등을 실현하는 수단이라는 논의도 있었다. 또한 서독의 유명한 페미니스트 슈바르처(Alice Schwarzer)는 여성도 징집해야 하는가라는 문제에 대해 애매한 입장을 취했다. 이런 페미니스트의 주장을 보면, 대개 그들은 원칙적으로 전쟁과 군대에 반대하지만, '현 상황에서는' 여성도 남성과 평등하게 군대에 합류할 수 있다는 입장이다.
2. 여성은 '타고난' 평화주의자라는 생각은 여성평화운동에 관한, 특히 사회주의권 국가들에서의 여러 책들 속에 반영되어 있다. 이는 앞서 언급했던 1915년의 뛰어난 연구인 『군사주의 대 여성주의』의 기본 전제이기도 하다.

든 민족해방운동의 현실을 어떻게 조화시킬지를 이들은 알지 못한다. 만약 아기와 무기를 동시에 취하고 있는 여성의 이미지가 그들의 상황에서 그들에게 긍정적인 의미를 갖지 않는다고 한다면, 민족해방투쟁에 참여한 여성의 경우 그들은 어떻게 이 투쟁을 지원할 수 있겠는가? 아니면 한 민족 혹은 한 국민이 제국주의자와 식민지적 종속에서 해방되기 위해 싸우는 전쟁과 제국주의자 사이의 전쟁은 기본적으로 다르다고 말하는 것으로 충분할 것인가?

제3세계여성은, 민족해방투쟁 혹은 그런 투쟁 이후의 국가건설 과정에 관여한 경우, 서구페미니스트의 이런 도덕적 딜레마를 사치스럽다고 생각하고, 자신들은 그런 고민할 시간이 없다고 여길 수도 있다. 그러나 그들 역시 일부러 현실에 눈감으려 하지 않는다면, 결국 그 문제를 피할 수가 없다. 지난 해 경찰의 반성매매 검거로 잡힌 짐바브웨 여성처럼, 이것이 그녀의 형제들이 죽어가며 만들어낸 국가인가 하는 것을 물어야 하는 순간이 올 것이다(*Sunday Mail*, Harare, 27 November 1983).[3]

제국주의 국가의 페미니스트에게만이 아니라 식민지 혹은 과거 식

---

3. 이 여성이 구속되었을 때 그녀는 다음과 같이 썼다:
　나는 치비에서 곡물을 키우며 아버지의 가축을 돌보고 있다. 나는 15세이며, 경찰이든 경찰이 아니든, 나에게 명령할 남성이 필요하지 않다. 이것이 나의 어린 두 남동생이 숲 속에서 사망하고, 오빠가 엉덩이 아래 오른쪽 다리를 모두 잃어가며 성취한 독립이고 자유인가?
　왜 성매매가 있냐고 질문하며 시간을 허비하는 위원회는 필요없다. 우리 모두 이유를 안다. 교육받지 못한 소녀에게는 일자리가 없다. 그러나 가뭄에 가족을 먹이기 위해서는 식량을 살 돈이 필요하다.
　공무원에게 더 지불하는 것은 국가의 시간과 돈을 낭비하는 것이다. 이 소녀들에게 일자리를 주라. 낯선 이에게 몸을 팔고 싶어 하는 여성은 없다(Patricai A. C. Chamisa, Sunday Mail, Harare, 27 November 1983).

민지의 페미니스트에게도 민족해방과 여성해방 사이의 관계는 명료한 것과 거리가 멀다. 그러나 이 문제를 분명히 하는 것은 오늘날 꼭 필요하다. 과개발된 시장 경제와 저개발 시장경제의 여성은 국제노동분업에 의해서 세계시장 속에 서로 연결되어 있고, 또 통합되어 있기 때문이다. 이는 중앙계획적인 사회주의 경제의 여성도 마찬가지이다. 그러므로 민족해방과 여성해방 사이의 관계에 대한 논의를 위해서는 기존의 국제노동분업과 특정한 성별노동분업이 갖는 관계를 잘 인식해야 한다.

명확히 해야 할 문제는 민족해방투쟁 이후 여성이 이전보다 정치권력에 좀 더 접근하게 되었는가, 계급 없는 사회를 추구하는 사회주의자의 목표가 성취되었는가, 착취적이고 억압적인 성별노동분업도 폐지되었는가 하는 점들이다. 이 문제에 대한 대답은 결국은 해방투쟁 과정과 그 이후 추구해 온 사회에 대한 생각과 발전 모델에 달려 있을 것이다. 여기서 **국민국가** 개념은 중요한 역할을 한다. 해방 이후 건설된 국민국가는 국민의 운명, 여성의 운명을 결정하는 정치적 주체이기 때문이다.

이 논의에 앞서, 해방 이후 사회주의 국가 몇몇을 살펴보고, 승리 이후 여성해방과 관련해 어떤 일이 있었는지를 물어보는 것이 유용할 것이다. 해방전쟁 그리고/혹은 혁명 과정과 그 이후에 이 사회들에서 등장했던 복잡한 역사적 현실에 대해 총체적이거나 공정한 분석을 여기서 시도할 수는 없다. 나는 사회주의적 관점을 견지했던 몇몇 사회들, 그리고 사유재산에서 집단 혹은 국유재산으로 생산관계가 변화한 것을 '봉건적' 혹은 가부장적 남성 지배에서 여성이 해방되었다는 주장과 결합시키는 사회들에 집중하여 분석할 것이다. 이 중 가장 현저한 것은 사회주의 사회의 초기 모델을 제공한 소련이고, 중국과 베트남이다. 민족해방투쟁을 경험한 다른 사회주의 국가들, 유고슬라비아, 쿠바, 모잠비크, 앙골라, 기니비사우, 알제리 등에서 개발은 위의 세 국가에서 볼 수 있는 유형의 변형이라고 할 수 있다. 그러나 여성해방전략과 관련해서는 근본적인 유사성도 있을 것이다. 여성해방전략이 맑스와 엥겔스가 작업한 이론에 토대를 두(었)기 때문이다.

여성해방과 민족해방투쟁, 그리고 이어지는 사회주의적 생산관계 건설이 상호 연관되어 있다는 전제의 이론적 기초는 맑스, 그리고 좀 더 특별하게는 엥겔스가 놓았다. 그는 여성이 가부장적 구속에서 해방되기 위해서는 '사회적으로 생산적인 노동'에 '재진입'하는 것이 꼭 필요하다고 강조했다. 가사노동은 비생산적이고 사적인 것으로(2장 참조), 상품생산과 수익 발생 영역을 생산적이고 공적인 것으로 규정한 부르주아 정치경제학과 마찬가지로, 엥겔스는 여성이 임금노동에 참여하는 것과 여성의 경제적, 그리고 인간적이고 정치적인 지위 사이에 직접적인 연관관계가 있다고 보았다. 맑스와 엥겔스가 '자유' 임금노동자를 역사의 주체로 보았던 것처럼, 여성은 임금노동 부대로 들어감으로서만 역사적 주체가 될 수 있다고 보았다. 베벨, 제트킨, 그리고 이후 레닌까지 모두 여성해방에 대한 이론을 조금씩 더 정교하게 다듬었다. 그러나 크게 새로운 내용이 추가되지는 않았다. 혁명적 민족해방투쟁의 지도자들이 맑스, 엥겔스, 레닌이 발전시킨 과학적 사회주의를 이론적 전략적 틀에 적용하면서, 그들은 여성해방에 대한 자신들의 생각을 혁명적 프로젝트에 통합시켰다.

이 일반이론에서 가져온 주요 전략적 포인트는 다음과 같이 요약할 수 있다.

· '여성문제는 사회문제의 일부이다'(즉, 생산관계, 재산과 계급관계 문제). 여성문제는 자본주의 전복과정에서 해결될 것이다.

· 그러므로 여성은 경제적 독립과 해방의 물질적 기초를 확보하기 위해 사회적 생산(즉, 집 밖에서의 임금노동)에 들어가야 한다.

· 자본주의가 모두를 재산이 없는 임금노동자로 만들기 때문에, 그 과정에서 남녀 차이도 사라지게 만들면서(제트킨), 프롤레타리아 사이에서는 여성 억압의 물질적 기초가 더 이상 존재하지 않게 된다. 그러므로 노동계급 내에서는 특별히 여성운동이 필요하지 않다.

· 그러므로 노동계급 여성은 계급의 적에 맞서는 모든 투쟁에 같은 계급의 남성 동지와 함께 참여해야 한다. 이를 통해 여성해방의 전제조건을 창출해야 한다.

· 여성은 여성으로서 억압받고 종속될 수 있다. 그러나 착취당하지는 않는다. 임금노동자라면 여성도 남성 노동자가 당하는 똑같은 방식으로 착취당할 것이다. 이런 착취에 대해서는 남성과 힘을 합쳐서 생산관계를 변화시키려는 투쟁(계급투쟁)을 할 수 있다.

· 여성으로 특별히 당하는 억압에 대한 투쟁은 이데올로기적 차원에서 (합법적 행동, 교육, 선전, 경고, 설득 등을 통해) 일어나야 한다. 기본적인 생산관계 수준에서, 착취의 문제가 거론되는 차원에서 일어나서는 안 된다.

·어떻든, 이런 투쟁은 부차적이다. 계급투쟁이 우선이다. 그러므로 여성은 분리된 자율적인 조직을 구성해서는 안 된다. 여성 조직은 (혁명적) 정당의 지휘 아래 있어야 한다. 분리된 여성조직은 억압받는 계급의 단결에 균열을 가져올 것이다. 또한 여성의 특수한 고충을 강조하는 것 역시 그럴 수 있다.

·기초적 생산관계가 혁명적으로 변화하고, 여성이 사회적 생산 혹은 임금노동에 진출한 이후에는 개인적 가사노동과 육아의 집단화(사회화)가 있을 것이다. 이를 통해 여성은 임금노동뿐 아니라 정치활동에 참여할 수 있게 될 것이다.

·남녀 사이의 진정한 평등 혹은 민주주의를 이루려는 노력은 남녀관계 차원에서 혹은 가족 차원에서 만들어져야 한다. 가족이 경제적 의미를 상실한 뒤에 이는 이데올로기적 투쟁을 통해서 가능하다.

다음에서, 나는 혁명 혹은 민족해방투쟁을 겪은 주요 국가들을 짧게 개관한 뒤, 위의 여성해방 원리를 사회주의적 발전 전략과 결합하여 검토할 것이다. 논의를 이끌 문제는, 실제 해방전쟁에 많이 참여했던 여성이 가부장적 관계에서도 해방을 성취할 수 있었는가 하는 점이 될 것이다.

크롤(Elisabeth Croll, 1979)은 혁명 투쟁이후, 생산관계의 변혁을 겪은 네 국가, 소련, 중국, 쿠바, 탄자니아에서 농촌 여성의 '생산과 재생산' 경험을 연구했다. 그녀의 연구는 우리의 문제와 깊이 연관되어 있기 때문에, 간단히 소개해 보겠다.

네 국가 모두 농업부분에서 집단화 프로그램을 경험해 왔다. 이는 생산관계를 토지에 대한 사적 소유제에서 소유를 사회화한 형태, 즉 국영 농장, 코뮌, 협동조합으로 바꾸기 위한 것이다. 이런 집단화를 통해 농촌 여성은 남성 가장의 가부장적 통제에서 벗어나게 될 것이라고 여겼다. 그들은 이 집단들에서 개인 구성원이 되고 임금노동이 될 수 있을 것이기 때문이다. '…… 그들의 노동력은 보이게 되고, 개인적으로 보수를 지불받고, 경제적 독립의 자원이 될 것이라고 생각했다'(Croll, 1979:2). 그러나 이런 집단화된 단위와는 별개로, 네 국가 모두에서 사적소유의 터는 유지되었고, 오늘날 중국에서 벌어지고 있는 것처럼, 심지어 새로 형성되기도 했다.

네 국가 모두에서 여성이 '사회적 생산에 진입'하도록 동원하기 위해 많은 노력을 기울였다. 여성에 대한 일반적인 맑스 이론에 따르면 여성은 가정주부로 간주되었으며, 따라서 사적인 생산에만 관여하는 것으로 여겼기 때문이다.

그러나 러시아와 탄자니아에서 여성은 언제나 농업 생산에 대규모로 참여해 왔다. 탄자니아에서는 여성이 농업노동력의 주류를 이루고 있었다. 중국에서 여성 참여는 북부와 쌀을 생산하는 남부에서 차이를 보였다. 북부의 여성은 남부와 달리, 밭일은 거의 하지 않았다. 쿠바에서 여성이 대거 농업 임금노동자로 동원된 것은 1970년대뿐이었다.

'이중 경제'에서의 여성

네 국가 모두에서 여성은 농업의 집단화된 영역에서도 대거 참여하고 있을 뿐 아니라, 여전히 남아 있는, 혹은 재창조된 사적영역에서도 주된 노동력을 담당하고 있다. 소련, 중국, 베트남의 사례들을 놓고 생각해보자.

소련

급속한 산업화로 많은 남성이 도시 공업중심지로 가게 되면서, 소련의 농촌 여성은 농업 생산의 상당 부분을 책임져야 했다. 여성 노동력이 집단농장에서 56.7%, 국영농장에서 41.0%, 개별 농민농장에서 65.2%, 개인 텃밭에서 90.7%를 차지하고 있다(Dodge, 1966, 1967, 1971, Croll, 1979 : 15~16에서 재인용). 그러나 일년 중 여성이 집단농장에서 일해야 하는 날의 수는 남성보다 적다. 이는 주로 여성이 텃밭 노동에 관여하고 있기 때문이다. 농가에서는 생존에 필요한 식량의 75~90%를 이 텃밭에서 얻는다. 그러므로 소련에서 여성의 농업노동은 생계유지를 위해 사유지에서 수행되는 비공식 부문과 국영 집단농장의 공식 부문으로 나뉜다. 여성은 자급적 생산의 큰 부분을 차지하면서도 국영농장 노동력의 약 50%를 이루고 있다. 이 이중의 노동 부담 외에 여성은 가사노동도 책임지고 있다. 소련에서 일반적으로 남성은 가사노동을 분담하지 않는다. 탁아소, 유치원, 공공 식당 등 가사노동의 사회화 형태도 제대로 발전하지 않았다. 1917년 직후 짧은 급진적 개혁과 실험의 시기를 제외하면, 정부는 공공서비스 제공에 큰 관심을 두지 않았다. 탁아소와 돌봄 시설은 주로 도시에 집중되어 있다. 도시 미취학 아동의 37%가 탁아소나 보육원에 간다. 공동 식당은 도시에도 거의 남아있지 않다.

국영 농장에서 여성은 주로 미숙련 노동, 전문화되지 않은 부문의 일을 한다. 이는 주로 육체노동이고 기계를 사용하지 않는다. 여성은 남성보다 교육과 훈련을 덜 받았다. 경영이나 관리직 분야에서 여성의 비율은 낮다. 농장, 노동자조직, 목축업부분, 농장 경영 등에서 여성이 책임자가 되는 경우는 드물다.

노동 부담이 크고, 가정에서의 성별노동분업이 변화하지 않았기 때문에, 소련에서 여성의 정치 참여는 일반적으로 낮으며, 특히 농촌에서는 더욱 낮다. 정치집회는 노동 시간이 끝난 뒤에 있기 때문에, 농장이나 공장에서 일을 마친 뒤에는 장을 보고, 요리를 하고, 살림을 해야 하는 여성은 그런 모임에는 출석할 수가 없었다. 여성은 가사노동 부담 때문에 정치활동으로 보내는 시간이나 헌신성에서 남성과 경쟁할 수가 없다는 점을 모든 보고서는 인정하고 있다. 그 결과 여성은 정치적 결정을 내리는 부분에서 제대로 대표되지 못해왔다(Croll, 1979:17~18).

사회화된 부분과 이른바 보조적 부문에서 여성의 취업률은 높지만, 공공서비스와 공용시설은 그리 유용하지 못하고, 현대적 가전제품이나 기구도 부족하고, 남성이 가사노동 분담도 거절하는 조건에서 여성의 여가시간은 남성보다 적고, 계속 과로에 시달린다.

설상가상으로 러시아 남성은 가부장적이고 성차별적인 태도를 계속 견지하면서 강화했으며, 여가시간을 음주와 텔레비전 시청으로 채우면서 집안일은 거의 신경 쓰지 않았다. 이런 상황에 대한 러시아 여성의 분노는 1980년 한 러시아 페미니스트 단체에 의해 비밀리에 발행된 『연감 : 러시아의 여성』 *Almanac : Women in Russia*에 생생하고 신랄하게 표현되었다.[4] 이는 4개 사회 모두에서 볼 수 있는 현상이다. '…… 새로운 노동분업이 수립된 것으로 보인다. 이는 이전처럼 숙련과 비숙련 혹은 농업 내의 힘든 부분과 쉬운 부분이 아니다. 이는 농업과 비농업 노동 사이의 구분이다'(Croll, 1979:5). 전형적인 비농업부문의 일자리는 주로 남성에게 돌아갔다. 이는 과개발과 저개발 시장경제들을 통해 우리가 이미 알고 있는 상황이다.

소련여성은 다자녀출산 거부를 통해 일이 두 세배 증가하는 것을 예방하려 했다. 정부는 여성을 주로 노동자로 대하면서, 생산노동의 범주에 가사노동과 출산 육아는 포함시키려고 하지 않았다. 정부는 비용이 많이 드는 집단서비스를 충분히 제공하지 않았고, 성별노동분업의 변화도 없었다. 이에 여성은 일종의 '출산파업'으로 대응했다. 이는 출산율 하락으로 이어졌다. 이로 인해 정치군사력 만이 아니라 경제력에서도 부정적인 결과를 가져올 것이 우려되면서 정부 관료들이 이 문제에 큰 관심을 갖게 되었다. (예를 들어, 서독과 같은) 자본주의 기업이 발전한 국가에서 그랬던 것처럼, 정부는 결혼한, 혹은 한 동안은 결혼하지 않았어도, 여성이 더 많은 아기를 출산하도록 재정적으로 지원금을 제공했다. '모성은 애국적 의무로 찬양되었다. 이에 따라 다자녀 여성이 존경을 받았다'(Croll, 1979:19).

그러나 가부장적 환경은 변하지 않았고, 생산적 노동과 비생산적 노동에 대한 규정도 그대로인 조건에서 여성은 정부의 이중적인 요구, 즉 '생산적 노동'에도 참여하고 많은 자녀도 출산하라는 요구에

---

4. 『연감 : 러시아의 여성』은 소련 남녀관계의 상황에 대해 처음으로 정보를 제공한 최초의 페미니스트 기록이다. 이 책에는 가부장적 관계의 경식성과 잔혹성에 대한 여성의 분노와 비탄과 혐오가 강렬하게 표현되어 있다(*Almanac : Women in Russia*, no. 1, 1980).

응하지 않았다. 한 여성 의사가 간파한 것처럼, 여성의 지위를 향상시키려는 모든 이론은 남성이 만들었다. 그 남성은 여성의 생을 구성하고 있는 재생산이라는 무시되어온 영역에 대해서는 전혀 관심이 없다 (Croll, 1979:20).

중국

중화인민공화국도 위에서 서술한 여성해방의 사회주의적 원칙들을 따랐다. 그러나 여성도 깊숙이 참여했던 민족해방투쟁이 길어지고, 마오쩌뚱이 급속한 공업화보다는 농촌의 발전을 우선시한 것과 혁명적 변화가 결합되면서 여성의 삶은 소련에서보다 좀 더 극적인 변화가 일어난 것으로 보였다. 게다가 마오쩌뚱은 남성의 여성에 대한 가부장적 권력을 중국 인민을 누르고 있는, 혁명을 통해 척결해야 할 4대 권력 중 하나로 보았다. 혁명투쟁 과정에서 전사로, 그리고 경제를 유지하는 역할로 참여한 여성의 영웅적 이야기들은 잘 알려져 있다. 해방전쟁을 통해 필연적으로 나타난 구조적 변화의 하나는 여성이 밭농사를 장악하게 된 것이다. 1937년 조사에 따르면 이는 중국에서 전통적으로 남성의 영역이었다.

혁명 이후, 가부장적인 남편의 권력을 일소하고 여성이 '사회적 생산'으로 진입할 수 있도록 하기 위해 많은 법률적 개혁이 도입되었다. 1950년 신결혼법은 토지개혁법과 결합되었다. 중국 지도자들은 토지를 가족에게 배당할 경우 남성 가장에게 부여하는 것이 되기 때문에, 토지를 실제 토지에서 일하는 사람에게 분배하기로 결정했다. 그래서 토지에서 일하는 여성은 자신 명의의 토지를 부여받았다. 토지를 가족단위로 부여할 때에도, 여성이 남성과 같은 권리를, 심지어 판매할 때에도 같은 권리를 갖는다는 조항을 첨부했다. 이는 정말 혁명적인 조치였다. 이는 남성과 여성 사이의 기본적인 생산관계의 변화라는 혁명적 요구에 기초해 있기 때문이었다. 여성과 남성은 토지 소유자가 될 수 있다. 여성을 위해 이혼하기 쉽도록 한 결혼법과 토지개혁이, 결합하자, 그 결과 이혼 신청서가 봇물처럼 쏟아졌다. 대부분 여성이 제출한 것이었다. 다빈Delia Davin의 연구에서 드러난 것처럼, 많은 농촌 여성이 이런 개혁의 의미를 곧 이해했고, 자신 명의의 토지를 갖게 되면 곧 이혼하여, 남편이 더 이상 자신을 억압하지 못하도록 하겠다고 했다(Davin, 1976:46). 메이저Meijer는 결혼개혁 후 첫 4년 동안 이혼 건수가 80만에 달한다고 추산한다(Meijer, 1971:120). 이런 변화들, 즉 여성이 남편과 시집식구들에 대해 새로운 권리를 갖도록 힘을 받은 이후, 농촌에서 일어난 갈등 양상이 심각해지자, 대중 조직의 간부들은 결혼개혁법의 적용을 늦추라는 권고를 받았고, 결혼 갈등을 이혼보다는 설득을 통해 해결하라는 권유를 받았다. 시간이 경과하면서 혁명 초기와 혁명 직후 단계에서의 급진적인 결혼개혁은 좀 더 보수적이고 가부장적인 가족 개혁으로 바뀌었다. 다빈(1976)과 바인바움(Batya Weinbaum, 1976)에 따르면, 중국에서의 여성에 대한 공식 정책은, 공산당 지도층이 명시한 일반적인 경제적 정치적 우선성에 따라, 혁명 이후 여러 번 큰 변동을 겪었다. 이 정책은 생산적 노동자 혹은 재생산을 해내는 가정주부와 소비자로서 여성에게 어떻게든 좀 더 스트레스를 부과하는 것이었다.

중화인민공화국 건립 이후 경제 재건과 생산성 향상을 위해 모든 인민을 동원하는 것이 필요했다. 1950년대 초, 여성은 농업과 공업 모두에서 사회적 생산에 복무하라고 장려를 받았다. 집밖의 노동에 참여하면서 그들의 소득은 늘어났다. 그러나 가사 책임은 방기해야 했다. 이 모순은 할머니가 어린 손주를 돌보는 식으로 나이든 여성을 동원하면서 부분적으로 해결되었다. 그런 도움을 받지 못할 경우, 여성은 임금노동을 줄여서, 노동실적이 낮아지는 것을 감수해야 했다. 일부 영역에서는 남성의 노동실적에 비해 절반 밖에는 성취하지 못하는 경우도 있었다(Davin, 1976:149). 육아를 비롯한 가사서비스가 당시로는 크게 집단화되지 못하고 있었다.

짧기는 했지만, 리우사오치의 영향력 아래 가사노동이 진정한 여성의 영역으로 다시 새롭게 미화되던 시기가 1955년에 있었다. 확대되고 있던 사회화된 부문, 특히 공업 부문에서 남성에게 공간을 내주기 위해 이 시기 동안 여성은 도시의 '피부양자 조직들'에서 무임으로 혹은 절반의 임금만 받는 일을 하라는 요구를 받았다(Davin, 1976:66).

이 정책은 1958년 대약진운동과 코뮌의 설립으로 다시 변화했다. 이 캠페인은 가족 구성원 모두를 사회적 생산으로 동원하는 것을 목표로 했다. 이는 자유로운 여성이 들에서 일할 수 있도록 가사서비스가 어느 정도 사회화되어야 하는 것을 의미하기도 했다. 보육원, 유치원, 공동식당, 방앗간 등이 세워졌다. 한 통계에 따르면, 1959년 4,980,000개의 보육소가 농촌에 세워졌고, 3,600,000개의 공영식당이 생겼다(Croll, 1979:25). 그러나 이런 집단화의 상당부분은 이전과 같은 성별노동분업에 따라 진행되었다. 남성은 의례 자본집중도가 높은, 집단화 혹은 국영 산업 부분으로 가는 경우가 많았고, 여성은 이른바 위험도가 높은 집단화된 서비스, 교육과 건강, 그리고 기초 소비재를 생산하는 길거리의 소규모 작업장이나 공장 등에 배치되었다. 이 부문은 기술발전 수준이 낮고, 자본이 적게 들고, 자급적 소비재를 생산하며 임금이 낮다는 특징이 있다. 1958년, 국영 생산단위 노동자의 83%가 남성이었던 반면에, 1959~60년, 길거리 공장들에 노동자의 85%는 여성이었다(Weinbaum, 1976). 그러므로 성별노동분업은 잘 알려진 공식 경제부문과 여성이 다수를 차지하는 비공식 경제부문의 구분과 일치한다.

그러나 가사노동의 집단화 노력은 오래 지속되지 않았다. 1960년 이후, 농촌 탁아시설의 대부분은 다시 문을 닫았다. 훈련받은 인력이 부족했고, '개인적으로' 할머니를 이용하는 것이 더 저렴했기 때문이다. 공동식당도 여성이 공짜로 가정에서 가사노동을 통해 해 먹는 것보다 비용이 더 많이 드는 것으로 드러났다(Croll, 1979:25). 1950년대 말 이런 실험 이후로는, 가사노동을 사회화하려는 특별한 시도가 없었다. 문화혁명 동안, 특히 반유교 캠페인 동안, 가부장적인 태도, 중국 정부의 공식적인 표현에 따르면, 봉건적인 남성의 태도는 비판을 받았다. 그들은 가사노동을 부담하라는 권유를 받았다. 그러나 이런 노력은 전형적으로 문화적, 즉 이데올로기적 차원에 머물러 있었고, 생산과 재생산의 사회적 관계들을 건드리지는 않았다.

'재생산'에 대해 계속 책임을 지면서, 노동집약적이고 이윤은 낮으며 비공식적인 분야에서도 계속 종사해야 했기 때문에, 여성의 노동 실적은 일반적으로 남성보다 낮았다. 이는 노동을 평가하는 기준이 육체적 에너지 소비에 기초해 있기 때문이기도 했다. 남성의 노동은 '중'노동으로 여겨졌고, 여성보다 높이 평가되었다. 여성의 노동 부담은 가벼운 것으로 간주되었다(Davin, 1976:145~146).

소련과 마찬가지로, 정치활동, 특히 정책 결정과정에 대한 여성의 참여도는 여성이 전체적인 경제활동에 참여하는 것과 비례하지 않았다. 1970년대, 여성은 공산당 당원의 3분의 1에서 5분의 2 정도였다 (Croll, 1979:23). 정부 정책을 시행하는 주요 결정이 이루어지는 혁명위원회에서 여성의 비중은 전혀 만족스럽지 않았다. 여성 노동자가 다수인 곳에서조차, 경영위원회 다수는 남성으로 구성된 경우가 많았다. 특히 정치경제적인 권력의 사다리 상층에서 여성의 비율은 오늘날에도 낮은 실정이다. 여성이 정치 조직의 지도자로 나서야 한다는 구호가 난무함에도 불구하고, 이들 조직에서 여성 참여는 중국 사회에서 여성의 숫자와 중요성을 전혀 반영하지 못하고 있다. 1954~1978년 사이 전국인민회의에서 여성 참여는 초기에는 11.9%에서 1975년 22.6%로 증가했으나, 1978년에는 21.1%로 다시 떨어졌다(Croll, 1983:119).

크롤이 언급한 것처럼, 여성의 정치참여 부족을 죽지 않은 봉건적 태도의 유산 때문이라고만 볼 수는 없다. 이는 중국이 추종한 개발모델의 구조적 필요와 연관해서 설명해야 한다.

근대화, 급속한 성장과 산업화로의 변화는 중국 여성이 이미 직면하고 있던 딜레마를 더욱 심각하게 만들 수 있을 것이다. 중국 여성은 이데올로기적으로는 사회적 생산으로 진입하라는 선전을 듣지만 현실에서는 개별 가정이나 비공식 부문으로 내몰리는 상황에 있다. 이는 여성이 가사와 생계 생산을 책임지는 가부장적인 성별노동분업을 유지 혹은 재구성하기 때문이다. 이는 노동력 재생산을 위한 가장 저렴한 수단일 뿐 아니라, 시장용 소비재의 생산비용을 낮추는 수단이기도 하다. 그러므로 급속한 근대화정책은 제3세계와 제1세계를 통해 이미 알고 있는 것처럼, 가정주부모델의 재구성으로 이어지게 마련이다.

사실, 마오 이후 중국 정부의 여성에 대한 새로운 정책들의 효과를 분석해보면(Croll, 1983; Andors, 1981), 인도 등 다른 저개발 국가와 마찬가지로, 중국 여성이 주로 생산자나 노동자가 아니라, 점점 더 '피부양자', '소비자', '출산자'로 규정되고 있다. 1960년대와 70년대에는 여성해방이라는 사회주의 전략과 여성, 남성이 아니라 여성이 무임 혹은 낮은 임금의 가사노동이나 자급적 생산(텃밭, 수공예, 육아, 의료서비스 등)에 책임을 지도록 하는 것 사이의 모순이 여성의 혁명에 대한 기여를 강조하는 수많은 혁명적 수사로 포장되기도 했다. 그러나 이런 포장도 여성해방을 말하는 사회주의적 전략과 함께 폐기되고 있는 것 같다.

인민에서 인구로

중국 정책이 가정주부화를 촉진하는 방향으로 변하는 것을 가장 잘 보여주는 신여성정책은 신인구정책인데, 논의를 이 정책으로 제한하여 진행하고자 한다.

마오 사망 이전에는, '대중', '인민'은 주로 생산자이며, 스스로 문제해결능력을 갖춘 존재로 여겼다. 그러나 새로운 정부는 늘어나는 인구의 소비 비용을 강조하고 있다. 1979년 이래, 중국정부는 한 자녀가정 캠페인을 추진해오고 있다. 정부는 젊은 세대를 교육하고 고용하는 비용, 수십억 국민에게 기본 필요를 제공하는 비용을 계산하면서, 한 가정에 한 자녀 이상을 낳게 되면, 축적, 투자, 근대화를 할 자원을 확보하지 못하며, 농촌과 도시의 생활수준을 높일 수도 없게 된다고 말한다. 또한 점점 늘어나는 인구를 고용하는 것도 어렵게 될 것이다(Croll, 1983:91).

소비자로서 인민을 강조하는 것은 '4대 근대화' 정책의 핵심이기도 하다. 소비자는 비용요소일 뿐 아니라, 근대적 생활수준의 지표로 여겨지는 소비재와 기기 시장의 필수적인 구성요소이기 때문이다.

현재 중국 정부는 근대화의 목표를 달성하는데 가장 큰 장애를 인구라고 생각한다. 많은 인구, 계속 증가하는 인구가 문제라는 것이다. 1979년 이전에 가족계획은 여성과 관련한 일반적인 의료와 노동정책의 일부였다. 자녀수를 제한하는 결정은 커플 혹은 여성이 갖고 있었다. 이제 인민의 생식활동에 대한 통제는 곧 국가의 업무가 되었다. 아이를 하나 더 가질 것인가 말 것인가 하는 커플의 결정은 국가 복지에 대한 책임의 문제가 되었다. 이런 책임은 주로 여성의 어깨에 놓였다. 소련에서 국가는 좀 더 많은 자녀를 갖는 것이 여성의 '애국적 의무'라고 선언하는 특수한 상황이었음을 앞에서 확인했다. 그러나 중국에서 국가는 자녀를 하나로 제한하는 것이 여성의 '애국적 의무'라고 했다. 이 두 경우 모두, 이런 정책이 만들어지는 과정에서 여성은 사실상 아무 말도 하지 않았다. 여성의 임신능력을 규제하고 통제한 것은 국가였다.

중국에서 국가는 이런 능력을 통제하기 위해 강압적인 방식과 상벌체계를 정교하게 만들어 이용하고 있다. 이 강압체계는 처음에는 미국 인구통제기구의 과학적 조언에 따라 만들어진 것으로(Mass, 1976), 싱가포르나 인도와 같은 국가들에 적용되었다. 이는 경제적 보상과 벌칙을 이용하여 커플이 자녀수를 정부가 목표한 숫자로 낮추게 하는 방법이다.

중국 정부는 1979년까지 인구 성장률을 1%로, 1985년까지 0.5%로, 그리고 20세기말까지 0%로 낮추는 계획을 세웠다(Croll, 1983:89).

이는 한 가족 당 한 자녀 이상은 가질 수 없음을 의미한다.

한 자녀 규정이라는 애국적 의무를 다하지 못한 가족에 대한 경제적 벌칙으로는 '초과 자녀세'를 부과한다. 아이 때문에 공동체가 감당해야 하는 비용을 국가에 경제적으로 보상하는 의미이다. 아이를 더 나은 커플의 총 소득은 출산 이후 10~16년 동안 5~10% 감소된다. 셋째 혹은 넷째 아이에 대한 벌금은 커플 소득의 15~20%에 이르는 경우도 있다. '커플의 임금은 고용된 단위에서 곧장 떨어내기도 했고, 농촌에서는 생산팀이 일정한 몫을 챙기기도 했다'(Croll, 1983:89). 한 자녀 이상의 아이를 가진 어머니는 모성돌봄서비스를 받지 못한다. 두 번째 아이부터는 의료보험과 교육비 면제 혜택을 받지 못한다. 이 아이는 유치원, 학교, 혹은 의료기관에 가기가 힘들다. 농촌에서 '추가' 자녀에 대한 식량 배급은 줄어들거나 더 높은 비용을 지불해야 한다. 도시에서 한 자녀 이상을 가진 가족은 추가적인 가족 공간을 확보할 수 없다. 농촌에서도 추가로 사유지를 불하받을 수 없고, 홍수나 가뭄에 공유지 곡물을 수확할 권리도 확보하지 못한다. 코뮌 구성원도 한 달에 3~5일 노동일을 인정받지 못하는 벌칙을 받았다. 부모는 4년 동안 승진하지 못하고, 강등되기도 하며, 감봉조치를 당하기도 한다 (Andors, 1981:52; Croll, 1983:90). 한편, 한 자녀 가족은 경제적 보상과 특권을 갖는다. 아이가 14살이 될 때까지, 건강과 복지를 위한 현금 보조금이 매달 또는 매년 지급된다. 농촌에서 부모는 코뮌으로부터 추가 사유지를 불하받는다. 도시에서는 가족 공간을 좀 더 넓힐 수 있게 된다. 외동 아이에게는 무상 교육과 무상 의료서비스가 제공되고, 탁아소, 학교, 병원에 들어갈 때 우선권이 있다. 성인은 곡물 배급도 얻을 수 있다. 한 자녀 부모는 노령 연금을 좀 더 많이 받는다(Croll,

1983:89).

국가는 이 인구정책을 실행하는 집단화 프로그램 과정에서 도시와 농촌에 세워진 조직 기구를 이용하고 있다. 정책 자체는 가족계획위원회가 세우지만 그것은 당위원회의 통제 아래 있다. 이 결정기구 내에는 여성이 거의 없다. 그러나 인구통세정책이 실제 수행되는 것은 지역의 여성단체를 통해서이며, 맨발의 가난한 의사와 보건인력을 통해서이다. 이들은 대부분 여성이다(Andors, 1981:52).

거의 모든 사람이 일정한 조직의 구성원이라는 사실 때문에 여성의 생식활동에 대한 거의 완벽한 통제가 가능하기도 했다. 지역, 공장, 농촌생산팀 등의 가족계획위원회 구성원은 개별 가정을 방문한다. 남녀 모두 한 자녀 규정을 따라야 한다는 압박을 받는다. 한 자녀 증명서를 가진 여성에게는 여러 특권이 부여된다. 각 여성에게 특별히 1년을 할애하여, 한 아기만 가질 수 있도록 하기도 한다(Andors, 1981:52).

여성의 재생산활동에 대한 국가의 이런 대대적인 통제는, 특히 농촌에서 반발을 사곤 한다. 농촌에서 한 자녀 가정의 비율은 도시보다 낮으며, 출산율은, 1981년을 보면 떨어지는 것이 아니라 오히려 올라가기까지 했다(Croll, 1983:96). 크롤이, 농부가 정부의 자녀계획 개입정책에 반발한 이유로 제시한 내용을 보면, 정부의 근대화정책이 가진 기본적인 딜레마를 잘 보여준다.

농가에서 노동력 자원의 가치는 새로운 경제 정책을 통해서 극대화되지만, 동시에 한 자녀 가족정책은 잠재적인 노동력의 출산을 근본적으로 제한하려고 한다. 중국 국가가 생산과 재생산의 단위인 농가에 대해 이렇게 큰 모순적인 요구를 해본적은 없었다(Croll, 1983:96).

한 자녀 가족은 좀 더 많은 사유지를 배당받지만, 집단농장에 넘겨줄 생산물 분량은 줄여주었다. 사유지가 많아질수록 가족 노동력에 대한 필요는 커지지만, 이 정책으로 노동력은 감소되고 있다. 농촌의 한 자녀 가족은 좀 더 많이, 오래 노동하는 것을 통해서만 이 기본적인 모순을 해결할 수 있다. 성별노동분업에서 변화가 없었기 때문에, 정부 정책에 부응하는 여성은 사유지에서 더 많은 일을 하게 될 것임을 의미할 뿐이다. 모순적인 정책의 뿌리에는 여성을 주로 번식자와 소비자로만, 어린이를 소비요소로만 생각하는 새로운 개념이 자리하고 있다. 그러나 모든 농가에서 어린이와 여성은 소비자일 뿐 아니라 주된 생산자이다. 이는 도시의 중간계급과 노동자도 마찬가지일 것이다.

국가인구통제정책의 초기에 중국에서 여성이 성취해 놓은 해방적 발전을 모조리 무효화시킬 수 있는 또 다른 충돌이 결국 발생했다. 한 자녀정책은 농촌에서 노령의 안전체제를 위협했다. 부모가 나이 들면 자식의 보살핌이 필요했기 때문에, 농촌 여성은 여전히 3명 이상의 자녀를 원했다(Croll, 1983:96). 그리고 주로 아들을 원했는데, 나이든 부모는 주로 아들과 함께 살기 때문이다.

이는 부계의, 부계거주의 결혼과 친족패턴이 변하지 않은 직접적인 결과이다. 결혼법 개정으로 수많은 변화가 여성에게 유리한 방향으로 변할 것이 예상되었다. 예를 들어, 좀 더 쉬워진 이혼, 자유로운 파트너의 선택 등. 그러나 전통적인 부계거주와 부계를 따른 가족 구조는 여전히 변하지 않았다. 이는 여성이 결혼하면서 남편의 거주지와 마을로 이동하는 것을 의미한다. 남편의 친족 체계로 통합되면서, 자신이 태어난 마을에서 가졌던 기반은 상실하게 되는 것을 의미하며, 늙은 부모를 돌볼 아들을 출산하면서 남성의 혈연을 이어가게 됨을 의미한다.

토지 집단화 이후에도 마을의 남성은 친족과 가족관계 속에 그대로 남게 되지만, 여성은 외부인으로 들어오게 된다. 톰슨Lanny Thompson에 따르면 집단화 정책은 이런 가부장적인 구조들을 이용하여 농부의 집단화에 대한 반발을 막을 수 있었다. 한 마을이 여단으로 조작된다면, 생산팀이 하나의 부계친족집단으로 조직되는 것이다.

> 하나의 팀으로서, 일군의 부계친족집단원이 사회적으로 공유된 토지, 수자원, 설비 등에 대한 사용권을 보유했다. 작은 팀들 중에는 가족 이름을 붙인 경우가 많았다. 마을에서 한 가문의 구성원이 요직을 거의 독점하는 경우도 있었다(Thompson, 1984:195; Diamond, 1975).

그리고 지역의 간부도 대부분 이런 부계친족집단에서 나온다. 이런 체제에서 여성은 부모에게 경제적 손실이 될 뿐이기 때문에, 부모는 딸 교육과 훈련에 큰 투자를 하지 않는다.

토지 일부를 다시 사유화하는 새로운 경제정책에 따라, 이런 가부장적 구조는 강화된다. 경제정책들과 인구정책, 가부장적 구조의 결합은 여성에게 불리하다. 당은 여성에게 한 자녀만 갖도록 강한 도덕적 경제적 압박을 가한다. 부계거주와 부계 친족집단은 이 아이가 남자여야 하며, 여성은 아들을 더 많이 낳아야 한다는 요구를 한다.

언론에 보도된 대로, 이 정책은 다양한 결과를 낳았다. 여아살해, 태아성별감별기술이 가능한 경우 여아낙태에서부터 강제적인 낙태시술, 그리고 최근에는 강제적인 불임시술까지 이어지고 있다.

1975~77년 비상 통치 아래 있던 인도와 마찬가지로, 간부들은 불임시술이나 낙태 할당량을 채울 경우 중국화 100유엔의 금전적 보상

을 받았고, 이를 채우지 못할 경우 10유엔의 벌금을 내야 했다. 인도에서와 마찬가지로 중국 간부도 정부가 세운 목표를 채우기 위해 무력을 사용했다. 무력과 간접적인 강압책의 사용은 타고난 공격성이나 '봉건적' 잔재에서 나온 것이 아니라, 구조적 모순, 특히 농업경제만이 아니라 국가 전체 차원에서 추구한 근대화 모델에 내재한 모순에서 나온 것이다. 국가는 농촌에서 좀 더 많은 '이윤'을 짜내지 않는다면 근대화의 목표를 성취할 수 없었다. 한편, 국가는 농촌 시민 모두에게 식량, 주거, 노령인구의 복지, 보건의료, 교육 등을 제공할 수가 없다. 이런 상황에서 중국의 농민이 인구통제정책에 반발하는 것은 놀랍지 않다. 그들은 이렇게 말한다. '우리는 우리 땅을 경작하고 우리 식량을 먹고, 우리 아이를 우리 힘으로 키운다. 우리는 토지에 대해 책임감을 갖고 살아왔다. 우리가 하는 출산에 간섭이나 하는 당신들(국가—저자)은 필요없다'(Croll, 1983:97에서 인용).

중국의 여성연합Women's Federation은 최근 수면위로 떠오른 반여성적 경향을 비판하려는 노력 앞에서 완전히 무기력함을 보여주고 있다. 여성연합은 언제나 주로 남성지도자가 기획한 당 정책을 수행하는 도구에 불과했다. 새로운 정부 정책을 여성 대중에게 전달하는 점에 있어서도 도구적 역할만 했다(Andors, 1981:45~46). 공식적인 사회주의 이론과 여성해방 전략에 따르면, 반여성적 경향은 '봉건주의'의 이데올로기적 잔재로 보인다. 여성조직은 이런 경향이 새로운 생산관계의 본질적인 부분이라는 점을 알아낼 수가 없다. 그러나 이는 '봉건적 가부장적인' 것의 재건이라기보다는 다른 저개발 국가가 자본주의 체제로 통합되는 과정에서 찾을 수 있는 것과 구조적으로 같은 것이다. 여성을 가정주부나 번식자로 규정함으로서 그들이 무임금의 가족 노동자

로서, 그리고 저임금의 생산 노동자로서 근대화과정에 기여하고 있다
는 사실을 은폐할 수 있다. 확실히 이중적인 다른 경제들과 마찬가지
로, 여기에서도 폭력은 사회주의적인 원시적 축적이 지속되도록 보장
해주는 마지막 단어이다.

베트남

베트남에서도 공산당은 여성해방을 식민주의와 자본주의에 맞서
는 10대 혁명과업의 하나로 삼았다. 맑스주의 지도자들은 반식민지
와 계급투쟁에서 처음부터 여성을 동원하는 것이 전술적으로 필요함
을 알았다. 그들은 기존 여성운동을 맑스주의적 시각으로 가져오려
고 시도했다. 담Truong Than Dam에 따르면, 남성 혁명가가 여성의 이름으
로 여성 문제에 대한 책들을 발간하면서, 부르주아 여성과 맑스주의
자 여성이 공동의 식민지 적에 맞서 공동전선을 형성할 것을 제안했
다(Truong Than Dam, 1984). 그러면서 공산당은 평등에 대한 페미니
스트의 생각을 '부르주아 이데올로기'라고 폄하하는 잘 알려진 전략을
따르면서, 여성의 투쟁을 민족해방과업에 복속시켰다.

당은 부르주아 이데올로기로부터 여성을 해방시켜야 한다. 부르주아
이데올로기가 옹호하는 '성 평등'이라는 환상을 깨야 한다. 동시에 여
성이 노동자와 농민의 혁명투쟁에 참여할 수 있도록 만들어야 한다.
이는 중요한 과업이다. 만약 여성이 이런 투쟁에 참여하지 않는다면
여성은 스스로를 해방시킬 수 없을 것이다. 이를 성취하기 위해, 봉건

적 혹은 종교적 관습과 미신과 싸우고, 여성노동자와 농민에게 진지한 정치교육을 제공하고, 그들의 계급의식을 높여 노동계급조직에 참여할 수 있도록 만드는 것이 필요하다(Mai Thi Tu and Le Thi Nham Tuyet, 1978:103~4, Truong Than Dam, 1984에서 인용).

민족해방투쟁에 여성을 동원하는 것은 결정적으로 중요했다. 이론적 전략적으로, 공산당은 맑스, 엥겔스, 레닌이 여성문제에 대해 서술한 원칙을 따랐다. 여성이 '사회적 생산'으로 진입하는 것이 무엇보다 중요한 해방의 전제조건이라는 생각이다. 그러나 혁명이전 사회에서는 여성이 공적인 사회적 생산에 관여하지 않았다는 이런 고전적인 맑스-레닌주의적 전제는 베트남의 현실에 대한 구체적인 분석에 기초한 것이 아니었다. 화이트Christine White가 언급한 것처럼, 베트남의 여성농민 대중은 가정에 혹은 가사노동에 고립되어 있지 않았으며, 밭에서, 논에서 일을 했고, 온 국가를 다니며 장사를 했으며, 사회적 생산에서 중요한 역할을 했다(White, 1980:7).[5]

공산당 지도자는 민족해방전쟁을 계속하기 위해서는 이런 사회적

---

5. 화이트(Christine White)는 베트남 공산당 서기장 두안(Le Duan)의 말을 인용한다. 두안은 봉건제 아래 여성이 유폐되고, 완전히 고립되어 있었고, '수천 년 동안 여성의 활동은 가족이라는 협소한 울타리 안에 한정되어 있었다'고 하면서, 여성은 '명확한 계급적 입장을 갖고, 공공 활동에 참여해야 하며, 집단적으로 생각'해야 한다고 했다. 이런 언급에 대해 화이트는 다음과 같이 평했다. '이 말은 온전한 사실이 아니다. 남성은 바깥에서 지내고, 여성은 가정 안에서 지낸다는 공자의 이론은 상류층에만 적용할 수 있을 뿐이다. 인구의 대다수를 차지하고 있는 보통의 베트남 농민 여성은 유폐되어 있지도 않았고 집안 일만 했던 것도 아니다. 그들은 가정에서만이 아니라 밭에서도 일했고, 노동자로 고용되어 일하기도 했으며, 모내기나 추수철에는 집단으로 노동을 했다.' 여성은 전국을 누비는 상인이기도 했고, 함께 집단을 이루어 일을 하기도 했다(White, 1980:6~7).

생산을 계속(재진입이 아니라) 유지할 수 있도록 여성을 동원하는 것이 절대적으로 필요하다는 것을 인식하고 있었다. 프랑스와 미국 제국주의에 맞서 반식민지전쟁들을 전개하는 동안 여성이 수행한 영웅적활약은 잘 알려져 있다. 미국과의 전쟁기간 동안, 농업 노동력의 80%, 공업의 경우 48%가 여성이었다. 여성은 행정, 교육 보건 분야에서도활동했으며, 게릴라전에서 전투원으로도 참여했다. 그러나 가장 중요한 역할은 대부분의 남성이 전쟁을 하는 동안 경제가 유지될 수 있도록 한 점이다. 1975년의 승리 이후, 모든 경제 분야에서 여성의 참여는 대단했다. 1979년 통계에 따르면, 사회적 생산의 모든 분야에서 여성의 참여는 65%에 달했다. 공업 62.3%, 농업 85%, 국가 교역 63%, 보건 61%, 교육 69%였다(Mai Thu Van, 1983:329; Truong Than Dam, 1984:22에서 인용).

그러나 전쟁 이후, 해방투쟁에서 여성이 갖고 있던 지도적 지위를 남성이 차지했다. 유명한 여성들은 지방으로 발령이 났다. 여성이 관리직으로 승진하는 문제에 여성의 높은 노동참여율이 반영되지 않았다. 협동조합에서 여성이 대표를 맡는 비율은 1966년 3%에서 1981년 5.1% 정도만 증가했다. 대표비율이 더 높았던 부문은 여성 노동자가 대다수를 차지하고 있는 수공업 협동조합이었다(Eisen, 1984:248). 베트남 남성은 지도적 지위에 있는 여성을 보면 불쾌하게 여기고, 여성이 사회와 경제에 기여해온 것이 객관적으로 분명함에도 불구하고 이를 경시하거나 조롱했던 것으로 보인다(Eisen, 1984:248~254; White, 1980. Truong Than Dam, 1984).

해방전쟁기간 동안 보여준 여성의 영웅적 활동에도 불구하고, 승리 이후 정치조직에서 여성의 참여를 보면 그간 여성이 해 온 경제적 기여가 전혀 반영되지 않았다. 공산당 정치국에는 여성이 없다. 다른 지도적인 정치직에도 여성의 수는 적다. 장관이나 차관을 지낸 여성의 수는 1975년 5명에서 1981년 23명으로 증가했다. 전쟁기간 동안 외무장관이었던 빈Madame Binh은 교육부장관이 되었는데, 이는 전형적인 '여성' 자리로 여겨지는 부문이다. 의회에서 여성 의원의 비율은 전쟁 중이던 1965년 18.2%에서 1975년 32.3%로 증가했다. 그러나 다시 하락해서 1976년에는 26.8%, 1981년에는 21.8%가 되었다(Eisen, 1984:244).

정부의 사다리 구조에서 의회 바로 아래에 있는, 인민위원회에서도 똑같은 하락세를 볼 수 있다. 주, 군, 마을의 3단계에서 여성 대표의 비율은 1975년에서 1981년 사이에 하락했다. 주위원회에서는 33%에서 23%로, 군위원회에서는 38%에서 22%로, 마을위원회에서는 41%에서 23%가 되었다(Eisen, 1984:246).

이런 하락세는 당이나 여성연합Women's Union의 대변인을 통해서도 설명되고 있다. 1976년 베트남의 재통일 이후 가장 '후진' 남베트남도 이런 통계를 반영하고 있고, 이런 추세는 계속 남아있는 '봉건적' 태도의 표현이라고 설명한다. 아이젠은 여성연합의 부회장의 말을 다음과 같이 인용한다.

유교, 봉건주의, 자본주의의 유산이 깊이 뿌리박혀 있다. 우리 세대만큼 변화를 경험한 세대도 없다. 우리는 역사의 소용돌이를 살아왔다. 그러나 우리는 온전한 평등을 여전히 이루지 못하고 있다. 우리는 세계에서 가장 진보적이고 멋진 헌법을 갖고 있다. 그러나 여성해방을 폐대로 이룰 수는 없다. 적과 싸우는 것보다 구시대의 관습과 싸우는 것이 훨씬 어렵다(Eisen, 1984:248).

양성 사이의 불평등이 명확히 드러날 때, 혹은 여성이 지도적 지위, 특히 관리직이나 정치적 지위를 놓고 남성과 경쟁을 할 때 볼 수 있는 노골적인 반여성적 편견에 대해 '봉건적 유산' 때문이라고 주로 비판을 한다. 이는 문제를 구조적인 것이 아니라 이데올로기적인 것이라고 보는 것을 의미한다. 인민의 태도와 의식은 생산관계보다 훨씬 느리게 변화하는 것이며, '봉건주의'를 뿌리 뽑으려면 '몇 세대'가 걸릴수 있고, 느리고 점진적인 과정은 인내와 지속적인 이데올로기 투쟁을 필요로 한다는 등의 말이 계속 되풀이된다. 그래서 아이젠Arlene Eisen과 같은 저자는 해방 이후 베트남에서 여성운동에 부정적인 트렌드를 보면서, 판단을 내리기는 '너무 이르다'고 느낀다. 서구의 페미니스트는 이런 트렌드를 비판하면서 베트남의 적들과 한편이 되기보다는 베트남여성의 성취를 지켜봐줘야 한다고 말한다. 봉건적인 가부장적 이데올로기가 지속되고 있는 것이 여성해방의 가장 큰 걸림돌이라고 생각한다면서, '여성투쟁의 문화적 측면을 자세히 살피는 것이 꼭 필요하다'고 말한다(Eisen, 1984:254).

중국에 관해 이미 언급된 것처럼, 이런 트렌드에 대한 이데올로기적이고 문화적인 설명은 상황을 이해하는 데 거의 도움이 되지 않는다. 중국, 소련과 마찬가지로 베트남에서도 경제재건은 이른바 이중경제모델을 따랐다. 이중경제는 '근대적'이고 공식적이며 사회화 혹은 국영화된 부문, 특히 공업과 집단농업 부문과 비공식적 부문, 즉, 가정생산, 사유지, 수공예조합, 사회화된 농업의 하청노동 등으로 구성된 이른바 보조적 부문으로 이루어졌다. 세계 다른 지역과 마찬가지로 자본집약적이고, 기술적으로 더 발전한, 사회화된, 임금도 더 높은 이 부문은 주로 남성의 영역이다. 반면에 비공식 부문 노동력의 상당수는 여성이다.

워너Jayne Werner에 따르면, 이 패턴은 집단화 시기 이후에 도입된 것이다. 그러나 이는 중대한 경제적 위기를 초래했다. 확실히, 해방 이후 베트남 정부가 직면한 문제는 다른 농업 사회에서 여러 정부가 해방 이후 마주했던 문제와 같은 것이었다. 전쟁을 지지했던 농민은 자신을 위한 생산에는 만족했지만, 국가를 위해 좀 더 '잉여' 생산물을 산출해야 한다는 것에는 반발했다. 이들이 반발한 것은 국가가 그들이 제공하는 생산물에 대해 좀 더 나은 가격을 주지 않는다는 점 때문이기도 했고, 농업 생산성을 높이기 위해 농부에게 투자하는 것이 얼마 없기 때문이기도 했다. 중국과 소련의 원조가 크게 삭감된 이런 조건에서 베트남 인민은 심각한 농업위기에 직면했고, 이는 1977~78년에 절정에 달했다. 제4차 당총회의 6회차 회의에서 공산당은 '6회차 개혁들'이라고 알려진 여러 개혁을 제안했다.

새 정책의 주요 항목은, 생산의 탈중심화, 가족사유지 체계의 강화, 그리고 무엇보다 협동조합과 국영 농장에서 농업 업무의 하청체계 정비였다. 특히 후자는 아주 성공적이었다. 노동력을 하청한 일부 협동조합의 생산이 일년 동안 30% 증가했다(Werner, 1984:49). 하청은 국가가 농민 생산자와 이중계약 체계로 들어가는 것을 의미한다. 이런 계약은 국가가 비료, 종자, 일정한 도구 등을 합리적인 가격에 농부에게 제공하고, 그 대가로 농부가 약속한 분량의 곡물을 공급하는 것이다(Werner, 1984:49).

1981년, 이런 하청체계는 특정한 농사 업무를 개별 가정노동력, 주로 여성에게 하청을 주는 것으로 채워졌다. 가족노동으로 하청된 작업은, 모내기, 피 뽑기, 추수 일부분 등으로, 이런 작업은 베트남 등 쌀

농사 지대에서는 아주 먼 옛날부터 여성이 해오던 일이다. 한편, 쟁기질, 물대기, 해충관리와 추수 일부분 등 남성의 일은 여전히 집단작업이나 조합의 일로 남았다. 이런 국가와의 노동계약에 대해 여성은 한숨을 내쉬고 있는지, 주로 남성인 '가장'이 이런 계약에 사인을 하고 업무를 다양한 가족 구성원에게 배분하는지를 알 수 있으면 흥미롭겠다. 이 노동이 '가족노동'으로 규정되면서, 이것이 곧 현실이 되기도 했다.[6]

전체 집단토지의 5%에 달하는 사유지 또한 '가족노동'으로 경작되었다. 가족노동에 기초한 하청체제는 돼지고기와 생선 생산에 이용되기도 했다. 정부의 할당량 이상으로 생산한 돼지와 생선은 가족 단위로 소비하거나 판매할 수 있다. 수공예 생산 역시 계약에 기초해 이루어졌다. 사유지의 가족경제와 결합된 계약체제는 생산이 늘어나는 한 상당히 성공적인 것으로 나타났다. 하청노동을 이용했던 농업 협동조합은 생산을 크게 향상시킬 수 있었다. 가족경제가 돼지고기와 닭고기의 90%를, 베트남 과일의 90%이상을 공급했다. 워너에 따르면, 가족경제의 생산성이 높았음에도 불구하고, 이는 여전히 '보조적 경제' 혹은 '보충적 경제'로 여겨졌다. 노동자와 관리자 모두 '가족경제'를 갖고 있기 때문이었다(Werner, 1984:50). 이는 '가족경제' 개념이 '비생산적인' 사적 혹은 가정적 영역과 '생산적인' 공공의 사회화되고 공업화된 영역을 구분하는, 잘 알려진 자본주의적 사회적 성별노동분업에

---

6. 이런 상황은 폰 벨호프가 묘사한 베네주엘라의 협동조합들과 유사하다. 그곳에서 남자 가장은 협동조합의 구성원이고, 서명을 한 계약자가 될 수 있었지만, 아내와 자녀는 가장이 일을 하지 못할 때 보상받지 못하는 노동을 해야 했다(v. Werhof, 'New Agricultural Co-operative on the Basis of Sexual Polarization Induced by the State: The Model Co-operative"Cumaripa", Venezuela, in: *Boltein de Estudios Latino-americanos y del Caribe*, no. 35, Amsterdam, December 1983).

기초하고 있음을 드러낸다. 이런 구별은 사회주의 국가에서 사라지지 않았기 때문에, '가족경제', 내 방식으로 표현하면, 자급적 생산은 사회화된 근대 부문을 보조하고 있다.

그러므로 계약체제가 농부의, 특히 여성농부의 '여가시간'을 생산적으로 이용하는 수단으로 해석되는 것이 놀라운 일은 아니다(Werner, 1984:50).[7]

공식적이고 집단적인 부문은 일 년 내내 충분한 임금노동을 제공할 수 없기 때문에, '보조적인' 가족 경제가 노동시장의 큰 부담을 덜어주면서 편리하게 작동할 수 있다. 일반적으로 남성이 사회화된 부문에 고용되어 있다. 반면에, 일반적으로 여성은 '보조적인 가족 경제'의 과업을 수행할 것을 요구받는다. '가족경제'는 전체농민소득의 40~60%를 차지한다. 추산에 따르면, 농업부문에서 하청 작업의 90%를 여성이 수행한다. 이들은 사적인 가족 경제의 일 대부분을 수행한다. 집단화된 부문에서도 여성이 여전히 일을 하고 있는 것도 고려하면, 여성은 더 열심히, 더 오랜 시간 노동한다. 따라서 이들은 여가, 교육, 정치 활동을 할 시간을 잘 내지 못한다. 여성은 고정된 시간과 임금이 정해진 노동자가 아니라 '가정주부'로서 실제 노동을 하고 있기 때문이다. 여성의 노동부담은 육아를 위한 공공서비스가 많지 않기 때문에 더욱 커진다. 가족을 생산수단의 단위로 강화시키는 변화는 여성의 부담을 두 배, 세 배로 증가시키는 것이다. 육아를 포함한 가사노동, 가

---

7. '농민은 추가 노동력을 유리하게 이용할 수 있기 때문에, 이제 이 시스템을 즐기고 있다고 선명된다. 즉 협동조합을 위해 쓰는 여가시간이 보상을 받는다는 것이다. 하나는 할당량을 채우는 것으로, 그리고 잉여는 생산자에게 돌아가는 식으로.'(Werner, 1984:50).

족의 생계 유지, 국가를 위한 '보조적인' 혹은 계약 노동 등이 모두 여성의 노동이 된다. 이렇게 가정주부화된 노동력은 아주 저렴한 노동력이 된다. 국가는 집단화된 영역에서 일하는 여성에게 하듯이 분명하고 공정하게 보상해야 할 필요가 없다. 가정경제부문의 노동력은 개별적으로 현금이나 현물을 지급받는다. 이것이 아마 새로운 정책이 성공한 비결일 것이다.

이는 85%의 노동력이 여성인 수공예 부문에서 좀 더 분명하게 나타난다. 다른 저개발 시장경제와 마찬가지로, 베트남에서도 수공예품 생산은 모든 농업 발전 문제에 대한 해결책일 뿐 아니라 경제문제 전반의 해결책이기도 하다. 수공예품은 주로 수출용으로 생산된다. 그들은 국가를 위해 외화를 벌어들인다. 외화는 불쾌하게도 근대기술과 장비를 수입하는 데 필요하다. 한편 수공예품 생산에는 자본 투자가 많이 필요하지 않다. 대부분은 주로 가내 산업이나 기계가 크게 필요하지 않은 협동조합에서 만들기 때문이다. 쌀값은 국가가 결정하지만, 수공예작품은 시장에서 결정되기 때문에 생산자에게 좀 더 높은 수익을 가져다줄 수 있다. 수공예 부문에서 일하는 여성은 카펫, 매트, 장식품, 니트 등의 의류, 도자기, 유리제품, 가구, 옻칠 제품 등을 생산한다. 이 품목은 주로 소련과 다른 공산권 국가에 수출된다. 그러나 공예 협동조합에서도 예비부품, 도구, 자전거, 벽돌, 작은 기계 등의 아이템을 국내용으로 생산하기도 한다(Werner, 1984:53). 수공예품 생산은 급속하게 팽창했는데, 특히 수출생산 부문이 발달했다. 이로 인해 여성 노동자의 상당수가 탈집단화했으며, 지역 소비를 위한 기초 도구 생산에서 외국시장을 위한 사치품 생산으로 변화했다. 이는 다른 제3세계 국가에서 자본주의 기구들이 '소득유발 활동들', 즉 서구와 도시 소비자를 위한 사치품 수공예를 소규모로 생산하는 활동을 통해 여성을 개발과정에 통합해내는 가정주부화 전략이 베트남에서도 똑같이 나타났다는 인상을 안 받을 수가 없다(Mies, 1982). 이 전략은 수공예품 생산, 하청과 가족 경제가 농촌의 '잉여 노동력을 흡수한다'는 주장으로 지원을 받고 있다. 워너는 여기서 사용된 '잉여노동'에 대한 규정에 문제를 제기한다. 이 개념은 이미 여성이 하고 있는 가사노동과 다른 노동들을 설명하지 않고 있다. 게다가, 그들에게 하청된 노동은 그들이 이전에 집단 속에서 임금노동을 통해 했던 것과 같은 것이다. 결국 워너는 가족경제와 계약노동은 게으른 시간을 가져가는 것이 아니라 여성의 노동시간을 늘리는 것이라는 결론에 도달한다(Werner, 1984:54).

재미있게도, 인도에서 손으로 만든 레이스를 서구에 판매했던 자본가 제조업자도 수십만의 혹은 그 이상의 가난한 농촌여성에게 '일을 줌'으로서 그들은 이 여성의 '여가시간'을 생산적으로 이용하게 된 것일 뿐이라고 말했다(Mies, 1982).

두 국가 모두, 여성의 가사노동을 '여가시간'으로 보았다. 결론적으로 우리는 베트남의 신경제정책들, 즉 가족노동, 사유지, 하청과 수공예품의 생산을 강조하면서 그것을 여성을 위한 것이라고 하는 경제정책은 여성을 경제적으로 독립적인 노동자라기보다는 의존적인 가정주부로 규정하는 것이라고 말할 수 있다. 이는 국가가 사회주의적 축적과정을 위해 적어도 네 다섯 개의 생산관계를 통해 여성 노동력을 이용할 수 있게 해준다. 1. 무임금 가사노동, 2. 생산물을 통해 지급되는 시장을 위한 노동, 3. 사유지에서 가족 생존을 위해 하는 무임금 노동, 4. 작업량에 따라 지급받는 계약노동, 5. 정식 임금노동. 베트남 여성이 자본의 축적과정 아래 포섭된 것은 가정주부적 포섭, 공식적 포섭, 시장의 포섭, 주변적 포섭, 실제적 포섭 등의 형태를 띠었다고 말할 수 있다(Bennholdt-Thomsen, 1979:120~124).

이 전략은 남성이 '타고난' 가장이고 부양자라고 전제한 핵가족에 기초해있기 때문에, 남성이 일반적으로 여성을 가족노동과 가족경제에 결박시켜놓으려 한다는 점이 전혀 놀라운 것은 아니다. 이는 사회주의 국가에게만이 아니라 남성에게도 이롭다. 이는 공식부문에 있는 얼마 안 되고, 좀 더 소득이 높은 일자리를 놓고 벌여야 하는 여성과의 경쟁을 줄여주고, 든든한 생계의 기초를 보장해줌으로써 남성의 임금을 보충해주고, 여성을 결코 끝나지 않는 노동일에 묶어 놓으면서, 남성에게는 명예롭고 경제적 특권도 주는 정치활동에 참여할 수 있는 자유를 준다(Eisen, 1984:152). 결국, 이는 남성이 아내의 노동력을 통제할 수 있게 해준다. 내가 보기에 베트남 남성이 여성의 기여를 경시하고, 여성이 힘 있는 자리에 오르는 것에 분개하고, 평등한 가족관계에 관심이 없는 것은 물질적 이유 때문이다.

베트남여성이 비판하고 있는 가부장적 경향들(Eisen, 1984:248ff)은 봉건적인 것이 아니다. 이는 다른 장에서 서술한대로, 국제적인 신가부장제의 발현이다. '새 민주적 가족'(Eisen, 1984:180~200)을 세우려는 어떤 이데올로기적 투쟁도 이런 생산관계를 평등하고 해방적인 관계로 바꾸지 못한다. 핵가족이 여성 노동을 착취하기에 가장 뛰어난 제도이기 때문이다.

세 사회주의 국가에서 여성의 상황을 분석해보면, 해방투쟁과 그 이후 여성 지위에서 변화가 있었음에도 불구하고, 이 국가의 정부가 채택한 경제정책은 여성에게 비슷한 결과를 가져왔다. 이 사회주의 국가들 사이의 정치적 차이에도 불구하고, 이들이 여성을 사회주의적 개발에 통합시키려는 정책은 상당히 비슷하다. 이들 정책은 모두 여성을 가족 그리고/혹은 무임 노동과 여성을 연결시키는 성별노동분업에 어느 정도 기초하고 있다. 그러나 이 가족은 '봉건적' 가족이 아니라 근대적인 핵가족이다. 이들 사회에서 여성에게 제기된 문제는 이런 가족 모델을 창출 혹은 재구성하는 것과 밀접히 연관되어 있다. 이런 가족에 대해 엥겔스와 맑스는 사유재산제도의 폐지와 함께 사라질 것이라고 보았다. 생산관계에서 사회주의적 변혁을 겪은 다른 국가에서의 개발도 위에서 묘사한 것과 비슷하다.

사회주의 국가에서 여성의 지위를 설명할 때 놀라운 것은 그것이 시장경제에서 여성의 문제와 유사하다는 점이다.

사회주의가 자본주의보다 여성해방을 위해 좀 더 나은 조건을 창출했는가 하는 점에 대한 결론을 내리기 전에, 두 가지 질문을 해보는 것이 필요하다.

1. 왜 여성은 사회주의적 관점 아래 진행되는 민족해방 혹은 혁명 투쟁에 참여하라는 촉구를 강하게 받았는가?
2. 승리 이후 왜 여성은 '밀려났는가'?

여성은 왜 민족해방투쟁에 동원되었는가?

본질적으로, 민족해방투쟁은 특정지역에 살면서, 일정한 역사와 문화를 공유하며, 일정한 이해관계를 함께하는 공동체이고, 자신들을 하나의 민족으로 인식하고 있는 사람들이 광범한 전선을 구성하여 싸우는 것이다. 일반적으로 적은 국내로 침입한 제국주의 혹은 식민주의 외부 세력 그리고/혹은 그 대변자들이다. 많은 아프리카 국가들에서처럼, '민족'개념이 해방투쟁 이전에는 존재하지 않기도 했다. 역사적으로 성장해온 부족적 영토적 경계들을 식민 세력이 가로지르면서, 정치적 경제적 독립체가 인위적으로 만들어졌다. 이런 경우, 민족해방투쟁 자체가 이제껏 존재하지 않던 민족적 정체성 같은 것을 만들어냈다고 말할 수 있다. 군사 경제적으로 우월한 식민지 압제자에 맞선 전체 인민 혹은 민족의 투쟁에서 모든 부문의 인민을 동원하는 것은 성공을 위해 꼭 필요하다. 직업군대와 싸우는 것은 전쟁이라기보다는 인민의 항쟁이다. 이런 인민의 전쟁에서 여성의 기여는 두 가지 이유에서 중요하다. 1. 다음 세대의 생산자로서, 여성은 민족의 미래를 보장한다. 좀 더 나은, 좀 더 행복한 미래를 위해 살아있는 이들에게 힘든 희생을 종종 요구하게 되는 해방전쟁에서 이는 특히 중요하다. 2. 남성은 정규군으로든 게릴라 병력으로든 전선에 있기 때문에, '국내전선'에 있는 여성은 경제를 유지해야 한다. 무임의 가사노동 외에도 여성은 농업과 공업 생산을 지속시켜 후방의 인민과 전선에 있는 남성에게 필요한 것을 제공해야 한다. 여성이 경제유지를 책임지지 않는다면, 해방전쟁은 지속될 수 없다.

이와 별개로, 많은 경우 여성은 전투원으로 군대 혹은 게릴라 병력에 직접 참여하기도 한다. 투쟁이 장기화되고 남성의 수가 충분하지 않을 때, 이는 필수적이기도 하다. 또한 여성은 해방투사를 위해 간호사, 보건인력, 통신병, 행정병 등으로 여러 서비스를 제공하기도 한다.

여성이 게릴라 투쟁에 직접 참여하는 것이 여성해방을 위한 직접적인 기여로 이어질 것이라고 생각한 이들이 많았다. 손에 총을 든 여성은 더 이상 남성의 압제와 착취를 받아들이지 않을 것이라고 여겼기 때문이다. 그러나 다른 전쟁과 마찬가지로 민족해방전쟁들의 역사도 이런 기대와는 다른 교훈을 남겼다.

이런 애국적 과업을 위해 '민족'의 일원으로, 모든 여성은 아니라 하더라도, 큰 대중을 규합하려면, 전국적인 여성단체들이 필요하다. 이런 단체들은 큰 사회집단의 일원이기보다는 가족, 친족, 마을의 구성원이라고 할 수 있는 대다수 여성의 개인주의적 존재형태와 지역성을 극복하기 위해 필수적인 것으로 보인다. 여성단체가 조직되지 않았다면, 혁명정당이 여성을 위해 산출해낸 프로그램을 여성은 실행할 수 없었을 것이다.

가능한 한 많은 여성을 여성 대중단체에 끌어오려는 노력은 항상 혁명정당의 권위와 지도 아래 있었다. 해방투쟁의 지도자들은 여성이 경제적 군사적으로 필요한 과업을 확실하게 해낼 수 있도록 만들기 위해 여러 구조적 이데올로기적 변화들을 일으켜야만 한다. 예를 들어, 대부분의 경우 여러 가부장적 제도와 관계는 변해야 한다. 전통적인 성별노동분업은 폐기되어야 한다. 여성도 남성의 일을 하도록, 남성도 여성의 일을 하도록 요구된다. 예를 들어 중국 북부의 해방구에서 여성은 밭일을 하지 않았었지만, 땅을 경작하고, 쟁기를 이용하고, 농업과 공예품 생산을 수행하는 법을 배워야 했다. 그러기 위해 여성은 집 밖으로 나와 작업팀을 구성하고, 신기술을 익혔다. 베트남에서 여성은 항상 해오던 농업 생산을 수행했을 뿐 아니라 소비재와 전쟁물자도 생산했다.

게릴라전쟁에서, 남성은 요리나 병자 간호와 같은 여성의 일도 해야 한다. 짐바브웨에서 게릴라로 활동했던 한 여성의 말에 따르면 게릴라에 처음 참여한 여성은 병자나 부상자를 돌보는 일을 하다가 나중에 전투원이 된다. 이 여성들은 정치모임에 참여하기를 원하지만, 일부는 그곳에서 태어난 신생아들을 돌봐야 했기 때문에 참여하지 못했다. 여성은 남성을 비판했고, 탁아소 건립을 요구했으며, 아기 아버지도 어머니와 일을 분담해야 한다고 했다. 실제 게릴라 투쟁 기간 동안에는 남성도 탁아소 일을 공유했다.[8]

여성이 전국적 단체로 조직되었다는 사실은 더 큰 결과를 가져올 수 있는 현 상황의 변화를 의미한다. 니카라과, 소말리아, 베트남, 중국 등의 경우, 여성은 민족해방 투쟁 이전에 여성해방을 위해 여성단체를 구성했다. 혁명정당, 특히 맑스-레닌주의를 추종하는 정당이 투쟁의 지도력을 장악하면서 이 여성단체들은 대개 정당에 복속되었고, 이른바 '부르주아 페미니스트' 경향은 제거되었다(Truong Than Dam, 1984). 혁명 이후 이 단체는 이전에 가졌던 자율성을 상실했고, 정당의 정책들을 수행하는 도구가 되었다.

우리는 성별노동분업의 변화가 가능하고, 여성의 조직화가 가능한 것을 보았다. 사실 여성해방의 방향으로 놀랄만한 전개가 가능했다. 이는 전체 투쟁을 위해 **필요했기** 때문이었다. 그러나 이런 성공은 남녀 관계들에서 근본적이면서 주체적이고 객관적인 변화의 결과로 해석할 수는 없다. 제국주의 전쟁 동안에도 성별노동분업에 변화가 있었음을 기억해야 한다. 여성은 농장과 공장에서 남성이 해 오던 노동을 했다. 그러나 전쟁 이후, 구질서는 곧 회복되었다. 사실, 이 전쟁들은 특별한

---

8. M. Mies and R. Reddock (eds.):*National Liberation and Women's Liberation*, Institute of Social Studies, The Hague, 1982:123~4.

조치가 필요했던 예외적인 상황으로 여겨졌다. 이들은 의식의 근본적인 변화를 꼭 가져올 필요가 없었다. 전쟁 이후 사람들은 남녀관계에서 '규범적' 상태로 여겨지는 것으로 되돌아갔다. 해방이후 베트남에서 남성의 태도가 그 예를 보여준다.

이는 우리를 두 번째 질문으로 이끈다.

왜 여성은 해방 투쟁 이후 '밀려났는가'?

이 질문에 대한 대답은 여성과 남성에 대한 주체적인 의식뿐 아니라 해방 이후 만연했던 객관적 조건도 고려해야 한다. 두 가지는 상호 연관되어 있다.

반식민해방전쟁 혹은 혁명의 성공 이후 가장 큰 문제의 하나는 경제의 재조직화이다. 모든 에너지가, 베트남에서처럼 전쟁으로 만신창이가 되어 있는 국가의 재건을 위해 동원되어야 한다. 첫 번째 목표는 인민을 위해 의식주와 의료, 돌봄을 제공하는 것이다. 이는 새로운 정부의 능력을 넘어선 문제이기도 하다. 공장, 교통체계, 설비, 주거시설, 논과 밭 등이 폭격으로 파괴되어 있기 때문이기도 하고, 식민화된 인구의 다수가 주로 산업화된 국가를 위한 환금작물 생산을 하고 있고, 자신을 위한 산업에 종사하는 경우는 극히 드물기 때문이기도 하다.

전체 경제가 식민 권력이나 국제노동분업에 묶여 있는 상황에서, 새로운 정부가 인민의 봉사 속에 독립적인 경제를 구축하는 것은 특히 어렵다. 가장 큰 문제 중 하나는 군인이나 게릴라 출신의 실업문제이다. 예를 들어, 짐바브웨에서 정부는 자신들을 위해 싸웠던 게릴라 출신에게 충분한 임금노동 직장을 제공할 수가 없었다. 이런 상황에서 공업이나 정부 분야에서 임금을 받을 수 있는 얼마 안 되는 일자리는 여성보다는 남성에게 주도록 하는 결정이 내려졌다. 마오는 이 문제를 농업과 공업 생산을 증대시키는 데 모든 인민을 동원하는 방식을 통해 해결하려고 시도했다. 그러나 베트남과 마찬가지로 중국에서도 모든 노동자를 임금노동자 혹은 프롤레타리아로 전환시키는 사회주의적 목표는 농업생산을 증대시키려는 압력과 충돌을 일으키기도 하고, 더 큰 공업발전을 위해 사회주의적 자본축적을 하려는 목표와는 더 크게 충돌을 일으킨다. 생산력 발전수준이 낮기 때문에, 농업과 공업에서 생성된 잉여는 모든 노동자에게 적절한 임금을 지불하기에는 너무 낮았고, 심지어 모든 노동자를 임금노동자로 삼기에도 힘든 형편이었다. 우리가 본 것처럼 혁명이후 세워진 정부들 대부분이 이 문제 해결을 위해 추구한 방식은 다른 저개발 국가들과 비슷하게 경제를 이분화하는 것 같은 방식이었다. 즉 한 쪽은 근대적이고 자본집약적이며 사회화되어 있는 '공식적' 부문으로, 여기서는 임금노동이 지배적인 생산관계를 이루고 있다. 다른 한 쪽은 '보조적인' 노동집약적이고, 사회화되어 있지 않으며('개인적'), 기술적으로 뒤처져있는 '비공식 부문'으로 여기서는 대중의 생존을 위한 생산만이 아니라 자본주의 혹은 사회주의 국가들을 위한 수출품도 생산된다. 이 부문에서는 이런 상품들을 상당히 낮은 비용에 생산해 낸다. 만약 모든 생산자가 자유임금노동자처럼 보상을 받았다면 훨씬 더 생산비가 많이 들었을 것이다. 자본주의 국가에서와 마찬가지로, 여기서도 자유임금노동자, 맑스가 혁명적 변혁에서 영웅으로 기대했던 프롤레타리아는 폰 벨호프가 언급한 것처럼, 너무 비싸고, 너무 일을 적게 하며, 유동성이 떨어지고, 좀 더 잉여를 생산하기 위해 쉽게 '쥐어짜낼 수'가 없다. 이들은 농민보다, 그리고 우리가 본 것처럼 '보조적' 부문에서 다수를 차지하고 있는 여성보다, 더 잘 조직되어 있기 때문이다(v. Werlhof, 1984). 따라서 여성, 좀 더 정확히 말하면 노동자가 아니라 가정주부로 규정된 여성이 자본주의 발전에서만이 아니라 사회주의적 발전에서도 최상의 노동력이다. 프롤레타리아가 최상의 노동력인 것이 아니다. 해방 이후 정부들의 경제적 어려움은 해방된 국가들이 직면하게 되는 객관적인 국내외적 조건으로만 설명될 수 있는 것은 아니다. 이는 새로운 정부가 근대적 국민경제를 구축하고 싶어 했다는 사실의 결과이기도 하다. 대부분의 새로운 정부들이 따랐던 모델은 산업화된 국가들이다. 마오 치하의 중국의 경우처럼 농업에 우선순위를 둔 경우에도 기본적인 발전 모델은 공업화된 사회의 성장모델에 기초하고 있다. 이 모델에 투하된 자본은 외부로부터, 원조를 통해 들여와야 한다. 그렇지 않으면 사회의 일정 영역을 착취함으로서 자생적으로 만들어내서, 근대 국가산업의 건설을 도모해야 한다. 이 목적을 위해 일반적으로 착취당하는 계층과 그룹은 여성과 농민이다. 이 발전모델에서 노동에 대한 개념은 자본주의와 동일하다. 공공의 '생산적인' 노동 영역과 사적이고 '비생산적인' 혹은 재생산적인 노동 사이의 사회적 분리와 성별노동분업은 폐지될 수 없다. 이런 분리를 통해서만 여성과 농민의 생계와 상품 생산이 계속 사회적으로 보이지 않도록 유지할 수 있기 때문이다. 이들의 노동을 통해 자본의 원시적 축적이 진행되고, 이는 근대적 경제와 국가 건설로 이어진다. 이것이 바로 여성이 '밀려나는' 주된 이유이다.

문제의 주체적인 측면, 해방투쟁 동안 성별노동분업에서 분명 변화가 있었지만 남성과 여성의 의식에서는 급격한 변화가 없었다. 그런 변화는 독립적인 여성운동이 해방전쟁 동안과 그 이후 남녀사이의 가부장적 관계에 대한 투쟁을 전개해야만 만들어낼 수 있을 것이다. 그러나 해방 전쟁을 이끌었던 맑스-레닌주의 정당들은 반가부장제 투쟁이 바로 이렇게 독립적으로 전개되는 것을 가로막았다. 남녀 사이의 상충을 포함하여 인민 사이의 모든 상충은 민족과 제국주의 권력 사이의 주요 모순에 종속되기 때문이라는 이유에서였다. 맑스-레닌주의자는 남녀갈등을 둘러싸고 여성이 독자적으로 조직하고 모이는 것을 억압받는 이들의 단결을 해치는 것으로, 통일전선을 와해시키는 것으로, 따라서 태생적으로 반혁명적인 것으로 여겼다. 그들의 혁명 개념 속에서, '여성문제'는 부차적 모순이며, 제국주의와 계급관계의 주요 모순이 해결된 이후 이데올로기적으로 다룰 문제라고 여겼다.[9]

이런 이유 때문에, 중국의 딩링Ding Ling이나 소련의 콜론타이Alexander Kollontai처럼 가부장제에 대한 투쟁을 다른 '일반적' 투쟁 속에 복속시키려고 하지 않았던 페미니스트들이 고립되고 '망각'되었다. 그러나 중국에서 반여성적 경향의 경험이나 베트남 여성연합이 토로한 '결코 사라지지 않는 남성의 봉건적' 태도에 대한 불만은 인민의 의식이 문화혁명이나 이데올로기적 투쟁만으로는 변화할 수 없다는 것을 보여주는 증거이다. 이런 문화혁명은 다른 어느 곳보다 강하게 중국에서 시도되었던 바 있다.

남성과 여성의 평등을 명시한 진보적인 헌법과 법령에도 불구하고, 여성이 전쟁과 경제 건설에 크게 기여했음에도 불구하고, 여성은

---

9. 사회주의 정부가 독립된 여성단체에 대해 보여준 태도에 대해, 크롤은 이렇게 서술했다. '사회주의 사회 네 곳 모두에서, 여성단체를 독립적으로 세우는 것에 대해 정부는 그것이 실용적인 혁명적 편의의 문제이며, 여성에게 영향을 미치는 정책들은 분리된 것이 아니라 개발 전략의 중요한 일부라는 의식 수준에서, 그런 조직은 결국은 사회주의 사회에서는 불필요한 것이 되어야 한다고 말했다'(Croll, 1979:13).

어느 곳에서도 정책 결정기구에서 제대로 대표되지 못했다. 설상가상으로 여성은 가정과 '보조 경제'영역으로 돌려보내졌고, 남성은 그곳에서 빠져나갔다. 이를 통해 실제적인 투쟁 기간 동안 여기저기에서 생겨나고 있었을 의식의 개혁은 확실히 지속되지 못하게 되었다.

그런 의식의 변화가 일어날 수 없었던 것은 가부장적 남녀관계가 중요한 자리를 차지하고 있는 물질적 생산관계에서 거의 변화가 일어나지 않았기 때문이라는 테제를 내놓고자 한다. 해방이후 세워진 '이중 경제'에서, 가부장적 남녀관계의 유지 혹은 창출과 핵가족을 통한 그것의 제도화는 성장모델에 기초한 '근대적 경제'를 구축하는 데 있어 절대적으로 중요하다. 해방 이후, 국민정부가 권력을 획득했고, 경제의 일정 부분이 사회화 혹은 국유화되었다는 사실이 모든 생산관계가 혁명화 되어서, 인민의 일부에 대한 착취로 다른 일부가 혜택을 보는 일은 일어나지 않게 되었음을 의미하는 것은 아니다.

해방 이후 대부분의 정부가 추종했던 발전모델은 이런 착취가 지속되지 않을 수 없게 만든다. 이는 국가에 의해 축적된 잉여는 결국은 가장 '착취'당한 농민과 여성에게도 혜택으로 돌아가게 될 것이라는 주장으로 대개 정당화된다. 그러나 '잉여'를 갖고 무엇을 할 것인가를 결정할 수 있는 이들은 정치적 국가적 권력에 대한 통제력을 가진 이들이다. 그들은 자신들이 다른 이들보다 더 큰 몫을 챙겨야겠다는 결정을 내릴 수도 있다. 이들이 정치를 독점하고 있기 때문에 새로운 국가-계급의 출현으로 이어질 수도 있다. 제대로 된 '생산적인' 노동을 통해서는 거의 '잉여'가 나오지 않는 상황에서, 승리 이후 이런 돈벌이가 되는 국가적-일자리를 둘러싼 경쟁은 특히 치열해졌다고 할 수 있다. 혁명 이후 국가들에서 모든 정책결정기구들에 여성 대표비율이 낮은 중요한 이유는 바로 이것이라고 생각한다. 남성, 특히 혁명정당에 있던 남성이 국가 권력을 독점해왔다.

그러나 여성은 가족, 사적이거나 비공식적인 '보조적' 경제와 연결되어 있다. 이 모델은 '유력자 남성'이 국가권력을 독점하는 데 있어 도전받지 않는 안정성을 확보해준다. 여성은 국가권력에서 배제되고, '무력한' 남성은 가족 내에서 상대적인 권력을 부여받음으로서 '매수'할 수 있다.

이 과정은 강조점이 민족에서 국가로 이동하는 것에도 반영된다. 해방투쟁 동안 전체 민족은 심리적 역사적 동일성으로 표현되던 것에 비해, 해방 이후 국가와 그 기관들은 공공선을 대표한다고 주장한다. 근대경제를 구축하는 것과 강한국가를 세우는 것이 대개 같은 것이 된다. 앞서 언급했던 혁명 포스터에서처럼, 민족에 대한 여성적 이미지가, 이 단계에서는 건국의 아버지 이미지로 대치된다. 몇 명만 꼽아 보면 맑스, 엥겔스, 레닌, 스탈린, 마오, 호치민, 카스트로, 무가베 등이다. 일반적으로, 이런 사회주의적 가부장의 갤러리 속에 여성은 없다. 이들은 정말 사회주의 국민이 아니라, 국가의 아버지들이다. 다른 가부장제와 마찬가지로 국가형성의 전체 과정에서 여성의 역할은 사회주의 국가에서 건국의 아버지들을 이상화하는 과정에서 은폐되었다.[10]

---

10. 나는 1982년 3월 8일, 그레나다에서 이런 사회주의-가부장제의 계보가 만들어지는 과정을 엿볼 기회가 있었다. 작고한 수상 모리스 비숍은 그레나다에 모인 여성들에게 한 연설에서 여성이 국가의 경제 건설에서, 그리고 미 제국주의에 맞선 투쟁에서 해 온 기여를 치하했다. 그러나 마무리는 다음과 같이 했다. '당신들은 피델 카스트로의 딸이다, 당신들은 체 게바라의 딸이다, 당신들은 루퍼 비숍의 딸이다' 루퍼 비숍은 모리스 비숍의 아버지이다. 루퍼 비숍은 이전 프레미르 게리의 경찰에게 살해되었다. 이 연설에서 내가 충격을 받은 것은 모리스 비숍이 노동하는 여성과 '어머니'에 대한 호칭을 '딸'로 강등시킨 점이고, 또한 피델 카스트로, 체 게바라, 혹은 자신의 어머니에 대해서는 언급도 하지 않은 것이다. '어머니'를 혁명적 가부장제에 기초한 건국의 아버지의 '딸'로 강등한 것

이론적 맹점들

화이트는 제3세계 맑스-레닌주의자들이 자기 국가의 구체적인 역사 현실을 보지 못하는 것을 두고 맑스, 엥겔스, 레닌이 19세기 유럽 사회를 분석하면서 발전시킨 분석틀을 무비판적으로 적용했기 때문이라고 지적한다(White, 1980). 이는 이 국가들에서 비자본주의관계들을 설명할 때 '봉건주의' 개념을 사용하는 것에서 특히 잘 볼 수 있다. '노동계급', '노동자', '생산적 노동', '잉여' 등의 단어 사용에 대해서도 같은 말을 할 수 있다.

그러나 문제는 이런 이론적 틀이 19세기 유럽에서 발전한 것이라는 점만이 아니라, 아프리카, 아시아, 라틴아메리카 식민지들의 조건은 이 틀에 맞지 않을 수 있다는 점이다. 이런 틀이 유럽과 미국의 상황을 분석하는 것에도 맞겠느냐 하는 점도 문제이다. 가사노동에 대한 맑스주의적 분석(혹은 분석 없음)에 대한 최근의 페미니스트의 비판을 통해 이 이론의 '맹점' 중 하나는 이미 지적되었다(v. Werlhof, 1978, 1979). 그러나 이것이 전부는 아니다. 사회와 혁명에 대한 맑스-레닌주의 이론은 자본주의 사회 내에서 근본적인 변화를 도모하기 위해 개발된 것이다. 그러나 여성 문제와 식민지 문제는, 이들이 자본주의가 만들어놓은 현실의 중심적이고 필수적인 부분을 형성하고 있음에도 불구하고, 이 이론에서 분석적으로 배제되어 있다. 맑스주의 이론에

은 여성에게 권력의 상실을 의미하는 것이며, 새로운 '아버지의 지배'에, 여기서는 사회주의의 아버지들에게 정통성을 제공하는 것이다. 이런 가부장적이고 사회주의적인 계보는 다른 가부장적 계보와 마찬가지로 관념적이나, 여성은, 빈민을 실제로 출신하는 여성은 그곳에서 자리를 찾을 수 없기 때문이다.

따르면, 임금노동과 자본사이의 모순, 그리고 사유재산이 없는 프롤레타리아에 대한 잉여노동의 계속되는 착취를 통해 자본이 확대 재생산되는 것이 이 시대의 역사적 동력이다. 자본축적을 계속 증가시키려는 욕망에서 자본은 생산력을 발전시키게 될 것이고, 이를 통해 결국은 생산관계들(재산관계들)과 생산력(기술적 진보) 사이의 모순이 생기고, 결국은 가진 것 없는 프롤레타리아의 혁명을 통해 생산관계의 파괴로 이어질 것이다. 그리고 이는 새로운 사회주의 사회로 이어질 것이다.

그러나 이미 살펴본 것처럼, 식민지에 대한 착취, 여성을 비롯한 비임금노동자에 대한 착취는 자본주의적 축적과정에서 절대적으로 중요하다. 이는 우연하거나 주변적인 것이 아니다. 비임금노동자에 대한 착취가 없이는 임금노동자에 대한 착취가 가능하지 않을 것이다(1장 참조). '초과-잉여'를 적출해내는 이 두 가지 주요 영역을 분석하지 않는 것은 유럽의 노동계급만이 아니라 해방투쟁을 겪은 인민도 막다른 골목으로 끌고 가는 것이다.

이는 유럽에서 처음으로 맑스주의와 과학적 사회주의를 이론적 기초로 삼은 사회주의정당인 독일의 사민당 역사를 보면 분명해진다. 룩셈부르크^{Rosa Luxemburg}를 둘러싼 급진파를 제외한 독일사민당은 식민지 팽창에 반대하지 않았다. 폭력과 비인간적인 잔혹행위가 동반될 때에만 식민지 획득노력은 비판을 받았다.

팽창이 평화적일 것이라고 예견되는 곳에 대해, 사민당은 일반적으로 반대해야 할 이유가 없다고 보았다. 예를 들어, 중국의 짜오저우^{膠州}지역에 대한 임대계약이 독일 제국의회에서 논의되었을 때, 사민당 대표들은 그 작전과정에서 있었던 폭력사건을 비난했지만, 그와 같은 임대

계약에 대해서는 문제 삼지 않았다(Mandelbaum, 1974:17).

당 기관지 『전진』*Der Vorwärts*에서 이 계약은 '중국 개방'을 위해 역사적으로 필요하다는 근거에서 정당화되었다.

맑스의 분석을 따라, 독일 사민당은 '가장 선진적인' 산업국가 속에서 생산력, 즉 기술과 산업의 급속한 발전을 통해 자본주의가 몰락하고 사회주의가 승리할 것으로 기대했다. 그들은 사회주의를 주로 생산수단을 국가가 장악하는 것으로 해석하였다. 그들 중 한 명David이 말한 것처럼, 사민당은 식민지 팽창을 '사회주의가 일반적으로 하는 문화적 선교의 중요한 일부'라고 여겼다. 이는 중심부에서 자본이 더욱 성장하게 해주고, '야만적 국가들'에서 생산이 확대되는 것을 가로막는 장애물을 제거해주기 때문이다(Mandelbaum, 1974:19). 이런 점에서 사민주의자는 문화적 쇼비니즘을 독일의 부르주아 계급과 공유했다. 그들은 자본주의 산업국가를 언제나 문명국Kulturnationen이라고 불렀고, 이와 대조적으로 식민지인은 '야만인' 혹은 '야생의' 원주민 혹은 자연인Naturvölker이라고 불렀다. 심지어 사민주의자 퀘셀Quessel은 유럽이 식민지 정책을 통해 지구상의 모든 생산력이 유럽의 문명인 Kulturmenschen을 위해 복무하도록 만들 수 있을 것이며, 동시에 일종의 '복지 전제정'을 통해 '원주민'을 발전시키게 될 것이라고 주장했다. 이런 복지 전제정은 유색인에게 노동규율을 가르칠 것이다. 이런 규율 교육을 통해서만 그들은 당장의 생존을 위한 것 이상을 생산할 수 있게 될 것이다. 그는 이런 노동규율에 특별한 윤리적 가치가 있다고 보았다(Mandelbaum, 1978:17-18).

사민당 우파의 이론가 중 한 명인 베른슈타인은 이렇게 썼다. '우리는 야만인을 종속시키는 어떤 수단을 놓고는 비난을 할 수 있다. 그러나 야만인을 종속시키는 것에 대해서는 비난하지 않을 것이며, 그들에 대해 우월한 문명을 가진 이의 권리를 주장한다.'(Mamozai, 1982:212; 영어번역은 저자). 이런 쇼비니즘적인 발상의 물질적 근원에는 이른바 문명국의 프롤레타리아 대중은 공업 국가가 식민지의 노동력을 자유롭게 착취하고, 원료를 가능한 한 가장 낮은 가격으로 갈취하며, 식민지를 자본의 실현을 위한 시장으로 활용할 '권리'를 수립하지 않는다면, 자신들의 삶의 조건과 생산력을 빠르게 발전시킬 것을 기대할 수 없다는 사실이 자리하고 있다(Luxemburg, 1923). 이런 상황에서, 식민지 인민의 자율성이나 물질적 생존을 위한 이해관계는 부차적이게 된다.

이런 관점에서 독일, 프랑스, 영국 노동계급은 모두 자국의 식민지 획득 노력과 제국주의 전쟁을 한결 같이 지지했다.

독일 사민당의 '프롤레타리아적 친식민주의'를 '수정주의'의 한 표현일 뿐이라고 무시할 수도 있지만, 생산력발전에 대한 맑스주의 이론에서 더 깊은 이론적 기초를 찾는 것도 힘들다. 맑스 자신도 식민주의가, 그 잔혹성에도 불구하고, 이제까지 폐쇄되고 정체되어 있던 아시아, 아프리카의 '처녀'지를 '열어 젖혀서', 자본주의적 근대화 과정으로 던져 넣을 수 있는 산파와 같은 역할을 한다고 생각했다. 맑스가 영국 식민권력이 철도 건설을 통해 인도를 '개방'한 것을 큰 희망을 갖고 주시했다는 것은 유명하다.

유럽 자본주의가, 맑스가 기대했던, 생산관계의 혁명적 붕괴를 피할 수 있었던 것은 바로 외부 식민지와 내부 식민지(가정주부)의 존재를 통해서였다.

레닌은 독일 사민당의 수정주의를 비난한 이들 중 한 명이었다. 민족과 식민지 문제에 대한 저작에서, 레닌은 프롤레타리아 국제주의를 주장한다. 그는 민족독립을 위해 투쟁하는 식민지 인민을 지지하면서, 유럽의 노동계급과 '선진 서유럽 국가'의 공산주의 정당도 식민지의 민족해방투쟁을 지지하라고 촉구했다. 그러나 유럽 노동자의 이런 유대가 당연하게 여겨질 수 있는 것이 아님을 레닌은 이미 목도한 바 있다. 영국 노동자는 영국 정부의 식민지 정책에 맞서서 싸울 준비가 되어 있지 않았다. 그러나 레닌은 그런 태도를 서유럽 노동귀족의 부패를 나타낸 것이라고 비난할 뿐이었다(Lenin, 1917). 그는 사회와 혁명에 대한 맑스주의 이론에 내재한 이론적 문제에 대해서는 언급하지 않았다. 모든 사회과학자와 마찬가지로, 레닌은 사회주의적 변혁이 '프롤레타리아의 가장 선진적인 부문' 즉 공업노동자 속에서 시작될 것이라고 기대했다. 그러나 그들의 발전은, 우리가 본 것처럼, 식민지의 값싼 원료와 노동력과 시장에 자유롭게 접근할 수 있는 능력 때문이었다. 미래사회에 대한 레닌의 모델은 생산력 발전이 최고조에 달한 산업국가의 선례였다. 그러나 이런 모델을 위해서는 내부적 그리고 외부적 식민지가 필수적이다. 식민지를 가진 국가의 노동귀족에게 식민주의에 맞서 싸우라고 요구하는 것은, 결국 그들에게 자신을 '노동 귀족'으로 만들어준 바로 그 사회적 모델을 문제로 삼으라고 요구하는 것과 마찬가지이다.[11]

---

11. 이는 1922년 모스크바에서 열렸던 극동노력자대회(Congress of the Toilers of the Far East) 조선인 대표 중 한명이었던 김초우(Kim Chow)가 이미 지적한 바 있다. 김초우는 인도, 아일랜드, 한국의 민중이 모두 영국과 일본 제국주의에게 압박받는다는 점에서 동일하다고 했다. 그는 영국과 일본의 노동대중은 그런 착취로부터 이득을 얻고 있다고 했다. 그는 이렇게 말했다. '…… 영국의 노동대중은 자신의 조건이 개선될 것이라

새로 해방된 국가의 정부가 대부분 똑같은 발전과 진보 모델에 전력을 다함에 따라, 이들은 심각한 딜레마에 봉착했다. 해방투쟁 동안 그들은 반식민지 투쟁을 위해 모든 분야의 인민을 동원해야했다. 그들은 평등에 대한 공약, 착취와 압제를 끝내고 사회주의 사회를 세우겠다는 비전으로 이들을 동원했다. 그러나 경제정책에서, 이들은 많은 경우 발전모델을 따라가길 희망했고, 급속한 생산력 발전을 유도했다.

과학적 사회주의 원리에 따르면, 오직 과학적 사회주의만이 빈곤을 끝내고, 생활수준을 향상시키며, 자본주의 관계 아래서 노동자에 대한 착취를 통해 생산해낸 상품의 풍요를 가져올 것이다. 그러나 이미 살펴본 것처럼, 자본주의 사회의 이런 '발전'은 이 국가 '자유' 임금노동자의 착취에만 기초한 것이 아니다. 식민지와 저개발 국가 민중에 대한 약탈과 착취뿐 아니라 전형적으로 가정주부에 대한 착취에 기초한 것이기도 하다. 해방된 국가의 정부가 이런 모델을 따르고자 한다면, 결국 그들은 착취를 하지 않을 수 없고, 자본축적 과정에서 모든 인민을 평등하게 대우할 수 없다. 외부 식민지가 없는 조건에서 그들은 경제를 집단화된 근대적 국영 부문과 '보조적인' 사유 부문으로 나누는 방식에서 해결책을 찾았다. 그러나 이런 사회적 구분은 고전적인 자본주의적 성별노동분업과 거의 일치했다. 임금노동자와 '부양자'로 규정된 남성이 사회화된 선도적인 부문을 지배했고, 여성은 가

는 말을 계속 들어왔다. 그러나 이런 개선을 만들어내는 것은 고역에 시달리는 인도 등 식민지의 대중이다.…… 일본의 노동대중도, 더하지는 않다고 해도, 대개 마찬가지이다.…… 일본 노동계급은 조선 노동계급을 억압하는 부류 중 하나이다. 그들은 나란히 옆에서 함께 일을 하더라도, 조선 노동자 형제를 경멸하며 바라본다. 또한 일본노동계급은 제국주의적이고 자본주의적인 일본 정부가 조선노동자를 억압하는 것에 협조하기도 한다(*1st Congress of the Toilers of the Far East*, Reports, Moscow, 1922).

정주부로 규정되어 종속되었고, 가족에 기초한, '보조적인' 부문에 관계했다. 실제로 이런 구분을 통해 생산이 늘었고, 농촌 여성을 비롯한 생산자의 생활수준이 향상되었으며, 자본축적과정을 촉진했다. 그러나 이는 또한, 여성의 노동부담을 가중시켰고, 여성이 집단화에서 배제되어 사유화된 부문에 집중되도록 만들었다. 또한 여성은 정책 결정과정에서 물러나거나 배제되었고, 정치적 결정은 주로 남성, 특히 남성 국가 집단이 더욱 큰 힘을 발휘했다. 이런 분리는 여성해방의 목표를, 다른 자본주의 국가에서와 마찬가지로, 기본적인 경제구조의 문제가 아니라 상부구조, 즉 이데올로기와 문화의 문제로 다루는 결과를 낳았다. 그러나 이런 분리는 그 자체가 모순적이다. 상부 구조적 차원에서 보면 여성해방에 대한 혁명적 어휘들은 사회주의 아래서 여전히 유지되고 있다. 이는 특히 3월 8일 [여성의 날] 기념식에서 잘 볼 수 있다. 그러나 정치경제적 기반을 보면 여성의 상황은 개발된 혹은 저개발된 국가에서 자본주의 관계 아래 있는 여성과 거의 비슷해져가고 있다. 여성은 사회주의적 축적과정에서도 '마지막 식민지'로 남아 있다 (v. Werhof, Mies, Bennholdt; Thomsen, 1983).

새로운 사회에 대한
페미니스트적 전망에 대하여

새로운 사회에 대한
페미니스트적 전망에 대하여

자본축적의 틀 내에서 국제적 성별노동분업의 상호작용과 그것이 여성의 삶과 인성에 미친 영향에 대한 분석을 마친 지금, 현안이 된 것은 우리가 이 상황을 어떻게 극복할 수 있는가 하는 점이다. 여성, 자연, 식민지가 더 많은 부와 돈의 축적이라는 이름 아래 착취당하지 않을 수 있는 사회는 어떤 사회일 것인가? 이 질문에 대답하기에 앞서, 국제페미니즘운동의 잠재성에 대한 내 입장을 분명히 하고 싶다.

중산층 페미니스트운동의 경우

좌파, 특히 제3세계 국가는, 서구 페미니즘운동이 교육받은 중산층 여성의 운동일 뿐이며, 노동계급 여성 사이에서 기반을 세우는 것은 불가능했다고 비난하곤 한다. 저개발 국가의 중산층 여성은 차라리 대도시나 마을의 슬럼으로 가서 가난한 여성이 불행과 착취의 덫에서 빠져나올 수 있도록 도우라는 훈계를 듣기도 한다. 나는 인도의 많은 중산층 여성으로부터 자신은 특권층이고, 억압받지 않으며, 여성해방을 위한 일을 시작하려면 가난한 여성이 권리의식을 갖도록 만드는 일에서부터 시작해야 한다는 이야기를 들었다. 자신들 사이에서 벌어지고 있는 여성에 대한 억압을 논의하기 시작한 그 중산층 여성은 자기중심적이고 엘리트주의적이라고 비판받곤 한다. 그러면 이 여성은 자신이 '특권적' 여성 계급에 속해있다는 점에 대해 아픈 죄의식을 느끼는 식으로 반응하곤 한다.

이른바 중산층 페미니즘에 대한 이런 비판의 배경에는 매일매일 생존을 위해 싸워야 하는 여성은 '여성해방'이나 '인간의 존엄성' 등을 위해 싸우는 사치를 누릴 여유가 없다는 생각이 자리하고 있다. 가난한 여성이 해방을 생각할 수 있기 위해서는 그 전에 우선 '빵'이 필요하다고 말한다. 한편, 근대교육을 받고 직장에 다닐 수 있는 여성은, 그 계급적 지위 때문에, 특히 자유로운 가족 환경에서 살고 있을 경우, 이미 해방된 것으로 여겨진다. 이런 여성해방에 대한 개념은 신여성운동이 대상으로 하고 있는 가부장적 남녀관계, 특히 여성에 대한 폭력이라는 민감한 측면의 문제를 분명히 배제하고 있다.

그러나 여성에 대한 폭력의 증가는 인도를 비롯한 세계 여러 지역에서 이슈가 되었고, 여러 국가에서 진정한 페미니스트운동을 촉발했다는 것을 우리는 이미 살펴보았다. 인도에서 결혼지참금 살해, 강간, 아내 구타를 비롯한 여러 반여성적 경향이 증대하면서 도시 중산층 여성에게 그들의 이른바 특권적인 계급적 지위도 그녀를 자기 계급 혹은 가족 남성으로부터, 다른 남성으로부터, 심지어는 법과 질서의 수호자인 경찰로부터도 지켜주지 못한다는 것을 깨닫게 해주었다. 최근 이런 모든 경험에도 불구하고, 교육받은 도시 중산층 여성에게는 여성해방이 필요 없다는 말을 여전히 들을 수 있다. 이 여성은 이미 해방되었거나, 스스로를 해방시킬 수 있는 수단을 갖고 있다고 여기는 것이다. 이 주장은 중산층 사이에서도, 제3세계에서도 종종 발견되는 현실을 무시한 경우이다. 이는 해방과 부를 경제주의적으로 동일시하는 한 예이기도 하다. 이런 입장과 다르게, 나는 저개발 국가에서건 과개발 국가에서건, 페미니스트 중산층운동은 절대적이고 역사적으로 꼭 필요하다고 생각한다.

여기에는 여러 이유가 있지만, 가장 분명한 것은 이미 언급한 것처럼, 노동자나 농민과 마찬가지로 중산층에서도 어디에서나 가부장적 억압과 착취, 성폭력과 성폭행이 횡행하고 있기 때문이다. 심지어는 오래된 성적 금기가 좀 더 잘 기능하고 있는 농민 사이에서보다 중산층에서 이런 현상이 더 만연하다고 말하기도 한다. 두 번째 이유는 상당한 특권을 누리는 중산층 여성의 경우 가난한 여성보다 더 긍정적인 쪽으로 분류되어 언급되는 경향이 있는데, 사실은 폭력에 더 노출되어 있기도 하다. 중산층 여성은 '보호받는', 그러니까 그녀 가족의 남자로부터 보호받는 여성으로 여겨진다. 그래서 이 여성은 자유롭게 다니고/다니거나, 공격받았을 때 자신을 방어하는 법을 배우지 못했다. 게다가 이들은 '특권층' 가정주부이다. 이는 이들이 가정에 고립되어 있으며, 자신을 지원해줄 주변의 여성 혹은 남성의 사회적 네트워크를 거의 갖고 있지 못함을 의미한다. 또한 모든 것이 풍족하기 때문에, 친구나 이웃으로부터 무언가를 빌려야 할 일도 없다. 이런 모든 상황으로 인해 이 여성은 가부장적 억압에 훨씬 더 노출되어 있다. 이에 비해,

대개 노동자나 농촌 여성은, 특히 제3세계에서는 여전히 집단 속에서 노동하며 살아간다.

게다가, 중산층 여성이 받은 교육은 남성의 억압에 맞서 싸울 준비를 거의 마련해주지 못한다. 가정을 비롯해 모든 교육 제도에서 소녀에게 가르치는 미덕은 자신감과 독립적으로 생각하고 활동할 용기를 모두 잃게 만든다. 결혼과 가족은 여성에게 자연이 준 운명처럼 여겨지고 있기 있다. 그래서 여성 교육은 소녀에게 가정주부와 어머니의 역할을 준비시킨다는 의미를 가진다.

가정주부가 되기 위한 이런 준비에 몇 가지 전문적 훈련과정이 첨가될 수도 있지만, 근본적인 변화는 없었다.

여성은 기본적으로 가정주부라는 이데올로기는 이 계급에 의해 유지되고 전파된다. 가정경제학은 이 계급의 소녀에게 이런 이데올로기를 과학적 시각이라고 전수한다. 모든 미디어, 특히 영화는 이런 이데올로기에 기초한 여성의 이미지를 확대시키고 있다. 이런 이미지의 일부에는 낭만적 사랑이라는 발상도 자리하고 있다. 이는 다른 어떤 것보다 서구 여성을 감정적으로 가부장적이고 성차별적인 남녀관계에 묶어 둔다.[1] 이상적인 중산층 여성상은 부양자 남편에게 경제적으로 의존해 있다. 이런 사실을 비롯해 이 모든 것을 총체적으로 고려하면, 중산층 여성 혹은 가정주부가 된다는 것은 특권이 아니라 재앙이라

---

1. 쾰른에서 매맞는 여성에 대한 연구를 하면서, 우리는 이들 여성을 자신을 학대하고 고문하는 남성에게, 경우에 따라서는 수년 동안, 속박해두는 것은 남성 '부양자'에 대한 경제적 의존이 아니라 여성의 자아상이라는 점을 발견했다. 그들은 남성에게 사랑받지 못하면 고유의 정체성을 갖지 못했다. 남성의 구타가 때로는 사랑의 징후로 해석되기도 했다. 그래서 수많은 여성이 다시 그들의 남성에게로 돌아갔다. 우리 사회에서, 남성에게 '사랑받지' 못한 여성은 아무것도 아니다.

는 결론을 충분히 내릴 수 있다.[2]

그러나 대부분의 저개발 국가에서, 중산층 여성, 가정주부의 이미지는 **진보의 상징**으로 의식적 혹은 무의식적으로 고수되면서 확산되고 있다. 이는 보수적 여성단체와 같은 '부르주아' 기관이나 조직을 통해서 노골적으로 이루어지기도 하고, 과학 공동체, 정치인과 관료, 특히 국내외 개발정책기획자들, 그리고 누구보다 기업 공동체 등도 이에 기여한다. 게다가 노동자와 농민 사이에서 계급의식을 전파하고 싶어 했던 좌파 조직 역시, 여성 사이에서 일하면서도 마음속에 여성에 대해 기본적으로 다른 이미지를 갖고 있지 않다. 좌파 조직의 간부는 주로 중산층 남성과 여성이고, 이들이 특별한 여성 이슈(육아, 보건, 가족계획, 가사)로 생각했던 이슈도 이런 이미지와 관련되어 있다. 이미 살펴본 대로, 재산관계에서 혁명적 변화를 겪은 사회주의 국가에도 여성을 (의존적인) 가정주부로 보는 중산층 이미지가 핵심에 자리해 있으면서, 보조적 혹은 비공식 부문을 창출하는 신경제정책들을 창출해 왔다.

중산층 여성의 '특권들'은 이들이 길들여지고, 고립되며, 남성에게 의존하게 되고, 감정적으로 속박되고 약해지며, 여성을 완전히 대상화하는 일정한 이데올로기에 매여 있게 되는 것만이 아니다. 이 모든 것은 이들이 가정주부로서 남편이 번 돈을 써야 한다는 사실과 결합된다. 그들은, 최소한 도시에서는, 가정 소비의 주된 주체가 되어 생산된 상품에 꼭 필요한 시장을 제공한다. 이 계급의 여성은, 상당한 정도로,

---

2. 이는 맑스가 '생산적 노동자', 고전적 프롤레타리아에 대해 쓴 것과 유사하다고 할 수 있나. 『자본론』에서 그는 이렇게 썼다. '생산적인 노동자가 되는 것은, 따라서, 나쁜 일이 아니라 좋은 일이다'(*Das Kapital*, vol. I:532, 영어번역은 저자).

소비주의의 주체이자 대상이 된다. 서구에서는 여성이 쇼핑을 통해 자신들이 가졌던 많은 좌절을 보상받는 것이 일반적 현상이다. 가난한 국가의 중산층 여성도 같은 패턴을 따른다. 아프리카, 아시아, 라틴아메리카 도시 중산층 여성도 어느 정도 비슷한 라이프스타일과 소비유형을 따른다. 아프리카 혹은 인도 여성의 잡지를 보면 중산층 여성이 어떻게 소비자로 동원되는지를 잘 볼 수 있다.

국내외 자본가들은 여성에 대한 이런 이미지, 그리고 이런 이미지가 파생한 소비모델을 진보의 상징으로 여기는 통념을 유지하고 전파하는 것에 높은 관심을 갖고 있다. 중산층 여성이 시장을 만들지 않는다면, 국내 기업이나 다국적 기업이 화장품, 세제, 비누, 합성섬유, 플라스틱, 패스트푸드, 베이비 푸드, 분유, 약 등을 어디서 판매할 수 있겠는가?

그러므로 모든 패션과 유행을 따라 끊임없이 동원되는 이들은 가정주부이자 어머니이며 성적 상징인 중산층 여성이다. 이들은 모든 마케팅 홍보 전략의 주된 아이템 중 하나이다. 크롤^{Elisabeth Croll}이 언급한 것처럼, 이런 여성의 이미지는 북경의 간판에도 나타났다. 여성을 '노동자 모델'로 그렸던 이 간판은 화장품, 텔레비전, 세탁기, 치약, 시계, 현대적 주방기기를 '소비하는 여성'으로 대치되었다. 이 포스터에 나타난 신중국여성은 자신의 직모 머리카락에 컬을 하고, 립스틱을 사용하고, 눈 화장을 한다. 여성연합은 이런 식의 광고에 항의했지만, 효과는 거의 없었다. 이런 여성의 이미지는 상업세력의 성장과 중국이 서구와 맺은 관계 등과 밀접하게 연관되어 있기 때문이다(Croll, 1983:105). 소비자로서 서구 중산층 여성은 중국에서도 진보의 상징으로 등장한다. 서구 페미니스트는 이런 여성의 이미지와 그 배후에 있는 사회적 현실에 대해 도전하고 있다. 왜냐하면 그들은 이런 '행복한 여성'의 이미지가 여성에 대한 직간접적인 만행을 가리는 커다란 허세가 되고 있음을 깨달았기 때문이다. 그리고 소비주의는 남녀 모두가 비인간적이고, 점점 파괴되는 생활조건을 수용하게 만드는 마약이라는 점을 많은 이들이 깨닫고 있기 때문이다. 성장모델을 계속 유지하기 위해 필사적으로 노력하고 있는 산업계가 창출한, 새로운 '수요'는 모두 **중독**의 형태를 갖고 있다. 이런 중독을 만족시키는 것은 인류의 행복이나 충족에 더 이상 도움이 되지 못한다. 인간성의 파멸을 앞당길 뿐이다.

1970년대 초, 다른 저항운동과 함께 여성운동도 '우리는 모든 것을 충분히 갖고 있기' 때문에 여성문제도 재분배와 부르주아 혁명의 공약을 결국 실현하는 과정에서 해결할 수 있을 것이라고 여전히 믿고 있었을 것이다. 그러나 이제는 상품의 지나친 풍요와 이런 과생산 뒤에 자리한 패러다임이 인간적 삶과 행복뿐 아니라 환경을 파괴하고 있다는 것이 명확해졌다. 게다가, 자본주의적 가부장제 문명 전체의 가학적이고 냉소적인 여성혐오는 오늘날 너무도 공공연하게 나타나고 있어, 페미니스트는 여성해방이 이런 사회적 패러다임의 맥락에서 가능할 것이라는 환상을 더 이상 갖지 못하게 되었다.

이런 인식은 저개발 국가의 중산층 페미니스트에게까지는 아직 널리 확산되지 못했다. 그러나 이 계급들 속에서 성장하고 있는 페미니스트운동에 대해 어떤 미안한 감정을 가질 필요가 없는 근거는 충분하다. 이런 운동은 전 세계에서 반여성적 경향이 커지는 조건에서 도시여성이 자신을 지키기 위해 꼭 필요한 운동이다. 그러나 중산층 여성 스스로가 자신을 잘못된 진보의 상징으로 만드는 신화, 이미지, 사회적 가치관 등을 파괴하기 시작하는 것이 필요하다. 예를 들어 인도의 중산층 여성이 처녀성과 같은 가부장적 가치, 혹은 시타^{Sita}나 사비트리^{Savitri}와 같은 신화에 의해 확산되는 자기희생적인 여성성의 이상화, 혹은 근대적인 가정주부 이데올로기 등에 문제제기를 시작한다면, 이는 자신의 해방뿐 아니라 노동자와 농민여성의 해방에도 기여하게 될 것이다. 진보의 상징으로 여성에 대한 이런 이미지, 신화와 가치관이 미디어, 영화, 교육체계 만이 아니라 개발주의자, 활동가, 사회사업가 등을 통해서도 온 인도 마을로 전파되고 있기 때문이다. 중산층 가정주부의 이데올로기가 농촌과 슬럼 지역으로 퍼지면서 문제는 이것이 여성을 본질적으로 평가절하할 뿐 아니라 대부분의 가난한 농촌과 도시 여성에게 이런 이미지는 결코 현실이 될 수 없다는 점이다. 그러나 이런 이미지는 이들에게 너무나 매력적이어서, 근대적 중산층 여성의 수준을 따라가기 위해 많은 여성들이 필사적으로 애를 쓰고 있을 것이다. 많은 농촌지역까지 텔레비전이 보급되면서, 미국 텔레비전 제작사(달라스^{Dallas} 등)와 이를 따라하는 지역 제작사가 구석구석까지 영향력을 미치고 있다. 도시 중산층 여성, 특히 제3세계의 가난한 농촌과 도시 여성 사이에서 일하려고 하는 여성은 중산층 여성성의 이데올로기와 현실을 비판하는 것이 필요하다. 명확한 시각을 가진 강한 중산층 페미니스트운동의 존재는, 가정주부와 소비자로서의 여성을 여성해방과 진보의 모델로 보는 잘못된 여성에 대한 이미지가 더욱 확산되는 것을 막는 방패가 된다. 그러한 운동이 없다면, 중산층여성을 더 행복한 미래의 전달자로 보는 것에 대한 페미니스트의 비판이 없다면, 가난한 여성 사이에서 일하는 여성활동가는 이런 이미지가 소용없는 여성에게 그것을 부지불식간에 전달하게 될 것이다.

또 다른 측면도 있다. 여성성에 대한 중산층의 이상화, 특히 특수한 민족적 문화적 표현을 통한 이상화에 대해 페미니스트가 근본적인 비판을 제기해야 한다. 그렇지 않는다면 중산층 여성은 이른바 '뒤처진' 계급과 공동체 속에서 여성과 관련해 찾아낼 수 있는 진정으로 진보적이고 인간적인 요소는 결코 볼 수 없을 수 있다. 중산층 여성이 여성해방과 모든 억압받고 착취받는 이들의 해방에 진심으로 헌신하고 싶다면 우선 여성성에 대한 중산층적인 이상화를 비판해야 한다. 전통 중에는 아직 가부장제 아래 완전히 복속되지 않은 모권적 혹은 모계적 유산이 있을 수 있다. 공동 생활과 공동 노동을 통해 비축해 놓은, 혹은 남성과 계급과 식민지적 억압에 맞서 싸운 오랜 전통을 통해 비축해 놓은 여성의 힘이 남아 있을 수도 있다(Mies, 1983; Chaki-Sircar, 1984; Yamben, 1976; van Allen, 1972).

화이트가 베트남 공산당 지도자를 통해 발견한 것처럼, 이 지도자는 베트남의 모권적 전통에 대해서는 장님이었다. 이들은 봉건적이고 유교적인 전통에만 관심을 기울였다. 이는 중산층 남성이 가부장적 전통에 사로잡혀 있음을 보여주는 것이다(White, 1980:3~6). 유럽 부르주아가 귀족의 라이프스타일을 모방하려고 했던 것처럼, 노동계급은 부르주아를 따라하고 있다. 모방하고 따라하는 같은 과정이 제3세계와 제1세계 사이에서도 일어나고 있다. 이 모든 과정에서 여성이 일정한 자율권과 힘을 행사해 온 민족적이고 지역적인 모든 전통은 '뒤처지고', '원시적'이며, '야만적'이라고 규정된다. 여성의 역사를 이렇게 파기하는 것이 여성의 이익을 위한 것일 수는 없다. 페미니스트 중산층운동은 이런 '뒤처진' 여성의 역사와 문화에서 힘과 영감과 지침을 끌어낼 수 있을 것이다.

이는 훨씬 급박하고 필수불가결한 문제가 되었다. '남성 부양자'의 신화, 즉 태양 주위를 도는 신화처럼, 여성은 남성을 따라 움직인다는 신화가 급속하게 퍼져가고 있기 때문이다. 결혼과 가족은 여성에게 더 이상 경제생활을 보장해주지 않으며, 교육 받은 중산층에서조차 점점 더 많은 남성이 여성과 자녀에 대한 책임을 회피하고 있다는 증거가 더 빈번히 속출하고 있다. 그러므로 중산층 여성은 더 가난한 자매들에게로 가서, 이런 환경에서 생존하는 방법을 배워야 할 것이다. 어떻게 품위를 유지하면서 생존할 수 있을 것인지를.

기본 원리와 개념

무엇을 원하는지보다는 무엇을 원하지 않는지를 아는 것이 좀 더 쉽다. 미래 사회에 대한 페미니스트의 전망을 정식화하는 것은 한 개인이 할 수 없는 어려운 과업이다. 게다가 여성운동에는 끊임없이 이론, 전략, 전술을 정식화할 과업을 책임지는 이데올로기적 혹은 이론적 중심이 없다. 국제 페미니스트운동은 정말 무정부적인 운동이어서, 열심히 참여하고 싶은 여성이라면, 뭔가 할 말이 있는 여성이라면 누구든 미래 사회의 비전을 정식화하는 데 기여할 수 있다. 어떤 이들은 이를 운동의 약점으로 여기고, 또 어떤 이들은 강점이라고 생각한다. 입장이 어떻든지 간에, 페미니스트운동이 다른 방식으로 작동하지 않을 것이라는 사실은 변함이 없다. 이는 최소한 여성문제를 다른 더 일반적인 문제에 복속시키려 하지 않는, 다시 말하면 운동의 자율성을 유지하려고 하는 모든 단체, 조직, 개인 여성들에게는 사실이다.

그러므로 다음의 생각은 새로운 사회에서 구체적인 페미니스트의 유토피아를 만들어내려는 우리 공동의 노력에 대한 하나의 제안으로 이해하면 될 것이다. 내가 제시하려는 전망은 우리가 살고 있는 사회 현실을 총체적으로 고려하는 것에서 출발하지만, 그렇다고 해서 내 주장이 총체적이라고 주장하지는 않는다. 완전히 새롭고 독창적인 것도 아니다. 이미 다른 이들이 표현한 아이디어들이 많이 있다. 그러나 나는 제1차여성운동에서만이 아니라 최근의 투쟁, 경험, 연구, 반성, 논쟁 등을 통해 일정한 결론을 이끌어내려고 노력했다. 이는 역사에서 배우려는 노력이다. 지금 이 일을 하지 않는다면, 오늘날 도처에서 볼 수 있는 회귀적 경향이 우리의 투쟁과 사상의 역사를 다시 파괴할 것이라고 느꼈다. 게다가, 이런 경향은 '인간적'이라고 여겨져 온 정수 그 자체를 파괴할 수 있다고 위협한다.

새 전망을 개발하기 위해서, 우리는 먼저 한 발 물러서서, 심호흡을 하며 우리를 둘러싼 현실의 전경을 바라봐야 한다. 이는 가능하면 우리 현실을 총체적으로 아우를 수 있는 세계적 시각에서 출발해야 함을 의미한다.

남성-사냥꾼의 자본주의적 가부장제의 패러다임이 우리 현실을 구성하고 있다. 이 패러다임은 모든 수준에서 이중적이고 서열로 구조화된 구분을 제시한다. 이 구분은 전체의 부분들을 착취적으로 양극화하는 것에 기초해 있다. 인간과 자연, 남성과 여성, 다양한 계급들, 다양한 국민들 사이에서 만이 아니라, '머리'와 '그 나머지'와 같은 인체의 다양한 부분 사이에서도 이런 구분이 나타난다. 사고의 수준에서 보면, 이런 이분법적 구분은 자연과 문화, 마음과 물질, 진보와 퇴보, 여가와 노동 등 개념에 대한 서열적인 평가와 양극화에서도 볼 수 있다. 나는 이것을 식민주의적 구분이라고 부른다. 이 패러다임에 따르면,

총체성은 이런 방식으로 나뉘어진다. 그리고 앞서 말한 것처럼, 양자 사이에서 세워지는 관계는 역동적이고 서열이 있으며 착취적이다. 여기서 한 쪽은 다른 쪽의 희생을 밟고 전진한다.

세계는, 최소한 우리 모두가 사는 세계는 유한하기 때문에, 다른 것은 있을 수 없다. 그러나 자본주의적 가부장제의 화신인 백인남성은 현실의 유한성을 받아들이지 않는다. 그는 신처럼, 강하고 영원하며 전지전능하기를 원한다. 그래서 그는 낮은 곳에서, 좀 더 원시적인 것에서부터 좀 더 높고 복잡한 수준의 존재로 영원히 진보하고 진화한다는 발상을 발명해 왔다. 이런 발상은 주로 유대인이나 아리아인과 같은 가부장적 유목민의 정복이라는 역사적 경험에 그 물질적 뿌리를 두고 있다. 유대교나 기독교의 신학자는 자연을 정복하고 복속시키면서 영원히 팽창할 권리라는 발상에 필요한 종교적 정당성을 부여해 왔다. 15~16세기 유럽에서 과학 혁명은 이런 종교적 발상을 세속화한 것일 뿐이다(Merchant, 1983 참조).

인류와 지구의 유한성이 심각하게 고려되지 않았기 때문에, 그리고 평등과 자유의 원리가 보편적으로 적용될 수 있다는 주장과 함께 정식화되었기 때문에, 어둠 속으로 밀쳐진 '다른 편'의 퇴보는 신의 섭리로 간단히 해석될 수 없었다. 이는 '뒤처진' 것으로, 진화의 '낮은 단계'로 해석되었다. 사실, 진화적 변화라는 발상은 서구의 '선진' 국민이 진보에 대해 가진 생각의 중심이 되었다. 그들은 모든 '뒤처진' 국민에게 진보의 상징이 되었다. 같은 방식으로 남성은 여성에게 진보의 상징이 되었다.

그러나 앞에서 본 것처럼, 식민지인에게 진화적 발전은, 말하자면, 억압자의 수준으로 접근하는 것은, 유한한 세계에서는 논리적으로 불가능하다. 그러나 언젠가는 결국 성공할 것이라는 환상이 '항상 진보하고 있고', '선진적인' 쪽에 의해 계속 유지되고 있었다. 그러나 이런 진보는 무엇보다 생활기반, 자연, 인간의 본성, 인간적 관계, 특히 여성을 점진적으로 파괴하는 것에 기초해 있다. 이는 정말 죽음의 생산이다. 원자력 에너지, 마이크로 전자공학, 그리고 무엇보다 유전공학, 생명공학, 우주 연구 등 백인 남성이 이룬 최근의 기술 발명을 보면 정말 그렇다. 이런 이른바 기술 혁명 중 어느 것으로도 착취에 기초한 큰 사회 문제들을 해결할 수 없을 것이다. 이들은 자연과 인간의 본성을 파괴하는 것에 더욱 기여하게 될 것이다.

최근, 페미니스트를 비롯한 많은 이들이 백인 남성 혹은 남성-사냥꾼의 패러다임을 근본적으로 거부한다는 생각을 분명히 드러내기 시작했다(Daly, 1978; Fergusson, 1980; Merchant, 1983; Griffin, 1980; Singh, 1976; Capra, 1982). 그들이 특히 반대한 것은 이 모델의 이분법적 구분이다. 이들은 먼저 우리 몸에서부터 시작해 큰 현실에 이르기까지 총체적인 접근을 구성하고자 모색하고 있다. 새로운 총체적 패러다임을 모색하는 많은 페미니스트는 분석과 전망을 '문화적' 혹은 이데올로기적 현상, 혹은 세계관이나 종교의 영역에만 한정하고 있다. 그것이 중요하기는 하지만, 새로운 사회에 대한 현실적인, 그리고 정치적으로 구체적인 개념을 내놓기에는 충분하지 않다. 전 세계 대다수 민중의 물질생활을 포괄하기에는 충분하지 않다. 새로운 사회에 대한 구체적 개념을 내놓는 것은 사상의 영역에서만이 아니라 물질적 현실 속에 존재하는, 우리의 일상과 세계를 큰 차원에서 구성하고 있는 식민주의적 구분을 거부하는 것이다.

페미니스트 전망은 모든 차원에서 정치적 행동에 지침을 줄 수 있는, 몇 가지 기본 원리로부터 출발해야 한다. 내가 가장 기본으로 여기는 것은 다음과 같다.

1. **식민지적으로** (남녀, 다양한 국민과 계급, 사람과 자연, 정신과 물질 사이를) 이분하는 원리들은 거부하고 폐기해야 한다. 이런 원리는 계속 커지는 상품생산과 자본축적을 위한 착취에 기초하고 있다.

2. 이는 우리 몸의 부분들 사이에서, 인간과 자연 사이에서, 남녀 사이에서, 한 사회의 다양한 부문과 계급 사이에서, 다른 국민 사이에서 착취하지 않고, 서열이 없으며, 상호적인 관계를 창조하는 것을 의미한다.

3. 우리 자신과, 자연, 다른 인류와 다른 국민 혹은 민족 사이에서 비착취적인 관계를 만들면서 가져올 필연적인 결과는 **우리 몸과 삶에 대한 자율성**을 되찾는 것이 될 것이다. 이런 자율성은 무엇보다, 생존 수단과 생명 때문에 인간적 존엄에 반하는 일을 억지로 하거나, 그렇게 하라는 협박을 받을 필요가 없는 것을 의미한다. 여기서 자율성을, 페미니스트들이 종종 하는 것처럼, 개인주의적이거나 이상주의적으로 이해해서는 안 된다. 우리처럼 원자화된 사회에서는 어떤 여성도 혼자서는 자율성을 유지할 수 없기 때문이다. 상품생산이 일반화된 자본주의적 조건에서 소비자가 노예화되는 것은 상품 구매를 통해 각 개인이 다른 인류나 사회적 관계로부터 자신의 독립성을 **구매할 수 있다**는 환상을 품게 되기 때문이다.[3]

---

3. 나는 이런 식의 개인주의, 즉 재산의 사적 소유의 '자유'와 구매력에 기초한 개인주의가 서구 페미니즘의 가장 심각한 결점이라고 생각한다. 여성에게 영향을 미치는 몇몇 문제에 대해 사회적 해결책을 모색하는 대신, 시장과 기술이 그들에게, 적어도 그들이 돈을 갖고 있다면, 상품의 형태로 개인적 해결책을 제공해준다. 자동차를 살 수 있는 여성은 그렇지 못한 여성보다 거리에서 남성에게 폭력을 당할 위험에 훨씬 덜 노출되어 있다.

자율성은, 우리의 몸과 삶에 대한 강제와 협박으로부터의 자유라고 이해되는 자율성은 탈중심적이고 비서열적인 방식의 집단적 노력을 통해서만 성취할 수 있다.

4. 무한한 진보라는 생각을 거부하고, 우리 인류의 우주는 유한하며, 우리의 몸도 유한하고, 지구도 유한하다는 생각을 받아들이는 것이다.

5. 인간이 하는 모든 노동과 노력의 목표는 부와 상품을 끊임없이 확산해내는 것이 아니라 (초기 사회주의자들이 간파했던 것처럼) **인간적인 행복 혹은, 삶 그 자체**를 생산하는 것이다.

이런 어느 정도 추상적인 원리들을 역사적이고 일상적인 실천으로 옮겨보려고 하면, 일상을 조직하는 중심에 있는 기초 개념이 이런 원칙을 실현하는 데 있어 커다란 장애라는 것을 금방 깨닫게 된다. 자본주의적 가부장제에서, 다른 무엇보다 삶을 구성해 온 개념은 노동개념이다. 페미니즘 관점에서 보면, 모든 자본주의와 사회주의 사회에서 만연한 노동개념은 근본적으로 바뀌어야 한다. 이런 개념 변화에서부터, 노동, 노동조직, 성별노동분업, 생산품, 노동과 비노동 사이의 관계, 육체노동과 정신노동의 구분, 인간과 자연 사이의 관계, 우리 몸들 사이의 관계가 변화할 수 있다.

통상적인 노동개념을 놓고 보면 자본주의 사회들과 사회주의 사회들 사이에 질적인 차이는 없다. 양쪽 모두에서, 노동은 필수적으로 **감당해야 하는 부담**이며, 생산력 혹은 기술 발전을 통해 가능한 한 축소해야 하는 것이다. 자유, 인간의 행복, 창조적 능력의 실현, 다른 인류와의 친근하고 소외되지 않는 관계, 자연의 만끽, 어린이와 즐기는 놀이 등은 모두 노동의 영역에서 배제되며, 비노동, 즉 여가시간의 영역으로만 분류될 뿐이다. 필수적인 노동은 인간의 기본 욕구인 의식주를 만족시키는 데 필요한 노동으로 규정되기 때문에, 기계를 통해 이런 노동을 줄이는 것이 목표가 된다. (자유, 인간적 행복, '문화' 등) 위에서 언급된 다른 '좀 더 고차원적인' 욕구는 기초적인 생명유지를 위해 필수적인 노동을 수행하면서 동시에 충족될 수는 없다고 전제된다. '진보'는 필수노동시간을 점진적으로 줄이고 여가시간을 늘리는 것, 사람들이 '좀 더 고차원적인 욕구'를 마침내 충족시킬 수 있게 되는 것으로 규정된다. 사회주의와 자본주의의 유토피아는 기계(컴퓨터, 자동판매기, 인공적으로 복제해낸 노예 노동력)가 모든 필수적인 노동을 하고, 인간은 소비적이고 창조적인 활동을 향유할 수 있는 곳이다.

페미니스트의 노동개념으로 들어가기 전에, 맑스주의의 노동개념을 다시 살펴보는 것도 유용할 것이다. 자본주의적 관념과 다르게, 사회주의에서 노동은 필수적인 부담이자 천형일 뿐 아니라, 인류가 진정한 공산주의 사회로 나아가기 위한 동력이기도 하다. 맑스가 사용한 노동개념이 이런 공약을 실현시키기에 적합한지 살펴보도록 하자.

『자본론』에서 맑스는 이렇게 말한다.

사실, 자유의 영역은 필요와 일상적인 고려에 의해 정해지는 노동이 멈춘 지점에서나 실제로 시작된다. 그 본질에 있어, 이는 실제적인 물질적 생산의 영역을 넘어선 곳에 놓여있다. 야만인이 욕구를 만족시키고 생명을 유지하고 재생산하기 위해 자연을 쥐어짜야 하는 것처럼, 문명인도 모든 생산양식 속에서 그렇게 해야 한다. 그의 발전과 함께, 물질적 필요의 이런 영역은 그의 욕구의 결과 확장된다. 그러나 동시에 이런 욕구를 만족시키는 생산력도 증대한다. 이 분야에서 자유는 사회화된 사람, 자연의 보이지 않는 힘 같은 것에 의해 지배당하는 것이 아니다. 자유는 자연과의 상호작용을 합리적으로 규제하고, 자연을 공동의 통제 아래 두는, 최소한의 에너지와 인간의 본성에 가장 부합하고 또 가장 가치 있는 방식으로 이를 성취할 수 있는 협력하는 생산자들 가운데에만 존재할 수 있다. 그러나 이는 여전히 필수적인 영역으로 남아있다. 이것을 넘어설 때, 인간 에너지의 발전, 그 자체가 목적인, 자유의 진짜 영역이 시작된다. 진짜 자유는 필요의 영역을 기초로 할 때에만 꽃피울 수 있다. 노동일를 줄이는 것이 기본적인 전제조건이다 (Marx, *Capital*, vol. III:799~800; 강조는 저자).

이 문단에서 가장 중요한 생각은, '자유의 영역'은 '필요에 의해 정해지는 노동이 …… 멈추기' 전에는 시작되지 않을 것이라는 생각이다. 따라서 모든 경제적 과학적 정치적 노력의 목표는 '자유의 영역을 맞기 위한 전제조건으로 노동 일수를 줄이는 것'이 된다. 혹은 슈미트Alfred Schmidt가 쓴 것처럼, '인간의 자유의 문제는 맑스에 의해 **자유시간의 문제**로 축소되었다'(Schmidt, 1973:142; 강조는 원문). 육체적 존재를 유지하기 위한 기본 필수품을 생산하는 데 필수적으로 소요되는 시간을 감축시키는 것은 사유재산과 상품생산이 폐지될 때까지 주된 사회적 목표로 남을 것이다. 맑스는 『정치경제학 비판 요강』에서 이에 대해 이렇게 썼다.

공동 생산을 전제한다면, 시간 결정이 본질적인 문제로 남는 것은 당연하다. 밀, 가축 등을 생산하는 데 사회가 필요로 하는 시간이 줄어들수록, 다른 종류의, 물질적 지적 생산을 위한 시간을 증대시킬 수 있다. 한 개인을 예로 들면, 모든 점에서 한 개인의 발전, 향유, 활동은 비축된 시간의 양에 달려있다. 모든 경제는 결국 시간의 경제로 축소할 수 있다(*Grundrisse*:89; 강조는 저자).

'사회적으로 필수적인 노동시간'을 축소하고 자유의 영역으로 뛰어 오르는 것은 두 가지 과정을 통해 진행된다. (1) 생산력, 과학과 기술의 끊임없는 증가와 발전, (2) 사유재산과 계급사회의 폐지와 생산수단의 사회화, 생산자의 사회화 혹은 조합이다. 첫 번째 과정은 필수적인 노동시간을 축소하는 것으로 이어질 뿐 아니라, 연합하고 있는 생산자 스스로를 합리화하는 것으로 이어진다. 이 생산자의 '어찌할 수 없는 자연의 힘'에 대한 지배는 이에 따라 증가한다. 이런 '합리화'는 외부 자연에 대한 지배와 통제를 의미할 뿐 아니라, 더 중요하게는 인간 속에 있는 '본능', 단순한 '본성' 혹은 '제어되지 않는 '동물적 본성'을 억압하는 것으로 이어진다. 인간 속에 있는 이런 '낮은' 본성을 식민화하는 것은 과학과 기술, 맑스의 표현을 빌면 생산력이 확대되고 발전하는 조건이자 결과이다. 엥겔스는 자유의 영역으로 뛰어 오르는 것은 사유재산의 폐지와 계속적인 과학 발전을 통해 성취된다고 했다(Engels, 1936:311~12). 그러나 맑스는 좀 더 회의적이었다. 그는 생산수단의 사회화와 기술 발전이 최고도에 오른다고 해도, 공산주의에서조차도, ('부담'으로서의) 노동이 완전히 없어지게 될 것이라고 기대하지 않았기 때문이다. 2장에서 본 것처럼, 맑스에게 노동은 그 무게가 생산력 발전에 의해 역사적으로 결정되는 짐일 뿐 아니라, 역사와 별개로, 인간과 자연의 상호작용이다. 이는 '인간존재의 영원한, 자연이 부과한 조건이다. 따라서 인간 존재의 어떤 사회적 형태로부터도 독립적으로 존재한다. 아니 차라리 모든 사회적 형태에 공통된 것'이다(Marx, Capital, vol. I: 183~184).

이 점에서 맑스는 엥겔스보다 현실적이고 물질주의적이다. 그러나 두 사람 모두 과학과 기술이 사회를 변동시키고, 특히 이들이 초기 저작에서 인간을 자기 자신으로부터 소외시키는 주된 원인인 노동분업, 즉 계급사회에 의한 사회적 노동분업, (자본주의) 노동과정에서의 노동분업, 그리고 생산품으로부터 노동자의 소외, 정신노동과 육체노동 사이의 분리를 철폐할 수 있는 가능성을 갖고 있다고 보았다는 점에서 낙관적이고 이상주의적이다.

공산주의 유토피아는 사회적으로 필요한 노동이 거의 제로가 되고, 자기만족과 풍부한 개인성을 계발할 수 있는 여가시간을 사람^{man}이 충분히 가질 수 있는 곳이다.

『독일 이데올로기』에서, 맑스와 엥겔스는 이렇게 썼다.

노동분업이 시작되면서, 각각의 인간은 특정한 한정된 활동영역을 갖게 되었다. 이는 그에게 할당된 것이며, 여기서 빠져나갈 수는 없다. 그는 사냥꾼, 어부, 양치기, 혹은 비판적인 비평가이다. 생계 수단을 잃지 않으려면 계속 그렇게 머물러야 한다. 그러나 공산주의 사회에서는, 누구도 하나의 한정된 활동영역을 갖고 있지 않다. 각 개인은 원하는 분야에서 작업을 성취해갈 수 있다. 사회가 전반적인 생산을 조절하기 때문에, 나는 오늘은 이 일, 내일은 저 일을 하는 것이 가능해진다. 아침에 사냥을 하고, 오후에는 낚시를 하고, 저녁에는 가축을 돌보고, 저녁 식사 후에는 비평을 한다. 영원한 사냥꾼, 어부, 양치기 혹은 비평가가 되겠다는 마음이 없어도 된다(Marx, Engels, vol. 5, 1976: 47).

맑스와 엥겔스는 이런 공산주의 사회의 유토피아 비전이 실현될 것을 기대했다. (그런데, 여기서 여성은 없는 것처럼 보인다.) 생산력 발전과 사유재산의 폐지, 생산의 사회화를 통해 이것이 가능하리라 보았다. 그러나 맑스의 후기 저작들에서, 공산주의 사회의 남성이 하루를 보내는 목가적 풍경은 희미해졌다.

슈미트가 주장한 것처럼, 맑스에 따르면 인간의 노동이 기계나 자동화과정에 의해 대치되는 과정은 사회적 조직화와는 상대적으로 독립되어 있다. 공산주의 아래에서 이 과정은 느려지거나 정지하기보다는 더욱 속도를 높이게 될 것이다.

> 맑스는 『정치경제학 비판 요강』에서 사회주의적 조건 아래에서도 산업을 통해 자연을 끊임없이 변형시키는 과정은 계속 진행될 것이라고 강조했다. 산업 속에서 대규모로 실현되고 있는 지식의 통합과 자연의 변형은 미래에도 생산과정에서 더욱 결정적인 특질이 될 것이다. 그는 산업의 완전 **자동화**Verwissenschaftlichung를 염두에 두고 있었다. 이를 통해 노동자의 역할은 점점 더 기술적인 '**감독과 규제자**'로 변화하게 될 것이라고 생각했다(Schmidt, 1973 : 147; 강조는 원문).

산업화된 노동과정이 완전히 과학화되고, 노동시간이 더욱 짧아지고, 자동화가 발전하면 결국 생산의 주역인 노동자가 퇴물이 되고 말 것이다.

> 그는 노동과정의 주인공이 되는 대신, 그 옆에 선다. 이런 변화 속에서 이것은 사람이 직접 하는 직접적인 노동도 아니고, 그가 떠맡은 시간

도 아니다. 이는 그가 가진 총체적인 생산력, 자연에 대한 이해, 자연을 다루는 능력을 사회의 한 구성원으로서 자신의 존재의 활동을 통해, 한 마디로 사회적 개인의 개발을 통해 이용하는 것이다. 이는 이제 생산과 부의 커다란 원천으로 보인다(*Grundrisse*:592 *et seq*. 강조는 원문).

맑스주의자의 노동에 대한 개념, 기술 발전에 대한 맑스주의자의 견해, 진정한 사회에 대한 공산주의적 비전 등을 자세히 살펴보았는데, 그 이유는 이런 생각을 많은 페미니스트 사회주의자뿐 아니라 대다수 사회주의자가 공유하기 때문이다. 과학과 기술의 무한한 진보는 일종의 '자연의 법칙' 혹은 역사의 법칙이며, 인간 사회와 사회적 관계를 변화시키는 주된 동력이 될 것이라는 생각은 특히나 많은 사람이 공유하는 새로운 믿음이 되었다. 파괴적 자본주의에 대한 대안을 진지하게 모색하는 사람조차도 새로운 사회에 대한 청사진을 기술 혁신의 기적에 기대고 있다.

고르^{André Gorz}는 마이크로 전자공학, 컴퓨터, 자동화가 도입되면서 필수 노동력을 거의 제로로 축소할 수 있게 되었기 때문에, 이제 맑스주의자의 파라다이스로 곧장 행군해 들어갈 수 있는 시대가 왔다고 하기도 했다(Gorz, 1983). 고르에게 남은 한 가지 문제는 이 남은 노동을 사람 사이에서 분배하고, 맑스주의자의 파라다이스를 실현하는 것으로 움직여 나아가는 것이다. 그곳에서 사람의 주된 문제는 여가시간을 창조적인 활동으로 채우는 것이 될 것이다. 고르 등이 일관되게 배제하고 있는 것은 파라다이스를 받치고 있는 부분, 혹은 '지옥'이다. '멋진 신세계'의 이런 파라다이스는 외부 식민지와, 백인 남성의 내부식민지인 여성에 대한 계속되는 제국주의적 착취에 기초하고 있다. 여전히 生命을 생산하고 있는 것은, 민중일 것이다. 상당한 정도로 부자유한, 이른바 비공식 부문의 가정주부화되어 있는 형태의 노동일 것이다. 완전자동화되고 컴퓨터화되더라도, 사람은 여전히 음식과 인간의 돌봄 등이 필요한 몸을 갖고 있다. 몸은 기계에서 나오는 것이 아니다. 폰 벨호프가 지적한 것처럼, 이런 파라다이스는 여성을 위한 것이 아니라, 전 세계적 차원에서 여성에 대한 지속적인 착취에 기초한 것이다. 자연과 여성과 식민지에 대한 지배에 기초하여 기술주의 유토피아를 실현하는 것은 백인 남성의 마지막 필사적인 노력이다(v. Werlhof, 1984).

슈미트Alfred Schmidt가 보았던, 풍부한 인간적 개성의 양적인 발전을 공산주의의 주된 목적으로 삼는 맑스의 낙관론에 대한 문제는 근대 좌파와 대안적 이론가를 통해 해결되었다. 즉 식민지(자연, 여성, 이주민)를 경제적 인간(호모 이코노미쿠스)과 과학적 인간(호모 사이언티피쿠스)을 통해 속박하여, 그가 자연, 지구, 자신의 육체성, 모든 인간존재의 영원한 조건, 그리고 행복으로부터 완전히 분리되지 않도록 하는 것이다. 이런 기초가 보장되는 한, 그는 생산력의 무제한적인 발전, 무한한 욕구(혹은 차라리 중독)의 무한한 충족을 지속시켜나갈 수 있다. 이 남성에게 자유의 땅은 정말 가까이에 있지만, 여성과 제3세계의 노예화라는 희생을 밟아야 닿을 수 있는 땅이다.

페미니스트의 노동개념을 향하여

위의 논의를 통해, 페미니스트의 노동개념을 발전시키기 위해서는 사회적으로 필요한 노동과 여가를 구분하는 것을 거부하는 것에서 시작해야 한다는 점이 명확해졌다. 맑스는 자기 실현, 인간의 행복, 자유, 자율성, 즉 자유의 영역을 성취하기 위해서는 필수품과 필수적인 노동의 영역을 벗어나야 하고, 필수적인 노동시간을 줄여야(혹은 폐지해야) 한다고 생각했다. 그러나 이런 생각과 거리를 두어야 페미니스트 노동개념을 발전시킬 수 있다.

1. '노동자'에 대한 모델을 (자본주의든 사회주의 아래에서든 상관없이) 백인 남성 산업 임금 노동자가 아니라, 어머니로 삼는다면, 그녀의 노동은 맑스주의적 개념에는 들어맞지 않는다는 점을 곧 깨닫게 된다. 그녀에게 노동은 언제나 두 가지 면을 갖고 있다. 즐김과 자기 충족과 행복의 원천이기도 하고 부담이기도 하다. 자녀는 그녀에게 많은 노동과 어려움을 줄 수도 있지만, 이 일은 결코 완전히 소외되거나 끝나지 않는다. 자녀가 실망스럽더라도, 결국 떠나버리고 무시당한 느낌만 남겨놓는다고 하더라도, 사실 우리 사회에서 많은 경우 그렇기는 하지만, 그래도 결국 그녀가 겪는 고통은 산업 노동자나 기술자가 자신의 생산품, 그가 생산하고 소비하는 상품에 대해 갖는 차가운 무관심하고는 다르게, 훨씬 더 인간적이다.

부담으로서의 노동과 즐김으로서의 노동이 마찬가지로 결합된 경우는 아직 상품 생산과 시장압력 아래로 완전히 예속되지 않은 농부에게서도 볼 수 있다. 예를 들어 추수기에, 새벽부터 해질 때까지 일해야 하는 농부는 몸과 근육을 통해 누구보다 일의 부담을 느낀다. 그러나 아무리 힘들어도, 이를 '저주'라고만 여기지는 않는다. 나는 작은 자급적 농장에서 건초를 만들거나 추수를 하면서 어머니 아버지 등과 함께 모두 힘을 합쳐 일했던 경험이 있다. 나는 이 시간을 정말 흥분되고 재미있고 사회적 교류가 있었던 때로 기억한다. 나는 인도에서 모내기 기간에 가난한 농민과 농업노동자 여성 사이에서 비슷한 현상을 보았다. 이 경우 노동은 착취하는 지주를 위해 해야 하는 일이기도 하지만, 여기에는 노동과 즐김, 노동과 여가가 여전히 결합되어 있었다. 게다가, 고된 노동의 시간은 여성의 문화 활동이 가장 두드러지게 나타나는 시간이기도 했다. 밭에서 공동 작업을 하면서 부른 수많은 발라드를 통해, 그들은 고된 노동을 좀 더 수월하게 견뎌낼 수 있었다. 저녁을 먹은 뒤 그들은 늦게까지 노래하고 춤을 췄다(Mies, 1984). 시장 지향적이지 않으며 자급적 생산을 하는 사람의 노동과정을 지켜볼 기회가 있었던 이들이라면 누구든, 꼭 해야 하는 과제로서의 노동과 즐김과 자기표현의 기본적인 원천으로서의 노동이 이렇게 상호작용하는 것을 발견할 수 있을 것이다.[4]

장인 혹은 수공예생산의 노동에서도, 이 노동이 아직까지는 시장의 압박 아래 완전히 포섭된 것이 아니라면, 마찬가지일 것이다.

위에서 묘사한 노동과정의 주요 특징은 그들이 **직접적인 삶의 생산** 혹은 필요가치의 생산과 모두 관련되어 있다는 점이다. 노동에 대한 페미니스트의 개념은 노동의 목적을 물질과 부의 생산이 아니라(위의 맑스 인용문 참조), 삶의 생산으로 향하게 해야 한다. 물질과 부의 생산이 주가 되면, 삶의 생산은 부차적인 파생물이 되어 버린다. 모든 면에서 **당면한 삶의 생산**이 노동에 대한 페미니스트적 개념의 발전을 위해 중심 개념이 되어야 한다.

---

4. 나는 인도의 안드라프라데시 지역 부족민 사이에서는 노동이 즐거움이자 부담으로서 통일되어 있는 것을 알 수 있었다.

2. 부담으로서의 노동과 인간적 본성의 표현이자 즐김으로서의 노동을 결합시키는 것과 동떨어져서, 페미니스트의 노동 개념이 맑스주의의(혹은 자본가의) 시간의 경제학에 하려고 해서는 안 된다. 일일 노동시간, 혹은 인생에서 노동시간을 줄이는 것이 페미니스트 유토피아를 실현하는 방식일 수는 없다. 여성은 상품 생산에 소요되는 시간을 줄이는 것이 좀 더 많은 여성의 자유로 이어지지 않는다는 것을 이제 깨닫게 되었다. 이는 더 많은 가사노동, 더 많은 비임금노동형태의 가내생산, 더 많은 관계와 감정노동, 더 많은 소비 노동으로 이어졌다. 거의 모든 시간이 여가시간이 되고 노동시간은 최소한으로 줄어든 사회에 대한 비전은 여성에게는 여러 가지 면에서 공포의 비전이다. 이는 기계를 통해 축소되는 노동에는 가사노동이나 비임금 노동이 포함된 적이 없기 때문이기도 하고, 그런 게으른 남성에게 현실과 의미와 삶의 감각을 되찾게 해줘야 하는 사람도 여성일 것이기 때문이다.

노동에 대한 페미니스트의 개념은 따라서, 시간에 대한 상이한 개념을 지향해야 한다. 여기서 시간은 의무인 노동시간과 즐거움과 휴식이 기다리는 시간으로 분리되지 않는다. 노동시간과 휴식과 즐김의 시간이 서로 오가며 뒤섞여 있다. 이런 식의 시간 개념과 시간 조직이 광범하게 자리하게 되면, 노동 시간의 길이는 더 이상 큰 문제가 되지 않는다. 긴 노동시간, 심지어 평생의 노동이라고 할지라도 이것이 저주로 느껴지는 것이 아니라 인간적인 충족과 행복의 원친으로 느껴질 수 있다.

이런 시간에 대한 신개념은 기존의 성별노동분업이 폐지되지 않는다면, 당연히 도래할 수 없다. 그러나 이런 변화는 일부 여성이 기대하는 것처럼 합리화와 자동화를 통해 노동시간이나 노동일을 줄이는 것을 통해 실현되지는 않을 것이다. 현대 기술을 통해 주간, 일간 혹은 연간 노동시간이 줄어들어도 남성은 가사노동을 분담하지 않는다. 좀 더 술을 마시거나 텔레비전을 보고, (비디오나 컴퓨터 게임 등) 다른 활동으로 남성적 여가시간을 향유한다.[5] 맑스와 엥겔스시대이래 노동 일수가 줄었지만, 이는 어디에서도 성별노동분업의 변화를 가져오지 않았다. 남성은 가사노동, 육아, 혹은 삶의 생산에 대해 더욱 적은 책임감을 느꼈다.

3. 페미니스트의 노동개념에서 세 번째로 강조할 요소는 노동이 자연과의, 살아있는 유기체와의 직접적이고 감각적인 상호작용임을 유지하는 것이다. 맑스의 노동개념에서 이렇게 자연과 감각적이고 신체적으로 상호작용하는 측면은 거의 사라져있다. 이는 인간의 신체와 자연 사이에 기계가 큰 자리를 차지하고 있기 때문이다. 물론 이 기계는 인간에게 '야생의' '맹목적인' 자연을 지배할 수 있는 힘을 주겠지만, 동시에 인간의 감각을 축소시킨다. 필수적인 과제로서의 노동이 사라져가면서, 즐거움, 감각, 에로틱하고 성적인 만족 등을 위한 인간의 몸역시 사라진다. 우리의 몸은 우리의 즐김과 행복의 영원한 기반이 될 것이기 때문에, 살아있는 유기체보다 기계와의 상호작용이 커지면서 생긴 감각의 파괴는 이상화된 '자연'에 대한 병리적인 추구만하게 될 것이다. (남성의) 몸에 대한 이런 잃어버린 감각성을 되살리려는 필사적인 노력 속에서, 여성의 몸은 '순수한 혹은 기초적인 자연'이자 모든 욕망을 충족시켜주는 목표로 신비화된다.[6] 근대적 기계가 인간의 감

---

5. 영국에서 나는 여성 사회학자가 '과부'에 대해 새로운 항목을 규정한 것을 읽은 적이 있다. '축구-과부'처럼, '컴퓨터-과부'는 남편을 컴퓨터에게 빼앗긴 경우이다.
6. 이는 자본주의적 가부장제에서 일종의 법칙처럼 보인다. 이는 여성, 자연, 식민지에 적용된

각을 앗아가고 마침내 파괴하는 것이 가장 잘 나타나는 것은 오늘날 어디에서든 볼 수 있는 컴퓨터에 대한 컬트이다. 이는 전형적인 남성적 컬트이다. 기술 발전으로 남성은 '생산과정의 주역이 되는 대신, 그 옆에 서 있게 되었고'(맑스의 위 인용문 중에서), 이로 인해 남성의 감각성이 크게 파괴되면서, 컴퓨터는 남성에게 중요한 것이 되었다. 컴퓨터 기술은 남성이 '자신이 가진 고유의 생산력을 유용하고, 자연에 대한 이해, 자연에 대한 숙달'(맑스의 위 인용문 중에서)로 이어지는 것과는 거리가 멀도록 만들었다. 컴퓨터 기술은 인간의 모든 생산능력을 파괴하고, 자연에 대한 이해, 특히 감각적으로 즐길 수 있는 모든 능력을 파괴하고 있다. 나는 이것이 **산업사회에서 여성에 대한 폭력이 증가하는 원인** 중 하나라고 생각한다. 노동과정 자체에서 자신의 몸을 더 이상 느낄 수 없는 남성이 여성을 **공격함으로써** 일정한 신체적 감정적 느낌을 되찾아보려는 것이다. 이는 비디오 산업에서 공포와 하드 포르노 영화가 베스트셀러인 이유이기도 하다. 이들의 주 소비자는 남성이며, 대부분은 실업자이거나 컴퓨터화된 산업 혹은 서비스 업종에 종사하는 이들이다.

4. 노동과정에서 자연과 직접적이고 감각적으로 상호작용하는 것만으로는 충분하지 않다. 이는 일정한 스포츠나 취미활동을 통해서도 실현될 수 있다. 현대 사회의 설계자는 이런 신체활동을 늘리는 것이 자동화를 통해 잉여가 되어버린 사람들에게 일종의 **치유**가 될 수 있다

다. 자본주의적 가부장제는 먼저 여성 혹은 자연 혹은 다른 국민이 자립적인 주체로 서지 못하도록 해야 한다. 그런 다음 그들은 모든 남성이 욕망의 대상으로 숭배되고 가공된다. 이것이 모든 낭만적 사랑, 자연에 대한 낭만화, 이국민이나 '원주민'에 대한 낭만화의 초석이다.

고 전망한다. 그러나 일용품을 복지국가가 제공해준다고 하더라도, 취미나 스포츠가 사람들에게 얼마나 오랫동안 목적의식이나 의미를 부여해줄 수 있겠는가?

페미니스트의 노동개념은 노동이 목적의식을 갖고 있어야 하고, 그 일을 하는 사람이나 주변 사람에게 유용하고 필요한 일을 한다는 특성을 가져야 함을 주장해야 한다. 이는 이 노동의 생산물이 유용하고 필요함을 의미한다. 오늘날 제3세계 국가에서 '소득창출활동'으로 여성이 만들고 있는 대다수의 수공예품처럼 사치품이나 넘쳐나는 쓰레기가 아니어야 한다.

5. 노동과 생산품이 이렇게 유용하고 필요하며 의미 있는 것이라는 감각을 되살릴 수 있기 위해서는 생산과 소비 사이의 구분과 거리가 점차 사라져야 한다. 앞서 본 것처럼 구분과 소외는 오늘날 전 세계적으로 확산되어 있다. 제3세계 여성은 자신이 알지 못하는 것을 생산하고, 제1세계 여성은 자신이 모르는 것을 소비한다.

페미니스트의 관점에서, 삶의 생산은 인간 활동의 주된 목적이다. 이는 필수품의 생산과정과 소비과정이 다시 하나로 합쳐지는 것을 필요하게 해준다. 우리가 생산한 것을 소비해야만 그것이, 필수품이건 여분이건 간에, 유용하고 의미 있고 제대로 만든 것인지를 판단할 수 있다. 우리가 소비하는 것을 생산해야지만, 우리가 소비하길 원하는 물건을 만드는 데 얼마나 시간이 걸리는지, 어떤 솜씨가 필요한지, 어떤 지식과 기술이 필요한지를 알 수 있다.

물론 생산과 소비의 격차를 없앤다는 것은, 모든 개인 혹은 모든 작은 공동체가 필요한 모든 것을 생산하고, 생태적 환경 속에서 모든 것을 찾아내야 함을 의미하지는 않는다. 그러나 이는 삶의 생산이 특정한 지역, 일정한 공동체의 사람이 어느 정도 경제적으로 자립적인 관계에 기초한다는 것을 의미한다. 그 크기는 이 장 처음에 명시한 원칙에 기초하여 결정되어야 한다. 한 지역에 수입된 상품과 서비스는 자연, 여성, 다른 국민에 대한 비착취적 관계에서 나온 결과물이어야만 한다. 생산과 소비가 이어지도록 하는 움직임을 통해 착취의 가능성을 크게 줄이고, 경제적 정치적 협박과 강제에 대한 저항의 잠재력은 크게 향상시킬 수 있을 것이다.

하나의 대안 경제

이러한 노동개념은 금전 소득의 계속되는 성장에 기초한 경제, 고도의 기술발전과 관련된 생산력의 팽창이라는 틀을 뛰어넘어야 한다는 점은 명확하다. 이런 패러다임은 일부 국가의 과개발과 여성, 자연, 식민지의 저개발로 이어져왔다. 삶의 생산을 향한 노동 개념은 이 틀을 뒤바꾸고 뛰어넘어야 한다.

우리는 아직 자연, 여성, 식민지의 착취에 기초하지 않은 경제에 대한 대안적 틀을 만들 수 있을 만한 수준에 있는 것 같지는 않다. 그러나 과개발이 아시아, 라틴아메리카, 아프리카의 사람만 피폐하게 하는 것이 아니라 과개발 국가의 중심부에서 인간 삶의 아주 본질적인 부분을 파괴하고 있기도 하다는 점이 최근 분명하게 거론되면서, 대안사회의 중요한 특징에 대해 이미 많은 논의가 나오고 있다(Caldwell, 1977; Singh, 1976, 1980).

대안 경제의 첫 번째 기초 요건은, 과개발 사회든 저개발 사회든 간에, 기초적인 의식주, 즉 생존을 위한 수요를 국경 너머의 경제들에 의존하는 것이 아니라 좀 더 자급적인 경제로 나아가는 것이다. 기초적인 생필품 생산을 상당 정도 자급적으로 해낼 수 있는 사회만이 정치적 협박과 기근으로부터 자유롭게 스스로를 유지할 수 있다. 여기서, 식량의 자급은 첫 번째 요건이다.

콜드웰Malcolm Caldwell은 영국에서도 에너지만이 아니라 식량의 자급도 경작 가능한 토지와 그곳 주민을 이용하면, 가능함을 보여주었다. 유럽이나 북아메리카의 과개발된 어느 국가도 마찬가지로 가능할 것이다(Caldwell, 1977:178). 또한 이 과개발 국가의 정부들이 이른바 값싼 노동력의 국가에서 값싼 식량, 값싼 의류, 값싼 원료 등을 수입하여 자국 노동자에게 제공하는 일을 하지 않는다면, 아시아, 아프리카, 라틴아메리카에 있는 이들 국가는 모두 의식주 등에서 자급을 할 수 있게 될 것이다. 저개발 국가는 자연자원이나 인력이 풍부하다. 이들 지역이 백인 남성의 정복 이전에는 모두 자급 사회였다는 것을 이상하게도 서구인은 망각하고 있다. 우유의 바다와 버터의 산을 생산하기 위해 사료용으로 유럽에 수입되는 제3세계의 단백질 식품이 자국민의 식량에 이용된다면, 이 지역에서 기아는 없어질 것이다(Collins & Lappé, 1977). 1977년 영국 농민이 가축에게 먹인 단백질 농축 사료의 90%는 저개발 국가에서 수입한 것이다. 에너지 효율성(식량 생산에 사용된 에너지와 이 식량 소비를 통해 얻게 되는 에너지 사이의 비율)이 과개발 국가에서 가장 낮다. 이는 이들 식량이 주로 기업형 농업을 통해 생산된 것이기 때문이라는 점은 잘 알려져 있다. 온실에서 기른 상추의 에너지 효율성은 0.0023이고, 흰식빵은 0.525인 것에 비해, 기계를 사용하지 않고 키운 멕시코 옥수수의 에너지 효율성은 30.60

에 이른다(Caldwell, 1977:179~180).

대개7, 자급적 경제는 기존의 착취적이고 비상호적인 국제노동분업의 변화와, 세계 무역과 수출지향적 생산의 축소를 가져오게 될 것이다. 이는 (공산품 수출에 의존하는 경제를 가진) 과개발 국가와 주로 1차 산품을 수출하여 부채를 갚아야 하는 저개발 국가 양 쪽에서 변화를 가져올 것이다.

자급적인 경제가 가져올 또 다른 결과는, 내가 쓰는 의미에서의, 모든 비생산적인 노동, 즉 제3영역에서의 노동이 크게 감소할 것이다. 노동력 구성이 공업 고용에서 농업 고용으로 이동하게 될 것이다. 주어진 지역에서 그 지역에서 나오는 자연자원과 인력을 주로 이용해 살기를 원한다면, 더 많은 사람이 식량을 생산하는 데 필수적인 육체노동을 하게 될 것이다. 그런 제한된 지역 내에서라면, 사람들은 너무 많은 농화학 생산품과 너무 많은 기계를 사용하고, 이는 또 다시 너무 많은 에너지를 사용하는 과정을 통해 생태계를 파괴하는 일이 일어나지 않도록 하기 위해 조심스러워질 것이다. 생태계의 균형에 모두의 생존이 달려 있기 때문이다. 콜드웰이 말한 것처럼, 화석에너지를 덜 쓰면서도 생산을 늘리기 위해서는 근육을 더 쓰는 수밖에 없을 것이다(Caldwell, 1977:180). 자본집중적인 농장 대신 노동력집중적인 농장이 들어서게 될 것이다. 큰 기업형 농장에 집중되는 것이 아니라 분산된 작은 농장으로 이루어질 것이다. 이런 국제노동분업과 농업과 공업 사이의 노동분업이 변화하면서, 자급적인 식량 생산을 위한 농업으로

---

7. 대안경제에 대한 모든 논의에서, 자립의 개념이 완전한 자급을 의미하는 것은 아니라는 점을 강조하는 것이 필요하다. 완전히 자급적인 경제나 사회는 비현실적이다. 그러나 주로 자급하는 경제는 가능하다.

의 변화가 일어나고, 페미니스트의 노동개념으로의 변화와 관련된 여러 요소가 충족될 것이다. 예를 들면, 노동을 필요하고 의미있는 것으로 복원시키고, 자연 혹은 살아있는 유기체와 직접 접하는 노동이 되도록 하고, 노동시간에 대해 다른 생각을 갖게 되고, 생산과 소비의 거리를 좁히면서 생산자—소비자가 자신이 생산하고 소비하는 것에 대해 더 큰 자율성을 갖게 되는 것 등이다. 이런 경제에서는 성장 모델 속에서 일어나는 불필요한 물품의 생산이나 순전한 낭비와 같은 일이 벌어질 여지나 필요가 없게 될 것이다. 생산에 대한 결정이 삶에서 진정으로 필요한 것에 대한 고려뿐 아니라 자연, 생태, 인적 자원 등에 대한 현실적 평가에 기초해 이루어질 것이기 때문이다. 이는 갈수록 파괴적인 중독이 늘어나고 깊어가는 것에서 벗어나게 할 것이다. 오늘날 갈림길에 선 자본이 과개발된 지역에서 시장을 확장해갈 수 있다고 한다면, 유일한 곳은 이 파괴적인 중독들이다. 대안경제는 사람들이 삶과 삶의 생산에서 더 큰 자율성을 회복할 수 있게 해줄 것이다. 콜드웰이 지적한 것처럼, 이런 경제의 근본적인 재건은 아름다움 꿈이거나 강력히 권할만한 정치일 뿐 아니라, 점점 더 긴요해지는 것이기도 하다. 특히 기술이 급속하게 고도로 발전하고 자동화가 진행되면서 완전히 잉여가 되고 있는 노동자에게 더욱 절박한 문제가 되고 있다. 이미 1976년 이탈리아에서 대규모 실업이 있었고, 이에 따라 많은 노동자가 귀농을 했다. 약 10만 명의 노동자가 농장으로 돌아갔다 (Caldwell, 1977:181). 봄베이에서 섬유 노동자들이 벌인 파업이 거의 일 년 동안 지속되면서, 인도에서도 비슷하게 귀농의 움직임이 있었다.

아직까지는 귀농의 운동이 주로 의기소침해진 도시의 중산층에게 열려있는 선택으로 여겨지고 있지만, 대도시 중심부에서 빈곤문제가 심각해지면서, 특히 외국인 노동자, 젊은이, 그리고 무엇보다 여성 사이에서 빈곤 문제가 심각해지면서, 대안적으로 토지를 찾은 많은 괴짜들의 낭만주의는 필수불가결한 생존전략으로 변화될 것이다. 이 사람들은 사람이 돈을 먹을 수 없으며, 식량은 컴퓨터에서 자라는 것이 아니라는 것을 깨닫는 선두주자가 될 것이다.

대부분의 생태주의자와 우리가 살고 있는 파괴적인 사회에 대해 근본적인 대안을 모색하는 이들은 위에서 서술한 아이디어에 대해 동의할 것이다. 많은 페미니스트도 동의할 것이다. 그러나 콜드웰이 서술한 대안 경제는 비상호적이고 착취적인 성별분업에 대해서는 다시금 침묵하고 있다는 것도 보게 될 것이다. 상대적으로 자급적인 경제에 대한 관점은 생태와 다른 국가 국민과 자국 내의 민중에 대한 비착취적 관계와 작고 분산되어 있는 생산과 소비 단위들에 기초해 있다. 그러나 이런 관점이 성별노동분업에 대한 근본적인 변화를 동반하면서 시작하지 않는다면, 페미니스트는 이를 충분히 포괄적인 것이라고 볼 수 없다. 그러나 대부분의 생태학적 저작들 속에서 '여성문제'는 전혀 언급되지 않거나, 다른 급박하고, 좀 더 '일반적인' 이슈의 긴 목록에 그저 한 줄로 추가되어 있을 뿐이다. 1장에서 이미 언급한 것처럼, 기존의 비인간적인 남녀관계를 변화시키려고 한다면, 이런 '추가'로는 더 이상 진전이 없을 것이다. 대안 경제에 대한 생각이 가부정적 성별노동분업의 극복을 목표로 삼지 않는다면 이는 불충분하다. 이런 생각은 변화의 **환상**에 기초한 것일 뿐, 결코 현 상황을 진정으로 극복할 수 없을 것이다.

대안경제에 대한 페미니스트의 생각은 앞서 언급한 자급과 탈중심적 분산 등을 모두 포괄할 것이다. 그러나 페미니스트는 (부양자–가정주부 모델에 기초한)기존의 성별노동분업을 변화시키는 것을 전체적인 재건 과정의 중심에 놓을 것이다. 이는 여성이 자기도취적이고 제멋대로 만든 원칙이 아니라, 역사에 대한 연구의 결과이자 자본주의적 가부장제의 기능에 대한 분석에 기초해서 내놓은 원칙이다. 페미니스트는 외부적 생태환경, 경제, 정치에서 출발하는 것이 아니라 남성과 여성의 관계가 그 중심에 있는 사회적 생태환경에서 출발한다. 우리의 몸과 삶에 대한 자율권은, 그러므로 국제적 페미니스트운동의 가장 중요한 요구이다. 생태적, 경제적, 정치적 자립성을 추구한다면 여성의 몸, 새로운 생명을 창조할 수 있는 여성의 생산능력, 노동을 통해 삶을 유지하는 생산적 능력, 여성의 섹슈얼리티의 자율성에 대한 존중에서 출발해야 한다. 기존의 성별노동분업의 변화는 무엇보다 자본주의적 가부장제의 남녀관계를 특징짓는 폭력이 여성이 아니라 남성에 의해 사라지도록 해야 함을 의미한다. 남성은 자신을 남성-사냥꾼으로 더 이상 규정하지 못하도록 해야 한다. 남성이 인간적 본성을 유지하고 싶다면 여성에 대한 폭력에 맞서는 운동을 시작해야 한다.[8]

여성의 몸에 대해 자율성을 요구하는 것은 여성의 출산에 대해 어떤 국가적 통제도 거부되어야 함을 의미한다. 여성은 최고 가부장인 국가만이 아니라 개인 남성에게도 자연자원으로 간주되는 지위에서 벗어나야 한다. 진정한 여성의 해방은 인구 증가와 식량생산 사이의 균형을 되돌려놓을 수 있는 가장 비용이 적게 들면서도 가장 효과적인 방법이 될 것이다. 이것이 바로 콜드웰의 중요한 문제점이다. 이 문제만 없다면 대안적이고 안정적인 사회의 비전을 제공해주는 훌륭한

---

8. 몇몇 남성들이 이를 이해하기 시작했다는 희망적인 징후가 있다. 함부르크에서 남성들은 '여성에 대한 남성폭력에 반대하는 남성들'이라는 새로운 활동을 창안했다.

생각이라고 할 수 있다. '인구 통제'는 아직도 국가의 책임으로 여겨진다. 이는 여성의 손에 있지 않다. 남성이나 국가가 출산에 대해 통제력을 행사하려고 하는 한, 여성은 온전한 책임성을 가진 주체적인 인간으로 여겨지지 않게 된다.

두 번째, 대안 경제 내에서 남성은 '가사노동'이라는 말 아래 수행되는 모든 노동, 즉 당장의 삶을 생산하는 것, 육아, 가사, 환자나 노인 돌보기, 관계 노동 등에 대한 책임을 분담해야 한다. 이런 노동이 어느 정도는 사회화되겠지만, 그리고 이는 상당히 유용할 것이지만, 그래도 남성이 여성과 동등한 차원에서 이 노동을 분담해야 한다. 자립성을 유지하고, 비착취적인 인간 발전의 길을 따르려는 공동체에서 이 '가사노동'에 지급을 할 수는 없다. 이는 공동체를 위한 공짜 노동이 되어야 할 것이다. 각 남성, 각 여성, 그리고 어린이도 가장 중요한 노동을 분담해야 한다. 당장의 삶을 생산하는 이 노동에서 누구도, 특히 어떤 남성도 돈으로 면제받을 수 없도록 해야 한다. 이렇게 되면 남성은 아이들과 시간을 더 보내게 될 테고, 요리, 청소, 환자 돌보기 등으로 시간을 더 보내게 될 것이다. 파괴적인 공업 생산에 시간을 덜 쓰게 될 것이고, 파괴적인 연구에 시간을 덜 쓰게 될 것이고, 파괴적인 휴가 활동으로 시간을 덜 쓰게 될 것이고, 전쟁에 시간을 덜 쓰게 될 것이다. 긍정적으로 말하자면, 그들은 자신의 몸과 마음에 대한 자율성과 총체성을 다시 획득하게 될 것이고, 노동이 부담이자 즐거움이라는 것을 다시 경험하게 될 것이며, 결국은 노동에 대해 완전히 다른 가치를 발전시킬 수 있게 될 것이다. 이렇게 삶을 창조하고 유지하는 노동을 통해서만 그들은 착취적인 자본가적이고 가부장적 개념을 극복한 노동개념을 개발할 수 있을 것이다.

성별노동분업의 변화가 개인의 수준에 미치게 될 변화는 국제노동분업의 변화가 지역이나 국가 전체의 수준에 미치게 될 변화와 동일하다. 과개발 국가가 착취적인 세계 시장시스템과 절연하고, 주된 영역에서 자급할 수 있도록 하겠다는 정치적 결단을 내리게 된다면, 이는 저개발 국가의 자립적인 경제 발전을 위한 길을 열어줄 수 있게 될 것이다. 비슷하게, 착취와 폭력으로 여성을 종속시키는 가운데 자신의 자아와 정체성을 세우며 앞서 온 '과개발된' 남성 측에서 사려 깊은 결단을 내려서 삶을 창조하고 유지하는 무임금노동 중 자신이 해야 할 몫을 받아들인다면, 여성이 자신의 삶과 몸에 대한 자율성을 세우고 여성의 정체성에 대해 새로운 규정을 발전시켜나가기가 훨씬 수월해질 수 있을 것이다.

이런 해방의 과정은 서로 연관되어 있다. 남성이 같은 방향으로 운동을 시작하지 않는다면, 우리 사회에서 여성이 가부장적 관계의 울타리를 깨고 나오는 것은 가능하지 않다. 가부장제에 반대하는 남성의 운동은 시혜적인 온정주의에서 비롯되는 것이 아니라, 스스로 인간적 존엄과 존중을 되찾으려는 갈망에서 비롯되어야 한다. 남성이 여성을 존중하지 않는다면, 어떻게 자기 스스로를 존중할 수 있겠는가? 마찬가지로, 과개발된 사람들은 저개발 경제의 발전 모델이 되고 있는 계속 증가하는 상품 생산과 소비의 경제적 패러다임을 거부하고 넘어서기 시작해야 한다.

그러나 착취적인 국제노동분업의 변화가 빠른 시일 내에 나타날 수는 없다. 마찬가지로, 생태적 균형을 이룬 자급적인 경제를 수립하려면 시간이 필요하고, 거대한 지적, 도덕적, 물리적 노력이 요구될 것이다. 그러나 성별노동분업은 즉시 시작할 수 있다. 각각의 남녀가 개인적 수준에서 시작할 수 있다. 남성 혹은 여성 단체는 다양한 모델을 개발할 수 있다. 평화운동, 생태운동, 민족해방운동과 같은 비교적 큰 규모의 정치운동은 즉시 성별노동분업을 실험하면서 이런 중요한 경험을 토대로 더 나은 사회에 대한 대안적 구상을 발전시켜나갈 수 있다. 이런 일이 일어나게 되면 페미니스트는 여러 운동에 대해 갖고 있는 회의주의를 떨칠 수 있게 될 것이다. 그동안 우리는 이런 운동에서 여성을 동원하는 것이 결국은 구래의 혹은 새로운 가부장적 노동분업으로 귀결되는 것을 여러 차례 목도해 왔기 때문에 이 운동들에 대해 깊은 회의를 품고 있다.

성별노동분업이 변화의 중심이라고 페미니스트가 주장하는 것에는 다른 이유도 있다. 사회주의 국가에 대한 분석에서 본 것처럼, 부르주아적이고 가부장적인 성별노동분업과 핵가족의 창조와 유지는 제국주의와 자본주의의 손아귀에서 벗어나 자유로운 사회로 들어가는 데 있어 별 의미 없는 문이기도 하다. 그 문을 통해 반동적인 세력도 함께 들어올 수 있기 때문이다. 대안 경제를 추구하는 과정에서 성별노동분업이 변화하지 않는 한, 자본주의는 소멸되지 않을 것이다. 그러나 한 동안 저개발과 과개발 사회의 페미니스트는 회의적이고 비판적인 태도를 계속 견지하는 것이 현명하다. 그들은 자연과 다른 국민에 대한 착취를 끝내지 않는다면 여성에 대한 해방도 없을 것이라는 점을 계속 주장해야 한다. 또한, 여성의 해방과 자연파괴를 중지하지 않고는 진정한 민족해방도 없을 것이며, 성별노동분업과 국제노동분업에서의 변화 없이는 진정한 생태사회가 가능하지 않다는 것도 주장해야 한다

자본주의적 가부장제가 지배력을 수립하고 유지하는 것은 바로

이들 모순 중 하나를 부각시키고 나머지는 어둠 속에 은폐해놓는 것을 통해서이다. 이 전략은 지금 생태와 대안을 찾는 운동을 하는 이들이 많이 따르고 있다. 구舊맑스-레닌주의의 주요모순과 부차적 모순 전략을 따라, 이제 그들은 생태적 위기를 중심에 놓고 있다. 그들은 제3세계에 대한 자본주의적 착취에 대해서는 말하지 않는다. 우리는 유럽과 미국 정부가 위험한 공장이나 생산품을 저개발 국가로 폐기처분함으로써 자국의 생태적 경제적 위기들을 해결하려고 한다는 점을 알고 있다. 제3세계와 제3세계 사람들에 대한 착취를 더욱 강화하여 값싼 식량, 값싼 옷, 값싼 성서비스 등을 백인 연금수령자 계층에게 제공할 수 있게 될 것이다. 물론 제3세계와 제2세계에 대한 착취를 강화하여 더 잘 먹고 살게 되는, 아무것도 생산하지 않는 국제적인 연금수령자 계층에는 백인여성도 있다. 그러나 과개발 국가의 여성 역시 저개발 국가의 운명을 상당부분 공유하게 될 것이다. 이들 여성의 보이지 않는 저임금 혹은 무임 노동을 통해, 그들은 국제적인 남성 백인 계급이 '후기공업사회'의 파라다이스로 진군해 갈 수 있는 기반을 제공하게 될 것이다.

중간 단계들

기존의 파괴적인 '질서'에 대한 대안을 논의하는 과정에서, 곧 의문이 생긴다. '어떻게 여기에서 저기로 갈 수 있는가? 현실을 우리가 원하는 방향으로 바꾸기 위해 이런 아름다운 유토피아가 어떤 도움을 줄 수 있는가? 우리 앞에 서 있는 힘들은 너무 압도적이지 않은가? 국제적으로 운용되는 자본, 다국적 대기업, 과학, 경제학, 군사, 정치제도 사이의 계속 커지는 상호작용, 두 초강대국 사이의 경쟁과 더 파괴적인 무기 생산의 끝없는 확장구조, 이런 파괴적 무기를 외부 우주로까지 확대시키는 동향 등등.' 모든 인류의 삶과 생명에 대한 막강한 위협에 직면하여, 서구의 많은 남성과 여성은 완전한 무력감을 느낀다. 그래서 아예 눈을 감고 패배주의적인 태도로 피할 수 없는 홀로코스트를 기다리고 있는 듯하다.

나는 페미니스트는 이런 패배주의를 감수하지 못할 것이라고 생각한다. 이런 패배주의는 자멸적일 뿐 아니라, 비현실적이기 때문이다. 계급사회라는 조건에서, 지배계급의 몰락은 마치 우주의 몰락처럼 제시되어 왔다. 자본주의적-가부장제식 성장 모델의 몰락 위협도 오늘날 비슷한 경우이다. 그러나 우리의 분석을 통해 본 것처럼, 전 세계 여성은 자본주의적 가부장제라는 이 커다란 기생충의 성장을 통해 어떤 인간적 발전도 기대할 것이 없다. 따라서 우리는 이 체제에 대한 우리의 충성과 공모를 당장 거부하기 시작해야 한다. 여성은 자본주의적 가부장제의 희생자일 뿐 아니라, 다양한 수준에서, 질적으로 다양한 형태로 이 체제의 협력자 역할도 하고 있기 때문이다. 이는 전 세계 중산층 여성과 산업화된 국가의 백인 여성에게 특히 그러하다. 우리의 몸과 삶 전반에 대한 자율권을 다시 획득하고자 한다면, 우리는 가부장제에 대한 이런 공모를 거부하는 것부터 시작해야 한다. 이를 어떻게 할 수 있는가?

과개발 국가나 저개발된 국가나 여성의 전략은 같을 것이라고 생각한다. 그러나 전술적 단계는 다를 수 있다. 아래에서는 반인간적이고 반여성적인 자본주의적 가부장제의 손아귀에서 우리 자신을 해방시키는 방향으로 가기 위한 구체적인 조치에 대해 논하려고 한다. 우선 서구 페미니스트가 할 수 있는 것에서부터 시작해보자.

소비에 대한 자율권

서구에서 정치투쟁이 거의 완전히 무시해 온 영역으로 소비의 영역을 꼽을 수 있다. 노동조합, 정치적 야권 단체, 여성운동 등은 경제계의 보스나 국가 혹은 일반적으로 남성에 대해서만 항의하고 요구해왔다. 그들은 착취적 체제에서 자신이 하는 고유한 역할에 대해서는 거의 논하지 않아 왔다. 그러나 자본주의는 계속 증대되는 물질적 비물질적 상품의 양을 소화할 시장을 창출하고 확대할 수 없다면 작동할 수 없다는 것이 상식이다. 이 시장의 일부는 상품의 구매자인 우리가 제공하고 있다. 이는 착취적인 국제노동분업과 성별노동분업 때문에, 과개발 국가의 구매력을 가진 대중이 주로 제공하고 있다. 또 어느 정도는 저개발 국가의 도시 중산층도 제공하고 있다. 또한 교육, 보건, 우편체계, 국방 등 경제의 상당 영역에서 독점을 하고 있는 국가가 큰 부분을 제공하고 있다.

우리는 전체 시장 체제에 영향을 줄 수 없을 수도 있다. 그러나 여성 중에서 페미니스트가 시작한 소비자해방운동은 자본주의적 가부장제 체제의 기반을 흔들어 놓는 긴 길을 갈 수 있을 것이다. 가정주부로서 여성은 중요한 소비 주체이고 시장의 중요한 기둥이기 때문이다. 이런 운동은 다른 사회운동과 달리 여러 가지 이점을 갖고 있다.

·이는 각자가, 각 여성이 개인적 차원에서 즉시 시작할 수 있다. 무

엇을 사고, 사지 말아야 할지는 우리의 욕구와 시장에 제공되는 것에 의해서만 결정되는 것은 아니다. 과발전된 국가의 가정이나 과발전된 계급에서 구매하고 소비되는 것의 50% 이상은 아마도 불필요하거나 오히려 해로운 것이다. 여기에는 술, 담배, 약, 수많은 사치스런 식품들, 과일, 꽃 등과 오늘날 전자산업을 통해 생산되는 대다수의 수많은 컴퓨터, 비디오, 다른 매체, 음악, 텔레비전 등의 소비가 포함되어 있다. 특히 새로 성장하는 산업의 생산품은 인간의 기본적 욕구를 만족시켜주는 것이기보다는, **수동적인** 소비자를 대상으로 새로운 중독을 만들어내고 확대시키기 위한 것이다. 이런 물건을 살지 안 살지를 우리가 선택할 수는 없다는 말을 우리는 할 수가 없다. 그렇게 되면, 우리는 마지막 남아있는 개인적인 자유 한 조각을 자본에게 건네주고, 소비의 꼭두각시가 되는 것에 동의하는 것이 될 것이다. 불필요한, 그리고 기본적으로 해로운 사치품들을 구매하는 것을 개인적으로 거부함으로써, 각각의 여성 개인은 좀 더 큰 자유를 누리게 될 것이다.

· 사치품에 대한 보이콧과는 별개로, 페미니스트가 자신의 정치적 목적에 진실하기를 원한다면, 우리사회에서 여성에 대한 성차별적인 이미지나 반여성적 경향을 강요하는 모든 품목에 대해 보이콧해야 한다. 의류와 화장품 산업이 만들어낸 '여성을 아름답게' 한다는 새로운 흐름은, '매력적이고 섹시한' 여성이라는 규격화된 모델에 맞추어 자신의 몸과 외모를 만드는 것을 거부한 페미니스트에 대한 일종의 반격이기도 하다. 이는 여성이 화장품과 새로운 섹시한 패션 유행을 공개적으로 보이콧한다면 성공적으로 방해할 수 있을 것이다.[9]

---

9. 페미니스트를 비롯해 많은 여성이 여성은 스스로를 아름답게 할 필요가 있다는 주장을 하곤 한다. 이는 남성에게도 마찬가지일 것이다. 그러나 이것이 우리가 의류산업이나 화

·비슷하게, 다국적 식품이나 제약 산업 등이 가정주부이자 어머니인 여성을 대상으로 조종하며 내놓는 판매 전략은 여성이 의식적으로 특정 품목들을, 예를 들어 네슬레나 유니레버, 바이엘이나 훽스터와 같은 다국적기업에서 생산한 초콜릿 우유 제품들, 패스트푸드, 약 등을 가능하면 사지 않으려고 노력한다면 크게 축소시킬 수 있다. 물론, 서구 가정주부가 자본의 노예가 되어 있는 수준을 보면, 이런 품목을 모두 지속적으로 보이콧한다면 당장은 굶어죽게 될 형편이다. 따라서, 여성을 성적 대상화하고 슈퍼맘으로 규정하는 경향이 강한 품목들을 보이콧하려면 선택적일 수밖에 없을 것이다.

·보이콧해야 할 상품 선택에서 더 중요한 기준은 그 상품이 결부되어 있는 제3세계 생산자, 특히 제3세계 여성에 대한 착취의 정도이다. 유니레버에서, 혹은 자회사들에서 만든 립스틱을 구매하는 여성은 이 립스틱도 인도의 가난한 지역 여성을 더욱 착취하고 수탈하는 데 기여하고 있는지를 확인할 수 있어야 한다.[10] 이 상품들 역시 제3세계 여성이 자신의 삶의 생산에 대해 갖고 있는 자율성을 파괴하는 데 일조하고 있다. 이런 상품을 보이콧하는 것은 과개발 국가의 여성이 여성에 대한 성차별적 이미지에서 해방될 수 있도록 해주고, 가난한 제3

장품 산업이 세운 미의 기준을 받아들여야 한다는 것을 의미하지는 않는다.

10. 인도에 힌두스탄 레버라고 하는 자회사를 가진 유니레버는 인도의 비하르 정글지대에서 야생으로 자라는 살나무의 씨앗에서 기름을 짜는 방법을 개발해 왔다. 이전에 이 씨앗은 산달 부족의 여성이 자신이 쓸 기름을 짜기 위해 수집했던 것이다. 이제 부족 여성은 얼마 안 되는 돈을 받고 힌두스탄 레버의 직원에게 주기 위해 살나무 씨앗을 수집한다. 살나무기름 파생물들은 코코아버터의 대용품이나 온갖 종류의 화장품 생산에 사용된다. 녹아드는 성질 때문에 특히 립스틱 생산에 유용하다. 유니레버의 립스틱이나 초콜릿 생산은 비하르지역 여성이 자신의 기름을 생산하면서 가졌던 통제권을 가져가 버린 것이다(Mies: 'Geschlechtliche und internationale Arbeitsteilung', in Heckmann & Winter, 1983:34ff 참조).

세계 여성은 자신들을 둘러싼 환경과 생계 유지에서 좀 더 자율성을 갖도록 해줄 수 있다.

· 립스틱과 화장품은 여성이 보이콧해야 할 물품을 선택할 때 또 다른 기준을 제공해 주는 좋은 예이다. 이 상품들을 생산하는 데 있어 살아있는 유기체가 얼마나 잔인한 폭력을 감수했고, 생산지와 생산국의 생태적 균형이 얼마나 무너졌는가 하는 점이 고려되어야 한다. 상품 생산에 내재해 있는 자연파괴 역시 특정 상품의 구매를 거부하는 기준이 되어야 한다는 것이다. 이런 측면이 동물의 친구들을 동원해 왔다. 예를 들어, 동물보호협회가 화장품 산업계에서 살아있는 동물에 대한 실험을 하는 것을 금지시키자는 캠페인을 한다. 그러나 그들이 화장품 생산과정에서 기니피그처럼 고문을 당하는 동물에 대해 '인간적' 감정을 느낄 뿐 아니라, 자신의 인간성에 대해서도 인지할 수 있기를 원한다면, 그들은 이 캠페인을 이 회사가 생산하는 화장품의 보이콧으로까지 확대해야 한다.

그러나 우리가 구매하고 소비하는 상품 속에서 물화되어 있는 다양한 착취적 관계에 대해 우리가 어떻게 알겠는가? 내가 사는 립스틱 속에는 다국적 기업의 실험실에서 수천 마리의 기니아피그와 쥐가 당하는 고문만이 아니라 비하르^{Bihar} 지역 여성의 배고픔이 자리하고 있다는 것을 우리가 어떻게 아는가? 사실 자본주의적 상품 생산은 생산자와 소비자가 국제적, 사회적, 성차별적 노동분업을 통해 거의 완전히 분리되어 있기 때문에, 상품 속에 들어가 있는 착취적인 관계는 거의 완전히 은폐할 수 있었다. 눈먼 소비자가 눈먼 생산자에게로 연결되어 있는 것이다!

페미니스트 소비자해방운동은 이런 눈먼 상태에서 벗어나 눈을 뜨는 것에서, 상품의 실체를 보는 것에서, 상품 속에 있는 여성, 자연, 식민지에 대한 착취를 재발견하는 것에서, 그리고 우리를 말 그대로 여성, 남성, 동물, 식물, 지구 등으로 연결시키고 있는 시장관계를 진정한 인간적 관계로 변화시키려는 노력에서 시작해야 한다. 이는 추상적인 상품 뒤에 있는 구체적인 사람을 재발견하는 것을 의미한다. 이는 우리가 어떤 상품이 우리 식탁이나 우리 몸에 닿기까지 어떤 길을 거치는지를 추적하다보면 일어날 수 있는 일이다. 이 여행의 끝에서, 우리는 많은 경우 저개발 국가에 사는 가난한 남녀들을 만나게 될 것이다. 그리고 그들이 세계 시장을 위해 어떤 품목을 생산하는지, 노동을 통해 무엇을 얻는지, 이것을 통해 자신의 생산품에 대해 갖는 자율권에 어떤 변화가 있었는지, 이에 대해 그들이 무엇을 느끼는지, 자신의 인간성을 유지하고 되찾기 위해 그들이 어떻게 싸우고 있는지 등을 배우게 될 것이다.

소비자해방운동은 새롭고 흥미진진한 배움의 과정이 될 수도 있을 것이다. 이는 초기 페미니스트의 의식고양운동과는 다른 의식화과정이 될 것이다. 이는 우리가 주체이자 객체로 살고 일하는 실제 존재하는 관계에 대한 우리의 마음을 분명하게 해줄 수 있을 것이다. 상품에 내재한 모든 착취적 관계에 대해 사회적 인식을 환기하는 것은 사람 속에 있는 주체적인 자유의 영역을 확장시키게 될 것이다. 이는 이른바 전문가에 의해 축적된 책 속의 지식보다 훨씬 효율적으로 자유의 영역을 확장시키는 방식이 될 것이다. 이는 자연과 외국민과 그들의 삶과 투쟁에 대한 지식에 대해 우리가 갖는 자율성을 확대시켜줄 것이다. 그리고 우리가 필요한 것과 필요하지 않은 것을 결정할 수 있도록 도와줄 것이다.

구체적으로, 이는 과개발과 저개발 국가의 페미니스트 단체가 위에서 서술한 기준에 따라 선택한 일정한 생산품에 대해 구체적으로 연구하고, 결과를 발간하여, 소비자해방운동에 참여할 준비가 되어 있는 여성조직과 단체의 국제적 네트워크로 보내야 함을 의미한다.

이 마지막 포인트는 이런 운동의 **정치**에 대한 문제를 제기한다. 각 여성 개인은 자신이 일정한 힘과 선택의 자유를 갖고 있는 영역에서, 자신을 둘러싼 환경에서부터 시작할 수 있고 또 시작해야 하지만, 절제하고 보이콧하는 개인적 활동으로는 자본주의 대기업에 원하는 만큼의 영향력을 미치지 못할 것이라는 점은 명확하다. 사회적이고 정치적인 보이콧운동만이 주요한 결과를 가져올 수 있다. 이는 여성 단체 혹은 조직은 자신의 보이콧 캠페인을 **공식적으로** 선언해야 함을 의미한다. 그들이 캠페인의 대상으로 선정한 생산품에 내재해 있는 착취적 관계에 대한 정보와 분석을 행동과 함께 제시해야 한다. 그리고 이 운동을 위해, 기본적인 원칙을 배신하지 않으면서도 광범한 홍보를 해야 한다. 이런 행동과 연구 단체의 형성은 그 자체로 또 다른 해방 효과를 낳게 될 것이다. 이는 부유한 사회의 여성, 특히 가정이라는 작은 새장에 원자화 고립화되어있는 가정주부가 밖으로 나올 수 있도록 해줄 것이다. 또한 이 여성들이, 우울증과 약물중독과 가정주부신드롬과 보상적 소비욕구로부터 해방될 수 있도록 해줄 것이다. 이는 그들을 공공 공간으로 다시 소집하여, 세계적인 사회적 관계에서 자신들의 위치를 인식할 수 있게 해줄 것이다.

페미니스트 소비자해방운동의 정치는 미국과 유럽에서 네이더Ralph Nader 혹은 페스탈로치Hans A. Pestalozzi와 같은 사람이 시작한 비판적인 소비자운동의 전략을 포함하는, 혹은 뛰어넘는 것이 될 것이다. 대부분의 운동에서 청결하고 건강하며 화학적으로 오염되지 않은 순수한 생산품을 갖고 싶어 하는 소비자의 요구는 부족한 에너지 자원을 보존하고 생태적 균형을 유지하는 생태적 고려와 연결되는 것에 반해, 여성의 착취와 저개발 국가에 대한 부분은 대부분 배제된다. 그래서 페스탈로찌는 스위스의 비판적인 소비자운동의 대변인이고, 그는 비판적이고 생태적의식이 있는 소비자가 '우리의 자유로운 사회와 경제 시스템'을 위험하게 만들지는 않을 것이라고 믿었다. 그는 자본주의 기업의 경영자가 새로운 마케팅 전략을 적용할 것을 요청한다 (Pestalozzi, 1979:31이하 참조).

페미니스트는 특정 상품에 대한 우리 소비자의 보이콧을 국제적 자본이 새로운 마케팅 전략을 개발하는 데 이용하여, 우리가 이른바 건강한 식품, 앞서 저개발 국가에서 일어난 일로 목도했던 것처럼, 다국적 식품기업과 계약 아래 일하는 자조적인 대안 기업이 생산한 건강한 식품을 소비하도록 해준다고 해서 만족할 수는 없다. 이러한 부분적 해방, 그것이 국제적으로 작동하고 있는 자본의 틀 내에서 일어난다면, 이는 다른 범주의 사람과 다른 곳의 자연에 대한 더한 착취와 종속으로 보완될 것임을 이제 우리는 알고 있다.

페미니스트 소비자해방운동은 프랑스 조직에서 만든 슬로건, '여기서 더 잘 살면, 저기서 더 배고픔과 싸우게 된다'에 확실히 찬성할 것이다. '여기서 더 잘 사는 것'은 자기중심적인 이기주의 원칙의 확산을 의미할 수 없으며, 우리 몸에 대해, 남녀 사이에, 우리 자연 환경에, 그리고 저개발 세계에 사는 사람들을 착취하지 않는 상호적인 관계를 만들어 새로운 만족을 얻게 되는 것임을 명심해야 할 것이다. 한편, 이 슬로건은 '좋은 삶' 혹은 인간의 행복에 대한 규정을 더 이상 다국적 자본의 수호자에게 맡겨놓는 것이 아니라 우리 스스로가 규정하기 시작해야 한다는 욕구를 표현하고 있다. 자본이 아니라, 생명을 창조하는 것이 우리라고 하는 점을 여성은 잊지 말아야 할 것이다.

생산에 대한 자율권

페미니스트 소비자 보이콧운동은 우리를 해방으로 이끄는 한 걸음이 될 것이다. 또 다른, 똑같이 필요한 걸음은, 첫 번째에 이어지는 것으로 그와 같은 생산과정에 대한 통제권을 다시 확보하려는 운동이 될 것이다. 이는 물론, 여성과 생산자 일반이 생산수단에 대한 통제권을 결국 다시 획득하게 되는 것을 의미한다. 그러나 이것이 성취될 수 있기 전에 **생산 결정**에 대한 통제권은 노동조합이나 다른 노동계급 조직의 목표가 될 수 있을 것이다. 서구 노동계급이 생산 결정들, 예를 들면 생산의 자동화, 무기생산, 위험한 화학물질과 사치품 생산 등을 받아들인 것은 정말 어리석다. 이를 받아들인 것은 **일자리를 지키기 위해서**, 그리고 진보라는 추상적 생각에서 이루어졌다. 이런 전략으로는 일자리를 유지할 수도 없고, 파괴적인 생산을 피할 수도 없을 것임은 분명하다. 그러나 남성 노동자는 '식구를 먹여 살려야' 하기 때문에 선택권이 없다는 주장을 내놓곤 한다. 이는 부분적으로는 핑계다. 왜냐하면 여성이 남성만큼 가족을 먹여 살리기 때문이다. 그러나 우리의 해방에 대해 진지한 여성은 생산에 대한 더 큰 차원의 자율권을 다시 획득하기 위해 긴 길을 갈 수 있다. 이는 우리가 필요한 물품을 직접 더 많이 생산하는 것을 통해 시작할 수 있다. 이는 또한 도시민이 도시에서 식량을 키우는 방식과 수단에 대해 생각해볼 수 있음을 의미하기도 한다.

이는 소규모의 생태 지향적 농민 생산자와 도시 여성 사이에 새로운 지역 시장을 세워서 생산과 소비 사이에서 직거래가 재건될 수 있도록 만드는 것이 될 수도 있다. 이런 관계를 통해 도시의 여성과 아이들은 휴일을 이용해 시골로 가서 게으른 여행자가 아니라 소규모 농장의 노동자로 일하며 함께 생산하고 나누게 될 수 있을 것이다. 이는 공업노동자를 노동집약적인 농업으로 가게 만드는 콜드웰의 비전과 비슷할 것이다. 그러나 콜드웰의 비전과 달리, 도시와 시골의 이런 노동력 교환 체제를 조직하는 이들은 국가가 아니라 생산자-소비자 자신이 될 것이다.

그러나 이런 생산-교환 체제가 잘 알려진 '비공식' 부문으로, 이중경제 아래서는 공식 부문을 살찌우는 역할만 하는 것에 불과한 '비공식' 부문으로 퇴보하는 것은 아니라는 점을 분명히 하는 것은 중요할 것이다. 공식 부문은 이전처럼 파괴적인 고급기술과 쓸모없는 상품들을 계속 생산해낼 것이고, 비공식 부문 생산은 공식 부문의 임금을 주로 보조하는 역할을 다시 하게 될 것이다. 따라서 생산에 대한 자율성은 결국 노동조합의 요구, 노동조합과 생태운동과 대안운동과 같은 다른 운동의 남성과 여성이 하는 요구가 되어야 할 것이다. 광범한 소비자해방운동은 고전적인 임금노동자의 자아상, 즉 가족을 위해 꼭 필요한 '부양자'라는 자아상에 대한 직접적인 도전이 될 수 있을 것이다. 점점 더 많은 사람이 새로운 형태의 자급적 생산으로 돌아오게 되면서, 자본과 임금노동자를 삶의 생산자로 보는 신화는 결국 사라질 수밖에 없을 것이다.

인간의 존엄을 위한 투쟁들

아프리카, 아시아, 라틴아메리카의 페미니스트가 해야 하는 일의 범주를 제공한다면 이는 자율적인 여성운동의 원칙에 위배될 것이다. 여러 저개발 국가에서 페미니스트운동이 등장한 이래, 그들의 상황, 가능한 전략과 전술 조치, 필요한 활동에 대한 분석이 제3세계 여성 스스로에 의해 수행되어 왔다. 그러나 우리 분석에 따르면, 과개발 국가와 저개발된 국가의 여성은 세계시장을 통해 서로 연결되어 있기 때문에, 우리가 각자의 상황과 운동에만 집중하면서 세계 다른 곳에서 벌어지는 일들에 대해서 눈을 감는 척 하는 것은 비현실적이라고 할 것이다. 가부장적 착취와 억압에 맞서는 제3세계 여성의 반란이 비슷한 이슈들, 예를 들면, 여성에 대한 폭력 이슈 등에 의해 촉발되었기 때문에, 우리는 제3세계와 제1세계 여성이 단결할 수 있는 몇 가지 포인트를 정리해 볼 수 있다. 이는 무엇보다 **몸의 정치**의 경우에 그러하다. 여기서 전 세계 여성은 **자신의 삶과 몸에 대한 자율성**을 요구한다.

다음에서 제시하는 것은 과개발 국가와 저개발 국가의 페미니스트가 협력할 수 있는 완벽한 전략은 아니다. 다만 함께 싸울 수 있을 만한 일정한 지점을 지적하면서, 몇 가지 경험과 투쟁에 대해 생각해보고 싶을 뿐이다.

몸의 정치는 여성에 대한 모든 형태의 직접적인 폭력(강간, 여성구타, 음핵절제, 결혼지참금 살해, 여성에 대한 성희롱)에 반대하는 투쟁을 의미한다. 또한 계급이나 제국주의적 관계와 같은, 혹은 가족, 의료, 교육체계와 같은 가부장적 제도의 착취적이고 억압적인 관계에 놓여 있는 여성에 대한 간접적 혹은 구조적 억압의 모든 형태에 맞서는 투쟁을 의미한다. 이런 **몸의 정치** 영역에서는 투쟁의 중심 목표에 대해 여성이 단결할 수가 있다. 이는 결국 여성의 인간적 본성, 그들이 인간으로 갖는 존엄성, 진실성, 불가침성에 대한 주장이며, 여성을 대상으로 혹은 다른 이들을 위한 자연자원으로 만드는 것에 대한 거부이다.

만약 위에서 언급한 투쟁의 이런 깊은 차원과 동기가 인지된다면, 착취당하고 억압당하는 한 집단이 다른 착취당하고 억압당하는 집단, 계급, 혹은 국민의 희생 아래 자신만 '인간화'되는 것을 기대한다는 것은 더 이상 가능하지 않을 것이라고 생각한다. 예를 들어, 백인 여성은 흑인 남성과 여성의 희생으로 자신의 인간화 혹은 해방이 이루어지는 것을 기대하지 않을 것이다. 억압받는 제1세계와 제3세계 중산층 여성이 가난한 농촌과 도시 여성의 희생으로 해방되기를 기대하지 않을 것이다. 억압받는 남성(흑인이든 백인이든 노동자나 농민)이 '자신'의 여성의 희생으로 해방되기를 기대하지 않을 것이다. 인간적 본성과 인간적 존엄을 위한 투쟁은, 가부장제와 자본주의가 창출한 이 **모든** 식민지적 분리가 거부되고 극복되지 않는다면, 해산할 수도 없고 이길 수도 없다.

저개발 국가와 과개발 국가의 새로운 여성운동의 짧은 역사를 연구해보면, 인간적 진실성과 여성의 존엄을 지키는 것을 목적으로 시작한 수많은 투쟁을 볼 수 있다. 이 투쟁의 과정에서 식민지적 분리는 극복되거나, 적어도 그런 경향성을 보여주었고, 새로운 단결의 가능성도 나타났다. 이런 단결은 각 집단의 좁은 이기심에 기초한 것이 아니라, 자본주의적 가부장제가 인간적 본성을 파괴하고 있다는 인식에 기초한 것이다. 이는 억압받는 이들에게만이 아니라, 이런 억압으로 분명한 이득을 보고 있는 이들에게 더 큰 폐해가 돌아간다는 인식에 기초한 것이다.

남성 폭력, 강간, 아내구타, 여성에 대한 성희롱과 모욕에 대한 페미니스트 투쟁은 제1세계와 제3세계 국가 여성의 집결점이 되어 왔다. 이 이슈들에 대한 문헌은 여러 국가에서 번역되고 읽혀져 왔다. 여성은, 남성의 폭력에 대한 투쟁에 직접 나서기 시작하면, 계급, 인종, 제국주의적 장벽을 넘어서 '다른 여성'과 공감할 수 있다. 인도에서 강간과 결혼지참금살해에 대한 투쟁은 카스트와 계급의 장벽을 뛰어넘었다. 구별은 사라지지 않더라도, 이 이슈에 대해 여성 사이에서의 진정한 단결이 있었다.

여성과 남성 사이의 장벽도, 여성과 남성이 남성의 폭력에 대한 투쟁에 용감하게 맞서기 시작한다면, 이 또한 극복할 수 있다. 전통적인 좌파 조직에서, 강간, 아내구타, 여성에 대한 성희롱 이슈는 지도자에 의해 경시된다. 이런 이슈를 둘러싼 캠페인은 억압받는 계급(노동자, 농민)의 단결에 분열을 가져올 것이라고 여겨진다. 그래서 이 조직의 여성은 이런 '개인적' 문제에 대한 슬픔을 접고 계급투쟁, 반식민지투쟁, 토지투쟁 등 보편적 목표에 매진하라는 말을 듣는다. 제3세계 중산층 여성은 특히 이런 노선의 사고를 기꺼이 받아들여, 남녀를 둘러싼 투쟁을 어느 정도 먼 미래로 연기할 준비가 되어있는 경우가 많다.

그러나 내 경험으로 보면, 인도의 가난한 농민 여성은 이런 '포용' 전략을 받아들일 준비가 되어 있지 않다. 그들은 남성의 폭력에 맞선 결단력 있는 투쟁이 억압적인 지주에 맞서는 가난한 농민 계급의 단결을 와해시키지 않음을 보여준다. 오히려 이는 그들의 단결과 힘을 배가시켜준다.[11]

제3세계와 제1세계 여성 사이의 분열이 성공적으로 극복된 사례

중 하나는 네덜란드와 서독의 서구 페미니스트와 태국과 필리핀의 페미니스트가 함께 힘을 합쳐 제3세계로 섹스와 성매매 관광을 가는 것에 반대하는 캠페인을 시작한 국제적 투쟁이다. 제3세계와 제1세계 여성으로 이루어진 한 단체가 조직한 연합 활동 중 하나는 1982년 (네덜란드의) 스키폴 공항과 방콕 공항에서 있었다. 스키폴 공항에서, 여성들은 방콕으로 가는 비행기 여행객에게 태국에는 유럽 성관광사업으로 인해 어린 여성과 소녀들이 비인간적인 착취를 당하고 있다는 이야기를 했다. 방콕 공항에서도 비슷한 단체가 성관광을 위해 날아온 유럽의 남성들을 맞아, 태국 여성이 그들의 창녀가 아니라는 것을 말하는 포스터를 보여주었다. 이런 활동은 관광성 장관을 당황하게 했다. 장관은 성명을 발표하여, 정부는 관광객을 환영하지만 태국여성이 외국인에게 창녀로 이용되기를 원하지 않는다고 말해야 했다. 이 합동 캠페인의 또 다른 성과는 프랑크푸르트에 아시아 여성을 위한 센터를 세운 것이다. 프랑크푸르트는 아시아에서 독일 남성에게 '아내'로 불려온 많은 여성이 거치는 관문이다. 이 여성 대부분은 결국 프랑크푸르트나 함부르크의 매음굴로 빠져들게 된다.

---

11. 이 투쟁은 1980~81년 인도 안드라프라데시의 날곤다 지역에서 일어났다. 가난한 농촌 여성은 그들의 남성과 힘을 합쳐 마을 단위로 운동을 조직했고, 여성협회들을 만들었다. 남성의 지도 아래 있는 것이 아니라 여성만의 조직을 갖고 있다는 사실 때문에, 여성은 더욱 용기를 갖고 여성구타에 맞서는 투쟁을 시작했다. 여성 모임에 참여할 때마다 남편에게 정기적으로 구타를 당했던 한 여성의 사건으로부터 이 투쟁이 시작되었다. 이 지역 모든 마을에서 가난한 여성이 모여 논의에 논의를 거듭했다. 이 논의에서 대부분의 여성은, 여성이 정기적으로 남편에게 구타를 당하고 부부가 더 이상 같이 살지 못할 지경에 이르게 되면 남성이 집을 떠나야 한다고 결정을 내렸다. '집은 여성에게 속한 것이기 때문이다.' 이런 결정은 이후 조직가와 남성 사이에서도 논의되었다. 이들은, 지주가 자신들을 대하는 것과 같은 방식으로 여성을 대한다면, 결코 억압과 착취에서 벗어나기를 기대할 수 없을 것이란 점을 깨닫게 되었다. 여성들은 아내 구타를 공공 이슈로 만들었고, 그런 짓을 저지르는 남성에게 사회적 제재를 가하자는

이 캠페인은 이런 뒤틀린 형태의 신가부장제에 맞서는 여성의 동시적인 반란으로 시작되었지만, 이를 통해 여성은 관광산업의 상업적 이득과 남성의 이득이 결합해 있음을 인식하지 않을 수 없었다.

제3세계와 제1세계 여성의 비슷한 합동 캠페인과 활동이 가족계획, 출산통제, 유전과 재생산 공학 이슈를 둘러싸고 시작되었다.[12] 또한, 여기서도 우리 삶과 몸에 대한 자율성의 원칙이 출발점이 되었다. 서구 페미니스트는 그들에게 더 많은 백인 자녀를 요구하는 국가에 맞서 수년간 투쟁해 온 반면에, 제3세계 여성은 더 많은 자녀를 낳지 않기를 요구받고 있기 때문에 강압과 심지어는 여아 낙태경향까지 감수해왔음을 깨닫기 시작하고 있다. 공동의 캠페인과 활동 속에서 페미니스트는 '성별감별과 절멸'이라는 파시스트적인 정책을 폭로할 입장에 있을 뿐 아니라, 전 세계 여성을 조종하여 계속 더 많은 자본을 축적하려는 욕심을 가진 사람들과 기업의 이윤추구를 분명하게 드러낼 위치에 있다.

디포프로베라DepoProvera의 경우, 미국은 발암성분 때문에 금지시켰지만, 제3세계에 헐값으로 판매되었다. 이는 아마도 제3세계와 서구 페미니스트가 이런 전술들을 폭로하기 위해 어떻게 협력할 수 있는지

제안을 했다. 이후 있었던 지주와의 투쟁에서, 남성은 '여성의 투쟁'을 '계급 투쟁'에 종속시키지 않았던 여성이 남성보다 훨씬 더 전투적이고 용감하고 끈기가 있다는 것을 알게 되었다. 여성은 많은 남성보다 '전체적 대의'에 좀 더 전념하는 모습을 보여주기도 했다. 남성은 지주에게 쉽게 매수되고 변절하기도 했다. 일부 남성도 이 점은 인정하고 있다(Mies, 1983).

12. 1985년 4월 19~22일, 본(Bonn)에서 열린 국제회의인 '유전공학과 재생산기술에 반대하는 여성들'과 '재생산과 유전공학에 반대하는 페미니스트 국제저항네트워크'(Feminist International Network of Resistance against Reproductive and Genetic Engineering, FINRRAGE)를 보라.

를 보여주는 가장 잘 알려진 사례일 것이다. 재생산과 유전공학이 새롭게 발전하게 되면서, 제3세계와 제1세계 여성이 함께 경험, 분석, 정보를 통합하는 것이 모든 저항운동에서 절대적인 중요성을 갖게 될 것이다(Corea, 1984 참조).

이런 모든 투쟁은 **몸의 정치** 영역에서 일어났고, 일어나고 있다. 과개발 국가와 저개발된 국가의 페미니스트 입장에서 투쟁과 활동을 결합하게 되면 국제 자본이 여성에 대해 취하고 있는 양면 정책을 폭로하고 약화시킬 수 있다. 제3세계와 제1세계 페미니스트는 자본주의적 가부장제의 비인간적이고 반여성적인 정책에 대항해 함께 싸움으로써 식민지적 분리를 극복할 수 있다.

경제 혹은 경제적 투쟁 영역에서 과개발 국가와 저개발된 국가의 여성 사이에 공통성을 찾기는 좀 더 어렵다. 이 영역은, 우리가 본 것처럼, 국제노동분업과 성별노동분업에 의해 거의 완전히 통제되고 있기 때문이다. 이런 틀 내에서 제3세계 여성 생산자는 제1세계 여성 소비자와 반대로, 심지어 대립적으로 관련되어 있다. 만약 서구 소비자를 위해 의류와 속옷을 생산하는 세계시장 공장들에서 임금인상과 노동조건개선을 위한 파업이 있다면, 회사는 서구 소비자를 대상으로 한 생산품에 대해 더 높은 가격을 책정할 수 있다. 서구 여성들이 이런 높은 가격이 제3세계로 이전한 공장에서 파업을 했기 때문에 생긴 결과였다고 알게 되더라도, 그런 높은 가격의 혜택이 실제 생산자에게 돌아갔을 지는 확실하지 않다. 한편, 페미니스트가 이런 공장에서 파업하는 여성을 지지하여 그런 생산품을 보이콧하기 시작했다면, 제3세계 여성은 그런 행동을 이해할 수 없을 것이다. 주어진 구조에서, 제3세계 여성의 당장의 이득은 일자리를 유지하면서 월급을 받는 것이다. 따라서 이들의 이해관계는 이 생산품을 파는 자본의 이해관계와 밀접하게 묶여있다.

한편, 유럽에서 직물업에 종사하는 여성은, 공장이 아시아나 아프리카로 이전하면서 일자리를 잃게 되었다. 이들의 일자리는 온전한 임금을 받지 못하는 아시아나 아프리카 여성에게 넘어갔다. 이 두 범주의 여성 노동자 사이에는 단결의 물질적 기초가 없다. 일군의 여성이 인간이 아니라, **임금노동자와 소비자**로서의 물질적 조건을 향상시키려고 한다면, 자본은 다른 여성군을 압박하여 일어날 수 있는 손실을 상쇄하려 할 것이다. 따라서, 주어진 국제노동분업의 틀과 임금노동자의 이익이 자본의 이익과 밀접하게 묶여 있는 틀 내에서는 제3세계와 제1세계 여성 사이에서 진정한 연대가 형성될 수 있는 여지가 거의 없다. 적어도 온정적인 미사여구와 자선을 넘어설 만한 연대는 없다.

과개발 세계와 저개발 세계의 여성이, 국제노동분업과 상품생산과 마케팅을 통해 놓인 경계를 뛰어넘을 준비가 되어 있다고 한다면, 자급적이고 어느 정도 자립적인 경제의 원칙을 받아들인다면, 제3세계에서 수출지향적 생산대신 사람들의 필요를 위한 생산으로 바꾸어나갈 준비가 되어 있다면, 지구의 양 끝에 있는 여성의 투쟁들을, 한 여성집단의 승리가 다른 여성집단의 패배로 귀결되지 않는 방식으로 결합하는 것이 가능해질 것이다. 예를 들면, 제3세계 여성이 자신의 토지와 자급적 생산에 대한 통제권을 위한 투쟁에 나선다면, 이런 투쟁은 국내외 기업과 그 지역 남성의 결합된 이익에 맞서는 투쟁인 경우가 많은데, 이런 투쟁은 과개발 국가의 소비자 보이콧을 통해 지원을 받을 수 있다.

페미니스트가 주도하는 과개발 국가의 소비자해방운동은 많은 경우 저개발 국가 여성해방운동의 기반을 제공할 수 있다. 이는 지역의 토지와 인적 물적 자원을 그곳 사람들이 우선 필요로 하는 것들, 의식주와 보건 교육 등을 위한 것을 생산하는 데 이용하기 위한 운동이 될 것이다. 동시에 그들의 경제를 세계 시장과 부분적으로, 특히 국제적 부채의 올가미와 절연하게 될 것이다. 서구의 소비자해방운동과 아시아, 아프리카, 라틴아메리카의 생산해방운동이 협력하게 되면 다국적 기업이 부당한 국제노동분업을 통해 이 국가들을 더욱 더 식민화하려는 동기를 그리 크게 갖지 않게 될 것이다. 많은 다국적기업이 지금 있는 지역에서 문을 닫고, 조국으로 돌아오게 될 것이다. 그렇게 되면 지역 산업은 지역 시장을 위한 생산을 해야 할 것이다. 풍요로운 사회에서는 이미 시장이 넘치는 상황이 될 것이기 때문이다. 서구에서는 제3세계에서 온 값싼 수입품이 고갈되면서 모든 기초 소비재의 가격이 좀 더 오를 것이다. 이를 통해 경제는 자신의 농업적 기반으로 돌아가는 경향을 보일 것이고, 비대하고 낭비적이며 파괴적인 생산이 종말을 고하게 될 것이다. 이는 남성-부양자, 여성-가정주부의 모델을 포기해야 하는 이런 운동의 논리적 귀결이라고 할 수 있다. 착취적인 국제노동분업이 없어진다면, 왕년의 과개발 국가에서 '일하지 않는' 가정주부를 '부양하고' 유지할 수 있는 지위에 있을만한 남성은 거의 없게 될 것이다. 모두가 삶을 생산하기 위해, 혹은 자급을 위해 일해야 할 것이다. 그리고 여성은 남성 역시 이런 삶의 생산에서 자신의 몫을 받아들이라고 요구해야 할 것이다. 가정주부라는 부르주아 모델이 진보의 상징으로 가졌던 매력은 결국 사라지게 될 것이다.

:: 참고문헌

Ahmad, Z. & M. Loutfi. *Women Workers in Rural Development* (ILO, Geneva, 1982).

Alien van, J. 'Sitting on a Man : Colonialism and the Lost Political Institutions of Igbo Women', *Canadian Journal of African Studies*, vol. IV, no. 2,1972.

Amos, V. & P. Parmar. 'Challenging Imperial Feminism', *Feminist Review*, no. 17, July 1984.

Andors, P. ' "The Four Modernizations" and Chinese Policy on Women', *Bulletin of Concerned Asian Scholars*, vol. 13, no. 2, 1981, pp. 44-56.

Arditti, R. Duelli-Klein, R. & S. Minden (eds). *Test-Tube Women : The Future of Motherhood* (Pandora Press, Boston & London, 1984).

Ardrey, R. *The Territorial Imperative* (Atheneum, New York, 1976).

_____. *The Hunting Hypothesis* (Atheneum, New York, 1976).

Atkinson, T. G. 'Die Frauenbewegung hat versagt' (The failure of the women's movement), *Courage, 9* September 1982.

Attali, J. *L'OrdreCannibale* (Paris, 1979).

Aziz, Abdul. 'Economics of Bride Price and Dowry', *Economic and Political Weekly, 9* April 1983.

Badinter, E. *L'amour en plus* (Flammarion, Paris, 1980).

Balasubrahmanyan, V. 'Medicine and the Male Utopia', *Economic and Political Weekly,* vol. XVII, no. 43, 23 October 1982.

Bandarage, A. Towards International Feminism', *Brandeis Review*, vol. 3, no. 3, Summer 1983.

Bardhan, P. 'Little Girls and Death in India', *Economicand Political Weekly,* vol. XVII, no. 36, 4 September 1982.

Barret, M. & M. McIntosh. 'The "Family Wage" : Some Problems for Socialists and Feminists', *Capital and Class*, no. 11, Summer 1980.

Bauer, M. *Deutscher Frauenspiegel* (München, Berlin, 1917).

Bazin, J. 'Guerre et Servitude à Segou', in Meillassoux, C. (ed.) *L'esclavage dans l'Afrique pré-coloniale* (Maspéro, Paris, 1975).

Bebel, A. *Die Frau und der Sozialismus* (Dietz Verlag, (Ost)-Berlin, 1964).

Becker, B. Bovenschen, S., H. Brackert *et al. Aus der Zeit der Verzweiflung : Zur Genese und Aktualitä des Hexenbildes* (Frankfurt, 1977).

Bennholdt-Thomsen, V. & A. Boekh. 'Zur Klassenanalyse des Agrarsektors', AG Bielefelder Entwicklungssoziologen Bd 5 (ede) (Breitenbach, Saarbrücken, 1979).

Bennholdt-Thomsen, V. 'Investment in the Poor : Analysis of World Bank Policy', *Social*

Scientist, vol. 8, no. 7, February 1980 (part I); vol. 8, no. 8, March 1980 (part II).

_____. 'Subsistence Production and Extended Reproduction', in : Young, K. *et al* (eds) : *Of Marriage and the Market* (Routledge and Kegan Paul, London, 1981, pp. 16-29).

_____. 'Auch in der Dritten Welt wird die Hausfrau geschaffen, warum?' (Also in the Third World the housewife is being created. Why?) Deutsche Gesellschaft für Hauswirtschaft e. V. DGH Bericht ü. d. 33. Jahrestagung am 22/23 a 1983 in Bonn.

_____. 'Zivilisation, moderner Staat und Gewalt. Eine feministische Kritik an Norbert Elias' Zivilisationstheorie', (Civilization, modern state and violence : a critique of Norbert Elias) *Beiträge zur feministischen Theorie und Praxis,* Nr. 13, 1985, p. 23.

Bock, G. & B. Duden. 'Labor of Love — Love as Labor', *Development,* Special Issue : Women : Protagonists of Change, no. 4, 1984, pp. 6-14.

Bonté, P. 'Esclavage et relations de dépendance chez les Touareq de Kel Gress', in : Meillassoux, C. (ed.), *L'ésclavage dans l'Afrique pré-coloniale* (Maspéro, Paris, 1975).

Bornemann, E. *Das Patriarchal : Ursprung und Zukunft unseres Gesellschafts-systems* (S. Fischer, Frankfurt, 1975).

Boserup, E. *Woman's Role in Economic Development* (St. Martin's Press, New York, 1970).

Briffault, R. *The Mothers* (Atheneum, London, 1952).

Brooks, G. E. 'The Signares of Saint-Louis and Gorée : Women Entrepreneurs in Eighteenth Century Senegal' in : Hafkin, N. J. & E. B. Bay (eds) *Women in Africa* (Stanford University Press, Stanford, 1976).

Brown, J. 'Economic Organisation and the Position of Women among the Iroquois', *Ethnohistory,* no. 17 (1970), pp. 151-67.

Bunch, C. & S. Castley (eds). *Report of the Bangkok Workshop : Feminist Ideology and Structures in the First Half of the Decade for Women* (Bangkok, 23-30 June 1979).

_____. *Developing Strategies for the Future : Feminist Perspectives,* Report of the International Workshop, Stony Point (New York, 20-25 April 1980).

Caldwell, M. *The Wealth of Some Nations* (Zed Books, London, 1977).

Capra, F. *The Turning Point* (1982).

Carr, M. *Technology and Rural Women in Africa,* ILO World Employment Programme, Research Working Paper (ILO, Geneva, 1980).

Centre of Education and Documentation (eds). *Operation Flood : Development or Dependence?* (4 Battery Street, Bombay 400 039, India, 1982).

Chaki-Sircar, M. *Feminism in a Traditional Society* (Shakti Books, Vikas Publishing House, Delhi, 1984, 3rd ed.).

Chattopadhyaya, D. Lokayata. *A Study in Ancient Indian Materialism* (People's Publishing House, New Delhi, 1973, 3rd ed.).

Childe, G. *What Happened in History* (Penguin Books, London, 1976).

Cohn, N. *The Pursuit of the Millenium* (Paladin, London, 1970).

Collins, J. & F. Moore Lappé. *Food First — Beyond the Myth of Scarcity* (Institute for Food and Development Policy, San Francisco, 1977).

Corea, G. 'How the New Reproductive Technologies Could be used to Apply to Reproduction the Brothel Model of Social Control over Women', paper presented at 2nd International Interdisciplinary Congress on Women, Groningen, Holland, 17-21 April 1984.

Croll, E. J. 'Socialist Development Experience : Women in Rural Production and Reproduction in the Soviet Union, China, Cuba and Tanzania', discussion paper, Institute of Development Studies at the University of Sussex (IDS), September 1979.

_____. *The Politics of Marriage in Contemporary China* (Cambridge University Press, London, 1981).

_____. *Chinese Women after Mao* (Zed Books, London, 1983).

_____. 'Chinese Women : Losing Ground', *Inside Asia,* February-March 1985, pp. 40-41.

Dalla Costa, M. R. *The Power of Women and the Subversion of the Community* (Bristol, 1972).

Daly, M. *Gyn-Ecology : The Metaethics of Radical Feminism* (Beacon Press, Boston, 1978).

Daswani, M. 'Women and Reproductive Technology in India', paper presented at the congress 'Frauen gegen Gentechnik und Reproducktionstechnik', Bonn, 19-22 April 1985.

Datar, C. 'The Anti-Rape Campaign in Bombay', paper submitted at the Anthropological Congress in Amsterdam, April 1981.

_____. In Search of Feminist Theory : A Critique of Marx's Theory of Society with Particular Reference to the British Feminist Movement (Masters Thesis, Institute of Social Studies, The Hague, 1981).

_____. 'The Left Parties and the Invisibility of Women : A Critique', *Teaching Politics,* vol. X, Annual No., 1984, Bombay 1984, pp. 71-82.

Davin, D. *Women-Work, Women and the Party in Revolutionary China* (Clarendon Press, Oxford, 1976).

Deere, C. D. 'Rural Women's Subsistence Production in the Capitalist Periphery', *The Review of Radical Political Economy* (URPE), vol. 8, no. 1, Spring 1976, pp. 9-17.

Diamond, N. 'Collectivization, Kinship and Status of Women in Rural China', *Bulletin of Concerned Asian Scholars,* vol. 7, no. 1, January-March 1975, pp. 25-32.

Diwan, R. 'Rape and Terror', *Economic and Political Weekly,* vol. XV, no. 28, 12 July 1980.

Dodge, N. *Women in the Soviet Economy : Their Role in Economic, Scientific and Technical Development* (John Hopkins Press, USA, 1966).

_____. & M. Feshback. 'The Role of Women in Soviet Agriculture', in Korcz, J.F. (ed.) *Soviet and East European Agriculture* (University of California, USA, 1967).

_____. 'Recruitment and the Quality of the Soviet Agricultural Labour Force', in : Millar, J. R. (ed.) *The Soviet Rural Community* (Illinois Press, USA, 1971).

Dross, A. *Die erste Walpurgisnacht : Hexenverfolgung in Deutschland* (Verlag Roter Stern, Frankfurt, 1978).

Dualeh Abdalla, R. H. *Sisters in Affliction : Circumcision and Infibulation of Women in Africa* (Zed Books, London, 1982).

Dube, L. 'The Seed and the Field : Symbolism of Human Reproduction in India', paper read at the Xth International Conference of Anthropological and Ethnological Sciences, New Delhi, 1978.

Dumont, L. *Homo Hierarchicus : Essai sur le système des castes* (Gallimard, Paris, 1966).

Dutt, P. *India Today* (Manisha, Calcutta, 1947, 2nd ed. 1970).

Ehrenfels, O. R. *Mother-Right in India* (Hyderabad, 1941).

Ehrenreich, B. & D. English. *Witches, Midwives and Nurses : A History of Women Healers* (Feminist Press, New York, 1973).

_____. 'The Manufacture of Housework', *Socialist Revolution,* 26, 1975.

_____. *For Her Own Good : 150 Years of the Experts' Advice to Women* (Pluto Press, London, 1979).

Eisen, A. *Women and Revolution in Vietnam* (Zed Books, London, 1984).

Eisenstein, Z. *Capitalist Patriarchy and the Case for Socialist Feminism* (Monthly Review Press, New York, 1979).

Elias, N. *Über den Froze ß der Zivilisation* Bd. I & II (Suhrkamp, Frankfurt, 1978).

Elson, D. & R. Pearson. The Latest Phase of the Internationalisation of Capital and its Implications for Women in the Third World', discussion paper 150, Institute of Development Studies, Sussex University, June 1980.

Engels, F. *Hen Eugen Dühring's Revolution in Science* (Anti-Dühring) (London, 1936).

_____. 'Origin of the Family, Private Property and the State' (abridged) in : Marx/Engels *Selected Works,* vol. 3 (Progress Publishers, Moscow, 1976).

Epstein, S. *South India Yesterday, Today and Tomorrow* (Macmillan, London, 1973).

Evans, R. J. *Sozialdemokratie und Frauenemanzipation im deutschen Kaiserreich* (Dietz Verlag, Berlin, Bonn, 1978).

Farooqui, V. *Women : Special Victims of Police & Landlord Atrocities* (National Federation of Indian Women Publication, Delhi, 1980).

Fergusson, M. *The Aquarian Conspiracy* (Los Angeles, 1980). *First Congress of the Toilers of the Far East,* Reports, Moscow, 1922.

Fisher, E. *Woman's Creation* (Anchor Press, Doubleday Garden City, New York, 1979).

Flandrin, J. L. *Families in Former Times : Kinship, Household and Sexuality* (Cambridge University Press, 1980).

Ford Smith, H. 'Women, the Arts and Jamaican Society', unpublished paper, Kingston, 1980.

_____. 'From Downpression Get a Blow up to Now : Becoming Sistren', paper presented at the workshop, 'Women's Struggles and Research', Institute of Social Studies, The Hague, 1980.

Frank, A. G. *Capitalism and Underdevelopment in Latin America* (Monthly Review Press, New York, 1969).

_____. *World Accumulation 1492-1789* (Macmillan, London, 1978).

Friedan, B. *The Feminine Mystique* (Penguin, London, 1968).

Fröbel, F. Kreye, J. & O. Heinrichs. *The New International Division of Labour* (Cambridge University Press, Cambridge, 1980).

Gandhi, N. 'Stree Shakti Sangahit Jhali Ho!' *Eve's Weekly,* 16-22 February 1985.

Gay, J. 'A Growing Movement: Latin American Feminism', *NACLA Report,* vol. XVII, no. 6, November-December 1983, p. 44.

Goodale, J. *Tiwi Wives* (University of Washington Press, Seattle and London, 1971).

Gorz, A. *Les chemins du paradis* (Editions Galilée, Paris, 1983).

Gough, K. 'The Origin of the Family', in Reiter, R. (ed.) *Toward an Anthropology of Women* (Monthly Review Press, New York and London, 1975).

Government of India, Ministry of Education and Social Welfare, 'Towards Equality', report on the Committee on the Status of Women in India, December 1974.

Griffin, S. *Woman and Nature: The Roaring Inside Her* (Harper Colophone Books, New York, 1980).

Grossman, R. 'Women's Place in the Integrated Circuit', *South East Asian Chronicle,* no. 66, 1979, and *Pacific Research,* vol. 9, nos. 5-6, 1978.

Guillaumin, C. 'Pratique du pouvoir et idée de nature. "L'appropriation des femmes" ', *Questions Feministes,* no. 2, Février 1978.

_____. 'Le Discours de la Nature', *Questions Feministes,* no. 3, Mai 1978.

Hammes, M. *Hexenwahn und Hexenprozesse* (Fischer, Taschenbuch, 1977).

Handwerker, W. P. 'Changing Household Organisation in the Origins of Market Place in Liberia', *Economic Development and Cultural Change,* January 1974.

Hartmann, H. *et al, The Unhappy Marriage of Marxism and Feminism: A Debate on Class and Patriarchy* (Pluto Press, London, 1981).

Hawkins, E. K. Statement on Behalf of World Bank Group, International Bank for Reconstruction and Development (Washington, 1968).

Heinsohn, G. & R. Knieper. *Theorie des Familienrechts, Geschlechtsrollenaufhebung, Kindesvernachlässigung, Geburtenrückgang* (Suhrkamp, Frankfurt, 1976).

_____. Knieper, R. & O. Steiger. *Menschenproduktion: Allgemeine Bevölkerungslehre der Neuzeit* (Suhrkamp, Frankfurt, 1979).

_____. & O. Steiger. 'Die Vernichtung der weisen Frauen Hexenverfolgung, Menschenkontrolle, Bevölkerungspolitik', in: Schröder, J. (ed.), *Mammut,* März Texte 1 & 2 (März Verlag, Herbstein, 1984).

Héritier, F. 'Des cauris et des hommes: production d'esclaves et accumulation de cauris chez les Samos (Haute Volta)' in: Meillassoux, C. (ed.): *L'ésclavage dans l'Afrique pré-coloniale* (Maspéro, Paris, 1975).

Honneger, C. (ed.). *Die Hexen der Neuzeit: Studien zur Sozialgeschichte eines kulturellen Deutungsmusters* (Suhrkamp, Frankfurt, 1978).

Hosken, F. 'Female Sexual Mutilations: The Facts and Proposals for Action', *Women's International Network News,* 1980.

_____. 'The Hosken Report—Genital and Sexual Mutilation of Females' (2nd ed.) *Women's International Network News,* 1980.

Illich, I. *Gender* (Pantheon, New York, 1983).

Irrigaray, L. *Speculum, Spiegel des anderen Geschlechts* (Ed. Suhrkamp, Frankfurt, 1980).

Jain, D. *Women's Quest for Power* (Vikas Publishing House, New Delhi, 1980).

Janssen-Jurreit, M. L. *Sexismus* (Carl Hanser Verlag, München and Wien, 1976).

Jelpke, U. (ed.). *Das höchste Glück auf Erden : Frauen in linken Organisationen* (Buntbuch Verlag, Hamburg, 1981).

Kagal, A. 'A girl is born', *Times of India,* 3 February 1985.

Kapadia, K. M. *Marriage and Family in India* (Oxford University Press, London and Calcutta, 1968).

Karve, I. *Kinship Organisation in India* (Asia Publishing House, Bombay, 1965).

Khudokormov, G. N. (ed.). *Political Economy of Socialism* (Progress Publishers, Moscow, 1967).

Krishnakumari, N. S. & A. S. Geetha. 'Dowry — Spreading Among More Communities', *Manushi — A Journal about Women and Society,* vol. 3, no. 4, 1983.

Kumar, D. 'Male Utopias or Nightmares', *Economic and Political Weekly,* vol. XVIII, no. 3, 15 January 1983.

Lakey, B. 'Women help Women—Berit Lakey of the WOAR talks to Vibhuti Patel', *Manushi — A Journal about Women and Society,* March-April 1979.

Lalitha, K. 'Origin and Growth of POW, First ever Militant Women's Movement in Andhra Pradesh', *HOW,* vol. 2, no. 4, 1979, p. 5.

Land, H. 'The Family Wage', *Feminist Review,* no. 6, 1980, pp. 55-78.

Leacock, E. 'Women's Status in Egalitarian Society : Implications for Social Evolution', *Current Anthropology,* vol. 19, no. 2, June 1978.

Lee, R. B. *The Kung San : Men, Women and Work in a Foraging Society* (Cambridge University Press, London, New York, New Rochelle, Melbourne, Sydney, 1980).

Lenin, V. I. 'Imperialism, the Highest Stage of Capitalism', in Lenin, V.I., *Selected Works,* vol. I (Progress Publishers, Moscow, 1970, p. 666).

Leukert, R. 'Weibliche Sinnlichkeit', unpublished Diploma thesis, University of Frankfurt, 1976.

Lorenz, K. *On Aggression* (Methuen, London, 1966).

Luxemburg, R. *Die Akkumulation des Kapitals, Ein Beitrag zur ökonomischen Erklärung des Kapitalismus* (Berlin, 1923). [로자 룩셈부르크, 『자본의 축적』 1, 2권, 황선길 옮김, 지식을만드는지식, 2013]

_____. *Einführung in die Nationalökonomie,* Levi, P. (ed.) (Berlin, 1925).

Mamozai, M. *Herrenmenschen : Frauen im deutschen Kolonialismus* (rororo Frauen aktuell, Reinbeck, 1982).

Mandel, E. *Marxist Economic Theory* (Rupa & Co., Calcutta, Allahabad, Bombay, Delhi, 1971).

Mandelbaum, K. 'Sozialdemokratie und Imperialismus', in : Mandelbaum, K.,
  Sozialdemokratie und Leninismus, Zwei Aufsätze (Wagenbach, Berlin, 1974).

Manushi, 'Delhi — "Women's Safety is Women's Right" Beldiha, Bihar-Mass Rape-Police,
  the Culprits', *Manushi — A Journal about Women and Society,* March-April 1979.

_____. 'Such Lofty Sympathy For a Rapist!' *Manushi — A Journal about Women and
  Society,* no. 5, May-June 1980.

Marcuse, H. *Der eindimensionale Mensch* (Luchterhand, Neuwied-Berlin, 1970).

Martin, M. K. & B. Voorhies. *Female of the Species* (Columbia University Press, New
  York, London, 1975).

Marx, K. & F. Engels. 'The German Ideology', part one, with selections from parts two
  and three together with Marx's 'Introduction to a critique of political economy',
  Arthur, C. J. (ed.) (New York, 1970). [칼 마르크스·프리드리히 엥겔스, 『독일 이데올로
  기』, 박재희 옮김, 청년사, 2007]

Marx, K. *Capital : A Critique of Political Economy,* Engels, F. (ed.), 3 vols (Lawrence &
  Wishart, London, 1974). [칼 마르크스, 『자본론』 1,2,3권, 김수행 옮김, 비봉출판사,
  2004~5]

_____. *Grundrisse* (Berlin, Dietz Verlag, 1974). [칼 맑스, 『정치경제학 비판 요강』 1, 2, 3권,
  김호균 옮김, 그린비, 2007]

_____. & F. Engels. *Collected Works,* vol. V (Progress Publishers, Moscow, 1976).

_____. & F. Engels. 'Feuerbach. Opposition of the Materialistic and Idealistic Outlook',
  Chapter I of the German Ideology, in : Marx, K. & F. Engels, *Selected Works,* vol. 1
  (Progress Publishers, Moscow, 1977).

Mass, B. *The Political Economy of Population Control in Latin America* (Women's Press,
  Montreal, 1975).

_____. *Population Target : The Political Economy of Population Control in Latin America*
  (Women's Press, Ontario, 1976).

May, R. M. 'Human Reproduction reconsidered', *Nature,* vol. 272, 6 April 1978.

McKim, M. 'Little Communities in an Indigenous Civilisation', in : 'Village India, Studies in
  the Little Community', McKim, M. (ed.) : *The American Anthropologist,* vol. 57(3),
  1955, p. 181.

Metha, M. 'Urban Informal Sector Concepts, Indian Evidence and Policy Implications',
  Economic and Political Weekly, 23 February 1985, pp. 326-332.

Meijer, M. J. *Marriage Law and Policy in the Chinese People's Republic* (Hong Kong
  University Press, Hong Kong, 1971).

Meillassoux, C. *Femmes, Greniers et Capitaux* (Maspéro, Paris, 1974).

_____. (ed.). *L'esdavage dans l'Afrique pré-coloniale* (Maspéro, Paris, 1975).

_____. 'The Progeny of the Male', paper read at Xth International Congress of
  Anthropological and Ethnological Sciences, December 1978, New Delhi.

Merchant, C. *The Death of Nature : Women, Ecology and the Scientific Revolution* (Harper
  & Row, San Francisco, 1983). [캐롤린 머천트, 『자연의 죽음』, 전규찬·전우경·이윤숙 옮

김, 미토, 2005]

Mies, M. 'Towards a Methodology of Women's Studies' (Institute of Social Studies, The Hague), *Occasional Papers,* no. 77, November 1979.

_____. *Indian Women and Patriarchy* (Concept Publishers, Delhi, 1980a).

_____. 'Capitalist Development and Subsistence Reproduction : Rural Women in India', *Bulletin of Concerned Asian Scholars,* vol. 12, no. 1,1980, pp. 2-14.

_____. 'Social Origins of the Sexual Division of Labour', *ISS Occasional Papers,* no. 85, Institute of Social Studies, The Hague, January 1981.

_____. 'Marxist Socialism and Women's Emancipation : The Proletarian Women's Movement in Germany', in : Mies, M. & K. Jayawardena, *Feminism in Europe : Liberal and Socialist Strategies 1789-1919* (Institute of Social Studies, The Hague, 1981).

_____. & R. Reddock (eds). *National Liberation and Women's Liberation* (Institute of Social Studies, The Hague, 1982).

_____. (ed.). *Fighting on Two Fronts : Women's Struggles and Research* (Insti-tute of Social Studies, The Hague, 1982).

_____. *The Lacemakers of Narsapur : Indian Housewives Produce for the Worldmarket* (Zed Books, London, 1982).

_____. 'Landless Women Organize : Case Study of an Organization in Rural Andhra', *Manushi,* vol. 3, no. 3, 1983a.

_____. 'Geschlechtliche und internationale Arbeitsteilung', in Heckmann, F. & P. Winter (eds) : *21. Deutscher Soziologentag 1982 Beiträge der Sektions und ad hoc Gruppen* (Westdeutscher Verlag, 1983b, p. 34).

_____. 'Wer das Land besitzt, besitzt die Frauen des Landes. Klässenkampfe und Frauenkämpfe auf dem Land. Das Beispiel Indien' in : von Werlhof, C., Mies, M. & V. Bennholdt-Thomsen, *Frauen, die letzte Kolonie* (rororo, Reinbeck, 1983c, pp. 18-46).

_____. (assisted by K. Lalita & K. Kumari). 'Indian Women in Subsistence and Agricultural Labour', World Employment Programme (WEP), Working Paper no. 34, International Labour Office, Geneva, 1984(2).

_____. 'Frauenforschung oder feministische Forschung', *Beiträge zur Feministischen Theorie und Praxis,* no. 11, 1984b.

Militarism versus Feminism, an Enquiry and a Policy, demonstrating that Militarism involves the Subjection of Women (no author) (Alien & Unwin, London, 1915).

Miller, B. D. *The Endangered Sex : Neglect of Female Children in Rural North India* (Cornell University Press, Ithaka & London, 1981, p. 201).

Millett, K. *Sexual Revolution* (Doubleday & Company, New York, 1970).

Mingmonkol, S. 'Official Blessing for the Brothel of Asia', *Southeast Asia Chronicle,* no. 78, pp. 24-25.

Minkin, S. 'Bangladesh : The Bitter Pill', *Frontier,* Calcutta, 27 October 1979.

Mitchell, J. *Women's Estate* (Pelican, London, 1973).

_____. *Psychoanalysis and Feminism : Freud, Reich, Laing and Women* (Vintage

Books, New York, 1975).

Mitra, A. 'The Status of Women', *Frontier,* 18 June 1977.

_____. L. Pathak & S. Mukherji. *The Status of Women : Shifts in Occupational Participation 1961-71* (New Delhi, 1980).

Mitra, M. 'Women in Dairying in Andhra Pradesh', term paper, Mimeo, Institute of Social Studies, The Hague, 1984.

Möller, C. 'Ungeschützte Beschäftigungsverhältnisse — verstärkte Spaltung der abhängig Arbeitenden', Beiträge zur Frauenforschung am 21. Deutschen Soziologentag, Bamberg, München, 1982.

Moraga, C. & G. Anzaldua. *This Bridge Called My Back : Writings by Radical Women of Color* (Persephone Press, Watertown, Mass., 1981).

Moselina, L. M. 'Olongapo's R&R Industry : A Sociological Analysis of Institutionalized Prostitution', *Ang Makatao,* January-June 1981.

Mukherjee, G. 'Laws discriminate against women', *Sunday,* 27 July 1980.

Muktadar, S. *Report of the Commission of Inquiry* (Hyderabad, 1978).

Niggemann, H. *Emanzipation zwischen Sozialismus und Feminismus Die Sozial-demokratische Frauenbewegung im Kaiserreich* (Peter Hammer Verlag, Wuppertal, 1981).

Oakley, A. *Sex, Gender and Society* (Harper Colophon Books, London, 1972).

Obbo, C. *African Women : Their Struggle for Economic Independence* (Zed Books, London, 1980).

O'Faolain, J. & L. Martines. *Not in God's Image : Women in History from the Greeks to the Victorians* (Harper Torchbooks, New York, 1973).

Ohse, U. 'Mädchenhandel und Zwangsprostitution asiatischer Frauen', *Evangelische Pressekorrespondenz,* no. 5, 1981.

Omvedt, G. *We will smash this Prison : Indian Women in Struggle* (Zed Books, London, 1980).

Ortner, B. S. 'Is Female to Male as Nature is to Culture?' in : Rosaldo, M. Z. & L. Lamphere (eds), *Women, Culture and Society* (Stanford University Press, Stanford, 1973, p. 67).

Pasquinelli, C. 'Feminism and Politics in Italy : Theoretical Aspects', paper presented at Women's Symposium of the International Union of Anthropological and Ethnological Sciences (IUAES), Intercongress, Amsterdam, 23-24 April 1981.

Patel, V. 'Amniocentesis and Female Foeticide — Misuse of Medical Technology', *Socialist Health Review,* vol. 1, no. 2, 2 September 1984.

Pearson, R. 'Women's Response to the Current Phase of Internationalisation of Capital', paper presented at Women's Symposium of the International Union of Anthropological and Ethnological Sciences (IUAES), Intercongress, Amsterdam, 23-24 April 1981.

Pestalozzi, H. A. 'Der neue Konsument-Fiktion oder Wirklichkeit', in : *Der neue*

Konsument (Fischer Alternativ, Frankfurt, 1979).

Phongpaichit, P. *From Peasant Girls to Bangkok Masseuses* (International Labour Office, Geneva, 1982).

Radhakrishnan, P. 'Economics of Bride — Price and Dowry', *Economic and Political Weekly,* vol. XVIII, no. 23, 4 June 1983.

Rajaraman, I. 'Economics of Bride — Price and Dowry', *Economic and Political Weekly,* vol. XVIII, no. 8, 19 February 1983.

Rao, A., Vaid, S. & M. Juneja. 'Rape, Society and State', People's Union for Civil Liberties and Democratic Rights, Delhi, n.d.

Ravaioli, C. *Frauenbewegung und Arbeiterbewegung Feminismus und die KPI* (VSA, Hamburg, West Berlin, 1977).

Reddock, R. 'Women's Liberation and National Liberation: A Discussion Paper' in: Mies, M. & R. Reddock (eds): *National Liberation and Women's Liberation* (Institute of Social Studies, The Hague, 1982).

————. *Women, Labour and Struggle in 20th Century Trinidad and Tobago 1898-1960* (Institute of Social Studies, The Hague, 1984).

Reed, E. *Woman's Evolution from Matriarchal Clan to Patriarchal Family* (Pathfinder Press, New York, 1975).

————. *Sexism and Science* (Pathfinder Press, New York and Toronto, 1978).

Reiter, R. R. (ed.). *Toward an Anthropology of Women* (Monthly Review Press, New York and London, 1975).

————. 'The Search for Origins', *Critique of Anthropology, Women's Issue,* 9&10, vol. 3, 1977.

Richter, L. 'Tourism by Decree', *Southeast Asia Chronicle,* no. 78, 1981, pp. 27-32.

Risseeuw, C. *The Wrong End of the Rope: Women Coir Workers in Sri Lanka,* Research Project: Women and Development, University of Leiden, 1980.

————. 'Organization and Disorganization: A Case of Women Coir Workers in Sri Lanka', paper presented at Women's Symposium of the International Union of Anthropological and Ethnological Sciences (IUAES), Intercongress, Amsterdam, 23-24 April 1981.

Rowbotham, S. *Women, Resistance & Revolution: A History of Women and Revolution in the Modern World* (Vintage, New York, 1974).

————. L. Segal & H. Wainwright. *Beyond the Fragments: Feminism and the Making of Socialism* (Merlin Press Ltd, London, 1980).

Rushin, D. K. 'The Bridge', in Moraga, C. & G. Anzaldua (eds): *This Bridge Called My Back: Writings by Radical Women of Color* (Persephone Press, Watertown, Mass., 1981).

Safa, H. I. 'Export Processing and Female Employment: The Search for Cheap Labour', paper prepared for Wenner Gren Foundation Symposium on: The Sex Division of Labour, Development and Women's Status, Burg Wartenstein, 2-10 August 1980.

Sambrani, R. B. & S. Shreekant. 'Economics of Bride — Price and Dowry', *Economic and Political Weekly,* vol. XVIII, no. 15,9 April 1983.

Schergel, H. 'Aus Fernost ein "Kätzchen fürs Leben" ', in *Tourismus, Prostitution, Entwicklung, Dokumente* (ed.:Zentrum für Entwicklungsbezogene Bildung, Stuttgart, 1983, pp. 89-92).

Schmidt, A. *The Concept of Nature in Marx* (New Left Books, London, 1973).

Schwarzer, A. *So fing es an* (EmmaBuch, Köln, 1980).

Singh, N. *Economics and the Crisis of Ecology* (Oxford University Press, Delhi, 1976).

_____. The Gaia Hypothesis:An Evaluation', discussion paper no. 9, Zakir Hussain Centre for Educational Studies, Jawaharlal Nehru University, New Delhi, 1980.

Sistren Theatre Collective. 'Women's Theatre in Jamaica', *Grassroots Development,* vol. 7, no. 2, 1983, p. 44.

Slocum, S. 'Woman the Gatherer', in Reiter, R.R. (ed.) : *Toward an Anthropology of Women* (Monthly Review Press, New York, 1975).

Sohn-Rethel, A. *Geistige und körperlicheArbeit(Suhrkamp,* Frankfurt, 1972).

_____. *Warenform und Denkform* (Suhrkamp, Frankfurt, 1978).

Sombart, W. *Liebe, Luxus und Kapitalismus : Über die Entstehung der modernen* Welt aus *dem* Geist der Verschwendung (Wagenbachs Taschenbücherei 103, Berlin, reprint from 1922:Luxus and Kapitalismus).

Srinivas, M. N. 'A Note on Sanscritization and Westernization', *The Far Eastern Quarterly,* vol. XV, November 1955-August 1956, pp. 492-536.

_____. *Social Change in Modern India* (Berkeley and Los Angeles, 1966).

Srivastava, A. 'Police did it again', *Frontier, 9* December 1978.

Stoler, A. 'Social History and Labour Control : A Feminist Perspective on Facts and Fiction', in Mies, M. (ed.) : *Fighting on Two Fronts : Women's Struggles and Research* (Institute of Social Studies, The Hague, 1982).

Tanganqco, L. The Family in Western Science and Ideology : A Critique from the Periphery', Master's Thesis (Women and Development), Institute of Social Studies, The Hague, 1982.

Than-Dam, T. 'Social Consciousness and the Vietnamese Women's Movement in the 20th Century', unpublished paper, Institute of Social Studies, Women & Development, 1984.

Thomson, G. *Studies in Ancient Greek Society : The Prehistoric Aegean* (Citadel Press, New York, 1965).

Thompson, L. 'State, Collective and Household. The Process of Accumulation in China 1949-65', in:Smith, J., Wallerstein, I. & H. D. Evers (eds.) : *Households and the World Economy* (Sage, London, 1984, pp. 180-198).

Thönnessen, W. *Frauenemanzipation Politik und Literatur der deutschen Sozialdemokratie lur Frauenbewegung 1863-1933* (Europäische Verlagsanstalt, Frankfurt, 1969).

Tiger, L. *Men in Groups* (Random House, New York, 1969).

_____. & R. Fox. *The Imperial Animal* (Holt, Rinehart and Winston, New York, 1971).

Tourismus, Prostitution, Entwicklung, Dokumente. Ed.: Zentrum für Entwicklungsbezogene Bildung (ZEB), Stuttgart, 1983.

Turnbull, C. M. *The Forest People: A Study of the Pygmies of the Congo* (Simon and Schuster, New York, 1961).

Ullrich, W. *Weltniveau* (EVA, Frankfurt, 1979).

Unidad de Communicacion Alternativa de la Mujer — ILET, publicaciones alternativas de grupos de mujeres en america latina, Santiago, Chile, 1984.

Urdang, S. *Fighting Two Colonialisms: Women in Guinea-Bissau* (Monthly Review Press, New York, 1979).

Vargas-Valente, V. 'The Feminist Movement in Peru: Balance and Perspectives', paper presented at Women's Symposium of the International Union of Anthropological and Ethnological Sciences (IUAES), Intercongress, Amsterdam, 23-24 April, 1981.

de Vries, P. 'Feminism in the Netherlands', *International Women's Studies Quarterly,* London, 1981.

Wallerstein, I. *The Modern World-System: Capitalist Agriculture and the Origins of the European World Economy in the Sixteenth Century* (Academic Press, New York, San Francisco, and London, 1974).

Weinbaum, B. 'Women in Transition to Socialism: Perspectives on the Chinese Case', *Review of Radical Political Economics,* vol. 8, no. 1, 1976, pp. 34-58.

_____. & A. Bridges. 'Die andere Seite der Gehaltsliste: Das Monopolkapital und die Struktur der Konsumtion', *Monthly Review,* no. 3, September 1976, pp. 87-103.

von Werlhof, C. 'Frauenarbeit, der blinde Fleck in der Kritik der Politischen Ökonomie', *Beiträge zur feministischen Theorie und Praxis,* no. 1, München, 1978.

_____. 'Women's Work: The Blind Spot in the Critique of Political Economy', *Journades D'Estudi sobre el Patriarcat,* Universitat Autónomia de Barcelona, 1980.

_____. M. Mies & V. Bennholdt-Thomsen. *Frauen, die letzte Kolonie* (rororo aktuell, Technik u. Politik, no. 20, Reinbeck, 1983).

_____. 'New Agricultural Co-operatives on the Basis of Sexual Polarization Induced by the State: The Model Co-operative "Cumaripa", Venezuela', *Boletin de Estudios Latino-americanos y del Caribe,* no. 35, Amsterdam, December 1983, pp. 39-50.

_____. 'The Proletarian is Dead. Long live the housewife?' in: Wallerstein *et al.: Households and the World Economy* (Sage, New York, 1984).

_____. 'Der Weiße Mann versucht noch einmal durchzustarten. Zur Kritik dual-wirtschaftlicher Ansätze', *Kommune, 2* Jhrg, no. 11, 2 November 1984, p. 61.

Werner, J. 'Socialist Development: The Political Economy of Agrarian Reform in Vietnam', *Bulletin of Concerned Asian Scholars,* vol. 16, no. 2, 1984, pp. 48-55.

White, C. 'Women and Socialist Development: Reflections on the Case of Vietnam', paper presented at PSA Conference, Exeter University, April 1980.

Wolf-Graaf, A. *Frauenarbeit im Absseits* (Frauenoffensive, München, 1981).

Women and Fascism Study Group. *Breeders for Race and Nation: Women and Fascism in Britain Today* (Bread and Roses, London, 1982).

Women in Russia. Almanac, Zamisdat, 1981.

Wood, R. E. 'The Economics of Tourism', *Southeast Asia Chronicle*, no. 78, 1979.

World Bank, *Integrating Women into Development* (Washington DC, 1975).

_____. *Recognizing the 'Invisible' Woman in Development. The World Bank's Experience* (Washington DC, 1979).

Yamben, S. 'The Nupi Lan: Women's War of Manipur 1939', *Economic and Political Weekly*, 21 February 1976.

Youssef, N. & C.B. Hetler. 'Rural Households Headed by Women: A Priority Concern for Development', World Employment Programme Research, working paper, WEP, 10/WP.31, ILO, Geneva, 1984.

Zetkin, C. *Zur Geschichte der proletarischen Frauenbewegung Deutschlands* (Verlag Roter Stern, Frankfurt, 1971, reprint).

신문, 잡지, 문서

Der Spiegel, no. 43/1984.

Economic and Political Weekly, 26 July 1980.

Indian Express, 10 December 1980.

Maitrey, no. 1, April-May 1982.

Maitrey, no. 4, October-November 1982.

Sunday, 27 July 1980.

Sunday Mail, Harare, 27 November 1983.

Sunday Statesman, 10 August 1980.

The Times of India, 15 June 1980.

산후우울증이라고 하는데, 출산과 수유를 하면서 마음 한 켠이 불안하고 우울했던 경험이 있다. 관련 책자를 보면 호르몬의 급격한 변화 때문이라고 한다. 이 설명은 그다지 도움이 되지 않았다. 그런데, 이 책 『가부장제와 자본주의』를 읽다가 다시 그 시절 생각이 났다. "아이와 젖을 생산하는 여성의 활동을 진정으로 인간적인, 즉 의식적이고 사회적인 활동이라고 이해하는 것이 중요하다." 출산은 가장 근본적인 사회적 재생산 활동이며, 수유는 아기에게 첫 식량을 제공하는 경제활동이다. 출산과 육아에 대한 이런 설명을 접하면서, 오래전 일이지만 위로를 받는 느낌이었다.

이 책에서 여러 사례를 들어 반복 설명하는 것 중 하나는 여성이 해 온 노동은 언제나 생산적이었다는 점이다. 채집과 사냥으로 먹고 살던 시절, 식량의 80% 이상은 여성의 채집 활동에서 나왔다. 이런 여성의 안정적인 경제활동이 없었다면, 남성은 사냥을 떠날 수 없었을 것이다. 저자는 임금노동을 중심으로 생산과 경제활동을 규정하는 것에 우선 문제를 제기한다. 그래서 제일 먼저 비판의 날을 세운 것은 맑스주의를 향해서이다. 맑스주의는 임금노동을 중심으로 자본주의 경제와 생산활동을 분석한다. 여타의 노동과 사회적 관계는 봉건적 잔재이거나 부수적이고 주변적인 것으로 여기는 경향이 있다. 그러나 자본주의 사회에서 임금노동은 빙산의 보이는 일각에 불과하다는 것이 이 책의 주요 논지 중 하나이다. 여성, 식민지, 자연에 대한 착취가 수면 아래의 빙하처럼 자본주의 사회의 큰 토대를 이루고 있다는 주장이다. 다른 어느 책보다 맑스주의의 방법론에 대해 많은 지면을 할애하여 체계적이고 비판적으로 검토하고 있다. 맑스주의에 관심이 있는이에게는 필독서다.

그러나 마리아 미즈가 맑스주의와 공유하는 부분도 있는데, 그것은 바로 물질적 경제적 관계를 중시한다는 점이다. 이 책이 강하게 비판하고 있는 또 다른 대상은 여성 문제를 이데올로기나 문화의 문제로만 여기는 페미니즘이다. 교육과 문화를 통해 성역할에 대한 통념을바꿔 준다고 해서, 임금노동에 더 많은 여성이 진출하게 되면 여성 문제가 해결되는 것이 아니라고 말한다. 이 책은 페미니즘의 목표는 여성도 남성과 같은 권리를 누리는 것에 그치는 것이 아니라, 착취와 억압이 없는 새로운 사회를 만드는 것이라는 점을 환기시킨다. 미즈의가부장제에 대한 논의는 자본주의와 연결되어 있다. 자본주의가 가부장제를 만든 것은 아니지만, 자본주의 아래에서 가부장제는 오히려강화되었다고 주장한다. 여성은 가정주부라는 이데올로기는 단순히성역할에 관한 것이 아니다. 여성을 가정주부로 보는 자본가가 지불해야 할 노동력의 재생산 비용을 여성의 보이지 않는 노동이 감당하게만드는 것이고, 여성을 저임금에 묶어두는 기제이다.

특히 농촌이나 식민지 여성이 주로 감내하고 있는 터무니없는 저임금 노동은 중심부 슈퍼마켓의 풍요로움과 연결되어 있다. 선진국이나도시 중산층 주민은 주변부의 값싼 노동력이 생산한 제품을 통해 편의를 누리고 있는 셈이다. 미즈는 이런 고리를 끊고 중심부나 주변부에 있는 가가이 사회들이 좀 더 자급적이고 자립적인 생활의 길을 모색하자고 제안한다. 생산과 소비가 이렇게 멀리 떨어져 있는 조건에서 생산자는 자신이 생산하는 것이 무엇인지를 모르는 경우가 허다하다. 소비자는 자신이 사는 물건이 자신이 정말 필요로 하는 것인지, 어떤 수고를 거쳐 온 것인지를 모르는 경우가 허다하다. 이런 조건이 노동의 소외와 중독된 소비를 초래한다.

이 책을 읽다보면 근대의 이분법이 우리 생활과 생각에 얼마나 깊이 뿌리박혀 있는지를 새삼 돌아보게 된다. 생산과 소비, 인간과 자연, 정신과 육체, 공과 사, 공식과 비공식, 중심과 주변, 근대와 전근대, 남성과 여성 등을 나누는 것은 그 사이에서 서열을 만드는 의식적이고 의도적인 과정이기도 했다. 이런 이분법에 대한 문제제기는 사실 새로운 것이 아니다. 근대 사회에 대한 비판적 학문적 접근을 하는 문헌들에서 수차례 반복적으로 언급되어 왔다. 그럼에도 불구하고 여전히 우리의 생활과 사고는 이런 서열화된 이분법에 갇혀 있다. 이분법의 문제를 느끼면서도 그것을 벗어던지지 못하는 것은 우리의 경제사회 생활을 지배하고 있는 원리와 무관하지 않을 것이다. 이 책의 가장 큰 장점은 우리의 생활과 사고가 기초하고 있는 기본 개념의 의미를 다시 생각하고 다시 정의하게 만들어준다는 점이다.

이 책의 원서가 처음 발간된 것이 1986년이니, 나온 지 28년이 지난 셈이다. 이제야 한국어 번역본이 나오게 되긴 했지만, 현대의 고전이라는 높은 평가를 받는 책이다. 책 내용 중에는 시간과 함께 의미가 작아진 부분도 있지만, 주요 논지는 지금도 여전히 커다란 지적 자극을 제공해준다. 아니, 오히려 어느 때보다 더 필요한 책이 되었다. 세계화와 신자유주의가 득세하고 전쟁이 계속되는 21세기에 좀 더 인간적인 삶을 모색하는 사람이라면 참고해야 할 책이다. 좋은 책의 번역을 권해준 갈무리 출판사와 거친 글과 용어를 잘 정리해 준 오정민 편집자에게 감사드린다.

2014년 1월

최재인